J.N. Ferrer, W.C. Chittick, B. Lanzetta,
R. McDermott, D. Rothberg y otros

EL GIRO PARTICIPATIVO

Espiritualidad, misticismo y estudio de las religiones

Edición a cargo de Jorge N. Ferrer
y Jacob H. Sherman

Traducción del inglés
de María Tabuyo y Agustín López

editorial Kairós

Título original:
The Participatory Turn: *Spirituality, Mysticism, Religious Studies*
by Jorge N. Ferrer

Traducción española con la autorización de
State University of New York Press © 2008

Editorial Kairós S.A.
Numancia 117-121, 08029 Barcelona, España
www.editorialkairos.com

Nirvana Libros S.A. de C.V.
3ª Cerrada de Minas 501-8, CP 01280 México, D.F.
www.nirvanalibros.com.mx

Revisión: Amelia Padilla

Primera edición: Noviembre 2011
ISBN: 978-84-7245-756-0
Depósito legal: B-33.966/2011

Fotocomposición: Beluga & Mleka, Córcega, 267. 08008 Barcelona
Tipografía: Times, cuerpo 11, interlineado 12,8
Impresión y encuadernación: Romanyà-Valls. Verdaguer, 1.08786 Capellades

Este libro ha sido impreso con papel certificado FSC, proviene de fuentes respetuosas con la sociedad y el medio ambiente y cuenta con los requisitos necesarios para ser considerado un "libro amigo de los bosques".

SUMARIO

AGRADECIMIENTOS

Este volumen ha estado muchos años en proceso de elaboración y, durante ese tiempo, los editores han contado con la generosa ayuda de amigos y colegas próximos y lejanos. Estamos muy agradecidos a los ocho colaboradores por su incansable paciencia, su entusiasmo, su generosidad y su concienzuda labor a lo largo de este proceso. Quisiéramos también dar las gracias a aquellos que nos han hecho llegar sus opiniones sobre el largo capítulo introductorio: G. William Barnard, Linda Gibler, John Heron, Jeffrey J. Fripal, Beverly Lanzetta, Gregory Mengel, Vicente Merlo, José Antonio Noguera, Rod O'Neal, Richard Tarnas, John Taylor y los anónimos correctores de SUNY Press. También queremos dar las gracias a Jane Bunker por su firme apoyo al proyecto desde su mismo inicio. También en SUNY tenemos una deuda de gratitud con Laurie Seal por su eficaz producción de este libro, y con Alan V. Hewat por su magífico trabajo de edición.

Jacob quiere dar especialmente las gracias a su esposa, Karin Holsinger Sherman, por su aliento continuado. Ella ha seguido el desarrollo de este proyecto desde su concepción con esa combinación de atención y amor que habitualmente reservamos a las prácticas espirituales o consideramos una marca de santidad.

Completamente revisado y con la inclusión de nuevos materiales, el capítulo de Jorge N. Ferrer, «El conocimiento espiritual como enacción participativa. Una respuesta a la cuestión del pluralismo religioso», procede de secciones previamente publicadas en los capítulos 5, 6 y 7 de *Revisioning Transpersonal Theory: A Participatory Vision of Human Spirituality*. Albany:

State University of New York Press, 2002 [*Espiritualidad creativa: Una visión participativa de lo transpersonal*, Barcelona: Kairós, 2003]. Algunos de estos materiales habían aparecido previamente en «Towards a Participatory Vision of Human Spirituality», *ReVision* 24 (2), 2001. Unos pocos párrafos incluidos en la «Introducción: El giro participativo en la espiritualidad, el misticismo y el estudio de las religiones», de Ferrer y Sherman, proceden de *Revisioning Transpersonal Theory* [*Espiritualidad creativa*] de Ferrer y de «Embodied Spirituality: Now and Then», *Tikkun* 21 (2006), también de Ferrer.

INTRODUCCIÓN

EL GIRO PARTICIPATIVO EN LA ESPIRITUALIDAD, EL MISTICISMO Y EL ESTUDIO DE LAS RELIGIONES

Jorge N. Ferrer y Jacob H. Sherman

¿Necesitamos realmente otro "giro" en el ámbito académico y, en particular, en el estudio de la religión? Después de todo, parece que cada vez que se ha propuesto anteriormente uno u otro giro –ya sea lingüístico, interpretativo, narrativo, pragmático o postcolonial– los estudiosos lo han presentado a menudo como una forma de ruptura epistémica con el pasado, un cambio paradigmático revolucionario destinado a alterar drásticamente la forma de aproximarse al fenómeno estudiado en sus respectivas disciplinas. Aunque la afirmación de una ruptura epistémica pueda sonar actualmente pretenciosa, creemos que el trayecto de la erudición creativa es más un camino sinuoso que una autopista recta, y que ciertos giros son, por tanto, inevitables si se quiere realizar un progreso auténtico o sustancial en cualquier disciplina.

Dicho esto, no creemos que *El giro participativo* sea una ruptura radical con el pasado o el presente, sino más bien un intento de nombrar, articular y fortalecer un *ethos* académico emergente capaz de tejer conjuntamente de forma coherente algunas de las tendencias más sugerentes y vigorosas en los estudios contemporáneos de la religión. Entre estas tendencias y temas hemos seleccionado la revaluación postcolonial de epistemologías émicas, el énfasis postmoderno en la subjetividad encarnada y de género, la recuperación feminista de lo sensual y lo erótico en la investigación y la experiencia religiosa, el énfasis pragmático en la transformación y el antirrepresentacionalismo, el renovado interés por el estudio de la espiritualidad vivida, la resacralización del lenguaje, la cuestión de la verdad metafísica en religión y la irreductibilidad del pluralismo religioso. Si optamos por presentar nuestra formulación de esta sensibilidad académica creciente como un giro es solo porque creemos que, tomadas en su conjunto, estas tendencias plantean un serio desafío al paradigma lingüístico-cultural actualmente dominante en el estudio de la religión. Con esta idea en mente, *El giro participativo* presenta una visión pluralista de la espiritualidad que acepta el papel configurador de factores contextuales y lingüísticos en el fenómeno religioso, a la vez que se reconoce simultáneamente la importancia, e incluso a veces el papel central, de variables no lingüísticas (por ejemplo, somáticas, imaginales, energéticas, contemplativas, etcétera) en la formación de los significados y las experiencias religiosas, y se afirma el valor ontológico y el impacto creativo de los mundos y las realidades espirituales. En otras palabras: apuntamos hacia una sensibilidad crítica, metafísicamente densa y religiosamente relevante dentro del estudio académico de la religión. Creemos que esta articulación no es ni un retorno a estructuras epistemológicas previas ni una ruptura drástica con ellas, sino que refleja más bien el proyecto en marcha de una fusión creativa de horizontes pasados, presentes, y quizá futuros, que integra ciertas formulaciones religiosas tradicionales con criterios modernos de investigación crítica y con intuiciones epistemológicas postmodernas acerca de la naturaleza cocreada del conocimiento humano.

Pero, antes de presentar los contornos generales de tal visión participativa de la investigación y la experiencia religiosa, puede ser importante situar el "giro participativo" en el contexto del desarrollo del campo del estudio de las religiones en general, y con relación al paradigma lingüístico en particular. Al explorar los diversos cuestionamientos del giro lingüístico podemos ver la necesidad de ir más allá de lo que Jürgen Habermas llama "la lingüistificación de lo sagrado", a la par que bosquejamos la forma que adoptará el giro participativo. Este planteamiento más bien polémico es intencional. No pretendemos construir una sensibilidad participativa desde la base, como si se tratara de uno de los grandes sistemas filosóficos del siglo XIX, sino que más bien tratamos de ir descubriendo sus contornos en el toma y daca de argumentos en medio de los cuales nosotros mismos (en el campo del estudio de las religiones) nos encontramos. Comencemos, entonces, con una breve exposición de la naturaleza y las posibles limitaciones del paradigma lingüístico.

EL IMPACTO DEL GIRO LINGÜÍSTICO SOBRE EL ESTUDIO DE LAS RELIGIONES

Se podría argumentar que el pensamiento filosófico del siglo XX –empezando por la obra de pensadores tan diversos como Bertrand Russell, Martin Heidegger, Ludwig Wittgenstein o Gottlob Frege– ha estado caracterizado por un interés siempre creciente en el estudio del lenguaje. El "giro lingüístico" en filosofía modificó el foco de la investigación, desplazándolo de las representaciones interiores y las categorías innatas del sujeto kantiano-cartesiano al análisis de los elementos del lenguaje, tales como la semántica, los actos del lenguaje, las condiciones para una teoría del significado, la relación entre las palabras y los asuntos del mundo, etcétera.[1] Desarrollando las ideas del último Wittgenstein, Gilbert Ryle y otros, un número creciente de estudiosos afirmaron audazmente que los rompecabezas filosóficos clásicos no eran "nada sino" problemas de lenguaje que podían ser resueltos o disueltos por medio de una variedad de análisis y reconstrucciones lingüísticas.[2] En este nuevo entorno filosófico, los signos lingüísticos no fueron ya contemplados como factores mediadores entre las representaciones "subjetivas" de un ego cartesiano y el mundo "objetivo", sino más bien como el *locus* primario de cualquier significación cognitiva y justificación epistémica viable.[3] En otras palabras: la filosofía posterior al giro lingüístico consideró el lenguaje *público* –en lugar de las representaciones, ideas o conceptos *privados*– la verdadera interfaz entre el sujeto cognoscente y el mundo, superando así por tanto, supuestamente, el escepticismo epistemológico de la filosofía moderna después de la revolución crítica de Immanuel Kant.[4] Como señala Barbara Fultner, después del giro lingüístico «la filosofía del lenguaje [...] se convierte en la "disciplina sucesora" de la epistemología y la metafísica».[5]

Antes del giro lingüístico y en la estela de la crítica ilustrada de la metafísica, los estudiosos de la religión, siguiendo a Friedrich Schleiermacher, trataban de defender la autonomía y la validez de la religión liberando a la experiencia religiosa de sus anclajes metafísicos premodernos (en ese momento dudosos).[6] Ya estuviesen animados por una sensibilidad idealista, fenomenológica o comparatista, esos estudiosos modernistas tendían a entronizar una subjetividad cartesiana supuestamente autónoma, universal y a menudo desencarnada y masculinizada como el agente y a la vez el lugar de cualquier investigación religiosa auténtica y fiable. Vinieron luego varias décadas de exploración, definición y reducción de la religión en términos de un núcleo religioso de la "experiencia humana", en los que la religión fue diversamente entendida como "el sentimiento de dependencia absoluta" (Schleiermacher) o la conciencia subjetiva de "lo eterno" (Nygren), "lo santo" y "lo numinoso" (Otto), "lo sagrado" (Eliade) o "la preocupación última" (Tillich).[7] Los estudios religiosos modernos fueron así modelados por unas preocupaciones y unos presupuestos epistemológicos que emergen de lo que Habermas llama «la filosofía del sujeto», esto es, la filosofía que considera la conciencia como primordial en la búsqueda de la certeza epistémica.[8] Como Walter H. Capps señala de forma pertinente, la búsqueda moderna de un "primer principio" o elemento *sui generis* en la religión estuvo orientada por «un temperamento cartesiano con una estructura conceptual kantiana»[9]. El giro lingüístico puso un punto final, de manera drástica, a este proyecto fundamentalmente moderno en el estudio de la religión.

El impacto del giro lingüístico en el estudio de las religiones fue profundo y de largo alcance. La reconstrucción lingüística de la filosofía influyó en generaciones de investigadores religiosos, y la importancia del lenguaje público sobre la experiencia privada en el estudio de la religión fue enérgicamente afirmada desde una variedad de ángulos y con diferentes énfasis durante décadas.[10] Metodológicamente, abrazar el giro lingüístico en los estudios religiosos implica abandonar todo esfuerzo por evaluar el estatus epistémico de la conciencia privada o las experiencias suprasensibles de lo real, lo sagrado o lo santo. Más positivamente implica aproximarse al estudio de la religión como examen de lenguajes religiosos públicos y, a la vez, de las relaciones de tales lenguajes con el mundo sensible o con otros elementos del marco lingüístico. Tales estrategias son empleadas, por ejemplo, en el estudio de parábolas y mitos, escrituras y cánones, doctrinas y credos, rituales y conductas religiosas, textos y narraciones sagradas, símbolos y metáforas religiosas, etcétera. Una comprensión narrativista de la religión, explica Gavin Flood, requiere que «más que la subjetividad (creencia, cognición, estados interiores y experiencias religiosas), el lenguaje y la cultura, el dominio de los signos se convierta en el *locus* de la investigación».[11] En el estudio del misticismo, por ejemplo, este cambio de paradigma es visible en el reajuste de su centro de atención, que pasó de la "experiencia mística" al "lenguaje místico" (Katz), los "actos de significado" místico (Sells), las "expresiones místicas" (Idel) o la propuesta de que el misticismo no es más que “un género de escritura” (Cupitt).[12] Puesto que el lenguaje pasaba a ser reconocido no sólo como *expresivo*, sino como *constitutivo* de la experiencia humana, los referentes supremos del discurso religioso no debían ser buscados en intuiciones o estados específicos de conciencia, sino en las fecundas interacciones comunicativas que los practicantes religiosos tienen en un mundo ya para siempre estructurado lingüísticamente. El teólogo postmoderno Mark C. Taylor señala en este sentido: «Lejos de existir antes e independientemente de toda investigación, el propio fenómeno de la religión está constituido por prácticas discursivas locales».[13]

Aunque las formas del giro lingüístico en el estudio de las religiones sean extremadamente diversas puede ser útil distinguir tres familias fundamentales de enfoques no mutuamente excluyentes: analítico, interpretativo y postmoderno.[14] Primero, la rama *analítica* del giro lingüístico es el resultado de la influencia de un cierto número de pensadores angloamericanos –como Russell, G.E. Moore, A.J. Ayer o John L. Austin– que se esforzaron por clarificar conceptualmente problemas filosóficos oscuros mediante el análisis del lenguaje.[15] Ya estuvieran preocupados por las reconstrucciones formales del lenguaje o por la identificación de pseudoproblemas metafísicos originados por su uso ordinario, muchos filósofos de la religión del siglo XX se volvieron hacia las herramientas de la filosofía analítica a fin de desarrollar, criticar y profundizar la comprensión de lo religioso.[16] Entre las más importantes tendencias en el estudio analítico de la religión debemos mencionar aquí los primeros debates acerca de la verificabilidad y la falsabilidad de las doctrinas religiosas, la búsqueda de los fundamentos racionales de las creencias religiosas, la reinterpretación teológica de la “muerte de Dios” de Nietzsche como asunto lingüístico, el estudio wittgensteiniano de las religiones como “juegos del lenguaje”, la epistemología antifundacionalista reformada en la teología, y la comprensión de las religiones como “marcos conceptuales".[17] Más recientemente, la filosofía analítica de la religión se ha centrado en la epistemología de la experiencia religiosa y en el problema de la referencia en el conocimiento religioso.[18] Dentro de los círculos analíticos, también podemos situar la filosofía pluralista de la religión de John Hick y la obra de ciertos teólogos del proceso con inclinaciones analíticas, como, por ejemplo, David A. Pailin.[19]

En segundo lugar, la penetración de los planteamientos *interpretativos* en los estudios religiosos contemporáneos da testimonio de la influencia crítica de la tradición hermenéutica en el siglo XX, en especial de las obras de Schleiermacher, Heidegger, Paul Ricoeur y Hans-Georg Gadamer.[20] En contraste con los programas analíticos de clarificación y exploración lingüísticas de la racionalidad de las creencias religiosas, una filosofía hermenéutica de la religión se centra en el estudio de los significados y los símbolos religiosos, la interpretación de las escrituras sagradas y la revelación, la dimensión hermenéutica de la traducción, la exégesis escrituraria y la "isógesis" (creativa), la teoría del discurso en el estudio de las religiones, la relación entre la experiencia religiosa y su interpretación, y las cuestiones planteadas por los desafíos de la hermenéutica intercultural, entre otras áreas de investigación.[21] Desde un punto de vista hermenéutico, las experiencias religiosas han sido enmarcadas como "relatos interpretativos" (Proudfoot), las tradiciones religiosas como "comunidades textuales" (Holdrege) o "procesos hermenéuticos vivos" (Vroom), y las religiones como "marcos interpretativos comprehensivos" (Lindbeck).[22]

A pesar de la gran diversidad de sensibilidades y orientaciones hermenéuticas en el estudio académico de la religión[23] –por ejemplo, fenomenológica, comparatista, constructivista, historicista, y otras–, la mayor parte de los escritores interpretativos enfatizan a la vez la contextualidad y la pluralidad de los significados y los mundos religiosos.[24] Para ilustrar la pluralidad de planteamientos hermenéuticos, y sin deseo de sugerir que la siguiente lista sea exhaustiva o representativa, mencionaremos aquí el alegato de Mircea Eliade en favor de una "hermenéutica creativa", el desarrollo de una hermenéutica feminista crítica de Elisabeth Schüssler Fiorenzza, la propuesta de Raimon Panikkar de una "hermenéutica diatópica" para el encuentro interreligioso, el influyente acercamiento hermenéutico de Sandra M. Schneider al estudio de la espiritualidad, la teología interpretativa de David Tracy, la articulación de una "hermenéutica mística" o la comprensión de la práctica hermenéutica como mística de Jeffrey J. Kripal, y la revalorización de los planteamientos interpretativos tradicionales de Jeffrey R. Timm y Donald S. Lopez.[25]

Tercero, dentro de la rúbrica *postmoderna* situamos un número de discursos críticos como los que emergen del postestructuralismo, la deconstrucción derridiana, los estudios de género, el postcolonialismo y los estudios étnicos. La mayor parte de estos planteamientos aparecieron a finales de los años setenta de forma más bien independiente, y sin duda sería un error mezclarlos, pero comparten un compromiso o una atención a la experiencia subjetiva de "el otro" (es decir, los "no sujetos" marginales de la modernidad, tales como mujeres, minoría étnicas, gays y lesbianas o pueblos colonizados), en cuanto que invierten y superan los tradicionales dualismos jerárquicos como sagrado/profano, Dios/mundo, macho/hembra, luz/oscuridad, espíritu/cuerpo, etcétera. Para el postestructuralismo y la deconstrucción pensamos por encima de todo en la teología de la "muerte de Dios" de Thomas Altizer, el "Dios sin Ser" de Jean-Luc Marion, la a/teología deconstructiva de Taylor, la derridiana "religión sin religión" de John D. Caputo, el "misticismo de la secundariedad" de Don Cupitt y la meticulosa deconstrucción de las teorías de la religión de Tomoko Masuzawa.[26] Para el planteamiento de género de los estudios religiosos se puede consultar, entre otras obras, las críticas feministas de la filosofía analítica de la religión de Grace Jantzen, Pamela Sue Anderson y Sarah Coakley, las revisiones del estudio del misticismo desde la perspectiva de la experiencia femenina de Amy Hollywood y Beverly J. Lanzetta, o la excelente colección de ensayos sobre el impacto de los métodos feministas en el estudio de la religión compilados por Arvind Sharma.[27] Y para los estudios postcoloniales señalamos como muestra representativa las obras de Richard King sobre hinduismo y misticismo, Donald S. Lopez sobre budismo, David Chidester sobre religiones africanas indígenas, Michael Tausing sobre chamanismo, y Laura E. Donaldson y Kwok Pui-Lan sobre el encuentro de feminismo y postcolonialismo.[28] Podríamos también situar aquí la creciente proliferación de análisis críticos que muestran cómo las categorías fundacionales de la disciplina del estudio de las religiones (tales como "religión", "mundo de las religiones" o "hinduismo") están analíticamente vacías o son el producto de intereses coloniales europeos modernos y de programas teológicos cristianos: una línea de trabajo brillantemente desarrollada por autores como Jonathan Z. Smith, Talal Asad, Timothy Fitzgerald, Daniel Dubuisson y Masuzawa, entre otros.[29] Finalmente, en la zona de interacción de la teoría postmoderna y la hermenéutica, un número creciente de estudiosos están hoy proporcionando deconstrucciones y genealogías críticas de figuras, tendencias y escuelas religiosas diversas. Esta tendencia puede ilustrarse, por ejemplo, con la referencia a los estudios foucaultianos de Hugh B. Urban sobre tantra, los análisis críticos de Bernard Faure de las actitudes budistas hacia el género y la sexualidad, y el polémico estudio de Kripal sobre la naturaleza homoerótica de la espiritualidad de Sri Ramakrishna.[30]

A pesar de las importantes diferencias que tienen entre sí, lo que es común a los planteamientos analítico, interpretativo y postmoderno puede ser explicado atendiendo a su insistencia en que el estudio de la religión se debe centrar en el examen de los "signos" y "significados" vinculados a los textos, cosmovisiones y prácticas religiosas.[31] Después del giro lingüístico, el objeto de los estudios religiosos ya no es la elucidación del origen, la naturaleza o las implicaciones ontológicas de la experiencia religiosa, sino el análisis, la interpretación o la deconstrucción y la reconstrucción críticas de lo textual, lo lingüístico y lo simbólico. Desde esta perspectiva, el paso de una "filosofía de la conciencia" a una "filosofía del signo" en los estudios religiosos puede ser contemplado como el desarrollo de la "lingüistificación" de lo sagrado con la que Habermas caracteriza la era moderna.[32] "Lingüistificar" lo sagrado significa subvertir su autoridad transcendental en los cielos y bajar la legitimación de sus pretensiones cognitivas y normativas a la tierra, esto es, al espacio intersubjetivo constituido por los intercambios comunicativos entre seres humanos racionales. En el mundo desencantado de la postmodernidad y la modernidad, lo sagrado ha sido destranscendentalizado, relativizado, contextualizado y diversificado, pero, más fundamentalmente, asimilado a la expresión lingüística. En materia religiosa contemporánea, como dice Cupitt, «el lenguaje va hasta abajo del todo».[33]

Más allá del giro lingüístico

Como señalaba Thomas Kuhn, toda revolución conceptual va dirigida hacia las limitaciones del paradigma previo y plantea a la vez nuevas cuestiones y nuevos problemas. Algunos de estos problemas pueden ser solventados con la nueva estructura paradigmática revolucionaria, pero la resolución efectiva de otros más recalcitrantes exigirá ir incluso más allá del nuevo paradigma.[34] No hay razón para creer que el giro lingüístico pueda ser una excepción. Aquí queremos señalar un número de temas y tendencias crecientemente significativos en el estudio de las religiones y en el mundo académico en general que, tomados conjuntamente, pueden sugerir la necesidad de traspasar los límites del paradigma lingüístico. Específicamente, nuestro análisis se centra en las siete áreas siguientes: 1) La revalorización postcolonial de los marcos epistemológicos émicos; 2) el énfasis postmoderno y feminista en la encarnación y la inmanencia sagrada; 3) el "giro pragmático" en la filosofía contemporánea; 4) la resacralización del lenguaje; 5) el renovado interés en el estudio de la espiritualidad vivida; 6) la cuestión de la verdad religiosa en el pensamiento postmetafísico, y 7) la irreductibilidad del pluralismo religioso.

La revalorización de las perspectivas epistemológicas émicas

Las recientes aportaciones en teoría postmoderna, hermenéutica intercultural y estudios postcoloniales han suscitado cautela entre los estudiosos respecto de los potenciales peligros e implicaciones ideológicas de privilegiar los marcos epistemológicos occidentales en la evaluación de las pretensiones religiosas de verdad, especialmente de las no occidentales. En primer lugar, la crítica postmoderna de la metanarrativa científico-filosófica occidental como "ontoteológica" sugiere que las epistemologías occidentales merecen ser tratadas actualmente con la misma clase de sospecha crítica con que los investigadores modernistas miraban previamente la religión.[35] Como señala Gianni Vattimo: «Es (sólo) porque las metanarrativas metafísicas han sido disueltas, por lo que la filosofía ha redescubierto la viabilidad de la religión y puede, por consiguiente, acercarse a la necesidad religiosa de una conciencia común independientemente del marco de la crítica de la Ilustración».[36] Segundo, el reconocimiento de una variedad de criterios culturales específicos que determinan lo que cuenta como conocimiento válido conduce a muchos escritores interpretativos contemporáneos a contemplar la superioridad epistémica, desde hace mucho tiempo asumida, de la racionalidad crítica simplemente como un elemento más en la moderna narrativa occidental, cuyo estatus, en última instancia axiomático, contradice su pretensión de supremacía. Desde esta perspectiva, Flood, por ejemplo, recomienda considerar las visiones académica (desde fuera) y tradicional (desde dentro) de la religión como narraciones en legítima competencia, y arguye que en esta contienda ningún bando puede reclamar ningún privilegio epistemológico basado en fundamentos apriorísticos.[37] Finalmente, los estudios postcoloniales han expuesto y denunciado la conexión entre la supuesta superioridad cognitiva de Occidente y el colonialismo, el imperialismo y la dominación política sobre las culturas no occidentales.[38] Además, puesto que ninguna asimetría clara se puede establecer categóricamente entre las epistemologías occidentales y las no occidentales, para evitar el etnocentrismo es preciso abandonar la creencia de que la epistemología occidental actualmente en boga es el marco privilegiado a la hora de valorar toda pretensión cognitiva.

Uno de los hilos unificadores de estas actitudes críticas es el reconocimiento de una multiplicidad de vías de conocimiento válidas y el consecuente cuestionamiento de la idea misma de razón universal, que ahora se muestra (convenientemente) como una idea configurada por los supuestos del proyecto de la Ilustración: un cuestionamiento formulado hace décadas por las feministas. Esta consciencia anima las críticas contemporáneas postmodernas, feministas y postcoloniales de la epistemología occidental en cuanto desencarnada, racionalista y cognicéntrica. En conjunto, estas aportaciones han conducido en gran medida a una revalorización de epistemologías y categorías émicas alternativas en el estudio de la religión. De forma más específica: se reclama de manera creciente que mirar nuestras preocupaciones intelectuales sobre y a través del fondo de los marcos no occidentales puede no sólo servir como correctivo saludable para nuestros inevitables prejuicios culturales, sino que también puede aportar perspectivas renovadas acerca de problemas no resueltos y cuestiones debatidas.

En *Orientalism and Religion*, por ejemplo, King argumenta que ciertos puntos de vista epistémicos y constructivistas budistas e hindúes –tales como los de Dignaga, Dharmakirti, Kamasila y Bhartrihari– cuestionan efectivamente la afirmación de Steven T. Katz de que aceptar la naturaleza culturalmente mediada de los caminos contemplativos implica la imposibilidad de experiencias místicas no conceptuales e inmediatas.[39] Como explica King, estos epistemólogos contemplativos asiáticos sostienen que un acceso no conceptual a la realidad puede actualmente requerir el uso de herramientas conceptuales.[40] En una línea similar, Robert K.C. Forman señala que Paramartha, el epistemólogo de la escuela budista Yogacara, aunque reconoce la naturaleza lingüísticamente constituida del conocimiento y la experiencia ordinarios, afirma que el objetivo de la práctica meditativa es precisamente desmantelar tales mecanismos constructivos y conducir al practicante a un discernimiento incondicionado de la naturaleza de la realidad.[41] Naturalmente, la introducción de estos marcos émicos en el debate contemporáneo acerca de la naturaleza del misticismo no resuelve las cuestiones debatidas. Más bien, resalta, simple *pero crucialmente*, el hecho de que las epistemologías occidentales (como la neokantiana asumida por Katz) podrían no ser los árbitros últimos en la evaluación de las pretensiones de conocimiento religioso, y en particular de aquellas que emergen de la práctica contemplativa prolongada. Como cautamente afirma King: «Mi opinión no es que los investigadores occidentales deban necesariamente aceptar las perspectivas émicas sobre las que reclaman autoridad para hablar, sino más bien que consideren la posibilidad de que tales perspectivas son, al menos, una postura que se puede adoptar de forma legítima, para afrontar así un debate constructivo».[42]

Una propuesta relacionada es la de aplicar categorías émicas en el estudio de la religión. Considérese, por ejemplo, la sugerencia de Benson Saler de que los estudiosos pueden beneficiarse del uso de categorías populares (como el *dharma* hindú) a modo de herramientas de análisis antropológico: «Aunque, normalmente, los antropólogos prestan mucha atención a las categorías nativas en las etnografías de los pueblos que las utilizan, ha llegado el momento, yo creo, de tomar prestadas de manera selectiva tales categorías y experimentar con ellas como categorías transculturales».[43] Donald Rothberg expone un caso relacionado con este asunto en el contexto de la investigación espiritual:

> Interpretar los planteamientos espirituales por medio de categorías como "dato", "prueba", "verificación", "método", "confirmación" e "intersubjetividad" puede significar la entronización de estas categorías como si fueran algo así como los sellos distintivos del conocimiento como tal, incluso si se amplía el significado de dichas categorías significado con respecto a su vigente uso occidental. Pero ¿no puede un encuentro profundo con prácticas de investigación espiritual llevar a considerar cuidadosamente el sentido de otras categorías comparables (por ejemplo, *dhyana*, *vichara*, *theoria*, *gnosis* o *contemplatio*) y quizás a desarrollar formas de investigación en las que tales categorías espirituales sean básicas o fundamentales cuando se habla de conocimiento? Dar por supuesto que las categorías de la actual epistemología occidental son las adecuadas para interpretar planteamientos espirituales es prejuzgar los resultados de tales encuentros, que bien podrían conducir a cambios significativos en dichas categorías.[44]

Expresando una sensibilidad similar, Peter Ochs escribe que los estudios religiosos seguirán siendo colonialistas en la medida en que «tiendan a separar el "fenómeno religioso" de los contextos de sus manifestaciones sociales y a resituarlos en universos conceptuales de nuestro propio diseño».[45] Lo que estos y otros investigadores están argumentando convincentemente es que importar el lenguaje y las categorías epistémicas que emergen de las tradiciones filosóficas y científicas occidentales para analizar y valorar la validez de las pretensiones de conocimiento de todas las culturas, vías de conocimiento y dominios de realidad, es altamente cuestionable. La mayor parte de los esfuerzos religiosos y espirituales, deberíamos subrayar aquí, están dirigidos no tanto a describir o explicar la naturaleza humana y el mundo, sino a implicarlos y transformarlos en vías creativas y participativas, y pueden, por consiguiente, reclamar criterios de validez diferentes de los que emergen del estudio racionalista del mundo natural.[46]

Para añadir leña a este fuego, un número creciente de investigadores occidentales están hoy "saliendo del armario" como practicantes espirituales, lo que hace que la moderna división disciplinaria entre el estudio de las religiones y la teología sea más dudosa que nunca.[47] El hecho de que muchos de estos estudiosos desarrollen *a la vez* compromisos religiosos *y* perspectivas críticas sobre creencias religiosas tradicionales refuerza la disolución de las estrictas dicotomías modernistas como estar dentro/estar fuera, émico/ético, implicado/desapegado, teológico/intelectual, confesional/académico o guardián/crítico.[48]

Los pensadores participativos sostienen que la apertura al valor heurístico potencial, e incluso la validez de los marcos epistémicos alternativos, no necesariamente nos encierra en una trampa de dilemas relativistas. En nuestro intento por elevarnos por encima de las predisposiciones inevitables de nuestra perspectiva, no deberíamos caer en un relativismo vulgar incapaz de ofrecer fundamentos para las distinciones cualitativas o los juicios transculturales. Esto se puede evitar, creemos, mediante la evaluación de toda pretensión de conocimiento –ético y émico, interior y exterior, racional y transracional, naturalista y sobrenaturalista– tanto por medio de los *criterios de validez de las epistemologías dominantes como de las marginales, de las occidentales como de las no occidentales, en cualquier medida que pueda ser apropiada de acuerdo con el contexto de la investigación y el tipo de pretensiones de conocimiento*. Una de las tareas más vitales para quienes aceptamos este planteamiento es la clarificación de la relación entre marcos epistemológicos (objetivista, constructivista, hermenéutico, pragmatista, etcétera), contextos de investigación (científico, religioso, artístico, psicológico, etcétera) y vías de conocimiento (racional, contemplativa, estética, moral, imaginal, somática, etcétera).

En cualquier caso, proponemos que en la línea divisoria que separa la investigación sólida de la que no lo es no debería trazarse entre la epistemología occidental y la no occidental –ni siquiera entre pretensiones naturalistas y sobrenaturalistas–, sino entre planteamientos que conducen a *resultados radicalmente empíricos intersubjetivamente testables y/o a consecuencias pragmáticas discernibles* y aquellos que no lo hacen. El y/o de la frase anterior es fundamental, particularmente en el contexto de la investigación religiosa. Por una parte, puede ser plausible considerar el consenso intersubjetivo como un criterio epistémico central en el contexto de lo que podemos llamar, parafraseando a Kuhn, la *investigación espiritual "normal"* de una única tradición, en la cual la práctica espiritual está regulada por un paradigma espiritual predominante y donde funciona algo semejante a una teoría de la verdad por correspondencia (por ejemplo, entre las intuiciones de los practicantes y las planificadas "etapas del camino" de la tradición). Sin embargo, debe ser obvio, por otra parte, que el acuerdo intersubjetivo es probablemente un test inapropiado no sólo *entre distintas tradiciones* (que producen intuiciones espirituales diferentes y a menudo incompatibles), sino también en períodos de *investigación espiritual "revolucionaria"* dentro de una determinada tradición, períodos en los que surgen anomalías en relación a las doctrinas aceptadas y se desarrollan nuevos paradigmas de comprensión espiritual (por ejemplo, es probable que ni la iluminación del Buddha ni las pretensiones del misticismo cristiano más radical pudieran haber sido corroboradas intersubjetivamente en sus respectivos tiempos y contextos). En estos últimos casos, la búsqueda de caminos más pragmáticos para legitimar las pretensiones del conocimiento espiritual deviene imperativa.[49]

El desafío planteado por la revalorización de epistemologías émicas a los paradigmas lingüístico y social-científico en el estudio de la religión es obvio. En contraste con la visión textual o naturalista de la religión sostenida por estos planteamientos, muchas de las perspectivas émicas contemplan las variables extralingüísticas (por ejemplo, entidades sobrenaturales, energías espirituales, principios arquetípicos, etcétera) como elementos constitutivos y a la vez referentes reales de la experiencia y el conocimiento religioso. Como mencionamos antes, muchas de estas perspectivas no son ingenuamente ignorantes de la naturaleza lingüística y conceptualmente mediada del conocimiento humano. Y, sin embargo, defienden con fuerza que los mecanismos constructivos cognitivos ordinarios y las epistemologías asociadas son superados en ciertos estados noéticos especiales, como los que emergen de la práctica meditativa, visionaria, extática y contemplativa. Contrariamente a las pretensiones hegemónicas del paradigma lingüístico, se ha hecho cada vez más plausible que marcos epistemológicos que toman en cuenta un más amplio –y quizá más profundo– compromiso con las facultades humanas (no sólo la razón discursiva, sino también la intuición, la imaginación, el conocimiento somático, el discernimiento empático, la conciencia moral, la sensibilidad estética, la meditación y la contemplación) pueden ser críticos en la valoración de muchas pretensiones de conocimiento religioso.

La inmanencia sagrada y el retorno del cuerpo sensual

Los pensadores postmodernos y postcoloniales no son ni los primeros ni los únicos en denunciar la naturaleza ideológica y epistemológicamente dudosa de la metanarrativa occidental.

Las feministas han cuestionado la profesada neutralidad y objetivismo de la ciencia y la filosofía occidental durante décadas, mostrando cómo prejuicios androcéntricos y racionalistas hacen que estas empresas cognitivas sean no sólo unilaterales, sino también opresivas para las mujeres y otras poblaciones marginales.[50] En el estudio de la religión, uno de los principales objetivos de los análisis críticos postmodernos y feministas son las concepciones transcendentalistas y esencialistas de la realidad divina o suprema asociadas con las teologías tradicionales. Mientras los pensadores postmodernos consideran que estas visiones son sintomáticas de la fidelidad a una opresiva "metafísica de la presencia", las feministas las ven como productos de ideologías patriarcales que tienden a negar o, en todo caso, a infravalorar las dimensiones espirituales de la naturaleza, la encarnación y las mujeres. Estas perspectivas críticas han inspirado el resurgir contemporáneo de facultades humanas y la exploración de facetas de la realidad a menudo pasadas por alto en el estudio moderno de la religión. En particular: la inmanencia sagrada y la cualidad espiritual de la naturaleza; la experiencia femenina y los caminos femeninos del conocimiento; la importancia del cuerpo en la práctica y la experiencia religiosa; el papel de la empatía, lo erótico y la emoción en el conocimiento religioso, y la relación entre lo sexual y lo místico.[51]

En un reciente estudio sobre las teologías radicales (postmodernas), Richard Griggs, por ejemplo, concluye que «todas ellas parecen enfatizar la inmanencia de lo divino».[52] Este énfasis en la inmanencia es tangible, continúa Griggs, en la insistencia de Mary Daly de que la liberación espiritual descansa en la plena inhabitación del "dominio de la realidad no domesticada", en la interpretación del lenguaje de Taylor como "el medio divino", en el naturalismo religioso y el alegato por el culto de la naturaleza de Ursula Goodenough, en la consideración de la naturaleza como "metafísicamente suprema" de David Crosby, en la visión del "mundo como cuerpo de Dios" de Sally McFague, o en la te*a*logía de la Diosa inmanente de Naomi Goldenberg, entre otras propuestas similares. Además de la a/teología de Taylor, que es «en gran medida una crítica de la noción del Dios transcendente»,[53] la inmanencia sagrada es también característica de un cierto número de propuestas postmodernas influidas por los escritos de Jacques Derrida, tales como las de Caputo o Cupitt. Analizando la obra de Walter Lowe, por ejemplo, Caputo pregunta: «¿Quién es el Dios que viene después de la metafísica? No un Dios a infinita distancia de la tierra y la carne, sino la infinita libertad para hacer a Dios inmanente, en-lo-finito, encarnado».[54]

Esta afirmación de la inmanencia de lo sagrado a menudo viene unida a un alegato por la resacralización de la vida cotidiana, y en particular de la sensualidad y el cuerpo. En contraste con su previo estatus marginal, "el cuerpo" ha llegado a ser una categoría hermenéutica clave en el estudio de la religión.[55] Las dos últimas décadas de investigación religiosa han producido un asombroso número de estudios sobre percepciones, representaciones y usos (y abusos) del cuerpo en la práctica religiosa; por ejemplo sobre los potenciales espirituales encarnados y sus energías transformadoras; el papel esencial de las posturas y los movimientos corporales en la experiencia religiosa y la práctica ritual; las dimensiones míticas, simbólicas y metafóricas del cuerpo; las valoraciones críticas de muchas ideas y prácticas espirituales históricas como "desencarnadas".[56] En sintonía con el *Zeitgeist*, Kripal da voz a la nueva posición central que ocupa el cuerpo en los estudios religiosos: «Si hay un universal en la historia de las religiones, es el cuerpo humano y su configuración fisiológica de la práctica y la experiencia religiosa».[57]

El cuerpo también ha emergido como un revigorizado lugar de conocimiento, análisis e investigación en la antropología de la religión (por ejemplo, la fascinante investigación participativa de Paul Stoller sobre la brujería Songhay y la posesión del espíritu), así como una fructífera categoría comparativa en los estudios interculturales (por ejemplo, el excelente estudio de Anne Hunt

Overzee sobre el simbolismo del cuerpo en Teilhard de Chardin y Ramanuja).[58] De interés en relación con este tema son ciertas investigaciones de las visiones orientales del cuerpo.[59] Mostrando cómo las visiones asiáticas sobre el cuerpo pueden proyectar nueva luz sobre cuestiones occidentales perennes, Yuasa Yasuo, por ejemplo, sugiere que la unidad del complejo cuerpo/mente no es un problema que deba ser resuelto por medio de la investigación racional, sino un fruto existencial para ser realizado a través del cultivo consciente de uno mismo (*shugyo*).[60]

Apartándose del debate acerca de su naturaleza universal o contextual, el estudio contemporáneo del misticismo está recentrándose gradualmente no sólo sobre lo textual y lo histórico, sino también sobre la posición del cuerpo y sus energías sexuales y eróticas en la empresa mística. En su innovador análisis de las experiencias místico-eróticas de los estudiosos del misticismo, Kripal habla de lo erótico como «dialéctica radical entre la sexualidad humana y el posible fundamento ontológico de la experiencia mística».[61] Para Kripal, el cuerpo y sus energías sexuales pueden influir e incluso constituir no sólo el fenómeno místico, sino también los propios planteamientos eruditos utilizados en su estudio. Incluso el control ascético de la sexualidad de los místicos antiguos, lejos de ser considerado meramente represivo, es hoy reformulado como una clase de erotismo capaz de transformar el deseo en discurso religioso y discernimiento.[62] La relación entre lo corporal y lo místico ha sido también analizada desde diferentes ángulos feministas. Jantzen analiza las dimensiones política y patriarcal de la devaluación de lo somático y lo erótico en la historia del misticismo cristiano, Hollywood explica cómo los modos místicos corpóreo y erótico, históricamente asociados con las mujeres, han sido denigrados e incluso patologizados, y Lanzetta ofrece una meditada consideración de los cuerpos de las mujeres como "textos místicos" y de la sexualidad como un área de "reclamación de santidad de las mujeres".[63] La tendencia hacia la integración de lo espiritual en lo físico, así como la celebración del significado religioso de la sexualidad y la inmanencia de lo divino, están también en el centro de las llamadas "teologías del cuerpo" desarrolladas en las dos últimas décadas. Según James Nelson, la "teología del cuerpo" no es tanto una reflexión teológica sobre el cuerpo, como «nada menos que nuestro intento de reflexionar sobre la experiencia corporal como reveladora de Dios».[64]

No debe confundirse este giro feminista y postmoderno hacia la subjetividad encarnada con un retorno a planteamientos fenomenológicos descontextualizados, apolíticos y "criptoteológicos" de la religión.[65] Por el contrario, el feminismo postmoderno reemplaza un *ego mental cartesiano* masculinizado, desencarnado y supuestamente universal y autónomo por un *yo intersubjetivo* sexuado, encarnado, situado y participativo como el agente implicado en los procesos religiosos.

Así pues –y esto es incluso más relevante para nuestras preocupaciones presentes–, *el cuerpo de la erudición contemporánea no está ya «disolviéndose en el lenguaje»*.[66] Escuchemos, por ejemplo, la advertencia de Lisa Isherwood y Elisabeth Stuart: «Lo que debe ser evitado a toda costa es la desaparición del cuerpo real, vivido, que ríe, sufre, nace y muere, por debajo del significado filosófico y teológico que está llamado a vehicular».[67] Además, en contraste con la visión aceptada de la experiencia y el sentido religioso en cuanto lingüísticamente determinados, así como con los relatos aceptados del cuerpo como una clase de texto objetivable, muchos estudiosos argumentan hoy en favor de una relación más íntima y recíproca entre lenguaje y experiencia encarnada: *La experiencia encarnada/erótica prelingüística y translingüística puede configurar significativamente la imaginación visionaria, la experiencia espiritual y el lenguaje del practicante religioso, el místico e incluso el estudioso de la religión.*

Es digno de ser señalado que esta interpretación, todavía minoritaria pero crecientemente aceptada, recibe el apoyo de importantes tendencias en la ciencia cognitiva moderna, que cuestionan con fuerza la determinación lingüística de la experiencia y el pensamiento humanos, habitualmente dada por supuesta desde el giro lingüístico.[68] En *El cuerpo en la mente*, Mark Johnson presenta pruebas más o menos convincentes tomadas de las ciencias cognitivas que sugieren que las metáforas y categorías lingüísticas, así como la propia estructura del pensamiento humano, emergen de las múltiples interacciones corporales del organismo humano con el entorno (por ejemplo, el concepto de "equilibrio" está enraizado en nuestra sensación física prelingüística de estar equilibrados).[69] De forma interesante, Johnson añade que esta visión exige el reconocimiento del papel creativo de la imaginación como puente epistémico entre la experiencia encarnada y la conceptualización mental.[70] Como es obvio, las bases corporales de la cognición, en cuyo favor argumentan Johnson, Georges Lakoff y muchos otros, plantean al menos dos serios desafíos al paradigma lingüístico. Primero: cuestionan las fuentes de la cognición y el sentido simbólico defendidas por el pensamiento interpretativo y postmoderno, resituando tales orígenes en la elaboración imaginal de la experiencia encarnada. Y segundo: ponen en cuestión el paradigma representacional de la cognición abrazado por la filosofía analítica[71], un cuestionamiento que es crucial para el giro pragmático en la filosofía contemporánea, hacia el que ahora nos volvemos.

El giro pragmático en la filosofía contemporánea

Uno de los acontecimientos más importantes en la filosofía contemporánea ha sido la recuperación del pragmatismo filosófico americano, lo que William Eggington y Mike Sandbothe llaman el "giro pragmático".[72] Desaparecidos después de la II Guerra Mundial como un episodio desmedidamente optimista en la historia de la filosofía, los pragmatistas han sido redescubiertos como pensadores incisivos que anticipan y, en ciertos aspectos, superan las problemáticas postmodernas que fácilmente asociamos con filósofos como Derrida y Gilles Deleuze. Pragmatistas como Charles Sanders Peirce, William James y John Dewey resultan hoy especialmente atractivos a causa de su decisiva negativa del fundacionalismo y su rechazo del paradigma epistemológico de la representación, aspectos, ambos, igualmente importantes del giro participativo.

Una de las principales intuiciones del pragmatismo –compartida no sólo por los fundadores americanos del movimiento sino también por los simpatizantes subsiguientes, como el último Wittgenstein y Habermas– es que la conducta lingüística es una clase de acción, y su validez está garantizada en la medida en que realiza los fines comunicativos deseados.[73] Esta tesis pragmatista, enraizada en el doble abandono del fundacionalismo y el representacionalismo, plantea un serio desafío al giro lingüístico, pues sugiere que el lenguaje necesita ser comprendido en términos de acción, y la acción nos pone en contacto con el mundo de los acontecimientos, de la ontología más allá de la sola semántica, de la transformacion más allá de la mera interpretación. Para el pragmatista, la verdad es una palabra que implica realización. Decir que "esta afirmación" es verdadera equivale, más bien, a decir que una estrategia particular demuestra ser verdadera; esa afirmación es verdadera si funciona, en el mismo sentido en que la estrategia de Ulises es verdadera si Troya finalmente cae.

Para el pragmatista, la verdad de una proposición, idea, creencia o presentimiento no está determinada por una mirada desapegada que simplemente vigila y fija el mundo "tal como es", sino que más bien se prueba y se demuestra a través del fuego de la acción. James sugiere repetidas veces la siguiente máxima como guía de pragmatismo: «Supuesta verdadera una idea o creencia, ¿qué diferencia concreta establecerá el hecho de ser verdadera en la vida real de alguien?». El resultado de la máxima de James es la ruina de cualquier fundacionalismo filosófico persistente que pretenda construir sistemas sobre ideas claras, distintas e indudables. Más que construir sobre fundamentos seguros, la filosofía pragmatista empieza siempre en medio de las cosas; teñida por sentimientos, acontecimientos y acciones humanas; es una filosofía sujeta a constante revisión y a nuevas demandas. El fundacionalismo, con raíces en Locke y Descartes, en cambio, está estrechamente vinculado con la estrategia epistemológica de la representación. Dicho simplemente: el representacionalismo es, como James lo caracteriza, «la noción popular [...] de que una idea verdadera debe copiar su realidad».[74] La filosofía representacionalista, lo que Richard Rorty llama «la mente como espejo de la naturaleza», plantea la tarea de discriminar entre las ideas que realmente representan el mundo y aquellas que simplemente pretenden hacerlo. Mediante la identificación de estas representaciones privilegiadas, el filósofo proporciona un fundamento sobre el cual pueden levantarse todas las creencias dignas del honorífico título de "conocimiento verdadero". El espejo del representacionalista es algo muy diferente a la acción del pragmatista. James comenta: «El gran supuesto de los intelectualistas [fundacionalistas] es que la verdad implica esencialmente una relación estática inerte. Cuando has obtenido tu idea verdadera de algo, llegas al final del asunto. Estás en posesión; *conoces* [...] Epistemológicamente estás en equilibrio estable».[75] Por contraste, James y sus colegas pragmatistas sostienen que «la verdad de una idea no es una propiedad estancada inherente a ella. La verdad *acaece* a una idea. Ésta *deviene* verdadera, es *hecha* verdadera por los acontecimientos. Su verdad *es* de hecho un acontecimiento, un proceso».[76] Desde el principio, los pragmatistas rechazaron las estrategias fundacionalistas tan características de la filosofía moderna, y así Robert Cummings Neville está en lo cierto al ver en ellos el anuncio de «el camino que rodea el modernismo».[77]

El antifundacionalismo es central en la obra de Rorty, quizás el neopragmatista más destacado del giro pragmático contemporáneo. Rorty heredó el antifundacionalismo de respetables fuentes analíticas que incluyen la campaña de Wilfrid Sellars contra el "mito de lo dado", la crítica de Williard V.O. Quine de los dos dogmas del empirismo (carácter analítico y datos de los sentidos) y su consecuente giro hacia el holismo, y el rechazo de Donald Davidson de la distinción esquema-contenido. En manos de Rorty, la crítica del fundacionalismo conduce al abandono de la ontología, una especie de provocativo pragmatismo deflacionario, enraizado especialmente en una particular lectura de James y Dewey, que ve el conocimiento como una caja de herramientas para la transformación democráticamente orientada de la sociedad y la realidad.[78] El de Rorty, sin embargo, no es el único pragmatismo viable que circula por los medios académicos. Están también aquellos que, como Christopher Hookway, Ochs y Frank M. Oppenheim, luchan de diversas formas por un pragmatismo más amplio, más robusto. Este pragmatismo realista, enraizado especialmente en Peirce y en el último Josiah Royce, también ve el conocimiento como algo propiamente elaborado por conocedores humanos para la transformación de la sociedad y el cultivo de "comunidades amadas", pero ve este conocimiento efectivo en términos más realistas que nominalistas. De hecho, a pesar de su rechazo pragmatista del fundacionalismo, Peirce consideraba que el nominalismo estaba entre los principales espectros que su filosofía debía exorcizar. Un relato pragmático no fundacionalista del conocimiento no necesita evacuar el mundo de inteligibilidad o valor intrínseco. En el pensamiento de Peirce, el no fundacionalismo es una parte integral de una compleja teoría que ve todo el universo como entreverado con una inteligibilidad y dignidad (bondad inherente) real, inteligibilidad y dignidad que no necesitan la garantía de un *cogito* fundacionalista. El antifundacionalismo o no fundacionalismo es capaz, parece ser, de múltiples versiones: el relativismo y el nihilismo de cierta vanguardia antifundacionalista es solo un extremo dentro de un espectro que proporciona también oportunidades religiosas, un espacio para valorar y mantener afirmaciones acerca de lo sagrado, y la posibilidad de que creatividad y generosidad puedan ser, de hecho, los supremos, aunque inciertos, constituyentes del universo.

En este punto, los lectores familiarizados con el neopragmatismo contemporáneo pueden resistirse. Todo este misticismo difícilmente se ajusta al naturalismo dominante en la filosofía neopragmática. Después de todo, ¿qué tiene que ver el neopragmatismo de Quine, Putnam y Rorty con el estudio de las religiones en general y con el giro participativo en particular? En verdad, es cierto que el giro pragmático está a menudo asociado con una clase de secularismo militante o ateísmo agresivo, en el peor de los casos, o con una tolerancia ambigua de la creencia religiosa, en el mejor, y que los pragmatistas contemporáneos como Rorty y Michael Eldridge han hecho poco por corregir esta visión.[79] Sin embargo, obras recientes (en particular la que apela al eje Peirce-Royce del "pragmatismo de Cambridge" en oposición al eje James-Dewey del "pragmatismo instrumentalista") han explorado la inmensa fecundidad de los planteamientos pragmatistas en religión y en espiritualidad.[80] Además, como señala Richard J. Bernstein, no sólo Peirce y Royce, sino también James e incluso Dewey, «todos repudiaron el "ateísmo agresivo". De diferentes formas, todos ellos se tomaron en serio la vida religiosa e hicieron contribuciones vitales para comprender lo que eso significa».[81] La más matizada historiografía del pragmatismo americano actualmente emergente localiza sus raíces en pensadores explícitamente religiosos tan diversos como Jonathan Edwards, por una parte, y Ralph Waldo Emerson, por otra. Aunque estuvo en un tiempo de moda trazar una división entre el interés de los pragmatistas por afrontar cuestiones religiosas (piénsese en James, en las *Varieties*, el «Neglected Argument» de Peirce, o incluso el *Art as Experience* de Dewey) y su obra sobre el pragmatismo como tal, los historiadores contemporáneos reconocen cada vez más el papel constitutivo que las cuestiones religiosas desempeñaron en el desarrollo y la articulación del pragmatismo clásico.[82] Los temas religiosos no fueron marginales a la generación fundacional del pragmatismo, sino esenciales para cada filósofo, en cada uno a su manera: la fascinación de James por la experiencia espiritual individual y lo paranormal, el interés de Peirce y Royce en la comunidad como *locus* espiritual, y el sentimiento religioso basado en la naturaleza de Dewey. La fecundidad religiosa del pragmatismo no es sólo un episodio interesante en la historia de la filosofía, sino que continúa en la actualidad. En los medios académicos contemporáneos, Cornel West y otros apelan a la renovación de un "pragmatismo profético", un pragmatismo desplegado en concordancia con sus raíces religiosas para la mejora y corrección de las injusticias sociales.[83] El pragmatismo desempeña un papel similarmente aleatorio en proporcionar una guía a la práctica dialógica ecuménica de *Scriptural Reasoning*, que pretende abrir un espacio comunicativo crítico para fortalecer las relaciones entre musulmanes, judíos y cristianos.[84] En el campo de los estudios religiosos propiamente dichos, diversos planteamientos pragmatistas continúan desempeñando un papel importante en los planteamientos más filosóficos del misticismo.[85]

¿Cómo, entonces, el giro participativo y el pragmatismo desafían conjuntamente al giro lingüístico? Aunque ciertas formas del giro lingüístico pueden también abandonar el fundacionalismo, tanto los pensadores pragmatistas como los participativos van más lejos en su más radical reconocimiento del elemento simultáneamente interpretativo y ontológico en todos los actos del conocimiento humano. La interpretación no agota el ser, sino que nos invita a la aventura de la transformación y la relación ontológica. Como dice Sanbothe, una focalización sobre la transformación (por ejemplo, como objetivo de la investigación filosófica) es quizá la característica principal del desafío o "ajuste" pragmático del giro lingüístico:

> El ajuste pragmático del giro lingüístico puede ser comprendido como transformador [...] La filosofía ya no es entendida entonces como el análisis metodológico del presente estado de cosas o de estructuras lingüísticas existentes. En lugar de ello, es entendida y desarrollada como una actividad transformadora que actúa experimentalmente buscando cambios en el sentido común a fin de desarrollar nuevas prácticas de conocimiento.[86]

Esto no es un abandono del giro lingüístico, sino una profundización en él. Los signos y los textos no son solo productos de fabricación humana, sino seres cargados con su propio peso creacional. El pragmatismo de Peirce y Royce contempla el mundo entero como una esfera relacional de signos entrelazados. Las criaturas no son simplemente portadoras de signos o intérpretes de signos, sino signos. El universo es semiótico y, por consiguiente, demanda interpretación a todos los niveles. Como dice Peirce:

> Parece extraño, cuando se piensa en ello, que un signo deba dejar que su intérprete le proporcione una parte de su significado; pero la explicación del fenómeno estriba en el hecho de que todo el universo –no meramente el universo de existentes, sino todo ese otro más amplio, que abraza el universo de existentes como una parte, el universo al que estamos acostumbrados a referirnos como "la verdad"– está impregnado de signos, si es que no está compuesto exclusivamente de signos.[87]

Ni Peirce ni Royce redujeron esta pansemiosis al lenguaje, y, negándose a hacerlo, probablemente concedieron al lenguaje humano una mayor nobleza que las lingüistificaciones contemporáneas de la realidad y lo sagrado. Si no hay nada más allá del texto, como sostiene Derrida, o si tenemos que guardar silencio acerca de todo lo que excede nuestro lenguaje, como piensa

Wittgenstein, entonces el juego del lenguaje mismo o bien empieza a parecer vacío, o bien apunta hacia un idealismo lingüístico difícilmente diferenciable del nihilismo. Sin embargo, si la semiótica es ontológica y excede por tanto los lenguajes humanos que son sus ecos interminablemente variables, entonces el lenguaje mismo es "salvado", como afirma Owen Barfield.

Más que concebir la semántica en términos de epistemología y pedir que nuestros lenguajes representen de forma imposible una realidad completamente no lingüística, el pensamiento participativo considera que Peirce y Royce hacen el movimiento correcto al vincular la semiótica no principalmente con la epistemología, sino con la ontología. Los actos comunicativos y los intercambios semióticos se dan, primero y principalmente, en la esfera de lo real, lo ontológico, un dominio de cuerpos y acontecimientos significantes sobre los que la sutileza de la cognición y el lenguaje humanos pueden sobrevenir. La verdad expresada en el lenguaje no es, por consiguiente, de un orden diferente a la verdad que es simplemente el proceso del mundo. Más que un espejo interior de un dominio exterior, nuestro lenguaje es un acontecimiento que puede resonar más o menos con los acontecimientos del mundo. Esto toma en consideración las teorías de la verdad como sucesos relacionales, interminablemente hermenéuticos, e incluso una teoría de la correspondencia no representacionalista que discierne lo verdadero en una proporción ontológica real entre el ser y la inteligibilidad. Tal discernimiento no es una aprehensión intelectualista estática de "las cosas tal como son", sino la intuición a través del cuerpo y la mente de una correspondencia estética, una armonía musical, o una simpatía oculta entre conocimiento y ser. En nuestros actos epistémicos no registramos pasivamente el ser sobre una pantalla interior, sino que más bien participamos en la elevación, la transformación y la actualización dinámica tanto del conocedor como de lo conocido a través de la inauguración de una nueva relación.

De acuerdo con el pensamiento posterior de Peirce y Royce, los planteamientos participativos ven, en última instancia, la aventura del conocimiento como una forma de apertura a lo dado, no anticipada, y que incluso produce revelaciones que nos son mediadas, desde acontecimientos ontológicamente densos, a través de nuestras propias producciones culturales, lingüísticas y encarnadas. La verdad –incluso la verdad sobre el *misterio* del cual todo surge–[88] es en realidad "hecha" a través de nuestras acciones, investigaciones y procesos de validación, y, sin embargo, esta verdad no es por ello un producto nominalista secular, sino que más bien participa en sucesivas revelaciones de una realidad sagrada.[89]. Además, nuestras construcciones propiamente humanas de la verdad nos implican en el peligroso asunto de la aseveración. La verdad provoca nuestro compromiso y nuestra implicación, lo que equivale a decir que el hacer-la-verdad lleva consigo el riesgo de la participación y desemboca en la transformación.[90] Damos expresión a la verdad no representando interiormente una realidad exterior, sino por medio de nuestras respuestas creativas en palabras y acciones a la presión de un misterio transcendente e inmanente y a la creación que continuamente nos presenta. Un acercamiento pragmatista a las cuestiones espirituales no es meramente analítico o interpretativo, sino que es más bien autoimplicante, crítico y transformador, tres características que nos impulsan a llevar la teoría pragmática más allá de los límites del giro lingüístico.

La resacralización del lenguaje

Ir más allá de la necesidad del giro lingüístico no significa necesariamente dejar el lenguaje atrás, sino más bien apuntar en una dirección que concede una mayor importancia al lenguaje, como, por ejemplo, cuando reconocemos una energía autosuperadora o incluso transcendente dentro del lenguaje. En verdad, la mayoría de las tradiciones religiosas –como la cábala, el hinduismo y el sufismo– sostienen la naturaleza sagrada de sus lenguajes escriturarios. Esto significa que las lenguas religiosas son tomadas como expresión de la encarnación de unas intenciones divinas, y que poseen por consiguiente un estatus óntico diferente al de los lenguajes seculares. En estas tradiciones, la idea de revelación está forzosamente conectada con la sacralización del lenguaje. Puesto que se supone que tales textos participan, por decirlo así, de la lengua de los ángeles, pueden ofrecer relaciones privilegiadas y verdades supremas acerca del origen, el sentido y el propósito de la realidad. En algunos casos, estos textos son contemplados como ontológicamente primordiales, es decir, se afirma que han desempeñado un papel central en la creación del mundo y, por consiguiente, no han sido producidos por los seres humanos.[91] Los Vedas y la Torá, por ejemplo, no se contemplan tradicionalmente como productos de fabricación humana, sino que son entendidos como "realidades cósmicas de múltiples niveles" o "principios cosmológicos" que reflejan o encarnan la estructura más profunda de la realidad o lo divino.[92] En la cábala teosófica, dice Moshe Idel, «el lenguaje refleja la estructura interior del dominio divino, el sistema sefirótico de los poderes divinos».[93] En este contexto, la exégesis textual deviene de forma natural un imperativo religioso del significado supremamente espiritual y revelador.

A pesar del firme rechazo de la Ilustración de la autoridad y el valor cognitivo de los textos religiosos, la sacralidad del lenguaje religioso está saliendo de nuevo a la superficie en el estudio contemporáneo de las religiones. Nos hemos referido ya al proceso de la lingüistificación de lo sagrado producido por la modernidad y el giro lingüístico. Como señala Habermas, tal lingüistificación ha reconfigurado incluso nuestras ideas de lo divino: «La idea de Dios es transformada [*aufgehoben*] en el concepto de un *Logos* [...]. "Dios" deviene el nombre de una estructura comunicativa que fuerza a los hombres, so pena de una pérdida de su humanidad, a ir más allá de su naturaleza accidental y empírica para encontrarse uno a otro *indirectamente*, esto es, a través de un algo objetivo que ellos no son».[94] Lo que ni Habermas ni otros pensadores modernos esperaban, sin embargo, es que la transferencia de sentido religioso al lenguaje está conduciendo en la actualidad a una renovada y quizá desconcertante revalorización de las dimensiones sagradas del lenguaje religioso (y, en realidad, del lenguaje humano *per se*).[95] La lingüistificación de lo sagrado está pavimentando el camino para una resacralización del lenguaje.

Esta tendencia es evidente en sitios discursivos tan diversos como la comprensión de Taylor del lenguaje como el "medio divino", la visión del misticismo de Cupitt como "una clase de escritura", y la sugerencia de Kripal de que el estudio hermenéutico de los textos místicos constituye un camino genuinamente místico. En su análisis de las teologías postmodernas, Grigg sugiere que la muerte de Dios como significador transcendental (es decir, una conciencia, fundamento o realidad divina transcendente) requiere que Dios devenga la palabra ahora encarnada en la escritura.[96] En otras palabras, buena parte de la teología postmoderna remplaza al Dios metafísico por un medio divino no sustancialista cuyo dinamismo esencial es el libre juego del lenguaje. Desde este punto de vista, la evolución del pensamiento premoderno al moderno y luego al postmoderno en religión puede ser contemplada como un cambio de foco, primero de Dios a la palabra y luego, sorprendentemente, de la palabra a la Palabra-como-Dios. La destranscendentalización de la religión abre el camino a la consagración del lenguaje inmanente.

La (re)sacralización postmoderna del lenguaje no es un asunto ordenado, sino que más bien explota en múltiples direcciones liberando una serie de estrategias diversas para superar la lingüistificación reduccionista. Entre las más comunes de tales estrategias están los proyectos deconstruccionistas de aquellos que, como Cupitt y Taylor, descubren una clase de divinidad en la no trabada *différence del* lenguaje mismo. Tales maniobras devuelven la sacralidad al lenguaje, pero, probablemente, lo hacen con un alto coste: el nominalismo de muchos esfuerzos deconstructivos amenaza con separar del cuerpo los lenguajes resacralizados, las profundidades de la experiencia espiritual, el mundo natural y la historia humana mundana.

Alternativamente, un cierto número de acercamientos a la transfiguración postcrítica del lenguaje no busca destrabar el lenguaje del mundo natural, sino más bien ver el lenguaje como más sagrado precisamente en la medida en que lo descubre más natural. Ya de forma temprana, pensadores como Giambattista Vico, Johann Georg Hamann, Johann Herder y Samuel Taylor Coleridge abrieron el camino hacia una superación de la modernidad a través de una mirada profundizadora al lenguaje como expresión de un naturalismo profundo. No es el lenguaje como libre juego lo único que merece ser llamado sagrado, sino más bien el lenguaje como constitutivo del pensamiento humano e inherentemente expresivo de una creación sagrada a la que la humanidad y la cultura igualmente pertenecen.

Esta tradición alternativa continúa siendo una fuente importante para la superación participativa de la lingüistificación a través del redescubrimiento de las fuentes más profundas del lenguaje. La humanidad productora-de-lenguaje está en lo que Barfield llama una relación "direccionalmente creadora" con el mundo. El lenguaje desata quizás una clase de divinidad, como Cupitt y Taylor reconocen, pero nuestros poderes lingüísticos creativos e incluso divinos no están divorciados de un pesado materialismo que es lo único que permite emerger para siempre a nuestro lenguaje. En nuestros poderes poéticos, no dejamos el mundo atrás, sino que creamos según la manera en que la naturaleza misma crea. «El mundo, como Dionisos, es despedazado por el puro intelecto –dice Barfield–, pero el poeta es Zeus; él se ha tragado el corazón del mundo; y él puede reproducirlo en un cuerpo vivo.»[97] Los acercamientos participativos al lenguaje ven la *poiesis* humana como una manifestación creativa de la vida o el espíritu en el dominio humano –un tragarse el corazón del mundo–, y así superan radicalmente la moderna escisión entre lenguaje y ontología. Sugerimos que es en las particularidades y limitaciones de la naturaleza, la cultura y la historia donde el lenguaje deviene verdaderamente revelador, una postura que afirma la inmanencia del misterio sin rechazar de ningún modo su transcendencia.

El renovado interés en el estudio de la espiritualidad

Cualquier observador sensible de la cultura norteamericana y europea habrá advertido la explosión del uso de la palabra *espiritualidad* en las últimas décadas. En las estanterías de las librerías, en las emisiones de los medios, en lugares de culto y en lugares de enseñanza, en el lugar de trabajo lo mismo que en los destinos de vacaciones hay una inconfundible resurgencia en la popularidad de la espiritualidad. Aunque la trillada distinción entre ser "espiritual" y ser "religioso" sea en gran medida engañosa, la vigencia del término *espiritualidad* apunta a un ansia auténtica por parte de muchos de una religión profundamente vivida en lugar de una religiosidad cumplida de forma rutinaria o de palabra. Además, este anhelo y el fenómeno cultural asociado con él no están confinados a la cultura popular, sino que han tenido también un efecto dentro del mundo académico. En realidad, la espiritualidad no es ahora solamente una preocupación cultural, sino que ha emergido como una disciplina académica de pleno derecho.

Aunque la disciplina de la espiritualidad tenga raíces profundas, se consolidó inicialmente dentro del campo académico durante los años noventa del pasado siglo. Durante esa década, la disciplina estableció las estructuras gremiales necesarias para crear un auténtico campo de estudio, lo que incluía sociedades (por ejemplo, la Society for the Study of Christian Spirituality), revistas (por ejemplo, *Spiritus*, y su predecesor, el *Christian Spirituality Bulletin*), colecciones de libros (por ejemplo, los *Classics of Western Spirituality* de Paulist Press o los veinticinco volúmenes de *World Spirituality: An Encyclopedic History of the Religious Quest*, con edición a cargo de Ewert Cousins), programas de doctorado (por ejemplo, la Graduate Theological Union en Berkeley), programas de investigación, una metodología crítica, una terminología común, etcétera. Aunque el campo se ha consolidado en gran medida en torno al estudio de la espiritualidad cristiana, hay signos de que este foco exclusivo está cambiando, y de que está emergiendo un campo más amplio que albergaría a diferentes tendencias religiosas.[98]

La especialidad ha conseguido definirse perfectamente a sí misma delimitando sus objetos formal y material de estudio. Según Schneiders, el *objeto material* o *lo que* se estudia en la disciplina de la espiritualidad cristiana es la "fe cristiana vivida". El *objeto formal* de estudio –lo que Schneiders llama «el aspecto particular desde el que se estudia esta experiencia vivida de la fe»– es la experiencia:

> La espiritualidad como disciplina no pretende deducir de la revelación lo que debe ser la espiritualidad cristiana, o prescribir teológicamente su forma, carácter o funcionamiento, ni siquiera necesariamente promocionar pastoralmente su ejercicio. Pretende comprenderla como realmente ocurre, en la transformación de su sujeto hacia la plenitud de la vida en Cristo, esto es, hacia la integración autotranscendente de la vida dentro de la comunidad cristiana de la fe.[99]

Se puede sostener que, aunque está dirigida a la espiritualidad cristiana, la formulación programática de Schneiders puede ser adoptada por otras tradiciones (con las modificaciones pertinentes, claro está). Así, por ejemplo, Cousins habla del estudio de la espiritualidad global como

> una disciplina diferenciada que puede ser distinguida de las otras por la naturaleza de la experiencia religiosa sobre la que reflexiona [...]. Tal disciplina estudiaría la espiritualidad no en una tradición única, aislada de todas las demás, sino en un contexto geográfico e histórico comprehensivo en el que se contemplaría la sabiduría espiritual de cada tradición en relación con la de las otras.[100]

Dos de los rasgos metodológicos más distintivos de la emergente disciplina de la espiritualidad son la autoimplicación y la transformación, y estos aspectos plantean serios desafíos a la hegemonía del paradigma lingüístico dentro del estudio de las religiones. El hecho de centrarse en la experiencia (a pesar de las muchas aporías del término) ya impulsa a la disciplina a cierta distancia más allá de la lingüistificación, pues aunque la experiencia no pueda ser enteramente divorciable del lenguaje y la interpretación, es siempre algo más que pura semántica, y más incluso que epistemología. La experiencia subvierte nuestras categorías establecidas y se resiste a la captura por parte de nuestra lengua. Un estudio sólido de la experiencia introduce en nuestro pensamiento un sitio "acontecimiental", un suceder con apuestas ontológicas que no puede ser ignorado, un suceder que hace intervenir también al supuesto observador en la cuestión.[101] En el primer número de la revista *Spiritus*, Mary Frohlich corrige la definición de Schneiders a fin de reivindicar que, en su aspecto formal, la espiritualidad no es el estudio de la "experiencia" sola, sino el estudio del «espíritu humano plenamente en acto». Los estudiosos de la espiritualidad están fascinados por esos fenómenos que apuntan hacia las personas que viven y actúan de acuerdo con su potencial más alto (es decir, espiritual). Pero Frohlich dice: «No podemos conocer "el espíritu humano en acto" si no es como el espíritu humano en acto. No podemos reconocer las expresiones construidas que comprometen radicalmente al espíritu humano si no es sobre la base de nuestro compromiso radical».[102]

Nuestro propio compromiso radical, según Frohlich, nos compromete participativamente con los objetos de nuestro estudio y nos implica en nuestras conclusiones académicas. Aunque tal autoimplicación haya sido considerada tradicionalmente investigación contaminante, un cierto número de estudiosos notables dentro del campo de los estudios religiosos (de Robert A. Orsi a Kripal) estaría de acuerdo aquí con quienes exploran el campo de la espiritualidad a la hora de reconocer la futilidad de pretender extirpar la propia trayectoria religiosa del esfuerzo académico. Como señala Orsi en *Between Heaven and Hearth: The Religious Worlds People Make and the Scholars Who Study Them*, los académicos son acosados necesariamente por sus propias historias religiosas: «La salas de los departamentos de estudios religiosos están atestadas de fantasmas; el padre ministro, la madre que habla en lenguas, las monjas y los sacerdotes que nos dieron clase, el hermano nacido de nuevo...».[103] Tal autoimplicación es inevitable, pero también raramente reconocida. Como dice Orsi, «si las relaciones sexuales son en la práctica el gran tema tabú de la antropología, nuestra propia historia religiosa es el gran tabú de los estudios religiosos».[104]

Frohlich llega a recomendar que ocuparse honrada y críticamente de nuestra propia implicación requiere que volvamos al lenguaje y la práctica de la interioridad; no interioridad como la clase de lenguaje privado que Wittgenstein prohibiría, sino más bien, siguiendo a Bernard Lonergan, la interioridad como la atención sin la cual no podemos estar presentes uno a otro.[105] Esta actitud se niega a reducir la espiritualidad a un asunto privado interior, a la par que insiste también en que es necesario algún concepto de interioridad o autoconciencia para explicar plenamente la vida humana, vida pública, personal, moral y relacional tanto en los momentos de abatimiento como en los de exultación. El cultivo de esta clase de autoconciencia requiere algo más que la lectura o la manipulación y evaluación de textos. En verdad, argumenta Frohlich, exige algo así como la práctica espiritual por parte del estudioso. Aunque no tenemos por qué deshacernos de las herramientas e intuiciones proporcionadas por el giro lingüístico, el movimiento metodológico de Frohlich nos lleva completamente más allá de cualquier reduccionismo lingüístico y nos devuelve al tempestuoso, arriesgado y transformador campo de la relación encarnada con el misterio, con nosotros mismos y con los otros. Aquí, de hecho, los pensadores participativos pueden querer empujar a los estudiosos de la espiritualidad para que vayan todavía un poco más lejos. Damos la bienvenida al retorno del lenguaje de la interioridad, pero comprendemos, más allá incluso de Lonergan, que la interioridad tiene una paradójica exterioridad. No es solo nuestra autoconciencia lo que nos permite estar presentes uno a otro, sino también (y simultáneamente) nuestra interioridad extática, que es el propio potencial, como si dijéramos, de nuestro morar fuera de nosotros mismos *en* la conciencia del otro (y viceversa). La interioridad, así concebida, no es una subjetividad etérea, sino una realidad ubicua ontológicamente densa; no es una fortaleza privada, sino el sitio potencialmente peligroso de la relacionalidad, el intercambio y la presencia íntimos.

Volver a la interioridad sin caer en los errores del representacionalismo y la ontoteología de la Ilustración implica rescatar un concepto de interioridad como acontecimiento de relacionabilidad vulnerable; un acontecimiento, por consiguiente, de casi inevitable transformación. Claro está, la importancia de la transformación no ha pasado inadvertida a los estudiosos de la espiritualidad. En realidad, Philip Sheldrake refleja un consenso disciplinario cuando afirma que, como autoimplicante, la espiritualidad académica es también autotransformante: «Lo que distingue la disciplina de la espiritualidad cristiana en su más pleno sentido es que no sólo es *informativa*, sino también *transformativa*».[106] Los recursos materiales de tal disciplina no son sólo libros, artículos de revistas, conferencias y charlas, sino las vidas cambiantes de los profesores y sus alumnos, los autores académicos y sus lectores, los clérigos y las comunidades religiosas.

Ahora bien, en este punto es necesaria una advertencia, pues la disciplina de la espiritualidad sabe perfectamente que la autoimplicación tiene sus propios peligros. En consecuencia, la espiritualidad se esfuerza por cultivar el desapego necesario para el lado *crítico* del estudio de la religión vivida, y a la vez el compromiso necesario para hacer justicia al lado *vivido* de esta ecuación.[107] En este sentido, los estudiosos de la espiritualidad están muy próximos a los defensores del giro participativo, que asimismo proponen que una comprensión crítica de la espiritualidad, el misticismo y la religión puede ser realzada por una cierta vulnerabilidad erudita hacia el fenómeno estudiado. Por una parte, dado que los sucesos religiosos ontológicamente reales no se construyen en torno a nosotros, sino que más bien se despliegan a través de nosotros, los estudiosos participativos comprenden que nuestro cuerpo, alma y espíritu son parte de ese discutido campo que ellos quieren estudiar. Colocarse a sí mismo fuera de la investigación (como pretenderían los partidarios de las "ciencias de las religiones") lleva consigo el grave riesgo de una concreción equivocada, esto es, la sustitución de una fácil abstracción académica por la recalcitrancia categorial de la religión vivida. Por otra parte, tanto la espiritualidad como el giro participativo reconocen que un estudio crítico y autoimplicante repercute en las prácticas espirituales y las comunidades de fe así comprometidas. Tanto si comparten la fe de aquellos que estudian como si no la comparten, los estudiosos no están en un universo ético, semántico o religioso absolutamente diferente del de aquellos a los que estudian, sino en una relación moral, ontológica y continuamente rearticulada con las personas, seres y comunidades acerca de los cuales escriben.

La cuestión de la verdad religiosa en el pensamiento postmetafísico

Quizás el tropo más universal en los planteamientos moderno y postmoderno de la religión sea la idea de que las pretensiones que se suponen metafísicas se deberían comprender más correctamente como afirmaciones acerca del lenguaje. En el ensayo inicial de una compilación modernista sobre el estudio de la religión, Willi Braun afirma: «Los seres "transcendentes" más allá de lo humano, como dioses, espíritus, ancestros, o cualesquiera otros de este tipo que se puedan nombrar, tienen su vida no en alguna yoidad óntica, sino como entidades discursivas».[108] De manera análoga, los estudiosos postmodernos explotan de forma persistente el tristemente famoso argumento de Derrida de que «no hay nada fuera del texto» a fin de descartar el valor cognitivo extralingüístico de las afirmaciones religiosas. Aparte de ciertas obras confesionales o teológicas, el pensamiento académico vigente sobre la religión hace gala de un intenso escepticismo hacia cualquier referente metafísico o significador transcendental en el discurso religioso.[109] El pensamiento postmetafísico, en resumen, priva a la verdad religiosa de cualquier significado ontológico más allá del lenguaje.[110]

Las implicaciones de este *ethos* postmetafísico para nuestra comprensión de la verdad religiosa son especialmente evidentes en la obra de Flood. Según Flood, la verdad religiosa es necesariamente discursiva porque «es imposible ir más allá del lenguaje y su sistema de referencia».[111] Por consiguiente, continúa, las verdades religiosas deben ser valoradas y enjuiciadas en términos de su coherencia "intertextual": «Las verdades metafísicas proclamadas por una tradición religiosa [...] pueden ser comprendidas por su coherencia dentro de marcos dados y por su significado dentro de esos marcos».[112] Una vez liberada de su peso metafísico, la cuestión de la verdad religiosa deviene simplemente una cuestión de coherencia y representación dentro de las prácticas narrativas de cada tradición. Para apoyar esta afirmación, Flood señala que, puesto que nociones tales como *nibbana* y *theosis* sólo tienen sentido dentro de sus respectivos marcos soteriológicos (a saber, el budismo y el cristianismo), cualquier intento por establecer su verdadero valor al margen de estos contextos narrativos es a la vez fútil y equivocado. La formulación de Flood conduce internamente a interpretaciones contextualistas de la verdad religiosa en términos de coherencia lingüística, y, externamente, a planteamientos funcionalistas: desde la perspectiva del que está fuera «carece de sentido preguntar por la verdad de estos conceptos al margen de su función cultural»[113]. Aquí, los defensores del giro participativo pueden querer desafiar a Flood a ir más lejos. Aceptando el indiscutible holismo de los sentidos religiosos sugerimos que este holismo no es lógicamente incoherente con la posibilidad de que tales sentidos *puedan* poseer referentes ontológicos o metafísicos. Si tenemos en cuenta la plausibilidad de una multiplicidad de mundos religiosos reales capaces de anclar referencialmente una amplia variedad de significados religiosos, podemos afirmar coherentemente a la vez la contextualidad *y* el valor supratextual de muchas ideas religiosas importantes.

Aunque la escisión contemporánea entre lenguaje religioso y ontología es entendida, por lo general, de forma normativa, es, de hecho, injustificada e incluso potencialmente distorsionadora. Uno de los mejores estudios de las posibles distorsiones implícitas en la deflación postmetafísica de las pretensiones religiosas de verdad con las que estamos familiarizados es la crítica de Jeremy Northcote de la difundida práctica académica de dejar a un lado las formulaciones de causación supranormal en el estudio de la religión.[114] En resumen, Northcote argumenta que la suspensión metodológica de la validez de pretensiones supranormales (es decir, acerca de entidades o niveles de realidad metafísicos), lejos de garantizar el objetivismo o la neutralidad erudita, puede realmente constituir un prejuicio contra «la posibilidad de que el pensamiento y la conducta estén realmente basados en diversas fuerzas supranormales». «En este escenario –añade–, un planteamiento que deje todo eso en suspenso atribuirá falsamente explicaciones sociológicas mundanas a una conducta que está configurada, en realidad, por fuerzas sobrenaturales.»[115] Consecuentemente, Northcote plantea una llamada al diálogo entre la perspectiva occidental y las perspectivas alternativas en la valoración de las pretensiones supranormales. Lo importante aquí es que, a menos que uno suscriba ideológicamente una metafísica naturalista, puede ser prudente, y quizás heurísticamente fértil, no rechazar *a priori* la posibilidad de una causación efectiva de las diversas fuentes supranormales descritas en las formulaciones religiosas.[116]

El agnosticismo metodológico puesto en duda por Northcote parece ampliamente enraizado en la inquebrantable fidelidad, dentro de los estudios religiosos, a las estructuras neokantianas que, o bien dejan a un lado, o bien niegan la existencia de fuentes sobrenaturales y metafísicas de la religión. Por una parte, estudiosos tan diferentes como Ninian Smart y Peter Byrne, entre otros, han defendido enérgicamente durante décadas que el estudio de la religión debería asumir una postura agnóstica (y supuestamente neutral) respecto de la realidad de referentes metafísicos o transcendentales.[117] En el fondo de esta postura aparentemente moderada descansa la creencia kantiana de que ciertas limitaciones epistémicas innatas o profundamente arraigadas en la cognición humana hacen imposible o ilícita cualquier pretensión de conocimiento sobre tales realidades metafísicas. Aunque más metafísicamente eliminacionista que agnóstico, Caputo articula con elocuencia esta intuición: «No podemos, por la ciencia, la filosofía o la religión, situarnos con certeza en algún punto privilegiado por encima de la lucha mortal que se desarrolla abajo, que reivindique haber conquistado el supremo fundamento del Acceso Privilegiado a las cosas-tal-comoson».[118] Por otra parte, muchos autores postmodernos asumen actualmente un "kantismo lingüístico" que a menudo concluye en la negación epistemológica de tales realidades. Dando voz a esta visión, Taylor afirma: «La conciencia [...] trata sólo con signos y nunca alcanza la cosa en sí. Más exactamente, la cosa en sí no es una entidad independiente (sea "real" o "ideal") a la que todos los signos se refieran, sino que es en sí misma un signo [...]. No hay logos que deba ser revelado, no hay secreto que deba ser desvelado, no hay verdad que deba ser descubierta».[119] Sin embargo, negar que el fenómeno religioso pueda tener sustancia extralingüística es hacer una afirmación metafísica, por negativa que sea; una afirmación que verosímilmente socava el profesado estatus postmetafísico de estas versiones del paradigma lingüístico. El escepticismo neokantiano no sólo atrapa a muchos estudiosos de la religión en una especie de caja epistémica herméticamente sellada por sus presuposiciones críticas, sino que también exige el rechazo verosímilmente etnocéntrico de las pretensiones cognitivas de los participantes. El núcleo etnocéntrico de esta postura escéptica se manifiesta en la forma en que rechaza toda pretensión ontológica y metafísica hecha por los practicantes religiosos como precrítica, ingenua y dogmática, o incluso primitiva y supersticiosa. Ahora bien, como señaló en una ocasión Donald Evans, ¿quiénes son los filósofos para decidir lo que los místicos pueden o no pueden hacer?[120]

Una de las cuestiones que aquí está claramente en juego es si puede ser necesario alguna clase de compromiso personal o incluso de transformación –como la superación del orgullo mental, la integración de cuerpo y mente, la purificación del corazón o el desarrollo de competencias contemplativas– para la comprensión y la evaluación de ciertas pretensiones religiosas de verdad. Después de todo, la mayoría de las tradiciones contemplativas sostienen que, en orden a determinar sus verdades más fundamentales, los practicantes necesitan desarrollar competencias cognitivas más allá de las estructuras de la racionalidad lingüística. Esta cuestión se encuentra, claro está, en el centro del conflicto entre tradición y modernidad –y verosímilmente entre religión y ciencia– con partidarios de las primeras cosmovisiones reclamando tal necesidad y partidarios de las últimas rechazándola radicalmente. A los ojos de sus respectivos antagonistas, los religionistas aparecen como epistemológicamente ingenuos, elitistas y autoritarios, y los modernistas parecen cognicéntricos, llenos de prejuicios e incluso separados de dimensiones esenciales de su ser. Sin duda, ambos campos denuncian el dogmatismo furioso que perciben sinceramente en la postura opuesta a la suya.

Aunque creemos que el énfasis sobre la transformación como objetivo primario de la investigación humana aportado por el giro pragmático a la filosofía contemporánea puede eventualmente relajar esta tensión, esta cuestión es profunda y real y debe ser abordada sin reserva. No pretendemos tener ninguna solución mágica al dilema, pero queremos proponer que para avanzar en este camino se podría exigir una especie de mezcla alquímica entre humildad intelectual y crítica despiadada. ¿Es capaz nuestra mente de ser lo bastante humilde para reconocer que sus estructuras racionales pueden no tener siempre la última palabra en la evaluación de las pretensiones de verdad y, sin embargo, mantener e incluso agudizar su mirada crítica hacia los dogmas e ideologías religiosos opresivos, represivos y autoengañosos? ¿Es capaz la mente moderna de admitir que las competencias epistémicas cultivadas por la educación occidental pueden no ser la última o necesariamente superior meseta cognitiva, y denunciar al mismo tiempo las tendencias autoritarias que posiblemente emergen del elitismo intrínseco a los esfuerzos cognitivos en extremo especializados como el contemplativo? Al fin y al cabo, como nos recuerda Kripal, «racionalismo y reduccionismo [...] son también verdades específicas de estado (esto es, son específicas de formas egoicas de conciencia altamente adiestradas), pero sus estados mentales son más fácilmente reproducidos y comunicados, al menos dentro de nuestras culturas occidentales actuales».[121]

Echemos ahora una mirada más ajustada a la naturaleza y los problemas del neokantismo típico del estudio contemporáneo de la religión. Los planteamientos lingüísticos-culturales mantienen habitualmente que el conocimiento religioso está constituido por el lenguaje, las creencias doctrinales y las expectativas soteriológicas. Es verdad que los practicantes religiosos generalmente "descubren" el conocimiento ya cultivado por sus tradiciones, y a los planteamientos lingüístico-culturales se les debe reconocer esto y el haber enfatizado la contextualidad y la consiguiente diversidad de las pretensiones de conocimiento espiritual (aun cuando los defensores de estos planteamientos no siempre hayan reconocido tan claramente la contextualidad de sus propios análisis). Como hemos visto, sin embargo, desde esta intuición válida estos planteamientos pasan a negar o dejar de lado el contenido ontológico y metafísico de las pretensiones religiosas de verdad. Aunque sería probablemente injusto acusar a *todos* los programas contextualistas de psicologismo, subjetivismo o reduccionismo, es justo decir, creemos, que operan por regla general bajo el hechizo de lo que Karl Popper llamó el "mito del marco"[122]. Adaptado a nuestro presente contexto, este mito sugiere la idea de que *los místicos y los practicantes religiosos son prisioneros de sus marcos conceptuales y que el conocimiento espiritual siempre está configurado o tamizado por ellos*.

En el estudio del misticismo, esta postura neokantiana ha sido enérgicamente articulada por Katz: «Mi visión –y es importante que esto se entienda– es que aunque tales realidades transcendentales o Realidad puedan existir, ello (o Él, Ella o Ello) sólo puede ser conocido por nosotros en la forma en que tales *realia* metafísicos llegan a estar disponibles para nosotros dada la clase de seres que somos».[123] En otras palabras, las realidades metafísicas *pueden* existir, pero lo único a lo que podemos acceder es a nuestra localizada conciencia fenoménica de ellas. Contra las pretensiones místicas, ningún conocimiento directo de las realidades espirituales es, por consiguiente, posible.[124] Una forma de cuestionar el mito del marco es mostrar que los místicos refieren intuiciones a las que sus doctrinas o creencias no pueden haberles conducido lógicamente o permitido "construir" conceptualmente.[125] Aunque el misticismo tiende a ser "conservador" en su reafirmación de creencias doctrinales previas,[126] los neoperennialistas tienen razón en señalar la aparición de acontecimientos místicos nuevos y verdaderamente "revolucionarios" que no pueden ser plenamente explicados por las variables constructivas ordinarias o los marcos conceptuales aceptados. Sin embargo, hay todavía un golpe más fatal que se puede dar al mito del marco. La dificultad crucial de la lógica contextualista no es la negación de que los místicos puedan transcender sus marcos conceptuales, *sino la propia postulación de un dualismo de marco conceptual y realidad no interpretada.*

El dualismo de marco y realidad no sólo está vivo en el estudio del misticismo, sino que se extiende a través de toda la disciplina del estudio de las religiones. Por ejemplo, Hick y George Lindbeck han proporcionado defensas influyentes de la religión como esquemas interpretativos de una realidad en última instancia incognoscible.[127] Igualmente, la obra de Joseph Runzo ilustra de qué manera la visión, asumida por él, de las religiones como esquemas conceptuales sitúa una realidad espiritual nouménica fuera del alcance de la conciencia humana, que entonces queda "atrapada" en un mundo "meramente" fenoménico. Puesto que todas las pretensiones religiosas de verdad son relativas a marcos conceptuales, argumenta Runzo, el escepticismo religioso solo puede ser evitado recurriendo a una agotada "entrega absoluta" a la fe.[128] Adviértase también hasta qué punto el trabajo seminal de Smith perpetúa este dualismo. En su ensayo frecuentemente citado *Map Is Not Territory* [*El mapa no es el territorio*], después de criticar acertadamente la idea de un territorio dado de antemano (el famoso mito de lo dado),

Smith concluye: «El mapa no es el territorio, pero los mapas son todo lo que tenemos».[129] Contrastando a Smith con Eliade, Sam Gill escribe: «Para Smith no hay territorio objetivo [...]. Las distinciones en el espacio, el tiempo, la forma y el cuerpo son los métodos humanos de construir la realidad, de acoplarse al mundo de forma significativa. Reconocer algo como un centro o acontecimiento originador no es establecer una hierofanía [...] sino participar en un modo de creatividad humana».[130] El problema con la formulación de Smith es que está elaborada sobre la falsa dicotomía de lo "objetivo" y lo "construido", lo "descubierto" y lo "creado". Sin embargo, como muestran muchas de las contribuciones a este volumen, desde una perspectiva participativa la presencia percibida de un acontecimiento religioso en el mundo no puede ser contemplada ni como un descubrimiento puramente objetivo ni como una construcción meramente humana. Como es el caso con la naturaleza cocreada de un arco iris, un acontecimiento religioso ontológicamente rico emerge en el mundo precisamente a través de la participación perceptual y cognitiva humana.

El dualismo de marco y realidad es ampliamente contemplado como no plausible, especialmente a raíz del ensayo clásico de Davidson «On the Very Idea of a Conceptual Scheme».[131] Tomando la posibilidad de traducción de las lenguas como caso paradigmático, Davidson argumenta que la idea de un marco conceptual alternativo presupone necesariamente un fundamento común más amplio que haría que estos marcos fuesen verdaderamente "alternativos" y cuya existencia desmiente la idea.[132] Según Davidson, la disolución de este "tercer dogma del empirismo" (más allá de los dos de que habla Quine) no sólo socava la existencia de marcos conceptuales (y relativismos conceptuales relacionados que se autorrefutan), sino que también hace ininteligible la idea de una realidad no interpretada (el mito de lo dado).[133] Una vez abandonamos el dualismo de marco y realidad, podemos, con Davidson, «restablecer un *contacto no mediado* con los objetos conocidos cuyas muecas hacen a nuestras palabras verdaderas o falsas».[134] Es crucial comprender que puesto que la superación de este dualismo implica no sólo abandonar las ideas sobre los marcos conceptuales, sino también el concepto de una realidad no interpretada, estos "objetos" ya no pueden ser entendidos como los objetos dados de antemano del positivismo, el empirismo o el realismo ingenuo. Por el contrario, abandonar este dualismo nos incita a ir más allá del objetivismo y el subjetivismo, y rescatar así nuestra relación participativa, conectada y directa con la realidad como fuente de nuestro ser.[135]

En resumen, la legitimidad de la deflación postmetafísica de la verdad religiosa está en función de la validez de los supuestos y los dualismos neokantianos. Por una parte, este planteamiento exige la negación de cualquier realidad religiosa extranlingüística o su cosificación como un noúmeno inaccesible sobre el que necesariamente debemos permanecer en silencio. Por otra, propone una conciencia fenoménica que está sobredeterminada por variables lingüístico-culturales y mecanismos cognitivos constructivos. En sus diversas variantes, el escepticismo epistemológico kantiano, la puesta entre paréntesis de la fenomenología y el agnosticismo metafísico, conducen todos al mismo resultado práctico: el rechazo sistemático de cualquier posible referente translingüístico para las pretensiones religiosas de verdad. Parece obvio, pues, que el paradigma lingüístico en el estudio de la religión conduce a la salida de la filosofía cartesiana de la conciencia, pero no del pesimismo epistemológico kantiano. Desde esta perspectiva, nosotros proponemos que, al menos en este aspecto fundamental, *el giro lingüístico no ha superado plenamente el paradigma cartesiano-kantiano de los planteamientos clásicos y modernos del estudio de la religión.* Pero vale la pena preguntar: ¿Cómo podremos desarrollar un planteamiento *post*moderno y *post*colonial auténtico mientras permanezcamos atados al kantismo? En el apartado siguiente consideraremos algunas elaboraciones del análisis contemporáneo sobre el pluralismo religioso que sugieren la necesidad de considerar las bases ontológicas de la pluralidad de las formas religiosas, pero evitando, al mismo tiempo, la cosificación de las esencias estáticas, las jerarquías espirituales o las realidades metafísicas universalmente paradigmáticas.

La irreductibilidad del pluralismo religioso

A pesar de unas pocas voces marginales, la búsqueda de un núcleo común, de una esencia universal, o de un mundo metafísico único detrás de la multiplicidad de experiencias y cosmologías religiosas se puede dar por superada.[136] Sea guiado por el intuicionismo exclusivista del tradicionalismo, o por el fideísmo de los programas teológicos, el resultado –y con demasiada frecuencia el objetivo buscado– de tales proyectos universalistas es inequívoco: privilegiar un único sistema espiritual o metafísico particular sobre todos los demás. Por otra parte, la investigación moderna muestra que los modelos inclusivistas de diversidad religiosa, o incluso los llamados pluralistas, tienden también a ocultar pretensiones de supremacía de una u otra tradición religiosa, hundiéndose de ese modo en el rígido exclusivismo de las posturas dogmáticas.[137] En cierto modo, las respuestas estándar a la diversidad religiosa –exclusivismo, inclusivismo y pluralismo ecuménico– se pueden disponer según una continuidad que va de las formas más vulgares a las más sutiles de "narcisismo espiritual", que considera superior la tradición u opción espiritual elegida por cada uno. La superioridad religiosa de la tradición preferida se concibe normalmente como una forma más completa o precisa de mostrar un absoluto religioso supuestamente único o de poner de manifiesto "las cosas tal como realmente son". Es probable que la naturaleza dogmáticamente apologética de estos enfoques limite su eficacia para facilitar un encuentro verdaderamente simétrico, dialógico y mutuamente enriquecedor entre las tradiciones religiosas, en el que la transformación profunda e incluso el riesgo de conversión sean posibilidades reales.

Aunque la búsqueda de paralelismos interreligiosos sigue siendo una empresa erudita válida e importante –especialmente cuando está dirigida por el llamado nuevo comparativismo–[138], la mayoría de los estudiosos han abandonado prudentemente la pretensión de explicar las diferencias entre las religiones mediante clasificaciones abiertas o encubiertamente jerárquicas de las tradiciones o concepciones espirituales. Esta sensibilidad está presente en algunos de los más interesantes estudios pluralistas recientes sobre la diversidad religiosa, tales como el de Mark Heim con su "pluralismo soteriológico", o la propuesta de Stephen Kaplan de «caminos diferentes que conducen a cumbres diferentes».[139] Aunque ambos autores siguen siendo agnósticos acerca del estatus metafísico de sus propuestas, Heim considera una multiplicidad de salvaciones religiosas irreductibles asociadas a las diversas tradiciones, y Kaplan postula tres objetivos religiosos independientes, pero igualmente primordiales, y tres realidades últimas conceptualmente posibles: teísmo (en sus diversas variantes), monismo no dualista (al estilo del Vedanta Advaita), y no dualismo de proceso (ejemplificado por el budismo Yogacara).

Esta combinación de pluralismo radical y agnosticismo metafísico es un rasgo principal de la solución lingüístico-cultural al problema de las pretensiones contrapuestas de verdad en el ámbito religioso. La traducción de las ontologías religiosas a construcciones discursivas o fines soteriológicos culturalmente mediados permite a los investigadores explicar de manera coherente las diferencias interreligiosas como el resultado predecible de las diversas creencias religiosas, prácticas, vocabularios o juegos de lenguaje. Como hemos visto, este movimiento requiere el rechazo o la puesta entre paréntesis del estatuto ontológico de los referentes del lenguaje religioso, que son habitualmente contemplados como analíticamente sin sentido, hermenéuticamente oscuros, o parasitarios de una metafísica despótica de la presencia. Después del giro lingüístico, el reconocimiento de una pluralidad auténtica de objetivos religiosos llega al precio, bien del abandono de las pretensiones ontológicas religiosas de cualquier verificabilidad extralingüística, o de la negación de que podamos conocer tales verdades, incluso en el caso de que existan.[140]

Es interesante mencionar que el problema del pluralismo religioso (es decir, el carácter exclusivo e incompatible de las afirmaciones religiosas sobre las realidades metafísicas) contribuye significativamente a la incredulidad moderna y postmoderna sobre su estatus ontológico. Analizando la necesidad de explicaciones naturalistas en el estudio de las religiones, J. Samuel Preus se pregunta: «¿Pues cómo puede tal iniciativa [es decir, el estudio de la religión] avanzar sin ninguna teoría de causas, especialmente cuando sus datos básicos, proporcionados por los representantes de las tradiciones religiosas específicas, son autentificados de manera rutinaria por referencia a un origen divino de algún tipo, y especialmente *cuando esas referencias funcionan como explicaciones que son mutuamente excluyentes?*».[141] Sobre el trasfondo de las suposiciones modernistas acerca de una realidad objetivamente singular, es comprensible que la presencia de una pluralidad de informaciones mutuamente excluyentes lleve al confiado rechazo de las explicaciones religiosas. Es como si la erudición contemporánea hubiera sucumbido a la angustia cartesiana por lo que W.E. Hocking llamaba el "escándalo de la pluralidad", a la preocupación de que «si hay tantas afirmaciones divergentes de la verdad última, entonces, tal vez ninguna sea cierta».[142] Sin embargo, tanto la angustia subyacente como la fuerza persuasiva de esta intuición se desvanecen si consideramos la posibilidad de una pluralidad de mundos religiosos mediados culturalmente, pero existentes, capaz de anclar los diversos lenguajes religiosos. Una vez abandonamos las suposiciones objetivistas y universalistas sobre una única realidad espiritual o un absoluto metafísico dados de antemano, la multiplicidad de las pretensiones religiosas de verdad deja de ser una fuente de incredulidad ontológica o de agnosticismo metafísico y se vuelve enteramente natural, incluso tal vez esencial.

A este respecto deberíamos prestar especial atención al trabajo de algunos de los estudiosos contemporáneos que de varias maneras subrayan o reivindican las fuentes y el valor ontológico del conocimiento religioso, reforzando a la vez las intuiciones pluralistas y contextualistas. Por ejemplo, el "constructivismo experiencial" de Michael Stoeber afirma la naturaleza mediada culturalmente de las experiencias religiosas, y mantiene al mismo tiempo que las realidades espirituales pueden tener un impacto creativo sobre el contenido del conocimiento religioso, que explica la emergencia de nuevas intuiciones espirituales y herejías místicas.[143] Jess Byron Hollenback propone que uno de los efectos principales de muchas prácticas meditativas es la "potenciación" (*enthymesis*) de los pensamientos conscientes e inconscientes del místico.[144] Este proceso de potenciación transforma la imaginación del místico en un órgano de percepción y conocimiento supranormal capaz no sólo de obtener información paranormalmente verídica, sino también de configurar paisajes espirituales diferentes según la metafísica, la antropología y la soteriología de su tradición. Es crucial subrayar que Hollenback no está proponiendo ningún tipo de psicologismo solipsista o proyectivo en virtud del cual los místicos meramente "crean" sus universos espirituales ejerciendo la facultad de su potenciada imaginación. Al contrario, Hollenback cree que la imaginación potenciada puede transcender realmente el contexto lingüístico-cultural y llegar a ser una fuente de revelaciones originales e intuiciones espirituales creativas. En el contexto del misticismo judío, Elliot R. Wolfson ofrece un estudio completamente contextualista y pluralista *pero* ontológicamente substancial de la imaginación religiosa visionaria. Según Wolfson, las visiones del místico judío no están totalmente constituidas por su imaginación subjetiva, sino que reflejan realmente «realidades ontológicas que tienen la capacidad de ser vistas en la imaginación del visionario». Esto es así porque «la imaginación es [...] el órgano que pone en contacto con realidades espirituales que son perceptibles para cada individuo según las imágenes dominantes de su afiliación religiosa y cultural».[145]

El atractivo de estas propuestas altamente participativas radica en su capacidad de ofrecer bases epistemológicas para un pluralismo religioso contextualmente sensible que supere la deflación lingüística de la ontología religiosa o la metafísica. En el contexto de los dilemas planteados por el pluralismo religioso, una de las muchas ventajas de un relato participativo del conocimiento religioso es que libera al discurso de los presupuestos cartesiano-kantianos (por ejemplo, sobre una sola realidad última previamente dada o nouménica) que lo atan a formulaciones reduccionistas, exclusivistas o fideístas. Una vez acabamos con el dualismo de marco y realidad, por una parte, y reconocemos el papel ontológicamente creativo de la cognición espiritual, por otra, la idea de una multiplicidad de mundos religiosos metafísicos se vuelve no sólo plausible, sino tal vez también indispensable. En su versión más radical, la perspectiva participativa no sostiene que hay dos, tres o cualquier cantidad limitada de absolutos espirituales dados de antemano, sino más bien que *la apertura, interrelacionalidad y creatividad radicales del misterio o el cosmos permiten la enacción*[*] *participativa de un número indefinido de autorrevelaciones posibles de la realidad y los mundos metafísicos o religiosos correspondientes.*[146] Estos mundos no están estáticamente cerrados, sino que

* Para el sentido de este término, que se utiliza en repetidas ocasiones a lo largo de esta obra, véase, por ejemplo, la nota 154 de este capítulo. *(N. de los T.)*

son fundamentalmente dinámicos y están abiertos a la transformación continua resultante (al menos en parte) del impacto creativo de la imaginación visionaria humana y los esfuerzos de la hermenéutica religiosa. Aunque esto pueda parecer a primera vista un enfoque de "todo vale" en cuanto a las afirmaciones religiosas, sostenemos, por el contrario, que reconocer una diversidad de mundos religiosos cocreados nos exige, de hecho, una mayor perspicacia en el discernimiento de sus diferencias y sus valores. Como esos mundos no están simplemente dados, sino que nos implican como agentes y cocreadores, no estamos al margen de la ética en relación con la religión, sino que hacemos opciones inevitablemente cosmopolíticas y morales en todos nuestros actos religiosos.

Cerramos este apartado llamando la atención sobre una anomalía potencialmente importante en la explicación lingüístico-cultural tanto del conocimiento religioso como del pluralismo religioso. La investigación moderna de la conciencia sugiere que los seres humanos pueden ser capaces de acceder a una multiplicidad de motivos religiosos y mundos espirituales aparentemente "dados". El psiquiatra Stanislav Grof, por ejemplo, describe cómo sujetos que emplean diferentes tecnologías de modificación de la conciencia –como los enteógenos o la hiperventilación metódica– informan de que tienen experiencias directas de una rica variedad de cosmologías espirituales, revelaciones e incluso principios supremos.[147] Lo que es más llamativo es que, según Grof, los sujetos atestiguan repetidamente no sólo que tienen acceso a intuiciones espirituales y cosmologías pertenecientes a mundos religiosos específicos, sino también que las comprenden *incluso sin que les hayan sido previamente expuestas*. En las propias palabras de Grof:

> En los estados no ordinarios de conciencia, las visiones de diversos símbolos universales pueden desempeñar un papel importante en las experiencias de individuos que anteriormente

> no tenían ningún interés en el misticismo o que se oponían firmemente a todo lo esotérico. Estas visiones tienden a transmitir una comprensión intuitiva instantánea de los diversos niveles de significado de estos símbolos.
>
> Como resultado de experiencias de este tipo, los sujetos pueden desarrollar comprensiones correctas de diversas enseñanzas esotéricas complejas. En algunos casos, personas no familiarizadas con la Cábala tuvieron experiencias descritas en el *Zohar* y el *Sepher Yetzirah* y obtuvieron intuiciones sorprendentes de los símbolos cabalísticos. Otros fueron capaces de describir el sentido y la función de intrincados mándalas del Vajrayana tibetano y otros sistemas tántricos.[148]

Aunque la investigación de Grof espera la necesaria replicación sistemática para lograr un estatus científico superior, sus datos sugieren las limitaciones del informe contextualista de la diversidad religiosa y, si se corroboran adecuadamente, constituirán una refutación empírica de la sobredeterminación lingüístico-cultural de la experiencia y el conocimiento religiosos. Recordemos aquí que, para teóricos contextualistas como Katz, los fenómenos religiosos están siempre totalmente construidos por las creencias, los lenguajes, las prácticas y las expectativas doctrinales.[149] Como dice Peter Moore, «la carencia de presupuestos doctrinales podría impedir al místico no sólo comprender y describir sus estados místicos, sino incluso experimentar la plenitud de estos estados».[150] Si los sujetos de Grof experimentan o no "la plenitud" de los estados místicos y logran una comprensión completa de los significados espirituales tradicionales es todavía una cuestión abierta. Pero aunque esto no fuera así, las pruebas derivadas de los casos estudiados por Grof son suficientes, pensamos, para hacer cuestionable la "tesis fuerte de la mediación" lingüístico-cultural sobre bases empíricas. Los sujetos de Grof informan de experiencias que *no* deberían producirse si la "tesis fuerte de la mediación" fuese correcta.[151]

Esta anomalía plantea serias dificultades a la determinación cultural del conocimiento religioso y al planteamiento lingüístico asociado del pluralismo religioso. El planteamiento participativo de una pluralidad de mundos religiosos históricamente enactuados, presentado anteriormente, convierte, sin embargo, la anomalía generada por los datos de Grof en un problema resuelto que la tradición de la investigación lingüístico-cultural dominante no puede explicar; un rasgo clave del avance conceptual según la teoría del progreso científico de Larry Laudan.[152]

***

En esta sección hemos visto cómo el distanciamiento respecto del esencialismo, el universalismo y el colonialismo occidental de los enfoques clásicos de la religión producidos por el giro lingüístico prepararon el camino para la aparición de una plétora de perspectivas más contextualizadas, pluralistas y no occidentales. Estas elaboraciones revelan una paradoja fundamental en el corazón del paradigma lingüístico del estudio de la religión. Por una parte, los planteamientos lingüísticos insisten en la necesidad de traducir las afirmaciones metafísicas religiosas a afirmaciones sobre el lenguaje. Por otra, muchos de estos planteamientos subrayan el carácter central de facultades y perspectivas humanas –encarnadas, eróticas, de género, émicas, etcétera– que de manera persistente apuntan a fuentes de significado y vías de conocimiento extralingüísticas en la práctica y la experiencia religiosas.[153] En otras palabras, hay una tensión no resuelta entre la lingüistificación de lo sagrado y el énfasis en lo no lingüístico que caracteriza importantes áreas del saber contemporáneo sobre religión. En el apartado siguiente sugerimos que esta tensión puede relajarse, y tal vez disolverse, mediante un planteamiento más participativo de los fenómenos religiosos.

EL GIRO PARTICIPATIVO

¿Podemos considerar hoy en día la experiencia religiosa, la espiritualidad y el misticismo seriamente sin reducirlos a subproductos lingüístico-culturales o sin vernos obligados, simplemente, a afirmar su validez como un hecho dogmático? En el apartado anterior identificamos formas del giro lingüístico que no logran dar cuenta de cuestiones y aspectos importantes del estudio académico contemporáneo de la religión. Como ya sugerimos, creemos que una exploración eficaz de estas cuestiones, y una posible respuesta a ellas, exige otro "giro" en el estudio de las religiones, un giro que incorpore las preocupaciones postmodernas y pragmáticas con el renovado interés por diferentes formas de conocimiento (encarnado, de género, imaginal, contemplativo, etcétera), el estudio autoimplicante de la espiritualidad y la transformación mística, y la disposición creciente a considerar las interpretaciones émicas, sin caer en las posturas confesionales acríticas ni en los esencialismos y universalismos reduccionistas de la mayoría de los enfoques clásicos. En otras palabras, queremos proponer que hay un tercer camino posible, una alternativa a ambos: por una parte, a la lingüistificación de lo sagrado actualmente de moda, y, por otra, al fidcísmo precrítico más conservador.

Denominamos a este planteamiento alternativo "giro participativo" en el estudio de la religión, la espiritualidad y el misticismo. En pocas palabras, el giro participativo aboga por una interpretación *enactiva* de lo sagrado, que trata de abordar los fenómenos, experiencias e intuiciones religiosas como acontecimientos cocreados.[154] Esos acontecimientos pueden implicar toda la gama de las facultades epistémicas humanas (por ejemplo, lo racional, imaginal, somático, estético, etcétera) con el despliegue creativo de la realidad o el misterio en la enacción o actualización –puesta en acto o "alumbramiento"– de mundos religiosos ontológicamente ricos. En otras palabras sugerimos que los fenómenos religiosos y espirituales son "participativos" en el sentido de que pueden surgir de la interacción de todos los atributos humanos y un poder espiritual o dinamismo creativo de la vida no determinado.[155] Más específicamente: avanzamos la hipótesis, sin duda arriesgada, de que los mundos y fenómenos religiosos, tales como los cuatro reinos cabalísticos, las diversas cosmologías budistas, o las siete moradas de Teresa, llegan a la existencia por un proceso de cocreación participativa entre la cognición multidimensional humana y la fuerza generadora de vida y/o el espíritu.[156]

No debería confundirse nuestra visión del conocimiento participativo como esencialmente creativo, transformador y performativo (en oposición a lo objetivo y representacional) con un rechazo del realismo o el respaldo de una cosmovisión mentalista o idealista. Aunque con frecuencia se traza una línea de división filosófica entre "realistas representacionalistas" y "constructivistas antirrepresentacionalistas" que tienden a rechazar el realismo,[157] esta polarización generalmente válida se vuelve falsa si se toma como normativa. Como muestra Steven Engler en un instructivo ensayo, el constructivismo, aunque cuestione la corresponencia entre signos lingüísticos y hechos independientes, no es necesariamente antirrealista ni relativista.[158] En el estudio de las religiones, por ejemplo, el constructivismo katziano no niega necesariamente la realidad de los referentes religiosos o las entidades metafísicas, sino que mantiene que, en el caso de que tales entidades existan, sólo podemos tener acceso a ellas mediante nuestra consciencia fenoménica, contextualmente mediada. Sin embargo, la adopción de un paradigma enactivo de cognición en el estudio de la religión nos libera del mito del marco y otras aporías de la doctrina kantiana de los dos mundos, al sostener que la cognición humana multidimensional participa cocreativamente en la emergencia de enacciones plausibles de la realidad. En otras palabras, la enacción participativa es epistemológicamente constructivista y metafísicamente realista.[159]

Esta interpretación participativa permite una afirmación audaz de las realidades espirituales sin caer en una metafísica cosificada de la presencia, ni en los esencialismos ingenuos de la certeza dogmática. Por una parte, una concepción participativa de los mundos religiosos supera las estructuras metafísicas estáticas y pretendidamente universales del pasado, pues sostiene que variables humanas mediadas culturalmente tienen un papel formativo en su constitución. Mientras que la apertura de los mundos religiosos a la creatividad visionaria de la humanidad supone su necesario dinamismo, el carácter contextual y encarnado de esos impulsos creativos exige su pluralidad. Por otra parte, el giro que estamos defendiendo permite el avance de la investigación religiosa sin el peligro de caer en una postura precrítica, porque dirige explícitamente la atención hacia el papel constitutivo de la participación humana creativa en todos los fenómenos religiosos y en la verdad religiosa. Sin embargo, subrayamos que abrazar el papel constitutivo de lo humano en los asuntos religiosos no tiene por qué atarnos con una camisa de fuerza epistémica (casi kantiana). Esa participación humana no tiene que reducir los fenómenos religiosos y espirituales a meros productos de una subjetividad humana cultural o biológicamente configurada. Como explica Capps, la investigación religiosa, tras el alba de la modernidad, ha sido conducida por un "temperamento cartesiano-kantiano" que considera que los mundos religiosos son, o bien realidades "objetivas" o nouménicas que son cognitivamente inaccesibles (o accesibles sólo en estados intuitivos dudosamente "puros"), o bien construcciones de la imaginación "subjetiva" y de fabricación lingüístico-cultural.[160] Al cuestionar este legado cartesiano-kantiano, el giro participativo nos llama a ir *más allá del objetivismo y el subjetivismo hacia el reconocimiento de la naturaleza interpretativa, y por lo tanto en gran parte constituida pero no obstante inmediata, del conocimiento espiritual y religioso.* Hablando de las dimensiones espirituales de la naturaleza, Richard Tarnas capta elocuentemente lo esencial de esta formulación postkantiana:

> Esta epistemología participativa [...] incorpora la interpretación postmoderna del conocimiento y, sin embargo, va más allá de ella. Se reconoce plenamente el carácter interpretativo y constructivo de la cognición humana, pero la relación íntima, interpenetrante y omniimpregnante de la naturaleza con el ser humano y la mente humana permite que la consecuencia kantiana de la alienación epistemológica sea enteramente superada. El espíritu humano no prescribe meramente el orden fenoménico de la naturaleza; más bien, el espíritu de la naturaleza produce su propio orden a través de la mente humana cuando esta mente emplea su gama completa de facultades: intelectual, volitiva, emocional, sensorial, imaginativa, estética, epifánica.[161]

Como ilustran los ensayos de este volumen, en el estudio académico de la religión esta interpretación participativa puede ayudar a disolver antinomias previas, como las que se producen entre los planteamientos contextualistas y neoperennialistas del misticismo, entre los modelos "lingüístico-cultural" y "expresivo-emocional" de la religión, entre las epistemologías científicas y las religiosas, o, más generalmente, entre las cosmovisiones moderna y tradicional.

Modos de participación: arcaico, romántico y enactivo

Se podría objetar razonablemente que al defender la importancia de la categoría de participación en el estudio de la religión nos estamos limitando tan solo a volver a estilos románticos o arcaicos del saber participativo. Sin embargo, creemos que no simplemente "volvemos" a un modo participativo de pensar, sino que también modernizamos el concepto de participación. Invocamos una modernidad participativa, incluso una postmodernidad participativa. Aunque no podamos desarrollar aquí una comparación sistemática de los modos de participación preilustrados y postilustrados puede ser importante evocar al menos algunas distinciones generales entre ellos.[162]

Al principio del siglo XX, el filósofo francés Lucien Lévy-Bruhl introdujo la expresión *participation mystique* para designar el tipo de mentalidad que caracterizaba a los llamados pueblos "primitivos". A diferencia de la inteligencia lógica del Occidente moderno, Lévy-Bruhl sugería que la mentalidad nativa se puede describir como una "participación afectiva" basada en una relación prelógica y mística con los otros, con la naturaleza y con las cosas.[163] En *Les Carnets*, obra publicada póstumamente, Lévy-Bruhl atenuaba el contraste entre mentalidades lógicas y participativas, señalando que, en lugar de estar asociadas exclusivamente a los modos de pensar moderno y primitivo respectivamente, ambos estilos cognitivos coexistían en alguna medida en todos los seres humanos.[164] Para Lévy-Bruhl, la participación se convierte en la dimensión afectivo-analógica universal de la mente humana.

Medio siglo después de la muerte de Lévy-Bruhl, el antropólogo de la religión Stanley J. Tambiah proponía que estos dos modos coexistentes de pensamiento –a los que llama "participación" y "causalidad"– representan dos "orientaciones con respecto al mundo" diferentes que son perfectamente apropiadas en sus áreas respectivas de la investigación y la actividad humanas.[165] Según Tambiah, el discurso de la causalidad es adecuado para la ciencia, el razonamiento analítico y las ciencias técnicas y biomédicas, y el discurso de participación lo es para la religión, la comprensión empática, la estética, el ritual y la meditación. En una reformulación reciente de la propuesta de Tambiah, Wouter J. Hanegraaf sugiere que, aunque la tendencia humana hacia la participación derive de una intuición basada en el sentimiento de interconexión no local de todos los seres, la tendencia humana a la causalidad instrumental está guiada, en cambio, por la intuición de que todos los acontecimientos del mundo son resultado de una causación material.[166] Hanegraaf señala también que la causalidad instrumental se convirtió en el mecanismo privilegiado para discernir la verdad objetiva en el mundo occidental, y que esta supremacía epistémica precipitó una contracultura basada eminentemente en la participación que se puede encontrar desde los románticos al movimiento *new age* contemporáneo.[167]

En efecto, el Romanticismo alemán fue un movimiento profundamente participativo. En su rebelión contra la apoteosis de la lógica y la razón de la Ilustración, los románticos afirmaban el papel participativo de la imaginación y el sentimiento, la intuición y la inspiración, la volición y la penetración espiritual, en la elaboración del conocimiento humano.[168] El Romanticismo no sólo rescataría el valor epistémico de todos los atributos humanos, sino que también sostenía de manera convincente –tal vez más visiblemente en los escritos de Johann Wolfgang Goethe, Friedrich Schelling y Coleridge– que es precisamente a través de esa cognición multidimensional como los seres humanos pueden participar eficaz y creativamente en la autocomprensión y la autoperfección progresivas del espíritu y la naturaleza.

A pesar del espíritu fuertemente pluralista de muchas propuestas de los románticos,[169] los fenomenólogos clásicos de la religión –de Nathan Söderblom a Rudolf Otto, Friedrich Heiler, Gerardus van der Leeuw y Eliade– mezclaban la fascinación romántica con la intuición religiosa, y el sentimiento con algunos supuestos universalistas y objetivistas del proyecto ilustrado. Por una parte, los estudiosos de las religiones más influidos por los románticos, como Eliade, desarrollaron una visión de lo "sagrado" como una categoría casi kantiana o elemento universal empotrado en la estructura más profunda de la conciencia humana.[170] Aunque Eliade evitó prudentemente las interpretaciones esencialistas o transcendentalistas de lo sagrado, y mantuvo que las "hierofanías" surgen de la relación dialéctica entre la conciencia humana y una realidad "constituida dada", su programa de investigación estaba firmemente guiado por la búsqueda estructuralista de esencias no históricas e invariables –como "modelos", "arquetipos", o "experiencias religiosas fundamentales"– detrás de la diversidad de las manifestaciones religiosas históricas.[171] Además de este programa estructuralista, la visión universalista de Eliade de la religión, así como su fuerte lealtad a lo que se conoce actualmente como "filosofía de la conciencia", revelan su compromiso con ideales y paradigmas filosóficos característicos de la episteme moderna.[172] Por otra parte, cuando Van der Leeuw, el padre de la fenomenología de la religión, escribía que el estudio de la religión tiene que asumir una subjetividad participativa, pensaba en una especie de participación "ilustrada" en las esencias universales de las formas religiosas; pensaba que las esencias poseen rasgos transculturales invariantes que sólo el método fenomenológico podía descubrir.[173] Como señala Arthur McCalla, los fenomenólogos románticos consideraban «la experiencia religiosa como una intuición o sentimiento autónomo, irreductible y universal del Infinito [...] [y] las diversas religiones del mundo como las formas positivas en las que la esencia de la religión se manifiesta».[174] Estos supuestos han levantado legítimamente serias críticas hacia los planteamientos romántico y neorromántico de la religión, tanto por parte de pensadores postmodernos, que desconfían de sus motivos esencialistas y universalistas, como de estudiosos naturalistas, rápidos en denunciar sus intenciones criptoteológicas.[175]

Los modos arcaico y romántico de participación comparten rasgos importantes con el giro participativo que defendemos en este volumen. Específicamente, estas propuestas participativas no sólo afirman la importancia de la cognición multidimensional para una aprehensión más rica de la realidad, sino que también evitan la doctrina kantiana de los dos mundos y el escepticismo epistemológico que lleva asociada respecto de la posibilidad de un conocimiento directo de la realidad. No obstante, existen también diferencias críticas entre el proyecto presente y las formulaciones participativas anteriores. Primero, mientras que la participación arcaica (tal como la elaboró Lévy-Bruhl) evita la división sujeto/objeto mediante una fusión mística prerreflexiva con el otro y con el mundo natural, los modos emergentes de participación superan el dualismo cartesiano autorreflexivamente preservando una individualidad o *yo participativo* altamente diferenciado, aunque permeable, como agente del saber religioso. Además, a diferencia del paradigma precrítico de cognición ligado a la participación arcaica, el giro participativo adopta una visión enactiva del conocimiento que permite una evaluación crítica de las afirmaciones religiosas, pero libre de la exigencia de probar la correspondencia entre hechos y proposiciones, o entre hechos e ideas. Segundo, mientras la mayor parte de las formas de participación religiosa romántica realizaban suposiciones esencialistas o estructuralistas, el reconocimiento de las formas religiosas como enacciones participativas emancipa a la investigación religiosa no sólo del dualismo de esencia y manifestación, sino también del de estructura "profunda" y expresión "superficial". En otras palabras, mientras que la subjetividad participativa "ilustrada" de la fenomenología romántica de la religión busca una captación intuitiva y empática de las esencias universales, invariables y, a veces, previamente dadas, de las manifestaciones religiosas, la participación enactiva evita esas suposiciones modernistas (así como antiguas) y aborda en cambio las formas y los mundos religiosos como lugares dinámicos de pluralidad auténtica y de realidades emergentes cocreadas.

El último punto merece una mayor elaboración. Desde una perspectiva participativa, la reducción romántica de todas las manifestaciones religiosas a expresiones de una realidad espiritual unívoca –aunque sea concebida transcendental o fenomenológicamente– paga por ello un alto precio. La combinación de una amplia variedad de manifestaciones religiosas con un número forzadamente limitado de esencias o estructuras fenomenológicas de la conciencia humana no sólo socava la auténtica pluralidad de las realidades religiosas, sino que lógicamente coarta el alcance y las posibilidades del papel de la imaginación creadora del ser humano en su formación. No se puede restringir la multiplicidad de los mundos religiosos a unos moldes que los reducen a meros reflejos de una realidad espiritual monocromática sin dañar su autonomía e integridad. La introducción de los dogmas de la Ilustración en las fascinaciones románticas de los estudiosos clásicos de la religión entorpece, así, la completa "liberación de las imágenes" con la que Barfield caracteriza de manera evocadora las formas más creativas y autorreflexivas de participación, formas a las que está consagrada esta antología.[176]

El conocimiento participativo como cognición multidimensional creadora

En *La pasión del pensamiento occidental*, Tarnas explica cómo las sensibilidades romántica e ilustrada configuraron la vida moderna de una manera dualista y finalmente no integrada. Mientras que los valores románticos siguen guiando nuestra valoración del arte, la cultura, la religión y las relaciones cotidianas, los principios de la Ilustración se hicieron paradigmáticos en la investigación racional del conocimiento válido.[177] Los estudios religiosos, herederos del Romanticismo y de la Ilustración, recibieron esta disposición del Jano bifronte. Como señala Flood, la fenomenología clásica de la religión estaba configurada por la "perspectiva cognitiva" de la Ilustración –es decir, la creencia en una naturaleza humana unitaria y en el privilegio epistémico de la razón– y la "perspectiva afectiva" del Romanticismo –es decir, la fascinación por el misterio, así como el énfasis en el sentimiento, la intuición y la experiencia estética–.[178] De manera similar, Daniel Gold define el estudio interpretativo moderno de la religión –de Eliade a Clifford Geertz, Dumézil y Wendy Doniger– como una mezcla del atractivo empático romántico por lo religioso y la convicción cognitiva ilustrada de que la ciencia y la razón deben ser los medios preferidos para establecer la verdad. «Los escritores interpretativos –nos dice– tienden a experimentar un incómodo dilema moderno: *Les gusta* la religión [...] pero *creen* en la ciencia.»[179] Aunque tal planteamiento ambivalente no esté libre de posibles tensiones, Gold sugiere que lo que define el trabajo de los escritores interpretativos de la religión que tienen más éxito es *precisamente* la síntesis de un "corazón blando", caracterizado por la imaginación empática y la intuición, y una "mente dura", capaz de análisis penetrantes mediante el uso del intelecto crítico.[180]

Esta síntesis de corazón romántico y mente ilustrada es central en la cognición integrada y multidimensional, avanzada por el giro participativo en el estudio de la religión. El estudio de las religiones, sugerimos, no debe estar guiado exclusivamente por un "corazón participativo", que siente profundamente, pero carece de rigor crítico, ni por una "mente cognicéntrica", legítimamente crítica con el dogma y la ideología religiosa, pero que no está en contacto con los poderes intuitivos de la persona ni con los misterios del mundo. Sin embargo, la cognición multidimensional no se agota con la fusión de cabeza y corazón. Necesita, además, incorporar el conocimiento del cuerpo, la erótica, la imaginación y la mística. La "epistemología gnóstica" esbozada por Kripal es un ejemplo de un enfoque contemporáneo del estudio de la religión que cuenta no sólo con la razón y el intelecto crítico, sino también con lo simbólico y lo contemplativo, con el cuerpo místico y sus energías eróticas.[181] En este sentido, proponemos que un estudio más profundo y amplio de la religión puede surgir de la integración de nuestro corazón romántico (intuición, sentimiento, imaginación), mente ilustrada (razón e investigación crítica), cuerpo sensible (conocimiento somático y conocimiento erótico) y conciencia contemplativa (conocimiento místico). Ciertamente, como insiste Gustavo Benavides, el giro lingüístico tiene que ser superado por un regreso a consideraciones cognitivas, pero ese cognitivismo no debería reducirse de forma estrechamente mental a las explicaciones causales y naturalistas del intelecto racional.[182] Tenemos que desarrollar, en palabras de Stoller, una «erudición sensual en la que los escritores se muevan entre lo analítico y lo sensible, en la que tanto la forma encarnada como la lógica desencarnada constituyan el argumento erudito».[183]

Incorporar el conjunto de los atributos humanos al estudio de la religión no es sólo personalmente edificante (por ejemplo, en el sentido de promover competencias cognitivas postconvencionales y, tal vez, la integración humana), sino que también puede ser vital para el logro de un conocimiento más fiable o comprensivo de los fenómenos religiosos. La potencial importancia epistémica de la cognición multidimensional puede ser ilustrada con relación a la intuición contemplativa, en gran medida transcultural, sobre la existencia de una homología micro-macro entre la naturaleza humana, el cosmos y lo divino. Prácticamente todas las tradiciones religiosas principales mantienen que existe un isomorfismo o correspondencia profunda entre el ser humano encarnado, el universo y el misterio del que todo surge. Además de su papel central en los ritos y las cosmogonías antiguas, esta *resonancia cosmoteándrica*[184] se refleja en la máxima esotérica «como es arriba es abajo», en las interpretaciones platónica, cristiana, taoísta, islámica, cabalística y tántrica de «la persona como microcosmos respecto del macrocosmos», o en la visión bíblica del ser humano hecho de polvo y «a imagen de Dios» (*imago Dei*).[185] Esta concepción, por supuesto, tiene tremendas consecuencias para la práctica y las actitudes religiosas hacia el cuerpo humano. Para los bauls de Bengala, por ejemplo, considerar el cuerpo como el microcosmos del universo (*bhanda/brahmanda*) tiene como resultado la creencia de que lo divino mora físicamente en la persona humana encarnada.[186] Si hay alguna verdad en la consubstancialidad de cuerpo y cosmos, o del cuerpo y lo divino, entonces se sigue que cuantos más atributos humanos participen en el estudio de la realidad o el misterio, más completo será el conocimiento subsiguiente. En nuestra opinión, este "completamiento" no debería interpretarse de manera cuantitativa, sino más bien en sentido cualitativo. En otras palabras cuantas más facultades humanas participen en el saber espiritual, mayor será la *congruencia dinámica* entre el enfoque de la investigación y el fenómeno estudiado, y más fundamentado, coherente y sensible al despliegue progresivo de la realidad y el misterio será potencialmente el conocimiento obtenido.

Además, la cognición multidimensional está relacionada con el énfasis participativo en la creatividad espiritual. Mientras la mente y la conciencia sirven verosímilmente como puente natural a las formas espirituales sutiles ya enactivadas en la historia que despliegan formas más fijas y dinámicas (por ejemplo, motivos cosmológicos específicos, configuraciones arquetípicas, visiones y estados místicos, etcétera), proponemos que la atención al cuerpo y a sus energías vitales nos da acceso al poder más generativo de la vida o el espíritu. Sobre el trasfondo de la teoría cognitiva de Johnson respecto del papel de la imaginación como nexo de unión entre la experiencia encarnada y la conceptualización mental planteamos la hipótesis de que las energías que "potencian" (según Hollenback) la imaginación del místico están completamente encarnadas y muy posiblemente sean de naturaleza erótica.[187] Aunque sin duda especulativa, esta proposición está de acuerdo con muchas enseñanzas místicas, tales como las referentes al papel creativo de la *shakti* o *kundalini* primordiales en el tantra hindú, el poder generativo atribuido a la energía *chi* en el taoísmo, o incluso la motivación detrás del *virginae subintroductae* en la iglesia primitiva.[188] Si aceptamos este planteamiento, resulta posible conjeturar que la participación activa de las dimensiones encarnadas en la investigación religiosa puede conducir a una pluralidad creciente de procesos espirituales creativos, visionarios y existenciales. Sugerimos que los planteamientos participativos contemporáneos tratan de *enactuar con el cuerpo, la mente, el corazón y la conciencia una espiritualidad creativa que permite que se abran mil flores espirituales.* Sin embargo, como se recalca en el apartado siguiente, el espíritu pluralista de la mayor parte de los planteamientos participativos contemporáneos no supone el respaldo acrítico o relativista de todas las comprensiones o formas de vida religiosas del pasado o el presente.

Hacia una teoría de la religión crítica y participativa

El impulso encarnado e integrador del giro participativo es fundamental para el desarrollo de una teoría de la religión crítica y participativa. En pocas palabras, desde un punto de vista participativo *la historia de las religiones se puede leer, en parte, como un relato de las alegrías y las penas de la disociación humana.* Desde los éxtasis místicos ascéticamente enactuados a las realizaciones monistas negadoras del mundo, y desde la sublimación sexual que expande el corazón, a las batallas (y fracasos) morales de los místicos y maestros espirituales antiguos y modernos, la espiritualidad humana ha estado caracterizada por el impulso predominante hacia una liberación de la conciencia que, con demasiada frecuencia, ha tenido lugar al precio del subdesarrollo, la subordinación o el control de atributos humanos esenciales como el cuerpo o la sexualidad. Incluso líderes y maestros religiosos contemporáneos de todas las tradiciones tienden a expresar un desarrollo desigual que probablemente refleje esta generalizada tendencia espiritual; por ejemplo, un alto nivel cognitivo y espiritual que funciona combinado con un comportamiento interpersonal, emocional o sexual, éticamente convencional, o incluso disfuncional.[189]

Por otra parte, es probable que muchas visiones espirituales pasadas y presentes sean en alguna medida producto de maneras disociadas de conocer, maneras que surgen predominantemente del acceso a ciertas formas de consciencia transcendente pero desconectadas de fuentes espirituales más inmanentes. Por ejemplo, las visiones espirituales que sostienen que el cuerpo y el mundo son en el fondo ilusorios (o inferiores, o impuros, o un obstáculo para la liberación espiritual) probablemente deriven de estados del ser en los que el sentido del yo se identifica, principal o exclusivamente, con energías sutiles de la conciencia, desarraigándose del cuerpo y de la vida espiritual inmanente. Desde esta postura existencial es comprensible, y tal vez inevitable, que tanto el cuerpo como el mundo se vean como algo ilusorio o defectuoso. En cambio, cuando nuestros mundos somático y vital son invitados a participar en nuestra vida espiritual, haciendo que nuestro sentido de identidad sea permeable no sólo a la conciencia transcendente, sino también a las energías espirituales inmanentes, entonces el cuerpo y el mundo se vuelven realidades espiritualmente significativas que son reconocidas como cruciales para la fruición espiritual humana y cósmica. Esta visión no trata de desautorizar las espiritualidades del pasado, que pueden haber sido a veces –aunque de ningún modo siempre– perfectamente legítimas y quizá incluso necesarias en sus épocas y contextos particulares, sino que tan solo pretende resaltar la rareza histórica de una espiritualidad plenamente encarnada o integradora. En cualquier caso sugerimos que un revigorizado estudio participativo de la religión tiene que ser hermenéuticamente crítico con las creencias religiosas, actitudes, prácticas y dinámicas institucionales religiosas opresoras, represivas y disociadoras.

En *El mito del eterno retorno*, Eliade demuestra de manera

convincente la naturaleza "re-enactiva" de muchas prácticas religiosas y rituales, por ejemplo, en su intento de reproducir acciones y acontecimientos cosmogónicos.[190] Para Eliade, escribe Gill, «más que libertad y creatividad, los modos humanos de engranar realidad y sentido son la repetición y la participación».[191] En otras palabras: los elementos esenciales del compromiso participativo promovido por las tradiciones religiosas fueron generalmente "reproductivos". Ampliando esta perspectiva podríamos decir que se puede considerar que la mayor parte de las tradiciones religiosas son reproductivas en la medida en que sus prácticas apuntan no sólo a reenactuar ritualmente motivos míticos, sino también a remedar la iluminación de su fundador o alcanzar el estado de salvación o libertad descrito en escrituras presuntamente reveladas. Aunque en el desarrollo histórico de las prácticas y las ideas religiosas abunden los desacuerdos sobre la naturaleza exacta de esos estados y los métodos más eficaces de alcanzarlos –lo que conduce naturalmente a ricas elaboraciones creativas dentro de las tradiciones–, la investigación espiritual estaba regulada (y probablemente constreñida) por tales objetivos inequívocos y predeterminados.

Sin embargo, los planteamientos participativos presentados en este volumen superan el dualismo tradicional de participación repetitiva y libertad creadora. La enacción participativa supone un modelo de compromiso espiritual que no se limita a reproducir algunos tropos según un *a priori* histórico dado, sino que más bien se embarca en la aventura de la apertura a la novedad y la creatividad de la naturaleza o el espíritu. Si está implicada la repetición (y parece que las condiciones de finitud pueden exigir alguna repetición), es sin embargo una repetición no idéntica, una improvisación creativa de temas y herencias potencialmente capaz de fidelidad a las tradiciones y de una audaz exploración de lo desconocido.[192] Por ejemplo, basándose en las intuiciones morales y las competencias cognitivas vigentes, la investigación religiosa participativa puede emprender no sólo la revisión crítica y la actualización de formas religiosas anteriores, sino también la cocreación de interpretaciones y prácticas espirituales originales y, tal vez, incluso de estados ampliados de libertad.

***

Al concluir este apartado debemos subrayar que somos conscientes de la manera más bien incompleta en la que hemos presentado el giro participativo. Si no hemos ofrecido, por ejemplo, ninguna definición genérica del concepto de *participación*, es sólo porque el propósito de esta antología no es defender la adopción de ningún marco participativo particular, sino permitir que surja una multiplicidad de planteamientos participativos.[193] En otras palabras: nuestra principal intención no es construir artificialmente ninguna gran teoría participativa de la religión, sino promover una especie de sensibilidad académica, por decirlo así, en el estudio de los fenómenos religiosos. Creemos que este planteamiento es académica y religiosamente importante. Además de su potencial heurístico para abrir nuevas vías de investigación y dar nacimiento a intuiciones originales, una articulación participativa críticamente informada del saber espiritual puede ayudar a relajar la permanente tensión entre la teología y el estudio de las religiones, así como también entre sus respectivos puntos de vista metodológicos de "participación comprometida" y "distancia crítica". En otras palabras, deseamos establecer un camino entre y a través de los estilos intelectuales confesionales y seculares; un camino que, en palabras de Orsi, pueda tal vez penetrar en el espacio «entre el cielo y la tierra».[194] Es ahora el momento de presentar los contenidos de este volumen y comenzar a explorar las diversas perspectivas que se abren al recorrer esas vías.

ESTE VOLUMEN

El giro participativo es la primera exploración a fondo de la espiritualidad participativa en el contexto de los estudios religiosos contemporáneos. El libro se divide en dos partes. Desarrollando algunos de los temas apuntados en esta introducción, los capítulos de la primera parte de la antología ofrecen perspectivas más amplias y de tono más teórico, que sitúan el giro participativo en el contexto de la filosofía contemporánea y los estudios religiosos, y describen el concepto de participación desde su origen en la filosofía griega a través de sus permutaciones, oclusiones y reorganización contemporánea. Los capítulos de la segunda parte recogen una serie de aplicaciones del enfoque participativo a las particularidades de la espiritualidad y el misticismo en varias tradiciones, antiguas y contemporáneas. Estos capítulos no sólo exploran la participación en el contexto de las principales tradiciones religiosas, como cristianismo, hinduismo o judaísmo, sino que algunos capítulos abordan también importantes perspectivas espirituales y religiosas con frecuencia marginadas en las antologías corrientes sobre misticismo; así, por ejemplo, nos complace incluir un capítulo relacionado con el esoterismo occidental.

Los colaboradores reunidos para esta antología no sólo son eruditos, sino también practicantes religiosos de un tipo u otro, que abordan las discusiones académicas contemporáneas y los fenómenos espirituales con igual rigor. Casi todos ellos asocian el concepto de participación con una visión fuerte de la creatividad que hace justicia al descubrimiento moderno del papel central de la construcción cocreativa en el conocimiento y la experiencia humanos, poniendo un especial acento en la implicación del ser humano total –cuerpo, corazón, mente y conciencia– en la emergencia de los acontecimientos espirituales. Creemos que este planteamiento hermenéutico creativo e integral del empeño espiritual humano es una de las características destacadas de la antología.

Este planteamiento nos lleva a definir el estilo intelectual de este volumen como performativo más que meramente descriptivo. Las propuestas más innovadoras sobre espiritualidad y misticismo consisten en la introducción de un modelo interpretativo o marco epistemológico, seguido por el intento teórico de validar o mostrar la superioridad de ese marco mediante el análisis de figuras, textos o tradiciones religiosas. Sin embargo, la presente antología no intenta tanto describir ni demostrar el giro participativo cuanto llevarlo a la práctica. Aunque algunos de nuestros colaboradores ilustren cómo se puede descubrir una sensibilidad participativa en muchas tradiciones religiosas, no se realiza ningún intento de promover algún tipo de teoría o paradigma participativo unificado. La lógica integral, creativa y relacional de la participación no se impone, sino que, antes bien, transpira a través de las particularidades de las identidades, las prácticas y las comunidades religiosas tradicionales y emergentes, así como a través de la erudición que se ocupa de esas comunidades.

Esa lógica participativa puede, además, desplegarse de muchas maneras, como es evidente en la diversidad de las colaboraciones reunidas en este volumen, incluidas las contradicciones (tal vez incluso enormes) que pueden aparecer entre nosotros mismos. Lo reiteramos: en *El giro participativo* no tratamos de legislar lo que constituye un enfoque participativo del estudio de las religiones, sino de bosquejar una sensibilidad participativa e invitar a otros a explorar sus posibilidades y, tal vez, a implicarse con nosotros a fin de profundizar entre todos en ese estudio de las religiones.

Resumen de los capítulos

La primera parte de la antología, «Participación y Espíritu. Perspectivas clásicas y contemporáneas», consta de una serie de ensayos que tratan de ofrecer un contexto histórico o teórico para el uso del término "participación". En el ensayo inicial, «Una genealogía de la participación», Jacob H. Sherman explica que el concepto de participación fue en otro tiempo importante, hasta el punto de la ubicuidad en toda la filosofía clásica, antigua y medieval, y argumenta que el giro participativo contemporáneo tiene mucho que aprender de las formas anteriores de filosofía participativa. En su genealogía, Sherman identifica tres iteraciones anteriores de pensamiento participativo: la idea de participación formal con más regularidad asociada a Platón, una especie de participación en la existencia que Sherman encuentra especialmente en el pensamiento de Tomás de Aquino, y la participación en la creatividad misma, un modo de participación que Sherman ve abrirse paso a través de ciertas formas del pensamiento barroco y romántico. La exposición de Sherman intenta mostrar cómo estos tres modos de participación (formal, existencial y creativa) son de una relevancia continuada para el giro participativo contemporáneo, situándolo en una línea firme de pensamiento filosófico y proporcionándole unas herramientas conceptuales que pueden ser cruciales para otras aportaciones adicionales.

El capítulo 2 lo constituye el ensayo de Sean Kelly «Participación y complejidad en el estudio de la religión». Kelly recurre al trabajo del pensador de sistemas francés Edgar Morin a la hora de explorar las implicaciones del paradigma de la complejidad para el giro participativo en el estudio de las religiones. Aunque poco conocido en el mundo anglófono, Morin es uno de los intelectuales más influyentes de Francia y su obra tiene una relación directa con muchos de los temas inmediatos del giro participativo. Kelly comienza el ensayo con un análisis de la distinción entre participación integrada y participación enactiva, citando ejemplos de la historia de las ideas religiosas y filosóficas, antes de volverse hacia Morin a fin de buscar las condiciones necesarias para satisfacer la complejidad de la participación, especialmente en cuanto a la cuestión del método en el estudio de la religión. En el resto del ensayo, Kelly argumenta que la reorganización del conocimiento resultante del conocimiento de una reorganización viva del yo o "auto-eco-reorganización" tiene importancia no sólo para nuestra interpretación del estudio de la religión o de la espiritualidad, sino para el giro participativo más amplio defendido en este volumen.

En el capítulo 3, «El conocimiento espiritual como enacción participativa. Una respuesta a la cuestión del pluralismo religioso», Jorge N. Ferrer propone que la espiritualidad surge de la participación cocreativa humana en un misterio, poder espiritual o energía creativa de la vida o la realidad siempre dinámicos y no determinados. Esta interpretación del conocimiento espiritual como enacción participativa no sólo hace que las clasificaciones jerárquicas de las tradiciones espirituales parezcan mal concebidas, sino que amplía también el alcance de las opciones espirituales válidas que, como individuos, podemos tomar. Ferrer articula una visión participativa de la naturaleza del conocimiento espiritual que da nacimiento a una interpretación pluralista no sólo de los caminos espirituales, sino también de las liberaciones espirituales y de los fines espirituales supremos. Ilustrando cómo esa interpretación participativa puede proyectar una luz nueva sobre la cuestión del pluralismo religioso, Ferrer explora las implicaciones de su versión del giro participativo para las relaciones interreligiosas, el problema de las pretensiones contrapuestas de verdad en el ámbito religioso, la validez de las verdades espirituales, la naturaleza de la liberación espiritual y la dialéctica entre universalismo y pluralismo en el estudio de las religiones.

La segunda parte de la antología, «Las tradiciones. Compromisos participativos», comienza con una articulación del judaísmo por parte de Brian L. Lancaster que nos ofrece una visión del mundo intensamente participativa. En el capítulo 4, «Engranar con la mente de Dios. La vía participativa del misticismo judío», Lancaster argumenta que las enseñanzas y prácticas judías apuntan al establecimiento de una asociación entre Dios y los seres humanos a través de la cual estos participan en la promoción de los objetivos de la creación. Las prácticas características de la tradición mística judía ahondan activamente este sentido de compromiso directo con lo divino. Lancaster delimita dos corrientes complementarias en ese compromiso: lingüística y teúrgica. A través de la primera corriente, el místico entra en un mundo esotérico de lenguaje, en el que Dios aparece realizando su labor creadora por medio del juego constructivo con las letras hebreas. Los textos místicos establecen las prácticas mediante las cuales el místico entra en este juego divino, encontrándose así con la mente de Dios. El místico debe alcanzar un estado superior de conciencia, en el que la emulación de la praxis divina de la creación se convierte en la ruta por excelencia para llegar a un encuentro íntimo con Dios. La segunda corriente, la de la teúrgia, establece los parámetros a través de los cuales el místico participa en la búsqueda divina para unificar Sus atributos. Lancaster explica cómo las enseñanzas de la Cábala –a pesar de la perfección absoluta de la esencia divina inefable y transcendente– dan origen a una tensión paradójica entre los principios intradivinos en el proceso de la emanación. La Cábala afirma que esta tensión puede resolverse mediante la intervención humana. Desde este punto de vista, concluye Lancaster, la Cábala puede ser contemplada como una serie de enseñanzas concebidas para promover la participación humana en los mismos procesos de la manifestación divina. Ejemplificando la dimensión revisora de la erudición participativa, Lancaster aporta pruebas tomadas de los estudios modernos sobre la conciencia, de la psicología transpersonal y de la neurociencia cognitiva para imaginar (y catalizar) creadoramente la evolución futura de la Cábala.

El capítulo 5 es el ensayo de Lee Irwin, «Paradigmas esotéricos y espiritualidad participativa en las enseñanzas de Mikhaël Aïvanhov», que explora los aspectos teóricos de la espiritualidad participativa en relación con el pensamiento religioso y la espiritualidad transformadora de Mikhaël Aïvanhov (m. 1986), esoterista franco-búlgaro muy respetado. Tras un examen de la cuestión de la metafísica en los estudios religiosos y una introducción a la naturaleza de la investigación espiritual participativa, Irwin explica cómo Aïvanhov integra Cábala, yoga, alquimia y cristianismo esotérico en un paradigma de desarrollo de las prácticas mágicas basado en su propio proceso de transformación personal. Irwin afirma que la síntesis Oriente-Occidente de Aïvanhov y su filosofía espiritual creadora son una historia fascinante de exploraciones cocreadoras que tienen como resultado un paradigma profundamente enactivo, coherente con muchas de las premisas de la recién aparecida interpretación participativa de la espiritualidad humana. Central en este paradigma es el énfasis sobre la necesidad de la integración y la transformación personal, y sobre el papel cognitivo formativo desempeñado por la imaginación y la intuición humanas en el conocimiento espiritual. Irwin explica cómo este enfoque enactivo del conocimiento espiritual llevó a Aïvanhov a cuestionarse las enseñanzas religiosas dogmáticas y a establecer un camino espiritual verdaderamente creativo centrado en su propia individuación espiritual.

En el capítulo 6, «Herida de amor. *Theosis* femenina y misticismo encarnado en Teresa de Ávila», Beverly J. Lanzetta reúne algunas ideas participativas vitales respecto del papel central del cuerpo, la función de la imaginación y la naturaleza genérica del conocimiento en una lectura original y esclarecedora del misticismo de Teresa de Ávila. Lanzetta analiza la manera en que la vida y el pensamiento de Teresa nos enfrentan con una espiritualidad audazmente integral basada en la inseparable unidad de la vida interior y la exterior. Como escribe Teresa: «En la obra activa –y aparentemente exterior– el alma está trabajando interiormente. Y cuando las obras activas surgen de esta raíz interior, se convierten en flores preciosas y fragantes». Mediante su lucha por dignificarse como mujer y lograr una interpretación femenina del conocimiento, el lenguaje y la práctica espirituales, y de Dios, Teresa elabora, mantiene Lanzetta, en un grado extraordinario, un misticismo encarnado y participativo. El carácter central del género es evidente en el ensayo de Lanzetta. Puesto que conocer lo divino no es un acto desencarnado e intemporal de representación, sino que es, por el contrario, un acontecimiento holístico, situado socialmente, corpóreo y relacional, el desarrollo espiritual de Teresa la implica en un proceso que es peculiar de su situación como mujer en su sociedad. Lanzetta descubre en el itinerario espiritual de Teresa lo que ella denomina "la noche oscura de lo femenino". En esa noche oscura, Teresa es llevada por Dios a desmantelar los represivos estereotipos culturales que impedían a las mujeres la clase de progreso y transformación espiritual a la que es llamada Teresa. Una lectura participativa de la vida de Teresa revela cómo el esfuerzo místico no es sólo personal, sino también político y cultural, un viaje holístico de transformación y liberación.

La contribución de William C. Chittick que forma el capítulo 7 se centra en la obra de Ibn al-'Arabī, conocido en el sufismo como el "mayor de los maestros", que escribió una exposición sin precedentes y no superada de los fundamentos escriturarios, teológicos, metafísicos, cosmológicos y psicológicos de la tradición islámica. En «Ibn al-'Arabī, sobre la participación en el Misterio», Chittick argumenta que la obra de este erudito sufí explica el alcance ilimitado de la participación humana en la infinitud divina con un detalle y profundidad incomparables. Toda huella de la vida, el conocimiento, el deseo y el discurso humanos participan en la autorrevelación del Misterio. Solo los seres humanos, entre todos los participantes –hasta donde sabemos–, participan en la creatividad misma del Único, pues sólo nosotros tenemos voz en cómo se despliegan las cualidades y los atributos divinos en sí mismos y en el mundo. Chittick explica que, para Ibn al-'Arabī, los seres humanos somos cocreadores de nuestro propio yo y del mundo, pues cada acto que realizamos y cada elección que hacemos configuran la dirección en que se despliega el Misterio. Las enseñanzas de Ibn al-'Arabī sobre el Misterio podrían ser, por tanto, un modelo para todos aquellos que aprecian la anchura y la profundidad del enfoque participativo de la espiritualidad y la religión.

En el capítulo 8, Bruno Barnhart trata del acontecimiento-Cristo como revolución participativa. En «Un Espíritu, un cuerpo. La revolución participativa de Jesús», Barnhart afirma que, desde dentro de la tradición cristiana, el misterio de la encarnación, muerte y resurrección de Cristo inauguraron una nueva realidad participativa en el universo. Según Barnhart, los escritos del Nuevo Testamento tratan en todas partes de investigar esta participación nueva entendida verticalmente como la institución de una nueva identidad divino-humana y, horizontalmente, como el nacimiento de una nueva relacionalidad comunal entre los seres humanos. Barnhart procede a describir la historia de la progresiva extinción de la conciencia participativa en el cristianismo occidental y señala el redespertar contemporáneo del sentimiento cristiano de participación, particularmente tal como se manifiesta en el Concilio Vaticano II. Este nuevo despertar, concluye, puede contener la promesa de una recuperación participativa incluso más amplia, una recuperación mundial, ecuménica y personal que se puede extender más allá de la teología o la práctica cristianas.

El capítulo 9 continúa explorando la relación entre diversas tradiciones espirituales y el paradigma participativo. En «La participación alcanza la mayoría de edad. Owen Barfield y la *Bhagavad-gita*», Robert McDermott utiliza la interpretación de la participación de Owen Barfield para iluminar la manera en que tres maestros espirituales de principios del siglo XX abordaron de formas diversas la *Bhagavad-gita*. McDermott afirma que Mohandas K. Gandhi, Sri Aurobindo y Rudolf Steiner consideraban la *Gita* un texto sumamente valioso, pero que ninguno de los tres lo leyó como podría haberlo hecho un contemporáneo de Arjuna. Más bien, permaneciendo en el extremo más alejado de una especie de evolución participativa, estos maestros tuvieron que abordar la *Gita* como un texto autoimplicatorio que se desvela de forma diversa a los diferentes tipos de sensibilidad participativa. McDermott considera la distancia participativa diacrónica entre estos tres pensadores y el *Sitz im Leben* de la *Gita*, y se ocupa de las importantes diferencias sincrónicas en las maneras en que Gandhi, Aurobindo y Steiner abordaron respectivamente la *Gita* de forma participativa.

En el capítulo 10, «Conectar la transformación interior y exterior. Hacia un modelo ampliado de la práctica budista», Donald Rothberg argumenta que, en el mundo occidental moderno, hay una fuerte tendencia a entender la espiritualidad como algo principalmente subjetivo y privado. En la práctica budista contemporánea, así como en la mayoría de las tradiciones modernas y enfoques actuales, lo "interior" está normalmente escindido de lo "exterior". Rothberg ofrece un marco de aprendizaje budista, basado en la práctica tradicional, que ha surgido de su propio esfuerzo y del de otros "socialmente comprometidos" por conectar la transformación interior y la exterior, identificando algunos principios rectores, cada uno de ellos vinculado a algunas prácticas tradicionales o a otras potencialmente nuevas. Este marco aclara la necesidad de una visión ampliada de la práctica espiritual, la importancia del dominio "relacional" intermedio como puente entre lo individual y lo colectivo, y la gran participación creativa a que se nos invita en este tiempo imaginando y enactuando un despertar de todos los aspectos de nuestra vida. El ensayo de Rothberg ilustra vigorosamente cómo un enfoque participativo que aborda las dimensiones de la vida humana con frecuencia anteriormente excluidas de la práctica espiritual conduce a la exploración de territorios espirituales desconocidos y a la cocreación de prácticas e interpretaciones espirituales innovadoras.

PARTE I:

PARTICIPACIÓN Y ESPÍRITU. PERSPECTIVAS CLÁSICAS Y CONTEMPORÁNEAS

1. UNA GENEALOGÍA DE LA PARTICIPACIÓN

Jacob H. Sherman

Parece que todo se puede remontar al problema platónico de la participación.

GILLES DELEUZE, *Spinoza y el problema de la expresión*

Admirable, pero, ¿qué es esa participación de la que hablas?

El extranjero de Elea, en PLATÓN, *El sofista*

Uno de los atractivos del giro participativo en la teología, el estudio de las religiones y la filosofía de la religión radica en que el concepto de participación posee ya una larga y admirable tradición en estos campos. Durante más de dos mil años, el concepto de participación ha parecido crucial a los escritores occidentales –paganos, judíos y cristianos, santos, sabios y eruditos– para el trabajo de elucidación y profundización de sus respectivas prácticas, creencias y contactos religiosos. Por tanto, cuando empleamos el término "participación" para dar sentido a nuestras indagaciones sobre la religión, no estamos importando un marco extraño, sino desarrollando y utilizando un concepto que emerge de manera inmanente del propio campo semántico de la religión. Pero la idea de participación no se puede reducir al lenguaje religioso, como si fuera teología pura y simple y nada más, pues "participación" es también un concepto propiamente filosófico. Se trata, por tanto, de un concepto algo promiscuo capaz de deslizarse entre los discursos de la filosofía y la teología, y de perturbar la casta distinción entre planteamientos émicos y éticos de la religión. Así, por ejemplo, encontramos el primer uso técnico del término en Platón, que empleaba "participación" (*methexis*) como un concepto filosófico para defender, aclarar y comprender el sentido de un mundo que él percibía por todas partes como suspendido y penetrado por la transcendencia.

En su sentido más general, el concepto metafísico de participación se refiere a una estructura constitutiva según la cual un ser o unos seres participan en grados diversos de una cualidad positiva o perfección, que reciben de una fuente donadora que disfruta de la plenitud de esa cualidad o perfección. Así, para Platón, un caballo *participa* de la forma de la equinidad (el caballo como tal), y para Tomás de Aquino todos los seres participan en la existencia, que reciben de Dios, a quien Tomás de Aquino llama *Esse ipsum*, la Existencia misma. La fecunda historia de este concepto da a la idea de participación profundidad y amplitud, y precisamente esta amplitud pone en circulación, en ocasiones, algunos usos al parecer equívocos. No es inmediatamente claro, por ejemplo, que las diversas invocaciones de Lucien Lévy-Bruhl y Carl Jung a la *participación mística*, la apelación físico-cosmológica de J.A. Wheeler a la participación, el uso que hace Paul Tillich del término, la *participatio* tomista y la *methexis* de Platón tengan realmente mucho en común. Sin embargo, al menos parte de la razón de estos usos aparentemente equívocos es que se habían producido dentro de la teoría participativa una serie de elaboraciones anteriores. Sólo comprendiendo algo de la historia del concepto podemos comprender su uso actual y desarrollar nuestro pensamiento participativo de manera más creativa. En las páginas que siguen llamo la atención sobre tres importantes elaboraciones del concepto de participación en Occidente: participación formal o esencial (ejemplificada por Platón), participación existencial en el ser *per se* (ejemplificada en Tomás de Aquino), y participación creativa (giro que comenzó en el Renacimiento, continúa a través de los románticos y se prolonga de manera subterránea en la teoría contemporánea). Puesto que estos tres “giros” participativos se han producido a lo largo de un período de más de dos mil años y se pusieron en práctica de manera diacrónica, con frecuencia en dependencia y como desviación uno de otro, sólo puedo esbozar una descripción general de esas elaboraciones, una sucinta genealogía que, no obstante, podrá resultar de utilidad para situar los planteamientos participativos contemporáneos.

PLATÓN Y EL GIRO FORMAL

La noción de participación (*methexis*) como algo más que el mero hecho de tener parte en algo, como se podría tener parte en un tesoro o un trozo de tarta, aparece particularmente con Platón, y por eso podemos decir que el primer giro participativo (de concepto mundano a metáfora filosófica central) le debe su génesis a él. Sin embargo, el problema al que la participación ofrecía una solución era anterior a Platón y trataba, simplemente, de cómo mantener una relación entre dos mundos –el divino y el humano– que parecían distanciarse. Como las visiones religiosas antropomórficas huían frente a la racionalidad progresivamente desarrollada, lo divino (pensado por la filosofía ateniense a través de la influencia eleática) se consideraba cada vez más algo eterno, inmutable, y de un orden completamente diferente al reino de la generación. El problema entonces no era sólo cómo afirmar, sino cómo pensar el aserto de Tales de que «todas las cosas están llenas de dioses»,[1] o la afirmación homóloga de Heráclito en el sentido de que «todas las cosas están llenas de almas y espíritus».[2] Pensar esto resultaba una tarea difícil –Platón lo denominará el “segundo viaje”,[3] alusión a ese momento en el que un barco, cuando el viento cesa, sólo puede avanzar mediante el esfuerzo agotador de los remos–, tarea tan difícil que podríamos denominarla el "gran problema" del mundo antiguo.[4]

Por consiguiente, la participación era, entre otras cosas, el intento de pensar el mundo como divinamente saturado. Sócrates descubrió que los particulares no se autentificaban o fundamentaban en sí mismos; morían, inducían a engaño, y, más explícitamente, no eran su propia razón de ser. Sócrates y Platón veían algo peligroso en la fugacidad pura del materialismo. Mucho antes de Nietzsche, Platón percibió que la desterritorialización absoluta del ser sensual –es decir, el reino del devenir y la generación desvinculado de cualquier complemento transcendente– no podía servir como base para la piedad y unas relaciones sociales equitativas, sino que anunciaba, por el contrario, una política amoral de la voluntad de poder.[5] Sócrates y Platón previeron que sin razones inteligibles constitutivas que sirvieran como *locus* para el valor, la decadencia ateniense continuaría, y el bien de la ciudad se perdería finalmente.

Lo que Sócrates llama su "segundo viaje" es su giro desde las explicaciones materialistas de su juventud hacia lo que actualmente llamamos "platonismo", una explicación del mundo que descansa en un esquema categorial bipolar que ve el mundo constituido por el reino divino de las formas, por una parte, y el reino manifestado del devenir de las cosas, por otra. Estos dos reinos deben distinguirse, pero de ningún modo separarse. Para Platón, un reino se convierte en la *raison d'être* del otro, y la participación o *methexis* describe esta relación crucial, constitutiva, de un reino con el otro. Una rosa hermosa, propone Platón, es hermosa en virtud de su participación en la Belleza misma; de manera similar, un buen caballo es lo que es porque participa en la forma del Bien y en la forma de la equinidad. El ser encarnado y temporal no es una versión de segundo orden de la Forma en la que participa; es esa Forma en un modo encarnado y temporal. Los dos reinos, formal y encarnado, no se relacionan de la misma forma unívoca que los cuerpos sólidos, pero tampoco lo hacen equívocamente, lo que significa que dichos reinos no son ni idénticos ni *enteramente* diferentes.[6] Aunque a Platón le pudiera llevar tiempo perfeccionar su lenguaje es evidente que en su período medio entiende que esa participación es de naturaleza analógica.[7] Las Formas participadas son de un orden ontológicamente diferente, pero, no obstante, relacionado con el de los seres particulares que participan en ellas. De este modo, en el *Fedón*, Platón describe el reino de las Formas como inmutable,[8] eterno,[9] sensualmente imperceptible pero intelectualmente aprehensible,[10] divino e incorpóreo,[11] y causa constitutiva del ser.[12] Como *fons* y *origo* de los seres hay una relación real pero no unívoca entre las Formas y sus participantes, una relación de causalidad o constitución existencial.[13] Afirmaciones como «la rosa es hermosa» son, por tanto, relacionales, no atributivas. La rosa es hermosa en virtud de una relación con la Belleza misma, no porque la belleza se atribuya de manera unívoca a la Forma y al particular.

Ese es el aspecto ontológico de la participación de Platón. Epistemológicamente, esta estructura de participación se manifiesta sobre todo en la doctrina de Platón de la *anamnesis* o rememoración. Tanto en el *Menón* como en el *Fedón* argumenta desde su propia experiencia como un interrogador ante el cual sus interlocutores, cuando son hábilmente preguntados, pueden presentar respuestas correctas por sí mismos, especialmente con respecto a problemas geométricos.[14] Su argumento es que ese interrogatorio prueba que sus interlocutores tienen una profundidad de conocimiento respecto de las Formas ideales de las cosas que sobrepasa su conciencia consciente. Sócrates afirma que ese conocimiento surge de una familiaridad prenatal con el reino de las Formas. Nicholas Sagovsky comenta esta enseñanza del *Fedón*:

> El punto clave de ese "rememorar" es su condición participativa. Cuando muere Sócrates, el maestro, sus discípulos no se quedan sin recursos. No simplemente recordarán lo que les había dicho [...], sino que, por mor de su participación en el mismo cosmos de realidad, verdad y sabiduría, tomando a Sócrates como guía, desarrollarán su propia comprensión filosófica.[15]

El alma puede descubrir esas entidades porque es *semejante*, aunque no sea exactamente idéntica, a una Forma «divina, inmortal, inteligible, uniforme, indisoluble y siempre constante e invariable».[16]

El tema crucial en Platón empieza a parecer muy diferente de lo que las visiones populares nos llevarían a creer.[17] El interés principal de Platón no es proteger un reino inmutable de esencias formales de la contaminación de la suciedad de la generación, sino, más bien, asegurar el valor del mundo del devenir exponiéndolo al contagio del Bien.[18] Separar los dos reinos sería hacer a ambos igualmente superfluos, y por eso Platón está interesado en todas partes en la naturaleza del reino intermedio, a través del cual los daimones transportan las oraciones de los mortales a las divinidades y transmiten las bendiciones de dioses y diosas a la tierra. Platón denomina a este reino *metaxy* y lo vincula con Eros:

> [...] interpretar y ser mediador entre los dioses y los hombres, llevar al cielo las oraciones y sacrificios de los hombres y comunicar a éstos las órdenes de los dioses; al estar en medio [*metaxy*] de ambos, llena la región entre el cielo y la tierra, manteniendo unido el gran Todo [*to pan*]. En este reino se despliega todo el arte profético y el arte de los sacerdotes que tiene que ver con sacrificios, rituales y hechizos, y todo poder de profecía y encantamiento [...]. Estas divinidades [*daimones*] son, pues, muchas y múltiples, y una de ellas es Eros.[19]

El reino metáxico es el reino de la participación y es el verdadero centro neurálgico del cosmos de Platón. La realidad (*to pan*) no es, para Platón, ni el mundo del ser noético, ni el flujo heraclíteo, sino un mundo "mezclado" de ambos reinos: *metaxy*.[20] Tal vez esta sea la razón de que Platón nunca se decidiera por una sola palabra para denotar la relación de participación, sino que empleó media docena de ellas. En *La teoría de las ideas de Platón*, David Ross propone hacer una distinción entre estos diversos significantes. Sugiere que algunas palabras –comunión (*koinonia*), participación (*methexis*) y presencia (*parousia*)– resaltan la inmanencia de las Formas en su objeto, mientras que otras –paradigma (*paradeigma*), copia (*mimesis*) e imagen (*eikon*)– subrayan la transcendencia formal.[21]

Platón es consecuentemente partidario hasta el fin de la *metaxy*, la tensión generativa que mantiene unida la realidad como comunidad dinámica.[22] Encontramos nuestro mundo y a nosotros mismos en este reino metáxico, extáticamente constituido, de manera que sólo descubrimos nuestras profundidades en el exceso de nosotros mismos. Para Platón, pues, en la medida en que hace central la participación, la vida buena, la vida religiosa y la vida filosófica se reúnen en un viaje erótico hacia el descubrimiento persistente de la belleza en las mediaciones participativas del mundo fenoménico. En el relato sobre el movimiento del *Timeo*, la participación en las Formas es la causa de la generación, incluso en la medida en que ese movimiento mismo se entiende como el medio por el cual los seres finitos participan más adecuadamente y, por tanto, reflejan la perfección de lo eterno. Para Platón, es precisamente el desfase entre la perfección eterna y la carencia creatural (*Penia* y *Poros*) lo que genera el movimiento corpóreo. La plenitud y el esplendor del ser ideal atrae a los devenires creaturales hacia su perfección y los pone en movimiento. Para Platón, como para sus sucesores participativos, la cinética es erótica.

Esta lectura de la participación en Platón se ve confirmada por la propia reacción de Aristóteles a la doctrina de la participación. En la medida en que Aristóteles rechaza el esquema categorial bipolar de Platón, rechaza también el concepto de participación.[23] Esto se lee a menudo como si fuera una prueba de la cosmología más positiva de Aristóteles, de su apreciación realista del reino de los cuerpos y el devenir, y de su visión de la forma como algo inherente desde siempre a la materia (pienso en todas esas clases de licenciatura ilustradas por la *Escuela de Atenas* de Rafael). Sin embargo, una atención detallada a la manera en que platonismo y aristotelismo se desenvuelven en el mundo (primero en sus propios textos particulares, y luego en los escritos y en las comunidades de aquellos en los que influyeron) pone este tópico en cuestión. Como señala Stephen Clark, «en la disputa milenaria entre platónicos y aristotélicos, se supone habitualmente que son los aristotélicos los que tratan a los seres humanos "de manera naturalista"».[24] Pero la situación es muy diferente. Es Platón quien considera la intimidad de la relación de los seres humanos con otros animales, incluso hasta el punto (en *El político*) de imaginar las sociedades humanas como rebaños de bípedos libres.[25] Añade Clark: «Los platónicos, no los aristotélicos, han sido habitualmente los que han considerado nuestros deberes hacia aquellos que no son de nuestra especie. Fueron los platónicos, no los aristotélicos, quienes consideraron sacramental la naturaleza corpórea».[26] En el ámbito religioso sucede algo similar. Mientras que el demiurgo de Platón funciona con la intimidad de un alma del mundo y se muestra capaz de relación, lo divino de Aristóteles es impasible hasta el punto de la ignorancia con respecto al reino de la manifestación: su conexión con nuestro mundo se reduce a una "relación" de causalidad no recurrente. Como comenta el filósofo de la religión Daniel Dombrowski:

> Paradójicamente, desde este énfasis en la forma encarnada [opuesto al esquema categorial dipolar de Platón], Aristóteles construyó finalmente un dualismo más férreo de lo que Platón

> hubiera podido considerar nunca, en el que las divinidades son entidades *completamente* autosuficientes, impasibles y ajenas a todo cambio, multiplicidad y encarnación.[27]

En los siglos siguientes a Platón y Aristóteles, una de las grandes tareas de la filosofía fue reunir a estos dos pensadores, para demostrar la armonía esencial de los sistemas platónico y aristotélico.[28] Este proyecto, sin embargo, acentuaba ciertas tendencias a las que el planteamiento platónico era ya susceptible, tendencias que condujeron a una especie de menosprecio, o, en el mejor de los casos, a una suave indiferencia hacia el mundo de las cosas particulares.[29] Aquellos cuya síntesis de Platón y Aristóteles favorecía al estagirita –un contingente cuyas filas incluyen a la mayoría de los platónicos medios y la corriente plotiniana del neoplatonismo– dieron voz ocasional a la posibilidad de un *contemptus mundi* del que el propio Platón nunca escapó por completo. En oposición a este platonismo que huye del mundo existió un platonismo cosmológico alternativo que se consideraba el heredero auténtico de la filosofía y la religión de Platón, tradición más evidente en Jámblico y Proclo. Mientras la corriente plotiniana se alimentaba en gran medida de la teología de Aristóteles, el platonismo cosmológico de Jámblico desposó la teocosmología del *Timeo* con la cosmología teoantrópica de los *Oráculos Caldeos* y el *Corpus Hermeticum* (corrientes ya influenciadas por la fe semítica) y sembró así las semillas para la última revisión participatoria que examinaremos en este capítulo. Primero, no obstante, debemos considerar un cambio anterior: el giro existencial en la participación.

El giro existencial

Si había una desconfianza persistente con respecto al mundo en la filosofía platónica, esta se deriva en parte de algunos rompecabezas conceptuales que Platón dejó más o menos inexplorados. Aunque la participación platónica explica lo que es un ser, no llega a abordar la pregunta ontológica básica de por qué el ser es, o, como dice Leibniz, «¿por qué hay algo en vez de nada?». Para responder a esta pregunta había que descubrir un modo nuevo de participación; su alcance tenía que extenderse con el fin de incluir el propio orden de la existencia, explicando no sólo por qué algo es así y asá, sino por qué algo es. Parece un asunto sencillo –Chesterton comentaba que incluso un niño es consciente de que, por decirlo así, la hierba, en primer lugar, es–, pero es bien sabido que la pregunta del ser resulta difícil y tal vez, como también Chesterton reconoció, sólo se pueda responder a ella mediante una especie de intuición religiosa más que filosófica.[30] Es normal, pues, que el giro participativo existencial fuera realizado finalmente por Tomás de Aquino, que, como afirma Mary Clark, «estaba más convencido que Platón de que la participación nos ayuda a darnos cuenta de lo que sucede en el universo creado».[31] Aunque, anteriormente, la mayoría de las tradiciones (y, en realidad, todavía en la actualidad) tendieron a analizar el ser por lo que se refiere a la esencia –es decir, por lo que se refiere a lo-que-es del ser–, Tomás se centró básicamente en el acto mismo de ser.[32] Como él dice: «*Ens dicitur ab actu essendi*» (el ser se dice o se nombra según el acto de existencia).[33]

Tomás empleaba con frecuencia el término latino *esse* (ser) como infinitivo nominal para hablar del acto primordial de ser. Que el acto de ser pudiera ser lógicamente anterior a ser-alguna-clase-de-cosa es un concepto radical para Tomás de Aquino; en efecto, apenas es un concepto, sino que es más bien como una conciencia, o incluso un "claro del bosque", como podría decir Heidegger.[34] Para Tomás de Aquino, *Esse*, como acto de ser, es absoluto. «No es posible abstraer, conceptualizar, poseer ni aprehender el Absoluto o la verdad», dice Mary Clark. «Se es despertado por el Absoluto, y se responde.»[35] Tal vez podamos lograr una comprensión más clara de esta distinción considerando la manera en que utilizamos la palabra *es*. Por una parte empleamos la palabra como cópula para distinguir lo que algo es. Esto es hablar *esencial* o proposicionalmente, y plantea el tipo de preguntas que la participación platónica pretendía responder. Pero también usamos la misma palabra "es" con un propósito de afirmación y, cuando lo hacemos, estamos hablando *existencialmente* para designar una cierta "eseidad", una presencia más primordial incluso que la esencia; es decir, apuntamos al acto mismo de ser.

Esto llevó a Tomás a formular su famosa distinción entre esencia y existencia. Esta enseñanza, que se menciona a veces como la "distinción real", sólo puede ser apreciada dentro de la doctrina de la creación.[36] Para Tomás, la existencia de todas las criaturas era puro don (*donum*) continuamente recibido de la generosidad de Dios. En efecto, Tomás insiste en que esta contingencia donada es precisamente lo que significa la creación. "Creación" no designa una transformación, como si se tratara de un cambio de un estado a otro, sino más bien una relacionalidad radical, un estado de dependencia respecto de lo divino. «Verdaderamente, la creación no es un cambio –dice Tomás–, sino la misma dependencia del acto-de-ser de la criatura respecto del principio por el que ha sido establecida.»[37]

La participación es la manera en la que Tomás expresa esta dependencia. Para la mayoría, Tomás presupone simplemente la idea de participación, que en su época parece completamente evidente por sí misma. Aunque Owen Barfield pueda exagerar cuando dice que, para Tomás de Aquino, *participación* «no es un término técnico de filosofía», tiene sin embargo razón cuando señala que en él «la palabra *participar* o *participación* aparece casi en cada página... y [Tomás] no está más interesado en definirla de lo que lo estaría un filósofo moderno en definir un instrumento común de su pensamiento, como, por poner un ejemplo, la palabra *comparar*».[38] Sólo en su comentario del *De*

Hebdomadibus de Boecio trata Tomás explícitamente la idea de participación.[39] Distingue allí tres tipos de participación: lógica, real y causal. La participación lógica se produce cuando un inferior lógico participa en un superior lógico, como por ejemplo cuando la especie participa en el género. La participación real se refiere a la manera en que un sujeto participa en un accidente, o una materia en una forma. A diferencia del primer tipo, esto implica una composición real y no simplemente ideal, y puede por tanto ser denominada participación ontológica. Finalmente, Tomás señala que un efecto puede participar en su causa. Este tercer tipo, la participación causal, es el tipo de relación participatoria que es propia entre Dios y las criaturas, entre el *esse ipsum subsistens* y los *entia*.[40]

En otro texto, mientras trata de apreciar mejor la naturaleza de los ángeles, Tomás explica con más detalle la estructura de la participación creatural:

> Todo lo que existe según el primer ser (*ens*), puesto que no es su *esse* (acto-de-ser/existencia), tiene un *esse* que es recibido en algo por lo que el *esse* es limitado; y, así, en cada criatura, la naturaleza de aquello que participa de *esse* es una cosa, y el *esse* participado es otra. Y puesto que todo participa en el Acto Primero por semejanza en la medida en que tiene *esse*, el *esse* participado en cada cosa debe estar relacionado con la naturaleza que participa de él como el acto está relacionado con la potencia.[41]

Este es un texto extraordinariamente rico para la comprensión de la visión de Tomás. De nuevo aquí Tomás llama nuestra atención hacia la distinción real en las criaturas entre esencia y existencia. Todas las criaturas están, por decirlo así, escindidas: aunque tienen existencia real, esta existencia no es suya propia, sino participada, recibida como un don gratuito. Ser creado es ser fundamentalmente extático, sentir la raíz misma de la existencia como extáticamente otorgada desde una fuente infinita, no como creación propia.

Aunque Tomás introduce el vocabulario aristotélico de acto y potencia (*actus et potentia*) para explicar esa participación, en realidad está efectuando una inversión radical de los supuestos aristotélicos en su utilización de esta terminología. Aristóteles nunca pudo haber concebido la relación de la criatura con el Creador como una limitación del Acto Infinito por la potencia. Para Aristóteles, y para la mente helénica en general, la noción de infinito era incómoda. Para Platón y Aristóteles, la perfección sólo podía concebirse en relación con un límite (*peras*). Lo infinito o ilimitado (*apeiron*) parecía amenazar la mente griega como un caos de penumbra que sólo era generativo cuando estaba limitado y domesticado.[42] Este caos estaba asociado con la materia pura (*materia*), una especie de *Tiamat* que era necesario asesinar por el *acto* inmutable, definido, que Aristóteles y Platón equiparaban por igual con la forma. Se pensaba que toda forma –aunque fuera primordial– era definida, y, por tanto, Aristóteles no tuvo ninguna dificultad en poblar su universo con una pluralidad de supremos Primeros Motores –tantos como cincuenta y cinco–, tal como señala Norris Clarke, S.J.[43] Para Platón y Aristóteles, por consiguiente, al igual que anteriormente para Pitágoras y Parménides y más tarde para los estoicos, el infinito estaba siempre situado en el lado desagradable de la tabla de los opuestos. Infinito indicaba caos, mal y desorden. Era lo contrario de forma, logos, definición, pues como dice la máxima escolástica, *omnis definitio est negatio*: toda definición es una negación, un límite.

Indicios de una valoración alternativa se encuentran ya, sin duda, en Anaximandro, que concebía el infinito como una especie de primer principio o útero divino, «ni el agua ni ninguno de los otros así llamados elementos, sino algo diferente de naturaleza ilimitada [*apeiron*] de lo que nacen todos los cielos».[44] Relatos de las creencias de Anaximandro sobre este tema aparecen en Simplicio, Aristóteles y otros, y encuentran un eco distante entre los epicúreos; por eso podemos deducir que el concepto de un infinito positivo no era enteramente desconocido en el mundo helenístico. No obstante, la mayor parte de los helenos huía de la infinitud como substrato indiferenciado e invasor. Esta desaprobación cultural y filosófica del infinito fue finalmente revocada en lo que equivalió a una revalorización neoplatónica de todos los valores. La revalorización del infinito no estuvo provocada por las presiones inmanentes de la razón filosófica, como si la pura lógica requiriese este descubrimiento, sino más bien por un encuentro con la fe semítica y con las religiones mistéricas que se difundían por toda la antigüedad. Como señala Clarke, las religiones nuevas de Oriente llevaron a Plotino a la intuición de divinidades marcadas por un misterio y un poder ineluctables, señores de los cielos ilimitados ahora defendidos por la astronomía siria, «por encima de todos los conceptos racionales, pero con los que el creyente podía entrar en una unión personal salvífica gracias a medios místicos o de otro tipo».[45] El centro de actividad de estas nuevas religiones de los misterios fue Alejandría, hogar de Plotino como lo había sido anteriormente del filósofo judío Filón (el primer pensador en usar el término *infinito* o *incircunscrito* [*aperigrafos*] para nombrar a Dios). Plotino efectuó así una revolución al integrar el concepto platónico de participación con la intuición espiritual de una infinitud positiva, y el resultado fue su doctrina plenamente articulada de la emanación.

La cosmología emanativa de Plotino ve la contracción de la forma como una masa aislada rodeada por ambos lados por dos infinitos; la forma flota sobre la superficie de la ilimitación caótica del no ser, y mira fijamente hacia el cielo a las bóvedas pleromáticas infinitas de la inefable simplicidad del Uno. Como dice Clarke, «[Plotino] se convierte en el primero en aplicar el término *apeiron* para designar la indeterminación transformal de la perfección, llena de plenitud comparada con las perfecciones limitadas que están por debajo».[46] Plotino describe su visión:

> El primer principio es aquel que es sin forma, no porque carezca de ella, sino porque todas las formas inteligibles proceden de él. Aquello que es engendrado, por ese mismo hecho, se convierte en una cosa particular y posee una forma que le es propia. Pero ¿quién podría engendrar lo no engendrado? [...] Es infinito [...]. ¿Cómo podría ser medido por cualquier otra cosa?[47]

Luchando con el concepto de un infinito positivo, Plotino anuncia, pero nunca formula explícitamente, algo semejante a la distinción real de Tomás de Aquino entre esencia y existencia, y, por tanto, comienza a imaginar el giro existencial participativo. Siguiendo esta tradición, alguien como Boecio podría afirmar que toda forma pura era infinita, y, por consiguiente, que toda criatura finita tenía que ser entendida como un compuesto de forma y sujeto.[48] La visión emanativa de Plotino sería heredada por Proclo, que la complementaría con las especulaciones de Jámblico, y, a través del *Liber de Causis* y los *Elementos de Teología* de Proclo, la revaloración del infinito se dejará sentir en todo el pensamiento y la religión de Oriente y Occidente. Fueron, en realidad, Al-Farabi y Avicena en Oriente quienes, tras Plotino, articularon finalmente la distinción esencia-existencia, y de ellos la tomó Tomás de Aquino.[49] Tomás heredó esta estructura neoplatónica, pero la corrigió, uniendo la distinción esencia-existencia a una nueva metafísica del acto infinito limitado por potencias finitas, descubriendo de ese modo que la perfección última era la "cuasi-forma" de la existencia: *esse*, el acto infinito de existencia.[50]

Parte del genio de Tomás de Aquino fue la integración de esta distinción esencia-existencia con una metafísica participativa revisada y con la teología cristiana trinitaria, especialmente con respecto a la doctrina de la creación. En las primeras preguntas de la *Summa Theologiae*, Tomás afirma que todos los seres están compuestos de esencia y existencia, salvo uno, cuya esencia coincide perfectamente con la existencia, y ese ser es propiamente llamado Dios.[51] Sólo en Dios coinciden esencia y existencia, y esto es precisamente lo que constituye la diferencia entre Creador y creación, el único dualismo que acepta Tomás de Aquino.

La distinción esencia-existencia de Tomás de Aquino preserva el concepto platónico de participación formal, aunque añadiendo el recién descubierto modo de participación existencial. Por una parte, cada ser creado es en la medida en que recibe (participa de) la existencia del bien autodifusor de Dios. Por otra, la esencia de un ser describe *la manera* en que recibe su *esse* del Creador. La esencia de una criatura es un espejo (*speculum*) de modelos ejemplares que existen en la mente divina, o, más precisamente, en el Verbo, la segunda persona de la Trinidad.[52] Estos modelos no son arbitrarios, sino el conocimiento divino de las múltiplas maneras en que Dios puede ser (formalmente) participado e imaginado. En este sentido, la visión existencial de Tomás no erradica la idea de esencia, como sucede, por ejemplo, en el existencialismo de Sartre. Para Tomás, ser e inteligibilidad son distintos, pero, como transcendentales, coinciden en la fuente divina, de cuya abundancia todas las cosas participan. Tomás estaba convencido de que todos los transcendentales –aquellas propiedades que se aplican a toda realidad como tal, independientemente de las diferencias de género y especie– eran convertibles.[53] La convertibilidad de los transcendentales significa que estos se distinguen sólo en relación al sujeto cognoscente (nuestro *modus cognoscendi*); nosotros abstraemos estas cualidades transcendentales de la profundidad de lo real. Todo ser, por tanto, es en algún grado uno, bueno, inteligible, activo y bello, sólo por el hecho de ser. Como señala Clarke: «Para Tomás de Aquino [...] es lo real en sí mismo lo que es uno, verdadero, bueno y bello, pero visto según las diferentes perspectivas y relaciones».[54] Para las imaginaciones acostumbradas, desde Hume, a considerar la existencia como un simple hecho bruto o un dato irracional, esta visión es difícil de comprender, pero es esencial para la idea que tiene santo Tomás del cosmos participativo. Si queremos comprender a Tomás de Aquino, debemos llegar a ver, con Wilson, que: «La cosa más maravillosa que un ser puede hacer es *ser*».[55] Como el propio Tomás decía: «El acto de ser es la realidad más íntima de cualquier ser y lo más profundo en todas las cosas».[56] Como transcendentales convertibles, inteligibilidad y existencia son para santo Tomás indivisiblemente significativas y continuas, existiendo en lo que Maritain llama una relación nupcial.[57]

Las interpretaciones erróneas más contumaces de Tomás de Aquino se equivocan en la medida en que olvidan la cualidad dinámica de la saturación participativa. Algunos de los pensadores más profundos del siglo XX –de Heidegger a Hartshorne– han malinterpretado la visión de substancia de Tomás como una inerte prisión lockiana. Nada podría estar más lejos de la verdad. Ninguna frase aparece más a menudo en los escritos de santo Tomás que la descriptiva: *omne agens agit sibi simile* (todo agente actúa para reproducir algo a semejanza suya). Esta prescripción causal es de muchos modos la clave de la comprensión dinámica y participativa de Tomás de las substancias y del Misterio divino que las mantiene cohesionadas. Lejos de ser una forma estática, Dios es, para santo Tomás, el acto dinámico de ser. Como principio de todos los seres participados, Dios se desborda, incluso se exterioriza en la difusión generosa que hace posible la creación. Como escriben John Milbank y Catherine Pickstock, «Tomás cita el "atrevimiento" de Dionisio cuando dice que Dios, por mor de su bondad, existe "como fuera de sí mismo". Pues sólo esta autoexteriorización imposible explicará cómo puede haber algo distinto de Dios participando en Dios».[58] Esta actividad y relacionalidad radicales se refractan por toda la creación; esa acción extática es parte de lo que significa ser. Como afirma el influyente artículo de Clarke, para Tomás «ser es ser substancia-en-relación».[59] Los seres están constituidos diádicamente como una polaridad inseparable de existencia substancial *en* ellos mismos y *para* los otros. Esta no es una idea *a posteriori* para santo Tomás, sino la esencia de lo que significa existir: «La operación es la perfección última de toda cosa».[60] De nuevo nos recuerda Tomás: «Las cosas naturales tienen una inclinación natural no sólo hacia su propio y adecuado bien [...] sino también a difundir su propio bien entre los otros en la medida en que sea posible [...] comunicar bien propio a los demás».[61] Philipp W. Rosemann describe esta causalidad comunicativa, que es inseparable de la substancia de un ser:

> La causalidad podría describirse como la máscara a través de la cual los seres nos hablan en el escenario de la realidad: sin ella, la "obra" de la realidad no se podría representar; y, no obstante, deja lo "realmente" real desconocido detrás de la máscara, o, más bien, lo "realmente" real se hace conocido solo de manera mediada.[62]

Whitehead y otros filósofos han identificado demasiado rápidamente la noción de substancia de Tomás con versiones posteriores (corrompidas) como las que se encuentran en Descartes, Locke y Hume. A consecuencia de ello, muchos han sido inducidos a pensar que la noción de substancia era irrecuperable, volviéndose entonces hacia una metafísica insubstancial del puro devenir. Tomás ofrece un camino más allá de la mónada insular del pensamiento moderno y del *caosmos* de la postmodernidad. Su visión del ser como substancialmente idéntico a sí mismo, pero, no obstante, relacionalmente constituido y siempre entregado ya a aventuras de cambio y comunicación por medio de su acción autodifusora, puede hacer más justicia a nuestra experiencia y a nuestro intelecto que cualquiera de las alternativas postmodernas. Esa acción comunicativa no es impersonal, ni exterior, sino íntima y relacional, un mezclarse de los seres, como tocarse las manos o compartir la respiración. «La causalidad –dice Clarke– es el éxtasis del agente presente por su poder *en* su efecto.»[63]

La participación subvierte todo dualismo competitivo, llegando a pensar esta *conspiratio* (respiración compartida) como el movimiento básico de la creación. La metafísica de la participación imagina un mundo radicalmente relacional sin sacrificar diferencia y distancia. Pretende reconciliar la integridad de los muchos con la fascinación y la realidad del Uno. La filosofía tomista descubre que las relaciones participativas están presentes analógicamente en el desvelar-velado de todas las criaturas entre sí, y de Dios a todas las cosas. Como dice Rosemann respecto del gran arcano de Tomás de uniformidad y diferencia:

> Dios no es otro que su creación a la manera en que yo soy diferente de ti [...]. Si Dios fuera de alguna manera exterior a su creación, sería diferente de ella de modo criatural; esto, a su vez, haría de su otredad una especie de igualdad, y –en última instancia– reduciría la trascendencia a inmanencia [...]. La otredad [de Dios] consiste precisamente en el hecho de que *no* está en ninguna relación de negatividad con respecto a sus criaturas. Dios es *supra omnia* no a pesar de estar, sino precisamente *en la medida en que* es, *in omnibus et intime*. La transcendencia es el modo superlativo de la inmanencia.[64]

EL GIRO CREATIVO

La participación formal tal como la encontramos en Platón aborda la necesidad de explicar la inteligibilidad de los seres, mientras que la participación existencial tal como la encontramos en Tomás de Aquino proporciona una explicación de la facticidad de los seres, pero ninguna de estas explicaciones responde al problema del agente creador. Al situar las causas constitutivas de una criatura dada fuera de ella, la metafísica participativa corre el riesgo de desplazar interminablemente el agente y la acción de unas mediaciones participativas cada vez más hacia arriba, hasta que finalmente nos quedamos con criaturas huecas, meros títeres o modos de perfecciones transcendentales. Por supuesto, esto no es ni lo que Platón ni Tomás de Aquino pretendían, pero es, no obstante, una consecuencia posible de su pensamiento. Para evitar esta consecuencia tenía que descubrirse, o inventarse, un tercer modo de participación, un modo según el cual no sólo se participa de la esencia y la existencia, sino que la propia creatividad es compartida a través de la serie de mediaciones participativas. Este giro creativo en el pensamiento participativo nos permite ver que la doctrina de la participación puede ser expresada en un idioma plenamente moderno, pues las teorías de la participación creativa abordan y desarrollan temas característicamente modernos, como el arte en tanto que expresión más que imitación, el ser humano como *homo creator*, la función constructiva del lenguaje y la ubicuidad de proceso e historia en el cosmos. Dado que este giro hacia la participación creativa está todavía en proceso de desarrollo, este apartado será un poco más largo que los dos anteriores, porque necesariamente deberá centrarse en una trayectoria histórica amplia y ya no en un solo individuo que pudiera surgir como representante o culminación de dicho giro.

El descubrimiento de la creatividad participada está muy en deuda con nuestro descubrimiento tardío, como seres humanos, de nuestras propias capacidades creativas. En contraste con la manera frívola en que se usa actualmente un término como “creatividad”, el mundo antiguo restringía este concepto, reservándolo únicamente para los dioses. Aunque hoy nos parece evidente que un artista es de algún modo creador, nos lo parece debido a un largo proceso por el que los seres humanos se apropiaron para sí de lo que fue en otro tiempo competencia de lo divino. Este proceso, sin embargo, no fue inicialmente tan prometeico e híbrico como parece, e incluso, como veremos, tuvo un cierto elemento de devoción.

Una explicación completa del proceso nos exigiría considerar la relación ambivalente entre arte y tradición platónica, prestando una atención especial a la manera en que platónicos como Dion Crisóstomo, Filostrato y Plotino exploran una teoría del arte protocreativa que se centra en la contemplación más que en la inspiración pasiva o la simple imitación. Hay una actividad casi creativa en su noción de expectación contemplativa y la creación subsiguiente, una actividad que se equipara a la manera en que el Demiurgo de Platón contemplaba las Formas en el acto de elaborar este universo tal como se cuenta en el *Timeo*. Como comenta C.S. Lewis, en Dion Crisóstomo, Filostrato y Plotino, «arte y naturaleza [...] se convierten en copias rivales del mismo original suprasensorial, y no hay ninguna razón por la que el Arte no pudiera a veces ser el mejor de los dos».[65] La exploración prudente de este momento contemplativo protocreador, que ocupaba a Dion Crisóstomo, Filostrato y Plotino, se radicaliza en la tendencia más explícitamente teúrgica del neoplatonismo, así como en las tradiciones hermética y patrística. Si tuviéramos más espacio, podríamos explorar la manera en que esos neoplatónicos teúrgicos responden a las presiones religiosas –en particular, al descubrimiento alejandrino heleno-semítico de un infinito positivo en las tradiciones mistéricas, el judaísmo y el cristianismo–, y la manera en que esos descubrimientos religiosos redundan en una valoración más positiva del arte y la creatividad humana. Estas tradiciones hermética y teúrgica (por ejemplo, en el *Asclepio*, en Jámblico y en Dionisio), así como la teoría contemplativa protocreadora del arte que se encuentra en Dion Crisóstomo, Filostrato y Plotino, empiezan por sugerir un modo nuevo de participación, modo por el cual la participación en la creatividad divina hace que el propio participante esté (por ejemplo, como artesano, dramaturgo, teúrgo o agente político) en una relación nueva, "direccionalmente creadora", con el mundo.[66] No obstante, ninguna de estas tradiciones fueron más allá de insinuar la semejanza del artista con Dios en este aspecto de la creatividad, de traer la Forma al mundo de la manifestación. No fue hasta el siglo IX cuando Juan Scoto Erígena hizo central el tema del *homo creator*, definiendo al ser humano como esencialmente *creado* y *creador* (*natura creata* y *naturata creans*) y haciendo de él una pieza clave de la re-creación escatológica de todas las cosas.[67] En el siglo XIV, radicalizando el pensamiento de Alberto Magno y Tomás de Aquino, y retomando los planteamientos de Dionisio y Erígena, Meister Eckhart defiende una visión teúrgica de la cosmovisión participativa que anticipa de manera decisiva las teorías modernas del expresivismo poético. A este respecto, Eckhart vincula la noción de ejemplarismo divino con su tema omnipresente del nacimiento de Cristo en el alma, tropo patrístico que Eckhart pudiera haber encontrado incluso en Orígenes. Como en la teoría protocreadora del arte que encontramos anteriormente en los neoplatónicos contemplativos, Eckhart argumenta que la maestría humana encuentra su objeto apropiado cuando la imaginación se eleva para contemplar las Ideas divinas. Para Eckhart, esta obra imaginativa es posible porque la imaginación participa, a través de la iluminación divina, en los propios pensamientos de Dios: nuestros pensamientos y nuestra imaginación son ecos del *Logos* de Dios. Sin embargo, a diferencia de sus predecesores neoplatónicos, Eckhart tiene un sentido aún más dinámico y generativo de estos modelos arquetípicos que la imaginación se eleva para contemplar:

> Buscar un modelo artístico no significa disponerse a crearlo. Significa, más bien, centrar místicamente la atención en la realidad que debe ser reproducida, hasta el punto de identificar-

> se con ella. Pero las ideas que subsisten en Dios y que son comunicadas a la mente de los hombres no son tanto arquetipos platónicos como tipos de actividad, fuerzas, principios operativos. Son ideas vivas. No existen como "principios", sino como ideas de acciones para ser llevadas a cabo. Un objeto real surge de la idea como algo que crece de ella.[68]

Para Eckhart, estos modelos son activos y generativos porque su resuelto trinitarismo los sitúa no simplemente en un reino de Formas, sino en el *Logos*, la Segunda Persona de la Trinidad que exhala eternamente el Espíritu y es engendrada por el Padre.[69] Toda criatura es una especie de palabra que expresa al artesano divino y que repite en forma limitada la Palabra eterna. Yendo más allá que Tomás de Aquino, Eckhart entiende la generación del Hijo por el Padre como el paradigma de toda generación. Todos los seres repiten esta génesis primordial y existen, por decirlo así, por medio de la participación en el espacio imposible entre Padre e Hijo. Nuestra labor de artífices y nuestra acción en el mundo es una expresión del propio nacimiento de Cristo en nuestra alma.

El aspecto sutil pero importante que hay que observar aquí es que al relacionar imagen y arquetipo, palabra y referente, con el paradigma trinitario, Eckhart llega a reducir la desigualdad entre un simulacro y su original a casi nada y a implicar nuestra propia producción en el proceso creativo de Dios. De la misma manera que el Padre no es el Hijo y el Hijo no es el Padre, y sin embargo los dos son igualmente Dios sin cualificación, así Eckhart puede escribir:

> Una imagen, y aquello de lo que es imagen, no están separados; no son dos substancias [...]. Una imagen es estrictamente una emanación, simple, formal, un derramarse a borbotones de la totalidad de una esencia, pura y desnuda [...]. La imagen de una cosa crece de sí misma y arraiga en sí misma.[70]

Las teorías de Eckhart se ramificaron por toda la tradición del Rhin y desempeñaron un importante papel en la extraordinaria visión de Nicolás de Cusa de la creatividad humana como participación en la *explicatio* divina; como también en la *toticipatione* ("participación total y completa"), término acuñado como medio de revisar el concepto de participación desde una perspectiva más plenamente holística y expresiva, de Tommaso Campanella.[71] Como escribe Umberto Eco:

> A partir de estas ideas germinales surgió una visión nueva del proceso artístico. Si las extrapolamos desde la psicología del misticismo y la teología de la Trinidad, podemos discernir algo que ya no es medieval, el germen de unas nuevas direcciones en una estética afín a nuestro mundo.[72]

Hay una lógica protopragmática en esta idea de participación en la creatividad que comienza a anunciar una visión del saber humano como un acontecimiento relacional, algo más que representación, algo que forja la verdad en el mismo acto de conocer, una cognición que suscita novedad en aquello que se conoce. La creación ha sido prerrogativa solamente de lo divino; para Dios, se pensaba, crear y conocer eran uno y lo mismo. Pero ahora, los seres humanos repiten esta actividad. Como el horizonte en el crepúsculo, la división entre divino y humano se hace menos perceptible cuando la lógica de la participación complica la distinción fácil entre Creador y criatura, mezclando aparentemente el cielo y la tierra.

En el alba de la modernidad, Benito Spinoza hizo explícita filosóficamente esta aparente mezcla de agente creador divino y humano, suprimiendo cualquier frontera real entre Creador y creación. Como veremos, sin embargo, cuando el panteísmo de Spinoza abolió esta frontera promovió la doctrina de la participación y amenazó al mismo tiempo con hacerla naufragar. Esto se debió a que, básicamente, la participación supone una relación entre reinos y, por consiguiente, requiere objetos realmente distintos, si no escindibles, entre los que la relación se mantenga. Concluiremos este apartado, pues, considerando la manera en que Friedrich Schelling trató de rehabilitar la doctrina de la participación en la creatividad tomando las ideas de Spinoza y revisándolas desde la perspectiva de una versión más compleja, matizada y postcrítica de la doctrina renacentista de la participación en la creatividad.

En cierto sentido se puede considerar la filosofía de Spinoza, fundamentalmente, como una revisión de las teorías participativas.[73] Spinoza revisa el concepto de participación de una forma totalmente inmanentista suprimiendo la transcendencia implícita en todas las teorías participativas anteriores. Al evacuar de la participación toda forma de transcendencia, Spinoza introduce lo que se conoce como la era del expresionismo moderno.[74] Por "expresionismo" me refiero a la idea de que un agente está auténticamente presente en sus acciones, en vez de ser exterior a ellas. El expresionismo o expresivismo (trataré los dos términos como funcionalmente equivalentes) se contrasta a menudo con la emanación. La doctrina de la emanación en Plotino, por ejemplo, describe los muchos como epifenómenos que proceden del Uno, pero no permanecen en el Uno; como el Dios de Aristóteles, el Uno de Plotino se mantiene impasible en sí mismo, y los muchos son así distintos de ese Uno. El expresionismo, en cambio, imagina que una acción o artefacto comunica auténticamente el ser del agente responsable y por eso la acción permanece en el agente; el agente sale de sí mismo en su acción.[75] Para la emanación, la causa es exterior a su efecto; para el expresionismo, la causa es inmanente en su efecto, habita en el efecto, y el efecto permanece en la causa: «Una causa es inmanente [...] cuando su efecto es "inmanente" en la causa, en vez de emanar de ella. Lo que define a la causa inmanente es que su efecto está en ella; en ella, por supuesto, como en algo distinto, pero siendo no obstante y permaneciendo en ella».[76]

Spinoza llega a esta doctrina del expresionismo por vía de su doctrina panteísta de que sólo puede haber una única substancia. Como concluye Spinoza en la proposición 14 de la *Ética*: «*Excepto Dios, ninguna substancia puede ser ni ser concebida*».[77] Si la única substancia es Dios, entonces las acciones de Dios no pueden ser algo diferente del propio Dios. Creador y creación, causa y efecto, agente y acción, no deben ser concebidos como niveles o tipos diferentes de ser, sino simplemente como el ser único que Spinoza llama Dios o naturaleza (*Deus sive natura*) en sus múltiples formas. De este modo, Spinoza ve a todos los seres particulares de cualquier tipo como expresiones infinitamente diversas de una sola energía o substancia autogeneradora, la substancia única que es Dios/naturaleza.

Mientras que otros teóricos participativos que hemos considerado entienden el ser (el *esse* de Tomás de Aquino) como un espectro de vastas diferencias cualitativas que sólo podemos empezar a reconocer mediante el uso de la analogía, Spinoza sostiene que el ser es un concepto unívoco que sólo admite diferencias cuantitativas y diferencias en la percepción. Aunque pueda parecer que el ser es diferente, ello se debe a que lo vemos desde ángulos diversos, bajo luces distintas.[78] Todos los tipos de ser son, en realidad, uno y el mismo. El universo único de Spinoza está constituido de la substancia única (Dios o la naturaleza), pero está formalmente dividido en lo que Spinoza denomina atributos y modos. Dios expresa el único sí mismo de Dios en una pluralidad infinita de atributos (tales como pensamiento y extensión, los dos únicos atributos que según Spinoza pueden conocer los seres humanos); a su vez, los atributos expresan, producen o se ejemplifican ellos mismos en modos específicos que incluyen, por ejemplo, las criaturas finitas que encontramos a nuestro alrededor.[79] El punto crucial para Spinoza es que la división en atributos y luego en modos no es una división ontológica, sino que se trata de las manifestaciones infinitamente diversas (disposiciones corporales o mentales) de la substancia única. Dice Spinoza: «Las cosas particulares no son nada sino afecciones de atributos de Dios, *o* modos por los que los atributos de Dios se expresan de una cierta y determinada manera».[80] Estas expresiones modales se siguen con una necesidad geométrica, incluso mecánica, de la definición de Dios/naturaleza. Para Spinoza, todo es la expresión necesaria de la substancia divina impersonal.

Todo esto tiene como resultado una revisión radical del concepto de participación. Sin embargo, Spinoza usa el lenguaje de la participación para transmitir la relación entre modos, atributos y Dios –y en esto se pueden escuchar ecos de las tradiciones teúrgicas y teológicas examinadas anteriormente–, pero altera estas tradiciones de manera crucial de forma que ya no existe ninguna distancia entre los modos y las substancias y aquello en lo que participan. Atributos y modos son las expresiones dinámicas pero necesarias de un Dios inmanente, un Dios que es igualmente resultado de la necesidad metafísica. Spinoza, por tanto, encuentra creatividad en todas partes; toda criatura participa en la creatividad y tiene poder de expresión porque toda criatura es Dios expresándose a Sí mismo. Spinoza radicaliza la participación agotando los conceptos de inmanencia y univocidad del ser y rechazando cualquier doctrina de transcendencia.[81] En el pensamiento de Spinoza, la participación (sea en forma, existencia o creatividad) es expresión pura y simple.[82] Esencia y existencia (formalmente diferenciables, pero substancialmente idénticas) no son otra cosa que la expresión de la intensidad autocreadora que es la substancia divina única.[83] Dios crea a Dios mismo en nosotros y en todas las criaturas, pero también nosotros creamos a Dios cuando nos creamos momento a momento. En cierto sentido, sólo hay creatividad, solo esta *autopoiesis* cósmica, única y dinámica.

De este modo, Spinoza articulaba una versión extrema de la doctrina de la participación en la creatividad, aboliendo la distinción entre Creador y creación. Esto radicalizaba la participación de la creación en la creatividad, pero también planteaba nuevos problemas. Spinoza nunca cuestiona la idea de que la creatividad pertenezca sólo a Dios; en efecto, el único medio que Spinoza descubrió para radicalizar la creatividad fue hacer que todo fuera Dios. Para Spinoza, como para buena parte de la filosofía clásica y escolástica, nada distinto de Dios puede crear. Pero si todo es Dios, entonces la noción de participación tiene poco sentido, porque no hay nada más que un solo término, y, por tanto, o no hay ningún ser que participe, o, alternativamente, nada en lo que participar. Además, ¿qué sentido tiene hablar de creatividad cuando todo procede con una rígida necesidad metafísica y matemática?

Los problemas que se plantean con la filosofía de Spinoza fueron sacados a la luz crítica en la "controversia del panteísmo" que sacudió a la cultura europea en su centro a finales del siglo XVIII y principios del XIX. La polémica fue provocada por Moses Mendelssohn y F.H. Jacobi a cuento del presunto spinozismo de Gotthald Ephraim Lessing. Jacobi alegaba que Lessing –un prominente padre de la Ilustración alemana que acababa de fallecer– le había confesado su afinidad con el spinozismo después de escuchar un recital del poema «Prometeo», de Goethe. Esto era escandaloso –se podía perder fácilmente el puesto académico y arruinar la trayectoria profesional por mucho menos–, pues se pensaba que el fatalismo y el panteísmo de Spinoza amenazaban las bases de la moral y de la fe que preservaban el orden de la república alemana. Pero había algo atractivo en Spinoza, en particular para aquellos que compartían la temprana decepción moderna con las apelaciones explicativas a la transcendencia, y para aquellos primeros románticos, a los que agradaba la manera en que Spinoza combinaba un naturalismo exhaustivo con un sentido místico de unidad y conexión con el mundo. Así, la polémica creció en virulencia y, como señala Frederick Beiser, «casi todo pensador notable de la década de 1790 desarrolló su filosofía como una respuesta a esta controversia».[84] No sólo Jacobi y Mendelssohn, sino también Herder, Schlegel, Hegel, Novalis, Hölderlin, e incluso Kant, saltaron a la palestra.

Sin embargo, Jacobi llevó la voz cantante. Argumentaba que el naturalismo de Spinoza lanza una red demasiado grande. Pensaba que si la racionalidad de la Ilustración era fiel a sí misma, acabaría en el spinozismo y en el fatalismo y destruiría de ese modo sus propios cimientos. Equiparando racionalidad con necesidad metafísica, Jacobi afirmaba que cuando Spinoza sometía todo al mecanismo de la racionalidad inmanente, no dejaba nada que tuviera que ser conocido por la razón, y destruía de este modo el conocimiento. Si todo es racional, entonces nada lo es. La razón hará girar sus ruedas, pero no llegará a ninguna parte, nunca alcanzará la naturaleza o lo real, y sus pretensiones con respecto a Dios son trágicas. Jacobi acuñó el término *nihilismo* para describir la vacuidad y el narcisismo de esta razón aislada, capaz sólo de mirarse fijamente a sí misma. La solución que propuso a este dilema fue un *salto mortal* de la fe, un vuelco total, en lo divino. Sólo una vuelta a la fe pura, afirmaba Jacobi, puede preservar la solidez de lo real y la dignidad de la libertad, y dar así razón de un reino en el que puede funcionar correctamente.[85]

Friedrich Schelling, entre otros, pensó que el diagnóstico de Jacobi era acertado, pero que sus constructivas proposiciones sacrificaban demasiado. La vuelta de Jacobi a la fe pura parecía un movimiento hacia el irracionalismo, la inmolación del intelecto más que su redención. Schelling buscó una alternativa auténtica, una tercera vía entre el fatalismo de Spinoza y el fideísmo de Jacobi, así que propuso una visión expresivista alternativa de participación, que unía inmanencia y transcendencia; no, sin embargo, por etapas, ni por desplome de una en la otra, sino más bien a través de una especie de paralaje divino, una visión de «dos perspectivas estrechamente vinculadas entre las cuales no es posible ningún suelo neutral común».[86] *Según*

Spinoza, precisamente porque no hay ninguna univocidad de ser común entre lo divino y lo creado, la conexión entre los dos reinos puede ser absoluta, si bien inescrutable para las criaturas finitas. Nosotros no podemos reunir lo divino y lo creado en una sola mirada ontoteológica porque, para Schelling (como para Eckhart), el ojo con el que yo veo a Dios es el ojo con el que Dios me ve. No obstante, como comprendió Schelling, este vacío no nos separa de lo divino, sino que es lo único que nos permite ver la finitud y las limitaciones materiales en comparación con la transcendencia y la espiritualidad, sin que lo uno necesite negar a lo otro.[87] En efecto, Schelling argumenta que sólo una transcendencia auténtica asegura la racionalidad y permite que todo funcione, pero, *según* Jacobi, esta transcendencia no puede ser simplemente irracional. La apelación a la transcendencia no puede ser un salto de la fe que niegue la razón discursiva y sus condiciones materiales, sino que debe ser, más bien, la transfiguración misma de la propia razón, transformación que nos lleva más allá, pero que no reniega de la razón ni de la materialidad. Como afirma Schelling:

> La filosofía *no puede* ocuparse sólo de las cosas superiores, debe [...] conectar realmente lo superior con lo inferior. El poder del águila en vuelo no se prueba por el hecho de que el águila no sienta *ningún* tirón hacia abajo, sino por el hecho de que venza este tirón, del que hace, en realidad el *medio* de su elevación. El árbol que enraíza profundamente en la tierra puede, sin embargo, elevar su copa cargada de flores al cielo, pero los pensamientos que se separan de la naturaleza desde el principio son como plantas sin raíces.[88]

El *salto* de Jacobi nos deja con una fe ingenua en las cosas, un mito de lo dado. Schelling, por el contrario, quiere recuperar la solidez y profundidad del mundo a través de la revelación de las cosas, no un mito de lo dado, sino del don vivo con la presencia del donante, el don continuamente otorgado, indómito y gratuito; el don que nos da la capacidad incluso de recibir, el don que nos da a nosotros mismos, y nos da el poder de dar a cambio; el don, en pocas palabras, de la participación en la creatividad por la que nos hacemos a nosotros mismos y hacemos el mundo.

De esta manera, Schelling lleva la metafísica de la participación en la creatividad a una de sus expresiones más elevadas. Afirma que la teoría spinozista de la expresión falla porque determina al Absoluto (término de Schelling para lo divino) como *objeto* absoluto. Las acciones del Dios de Spinoza, como se recordará, se despliegan con una necesidad mecánica. El Dios de Spinoza es todo manifestación, pero carece de dimensión agente, y Schelling concuerda con la evaluación de Jacobi de que esto conduce al nihilismo y destruye la posibilidad de sentido. Schelling afirma, por el contrario, que debemos pensar el Absoluto como inherentemente creador y vivo, es decir, no como un objeto, sino como un sujeto; no como una máquina, sino como algo más parecido a un organismo.

Schelling está decidido a pensar esto de una manera que no es filosóficamente ingenua ni está sometida a la crítica kantiana, y por eso necesita una nueva y compleja teoría de la subjetividad, teoría que fundamenta en Kant y Fichte, pero que incorpora también las intuiciones expresivistas de Spinoza, entre otros. Kant y Fichte ya habían afirmado que la esencia de la subjetividad es la libertad, algo de lo que carecía por completo el Dios de Spinoza, y por eso Kant y Fichte asignaron un poder constructivo o creativo al sujeto. Pero, para ellos, este poder creativo permanecía clavado en la subjetividad, por decirlo así, teniendo como resultado una o dos rupturas. Para Kant, el poder constructivo del ego crea el mundo conocido, pero deja un mundo real no egoico siempre desconocido y fuera del alcance. Fichte va incluso más lejos: para él, el ego comprende incluso el mundo de las cosas-en-sí-mismas de Kant, y de ese modo derrumba lo real hasta el punto de que nada existe verdaderamente fuera del ego humano (con el no-yo derivando enteramente del yo). En su aspecto más extremo, Kant corre el riesgo del escepticismo, y Fichte, el del solipsismo. Schelling, no obstante, afirma más allá de Kant y de Fichte que no se puede limitar la subjetividad a la autoconciencia y, por ello, al ego humano o divino. El sujeto puede ser más de lo que sabe que es. Esto permite a Schelling comprender el mundo más allá de nosotros mismos, un mundo que parece reacio y difícil de conocer, un mundo que tiene que ser mirado y descubierto más que deducido o inventado; este mundo puede ser también sujeto sin el riesgo de ser tragado por nuestro ego. De esta manera, así como Spinoza vio lo divino presente en todo el mundo, el Absoluto de Schelling puede compartir su subjetividad pródigamente, haciendo de la teleolología, el agente y la creatividad, transcendentales en la que todos los seres participan.[89]

Schelling ve todo, seres humanos y naturaleza por igual, como algo vivo y creador a través de su relación con una divinidad viva y creadora. Podría parecer que esto hace de Schelling uno de los *Schwärmerei* (entusiastas religiosos) de la época. O, alternativamente, podría parecer que Schelling está tan solo invirtiendo el error spinozista de la panobjetividad con una pansubjetividad, y que puede, precisamente por eso, terminar en el mismo nihilismo que Jacobi descubría en Spinoza. Sin embargo, la subjetividad de Schelling evita limitarse a una mera inversión de la postura de Spinoza, descubriendo una complejidad de poderes en el propio Sujeto Absoluto.[90] Esto permite a Schelling revisar el concepto de subjetividad más allá de la moderna noción convencional de presencia a sí mismo. Al descubrir una pluralidad de poderes en la subjetividad –en realidad, en el propio Sujeto Absoluto–, Schelling transforma la noción de subjetividad en un concepto dinámico del yo como excesivo, el sujeto como aquello que simplemente no coincide consigo mismo y, por tanto, va más allá de sí mismo. A veces, Schelling presenta esta idea como si hubiera dos poderes: un poder centrípeto formativo que da límite y definición, y un poder centrífugo, creador, que tiende a expandir indefinidamente.[91] Con más frecuencia, sin embargo, y de manera más satisfactoria, Schelling va más allá de este dualismo para descubrir una triadicidad en el Absoluto (a lo que, o a quien, también llama "Dios"). Las fuerzas centrífuga y centrípeta no sólo son capaces de relacionarse cada una con la otra a través de la conexión previa de la que ambas derivan.[92] Este tercer poder es el fundamento de la otredad, la unión (o no desunión) de los dos primeros poderes. Este tercer poder no resuelve ni supera la tensión en lo divino en Schelling, como ocurriría en la dialéctica hegeliana, pero preserva realmente esta tensión duplicándola. Sin el tercer poder, no podría haber ninguna tensión en lo divino porque no habría ninguna relación entre los dos primeros; irían por sus propios caminos inagotables sin tocarse nunca uno a otro. El tercer poder duplica la contradicción en lo divino contradiciendo la desunión de los dos primeros, preservando de este modo infinitamente la multiplicidad o "multeidad" [*multeity*] divina en la unidad, como la llama Coleridge. Si el primer poder es de estabilidad e interioridad que sólo se recoge sobre sí, y el segundo poder se abre siempre hacia fuera, hacia el horizonte, el tercero es como un repliegue en lo divino que conduce la trayectoria de los poderes primero y segundo hacia una tensión generadora, introduciendo vida, libertad y creatividad en el Dios de Schelling.

Esta tensión dentro de Dios, esta multiplicidad dentro de la unidad divina, es el exceso de lo divino, el Dios más allá de Dios que sigue siendo Dios: Dios como creatividad, el paralaje dentro de lo divino mismo. Esta no es una visión de Dios como si fuera de alguna manera incompleto, o como si necesitara o esperara una liberación temporal. Es más bien el descubrimiento de que la libertad de Dios *es* el propio devenir infinito de Dios; Dios se completa a Sí mismo sólo excediéndose siempre a Sí mismo. Por otra parte, no se puede ver aquí ninguna reducción al monismo, pues la movilidad inherente al Dios de Schelling exige que los tres poderes sean coeternos y codivinos; sólo existen en su relación recíproca.

Hay una especie de animalidad en el Dios de Schelling, un sentido de devenir, elección e impredecibilidad que se derrama por encima de la visión no totalizante de una creación con sus propios poderes autopoéticos y creativos.[93] Nuestra incapacidad para reducir el Absoluto de Schelling a un monismo, para pacificar su contienda, coincide con nuestra incapacidad para construir un sistema completo de racionalidad, un sistema que excluya el agente, la libertad y la novedad del acontecimiento que configura la historia y el mundo de maneras impredecibles. Dice Schelling:

> La ausencia de orden, no obstante, yace en el fondo como si pudiera abrirse paso una vez más, y en ninguna parte parece que orden y forma fueran originarios, sino más bien que algo inicialmente sin orden hubiera sido llevado al orden. Éste es el fundamento incomprensible de la realidad de las cosas, el resto indivisible, aquello que no puede ser resuelto con el mayor esfuerzo del entendimiento, sino que permanece eternamente en el fondo. Sin esta oscuridad precedente no hay ninguna realidad de la criatura; la penumbra es su herencia necesaria.[94]

Aunque nuestro entendimiento no pueda elevarse para abarcar la vida de Dios y la creación, podemos intuir y expresar artísticamente esta animalidad a través de nuestro hablar, nuestro hacer, nuestro dar nacimiento a acciones y acontecimientos. Al hacerlo participamos en ese principio en el interior de Dios que preserva, prolonga e intensifica la novedad de la vida divina. El principio de exterioridad en Dios, el tercer poder, se repliega de este modo sobre sí mismo, por decirlo así, creando una membrana que permite una paradójica existencia exterior dentro de Dios.[95] La creación se hace en este repliegue divino y a través de él.

Schelling vincula explícitamente esta compleja visión de Dios y la subjetividad con la noción de participación. Los tres poderes en Dios permiten a Schelling concebir participaciones múltiples: participación en la existencia, en la idealidad y en la creatividad:

> Por lo tanto, [todo] participa en la influencia superior de lo que es en primer lugar necesidad, aunque indirectamente todo participa en lo divino. Si el primer fundamento de la naturaleza es conocido en esa primera potencia, en virtud de la cual el ser necesario se encerró en sí mismo y se negó a sí mismo exteriormente, y si el mundo espiritual es conocido en la segunda potencia que permanece opuesta a la primera, entonces no se puede dudar con respecto al significado de la tercera. Es esa alma universal por la que el cosmos está animado, el alma que a través de la relación inmediata con la Divinidad está ahora equilibrada y con control de sí misma. Es el vínculo eterno entre la naturaleza y el mundo espiritual así como entre el mundo y Dios. Es la herramienta inmediata a través de la cual sólo Dios está activo en la naturaleza y en el mundo espiritual.[96]

Esta alma, que es el principio de actividad, libertad y diferencia dentro de Dios, se convierte en el principio de nuestra actividad, nuestra libertad y nuestra diferencia de los otros y de lo divino. En nuestro devenir temporal participamos en el devenir que Dios es eterna y superlativamente. Para Schelling, nosotros, los seres humanos, hacemos esto sobre todo a través del uso de nuestra imaginación productiva, la cual nos permite intuir la infinitud divina y concretarla en un solo acto.[97] Incluso en sus obras relativamente tempranas, como el *Sistema del idealismo transcendental*, Schelling afirma que nuestro acceso al Absoluto se descubre, por tanto, en el proceso de la labor artística creadora, es decir, en el genio expresivo más que en la representación. Participamos de la creatividad propia del Absoluto y así, a través del verdadero trabajo artístico, revelamos lo infinito en formas finitas (en poesía, arquitectura, escultura, etcétera). Gracias a su imaginación productiva, afirma Schelling, «el hombre no está fuera de Dios, sino en Dios, y [...] su actividad misma pertenece a la vida de Dios».[98] En su filosofía posterior de la mitología y la revelación, Schelling extiende esta concepción del hacer artístico para incluir la revelación religiosa y la *mitopoiesis* como actividades que son propiamente nuestras (es decir, humanas, culturales, lingüísticas, etcétera), pero que también nos exceden en dirección a lo divino. La imaginación mitopoiética no representa a los dioses, sino que los expresa participativamente en el lienzo de la imaginación, el relato, el icono, el ritual. A través de estas acciones, lo divino se revela, por decirlo así, como un jeroglífico, un expresivismo oculto y desocultador que es lo único que permite la entrada divina a nuestro entendimiento.[99]

CONCLUSIÓN

Permítaseme terminar este texto extrayendo unas pocas conclusiones de la genealogía precedente. En primer lugar debemos señalar que la diversidad de los modos participativos que hemos puesto al descubierto en estas páginas explica gran parte de la confusión que a veces surge cuando defendemos un giro participativo en campos como la teología, el estudio de las religiones, la filosofía u otros. ¿Significa el giro participativo un *retorno* al platonismo, al tomismo, o a una especie de expresivismo romántico? No necesariamente ninguna de esas cosas, ni en ninguna de esas formas históricas. El giro participativo nos invita a pensar de manera diferente nuestra búsqueda intelectual reflexionando sobre los términos de una lógica no competitiva de relacionalidad intrínseca, constitutiva, que es otra forma de describir la idea de participación que persiste a través de todos los giros participativos: formal, existencial y creativo. Si estamos interesados en recuperar el concepto de participación, o en comprender a quienes desean hacerlo, haremos bien distinguiendo entre las diversas modalidades participativas. Aunque existe un orden diacrónico de dichas modalidades es posible pensar una de ellas sin presuponer su antecesora. Así, por ejemplo, se puede pensar la participación de forma existencial y creativa aunque se siga siendo un nominalista (esto es probablemente lo que sucede en Deleuze); o se puede pensar en términos de participación formal y creativa, aunque apartándose de la participación existencial (como parece hacer Alfred North Whitehead); o, también, se podrían abarcar las tres formas de participación (como, por ejemplo, hacen Barfield o Clarke).

En segundo lugar, más allá de ayudarnos simplemente a esquematizar y comprender a varios teóricos, la aparición del modo más reciente de participación, la participación en la creatividad, tiene consecuencias para nuestras teorías en la teología y el estudio de las religiones. El giro creativo en la participación está detrás del lenguaje enactivo y expresivo que nos permite ir más allá del objetivismo ingenuo y de la restricción constructivista kantiana de los acontecimientos espirituales a una esfera subjetiva, lingüística. La lógica participativa ofrece una manera de pensar la contribución activa, configuradora, de una persona a un acontecimiento místico sin que este papel tenga que estar reñido con ningún tipo de encuentro espiritual auténtico. Esto nos permite imaginar con mayor plenitud el florecimiento soteriológico humano simultáneamente como una *obra* y un *don*. Diversas repeticiones de este tercer impulso participativo expresivista y creativo se repiten en pensadores como Charles Peirce, Maurice Blondel, Henri Bergson, Sergei Bulgakov, Ernst Bloch, así como en varios investigadores contemporáneos del estudio de las religiones que se han identificado con el "giro participativo".[100]

Algunos de estos últimos han extendido esta tradición de pensamiento llevándola incluso más lejos, para concebir salvaciones múltiples, si se quiere, salvaciones realizadas a través de la participación humana en las energías infinitamente creativas de lo que identifican de formas diversas como el Dios Trino, lo divino, el universo o el Misterio creador. Esto da como resultado el más genuino de los pluralismos, una soteriología capaz de múltiples fines religiosos sin que unos anulen a los otros y sin subordinarlos a un objetivo único. El *nirvana* se convierte, por ejemplo, en un verdadero *telos* religioso, enactuado participativamente a través de la cooperación con lo divino, pero lo mismo ocurre con la visión beatífica como comunión participativa con el Dios Trino. Y, lo que es crucial, estas dos experiencias, y muchas otras, no se identifican, sino que tienen que ser valoradas moral, política y teológicamente como objetivos religiosos diferentes, culturalmente determinados, pero ontológicamente reales.

2. PARTICIPACIÓN Y COMPLEJIDAD EN EL ESTUDIO DE LA RELIGIÓN

Sean Kelly

Este capítulo parte de la obra del pensador de sistemas francés Edgar Morin para analizar algunas consecuencias del paradigma de la complejidad sobre el giro participativo en los estudios religiosos. Después de un análisis de la distinción entre participación integrada y participación enactiva, con ejemplos tomados de la historia de las ideas religiosas y filosóficas, el estudio se vuelve hacia Edgar Morin a fin de considerar la forma de satisfacer la complejidad de la participación, tanto en términos generales como en lo relativo a la cuestión del método en el estudio de la religión. La reorganización del conocimiento que resulta de la conciencia de lo que Edgar Morin llama "auto-eco-re-organización" tiene importancia no sólo para abordar el estudio de la religión y la espiritualidad, sino para el más amplio giro participativo por el que abogan los autores de este volumen.

Participación integrada y participación enactiva: algunos ejemplos premodernos

Al reflexionar sobre la noción de participación me ha parecido útil distinguir entre sus inflexiones *integrada* y *enactiva*. En el sentido más general de los términos, la distinción viene determinada por el grado en el que la participación se orienta más hacia el mundo, el contexto, el otro u objeto, por una parte, o la persona, el agente, el yo o sujeto, por otra. La noción de integración –tomo el término de Charlene Spretnak[1]– apunta a lo que, en realidad, ha sido una característica casi universal de la experiencia y la creencia humanas hasta el final de los tiempos modernos; a saber, la idea de que los seres humanos están en una relación de continuidad orgánica con un cosmos vivo y encantado, y significativamente integrados en él. Militando en contra del sentido de esa integración está la noción moderna de lo que Charles Taylor denomina el "sujeto desvinculado", cuyas huellas sigue hasta las filosofías dualistas y mecanicistas de Descartes y Locke, y que se convirtió en un concepto fundacional para el paradigma científico dominante.[2]

Una fuente básica de inspiración para la reflexión contemporánea sobre la noción de "enacción" es el modelo biocognitivo de Humberto Maturana y Francisco J. Varela, especialmente tal como aparece actualizado en el libro de 1991, *De cuerpo presente*, y más tarde adoptado y adaptado por Jorge N. Ferrer en su *Espiritualidad creativa: una visión participativa de lo transpersonal.*[3] Enseguida consideraremos los elementos de este modelo de forma más detallada. A modo de avance, se podría resumir el significado de "enactivo" diciendo que todo conocer, en vez de consistir en una representación independiente de objetos existentes, dados de antemano, implica, como señala Ferrer, «el dar a luz un mundo o dominio de distinciones cocreadas por los diferentes elementos implicados en el acontecimiento participativo».[4] Aunque el propio Ferrer reconoce la presencia "cocreadora" de las dos dimensiones de la participación (el yo y el otro, la mente y el mundo), el paradigma enactivo en la ciencia cognitiva subraya, sin embargo, la dimensión agente del sujeto viviente/cognoscente (subrayado, no obstante, que ha sido mitigado por la noción de Maturana y Varela de "acoplamiento estructural").

El sentido de la participación integrada se evidencia en la difundida creencia en las "correspondencias", que es la base de la mayor parte de los sistemas de magia y medicina premoderna y no occidental, donde la naturaleza de los aspectos o características particulares del sujeto humano se ilustran con referencia a sus homólogos cósmicos. En los sistemas tradicionales occidentales, como en la medicina hipocrática o paracélsica, por ejemplo, encontramos el vínculo entre el corazón, el oro y el Sol; o en la medicina tradicional china, la correspondencia entre los pulmones, el elemento metal y el otoño. Un ejemplo particularmente rico de participación integrada se puede encontrar en la noción de los indios navajo de *nilch'i* o "viento sagrado", que remite «a todo el cuerpo del aire o atmósfera, incluido [...] el aire que se arremolina dentro de nosotros cuando respiramos».[5] Se piensa que el viento deja sus huellas en los dibujos en espiral en las puntas de los dedos de manos y pies, y en el cabello de la coronilla de la cabeza. «Estas [estos vientos que asoman de las] espiras de las puntas de los dedos de los pies nos sujetan –según el anciano navajo– a la Tierra. Las de las puntas de los dedos de la mano nos sujetan al Cielo.»[6]

La intuición raíz de la enacción se puede encontrar en las mismas tradiciones premodernas que manifiestan la noción de participación integrada. Por ejemplo, el festival babilónico del Año Nuevo no era una mera celebración o reproducción de un mito preexistente, sino un ritual que consistía en reenactuar la creación del mundo, de cuya ejecución con éxito dependía la estabilidad del cosmos (tanto natural como humano o social). O considérense las palabras que Mountain Lake, un anciano indio pueblo, compartía con C.G. Jung: «Somos un pueblo que vive en el tejado del mundo –decía–, somos hijos del Padre Sol, y con nuestra religión ayudamos diariamente a nuestro Padre a recorrer el cielo». Añadía Mountain Lake:

> Hacemos esto no sólo por nosotros, sino por todo el mundo. Si dejásemos de practicar nuestra religión, en diez años el sol dejaría de salir. Entonces sería de noche para siempre.[7]

Podríamos decir que la enacción ritual da expresión a la dimensión motora/conductual de la participación enactiva. Pero está también la dimensión perceptual/cognitiva, que tiene que ver con el sentido más general de un "ver" o "contemplar" (en)activo. Una vez más, el mundo premoderno no era extraño a este tipo de "visión", aunque en Occidente, al menos, tenemos que esperar a Kant antes de que se reflexione de manera consciente sobre la naturaleza enactivamente participativa del conocimiento. Para una ilustración especialmente sorprendente de cómo la contemplación de un acontecimiento espiritual sintoniza con la buena disposición interna de los que contemplan, piénsese en la situación de los dos discípulos del camino de Emaús tal como se describe en el Evangelio de Lucas. Descorazonados, "cabizbajos" en apenada conversación, se les une el Jesús resucitado, pero «sus ojos no le reconocieron» (Lucas 24, 16). Mientras caminaban juntos, el desconocido/Jesús les recuerda cómo la aparente tragedia de la muerte de Jesús es un cumplimiento de las profecías. Aquella noche, después de haber invitado al desconocido a compartir su comida y su techo, finalmente lo reconocieron cuando partió y bendijo el pan: «Y sus ojos se abrieron y le reconocieron; y él desapareció de su vista». Sea lo que fuere lo que se pudiera decir sobre este intrigante pasaje (las posibilidades exegéticas son múltiples), al menos indica la manera en que la percepción de un acontecimiento espiritual –o, en términos más fuertes, la realidad cocreada del acontecimiento mismo– depende de la buena disposición y participación activa de los perceptores.

Como segundo ejemplo de la dimensión perceptivo/cognitiva de la participación enactiva en un contexto religioso o espiritual señalo la noción budista de la "visión recta" (*samma ditthi*), que en su forma más sencilla se puede definir como el conocimiento de las Cuatro Nobles Verdades: el hecho universal del sufrimiento; sus causas raíces (el aferrarse, el odio y el engaño); el hecho de que puede cesar (nirvana), y el Noble Sendero Óctuple que lleva a su cesación. La visión recta es el primer elemento de los ocho que configuran este Noble Sendero. He aquí una de las parábolas del Buddha sobre la naturaleza de la visión recta:

> Cuando una semilla de caña de azúcar, un grano de arroz, o una pepita de uva se coloca en tierra húmeda, cualquiera que sea el alimento que tome del suelo y del agua, todo ello produce dulzura, sabor y puro deleite. ¿Por qué? porque la semilla es prometedora. De la misma manera, cuando una persona tiene la visión recta [...] sean cuales sean las acciones físicas que emprenda en armonía con esa visión, cualquier acción verbal [...] cualquier acción mental que emprenda en armonía con esa visión [...] produce lo que es agradable, grato, encantador, provechoso y útil. ¿Por qué? Porque la visión es prometedora.[8]

La visión recta, o contemplación del mundo a través del don del *dharma*, ayuda a manifestar «la dulzura, el sabor y el puro deleite» intrínsecos de nuestra verdadera naturaleza de Buddha. Sin ella, sólo hay semillas estériles, o semillas que producen un sabor amargo.

Como ejemplo final, premoderno, de la participación enactiva, subrayando de nuevo la dimensión perceptual/cognitiva, quiero mencionar la teoría de la visión de Platón, que fue rechazada por Aristóteles, según la cual se debe pensar que la naturaleza o imagen del objeto visto es el resultado del encuentro de dos "fuegos" o luces, uno de los cuales emana de los ojos, y el otro, del objeto visible. En el *Timeo* leemos:

> Cuando la luz del día rodea la corriente de la visión, entonces lo semejante se encuentra con lo semejante, y se funden, y se forma un cuerpo por afinidad natural en la dirección de la visión, dondequiera que la luz que llega de dentro se encuentra con un objeto externo [...]. Pero cuando empieza la noche y el fuego exterior y afín se retira, entonces se apaga la corrien-

> te de la visión; pues avanzando hacia un elemento disemejante es modificada y extinguida, al no ser ya de la misma naturaleza que le rodea, que está ahora privada de fuego; y así el ojo ya no ve y nos sentimos dispuestos al sueño [...]. Y ahora ya no hay ninguna dificultad en comprender la creación de imágenes en los espejos y en las superficies pulidas y brillantes. Pues de la comunión de los fuegos interior y exterior, y de la unión entre ellos y sus numerosas transformaciones cuando se encuentran en el espejo, surgen necesariamente todas esas apariencias, cuando el fuego del rostro viene a unirse con el fuego de los ojos en una superficie pulida y brillante.[9]

Aunque he distinguido entre dos tipos o inflexiones de participación –enactiva e integrada–, el argumento de Platón ilustra el hecho de que, a menudo, ambas van juntas, al menos con anterioridad al período moderno. Por ejemplo, aunque el tipo enactivo esté claramente presente en Platón –no sólo en su teoría de la visión, sino en la importancia concedida al "cuidado del alma" (el equivalente platónico de la "visión recta" budista) para la capacidad de alcanzar la visión superior de las Ideas–, el idealismo platónico es también participativo de una forma integrada: todos los seres *tienen* su ser en virtud de su participación (*methexis, koinonia*) en las Ideas, las únicas que tienen un ser *verdadero* (*to ontos on*). Asimismo, las enacciones rituales nunca están separadas (al menos implícitamente) de una cosmovisión mítica que, en la mayoría de los casos indígenas y premodernos, como se afirmó anteriormente, representa lo humano integrado en un cosmos vivo y encantado.

ALGUNOS DESARROLLOS POSTKANTIANOS

Aludí antes a la noción del "sujeto desvinculado" tal como aparece en las filosofías de Descartes y Locke. Es, sin embargo, con Kant donde este tipo de sujeto recibe su expresión más crítica, al menos con respecto al problema de la participación que estamos considerando. Se podría decir que, con Kant, la naturaleza de la participación enactiva se reconoce de manera definitiva y se tematiza de forma reflexiva. Al mismo tiempo, no obstante, hay una pérdida correlativa del sentido de integración que había persistido (a pesar del dualismo cartesiano) hasta ese momento. Por otra parte, la "segunda revolución copernicana" de Kant establece la naturaleza radicalmente participativa del sujeto humano en el proceso de conocer con la idea del "ego transcendental" y sus formas asociadas de "intuición" –espacio y tiempo– y las categorías del entendimiento –en particular causalidad y substancia–. Por otra parte, hay una nueva e insalvable brecha entre este sujeto y el noúmeno incognoscible o las "cosas en sí mismas".[10] El gran proyecto de los sucesores inmediatos de Kant –en especial Fichte, Schelling y Hegel– fue tender un puente sobre esta brecha mientras preservaban al mismo tiempo la naturaleza radicalmente participativa del sujeto.[11] Fichte fue el primero en dar el paso decisivo con su noción del "ego absoluto", que no sólo, según Kant, impone las categorías de inteligibilidad sobre la pantalla en blanco de la naturaleza, sino que genera la pluralidad de sujetos finitos y la totalidad de la naturaleza como lo "otro" necesario sobre lo que esos sujetos ejercitan su interminable "esfuerzo" teórico y moral. Sin embargo, considerando que el paso de Fichte eran sólo medias tintas, Schelling y Hegel, cada uno a su manera, trataron de resolver la escisión kantiana, amplificada por Fichte hasta el último extremo, al centrarse en el concepto del Absoluto o Todo como una totalidad que se autoexpresa dialécticamente (el principio de "Identidad" Absoluta, para Schelling, el "Espíritu" Absoluto, para Hegel).

Schelling y Hegel en particular se inspiraron para este proyecto postkantiano en el ejemplo de Goethe, cuya vida y escritos encarnaban el tipo de participación integral en la que sujeto y objeto, mente y naturaleza, se consideraban momentos de un todo orgánico que se despliega dinámicamente. «Una persona puede conocerse a sí misma –escribía Goethe– sólo en la medida en que conoce el mundo, al que percibe sólo en sí mismo, y a sí mismo sólo en el mundo. Todo objeto nuevo, bien investigado, abre un órgano nuevo en el yo de cada uno.»[12] En un lenguaje mucho más accesible que el de los idealistas más jóvenes, que le consideraban su mentor, Goethe resume el proyecto postkantiano de la manera que sigue:

> Debemos ser dignos, mediante la intuición de una naturaleza continuamente creadora, de la participación mental en su productividad. Yo mismo había tendido sin cesar, inicialmente de manera inconsciente y movido por una energía interior, hacia la imagen [*das Urbildliche*] y el tipo [*das Typische*] primordiales. La fortuna recompensó este esfuerzo y pude construir una representación de manera natural; por eso, ahora nada puede impedirme emprender con audacia esa "aventura de la razón", como la llamó el gran anciano de Königsberg.[13]

Aunque el impacto de Goethe y sus admiradores idealistas fue considerable –preparando el terreno, como demuestra Robert Richards, para la recepción general de la teoría de la evolución–, la síntesis orgánica de los dos tipos de participación que alcanzaron de maneras diversas fue eclipsada finalmente por las corrientes principales de la historia intelectual de los siglos XIX y XX. La "aventura de la razón" no debía, al menos en la época, proseguir según las líneas propuestas por Goethe, Schelling y Hegel. A pesar de los esfuerzos de Wilhem Dilthey y los fenomenólogos y filósofos hermeneutas posteriores por salvaguardar la autonomía de las ciencias humanas (*Geisteswissenschaften*) de su colonización por parte de las ciencias naturales (*Naturwissenschaften*), lo que vemos es la constante asimilación de las primeras por los supuestos mecanicistas, y finalmente materialistas, de las segundas. El campo de la psicología, por ejemplo, ha sido dominado por las olas sucesivas de conductismo, psicoanálisis y, más recientemente, por la "neurocéntrica" ciencia cognitiva.[14]

Como una especie de resistencia a esta colonización tenemos el auge del postmodernismo deconstructivo, que, de una forma u otra, continúa dominando en las humanidades. En contraste con las afirmaciones, a menudo ingenuamente realistas, de aquellos que trabajan dentro de los límites del paradigma científico dominante, el postmodernismo reconstructivo rechaza la noción de *a prioris* ontológicos, sean naturales o espirituales. Aunque se considere todo conocimiento como "situado", no tiene un fundamento en planos no-humanos o más-que-humanos (sea cósmicos o metafísicos), y se lo interpreta, por tanto, como (re)enactuado por los individuos o grupos que lo reclaman.

A riesgo de simplificar en exceso podríamos decir que la tendencia en las ciencias naturales ha sido subrayar el aspecto de integración, aunque, en contraste con las expresiones más premodernas de este tipo de participación, el cosmos en el que lo humano está integrado está desencantado y se concibe de manera mecanicista. Las humanidades, por su parte, han tendido a subrayar el aspecto de la enacción, con, no obstante, una tendencia similar hacia el desencantamiento.

EL PARADIGMA DE LA COMPLEJIDAD

Con la esperanza de abrir posibilidades para una comunicación más fructífera entre las "dos culturas" (las ciencias naturales y las ciencias humanas) y, al mismo tiempo, reconsiderar la naturaleza de la participación, me vuelvo ahora hacia la obra de Morin. Después de establecer su reputación como antropólogo y sociólogo cultural en la década de los sesenta del pasado siglo, Morin se dedicó al ideal y a la práctica de la investigación *transdisciplinar*, tomando el relevo de Roland Barthes como director del Centro de Estudios Transdisciplinarios (CETSAP), asociado al CNRS (Centro Nacional para la Investigación Científica) en París. Especialmente en los varios volúmenes de su obra maestra, *El método* (seis volúmenes desde 1977 hasta hoy), aunque también en muchas otras de sus obras, Morin ha tratado de expresar lo que él denomina el "paradigma de la complejidad" como alternativa al paradigma dominante de simplificación o fragmentación, que vemos manifestado no sólo en la escisión entre las dos culturas, sino también entre y en las diversas disciplinas a cada lado de la gran división.

Aunque especialmente inspirado por una apropiación crítica de la teoría de sistemas y la ecología, Morin bebe intelectualmente en los desarrollos de todo el espectro disciplinario, desde la física cuántica, la termodinámica y la biología hasta la psicología, la antropología, la sociología, la epistemología, la ciencia cognitiva y la filosofía de la ciencia, buscando indicaciones de una "ciencia nueva" (*scienza nuova*) que nos permita «recordar lo amputado, articular lo deslabazado y pensar lo oscurecido».[15] El método propio de esta nueva ciencia gira en torno al concepto/intuición central de *complejidad* (de *com-plexere*, "tejer junto con", "entrelazar"), lo cual, escribe Morin, «corresponde a la irrupción de antagonismos en el corazón de los fenómenos organizados, a la irrupción de paradojas o contradicciones en el núcleo de las teorías». Y añade:

> El problema del pensamiento complejo consiste en reunir, sin incoherencias, dos (o más) ideas que, sin embargo, son opuestas entre sí. Esto no es posible a menos que encontremos, a) el metapunto de vista que relativiza la contradicción, y b) una manera de insertar en un bucle productivo de respuestas conceptos antagónicos que de ese modo se harán también complementarios.[16]

Morin invoca varios principios del pensamiento complejo para caracterizar este "bucle productivo de respuestas", en particular los principios *dialógico*, *recursivo* y *holográfico*. El principio dialógico se refiere a «la combinación simbiótica de dos o más lógicas [o perspectivas explicativas] que son simultáneamente complementarias *y* antagónicas».[17] El recursivo describe un proceso que «produce los efectos necesarios para su propia generación o existencia [...] por el cual el producto o efecto último se convierte en elemento básico o causa primera».[18] Finalmente, el principio holográfico alberga la intuición de que «el todo está en la parte que está en el todo».[19] En general, los tres principios deben ser invocados para satisfacer la complejidad de los fenómenos, aunque, con frecuencia, el uno o el otro serán más patentes, en función de la perspectiva adoptada.

Tomemos el ejemplo de la relación mente/cerebro: la moderna investigación del cerebro, desde la obra pionera de Wilder Penfield y los primeros estudios sobre la división del cerebro hasta la influyente investigación contemporánea de Antonio Damasio,[20] deja pocas dudas respecto del grado en el que la mente (sentimientos, emociones, cognición) depende del cerebro. La reciente revolución de la psicofarmacología, especialmente con el extendido uso de los inhibidores selectivos de la recaptación de serotonina (SSRIs) para el tratamiento de la depresión, ha servido en gran medida a la hora de subrayar este hecho. Al mismo tiempo, sin embargo, hay otra larga tradición, desde la fe sanadora y el uso del magnetismo animal o la hipnosis como anestesia (que data de mediados del siglo XIX), al nacimiento de la psiconeuroinmunología (PNI), la documentada "respuesta de la relajación" y el misterioso efecto placebo, que demuestra que el cerebro (y, más en general, los procesos corporales) está sujeto a la influencia de la mente (a través de la "creencia", la intención, la visualización, la "sugestión", etcétera)[21] El lado antagónico de lo dialógico puede degenerar, en este caso, en disociación en la medida en que uno esté previamente comprometido con una visión del mundo materialista o idealista.[22] La cuestión no es disolver el antagonismo en beneficio de una complementariedad demasiado fácil.[23] Igualmente, el principio holográfico nos ayuda a ver cómo, aunque el cerebro "contiene" a la mente como una de sus funciones (la postura reductora la ve como un mero epifenómeno), el cerebro es también un concepto/representación de la mente, cuya naturaleza (junto con la naturaleza de la naturaleza en general) varía con la perspectiva (mental y cultural) desde la cual se considera. En este ejemplo, los principios dialógico y holográfico se integran en el principio de recursividad como el "bucle de respuestas productivo" que entrelaza los dos términos en relación. Dice Morin:

> En efecto, si el cerebro puede ser concebido como el instrumento del pensamiento, éste puede ser concebido como el instrumento del cerebro. La idea del cerebro es, efectivamente, el producto de una larga elaboración por parte de la mente; sin embargo, la mente es producto de una evolución aún más larga del cerebro. [...] La mente parece ser una eflorescencia del cerebro; sin embargo, éste se nos aparece como una representación de la mente. De esta manera, se constituye un círculo aparentemente infernal en el que cada término, igualmente incapaz de explicarse a sí mismo o de explicar el otro a sí mismo, se disuelve en el otro hasta el infinito. [...] Es evidente que cualquier concepción que sea incapaz de considerar el vínculo simultáneamente gordiano y paradójico en la relación cerebro/mente es mutiladora.[24]

Ya en su obra temprana, *La naturaleza de la naturaleza*, Morin había integrado la obra pionera de Maturana y Varela sobre sistemas autopoiéticos y la biología de la cognición, que forma la base del planteamiento enactivo de la ciencia cognitiva.[25] Este planteamiento, como se indicó anteriormente, es una fuente básica para lo que he denominado la inflexión enactiva del concepto de participación. Fundamental en la teoría de Maturana y Varela es la insistencia en la autonomía o "cierre sistémico" de los seres vivos, cuya integridad organizativa se mantiene como respuesta a las "perturbaciones" del entorno, y a pesar de estas. La autoproducción o automantenimiento (por tanto, la "autopoiesis") del organismo –en metabolismo, curación y respuesta inmune, por ejemplo– implica la conservación de una estructura organizativa (es decir, el patrón o red de interacciones entre los elementos constituyentes del sistema). Las acciones o conductas del organismo que efectúa esta conservación son concebidas como fundamentalmente cognitivas, en el sentido de que están constreñidas por algo análogo a los juicios como lo que es, o no es, coherente con esa conservación. «Un sistema cognitivo –escribe Maturana (aunque para mí, al menos, con menos claridad de lo que sería de desear)– es un sistema cuya organización define un dominio de interacciones en el que puede actuar con pertinencia para el mantenimiento de sí, y el proceso de cognición es el actuar o comportarse real (inductivo) en este dominio.» En resumen: «Los sistemas vivos son sistemas cognitivos, y vivir, como proceso, es un proceso de cognición».[26]

Aunque manifiesta su acuerdo en repetidas ocasiones con las intuiciones de Maturana y Varela, Morin cree que «la idea de *autopoiesis* sigue demasiado localizada en una escuela de pensamiento. Se ha aislado insistiendo en la idea de cierre, en el mismo momento en que la idea de la apertura de los sistemas vivos se hacía más general».[27] Para Morin, en vez de subordinar la apertura al cierre, o la dependencia a la autonomía,[28] tenemos que verlos en su relación recursiva. Podemos ver cómo Morin se las arregla para preservar la intuición esencial de *autopoiesis*, sin la reducción al cierre, en su meditación sobre «el bucle recursivo como lo que vincula apertura y cierre». Dice Morin:

> El circuito puramente cerrado es un círculo vicioso; es el círculo ideal e irreal del movimiento perpetuo, desterrado de una

> vez por todas de nuestra *physis* por el segundo principio de la termodinámica. El círculo meramente abierto es igualmente imposible; es mera sucesión y no el bucle de realimentación. Es por estar cerrado por lo que es un círculo. Es por estar abierto –es decir, alimentado– por lo que es productivo. Si se considera el bucle de realimentación abierto/cerrado en su naturaleza profundamente generativa, vemos que su producción fundamental y principal es él mismo, lo que equivale a decir que produce su propio ser y su propia existencia.[29]

Haciendo más compleja la noción de *autopoiesis* o autoorganización, Morin integra la noción de «bucle recursivo como aquello que liga apertura a cierre» con su propuesta para la idea de *auto-eco*-re-organización. La relación entre *autos* y *oikos* es compleja; es (al menos) dialógica, recursiva y holográfica. «Todo fenómeno autoorganizativo –como dice Morin– depende no sólo de su lógica o determinación singular [la especificidad del código genético de una célula individual, por ejemplo], sino también de las determinaciones y la lógica de su entorno. En consecuencia, debemos esforzarnos por ligar en un discurso dialógico –y por lo tanto complejo– el modo interior de explicación [cierre, "auto-"] con el del exterior [apertura, "eco-"].» Y añade:

> La autoorganización viviente presupone necesariamente dependencia con respecto a la eco-organización de la que es parte, que necesariamente presupone las autoorganizaciones que constituyen su biocenosis [es decir, su comunidad biológica o ecológica].
>
> La relación autoecológica es al mismo tiempo de oposición/distinción y de implicación/integración, de alteridad y de unidad.[30]

Se puede ver la relación entre *autos* y *oikos* como paradigmática de la relación entre las inflexiones de participación enactiva (o auto-lógica) y la integrada (o eco-lógica). Aunque surgiendo de la reflexión sobre el carácter complejo de la organización biológica, o "la vida de la vida", la distinción auto/eco (y, por consiguiente, también la distinción entre participación enactiva y participación integrada) es generalizable, para Morin, a «todo lo que vive, incluidos sociedad, ser humano, mente o espíritu, ideas y conocimiento».[31] Los sistemas de ideas y creencias, ideologías, movimientos intelectuales y de cultura popular, todo ello puede ser considerado como otras tantas manifestaciones de la noosfera (concepto que Morin adopta de Teilhard de Chardin), la cual, como la biosfera, está poblada por entidades vivas complejas, y, por tanto, auto-eco-re-organizadoras. Las entidades noosféricas, como los organismos biológicos, tienen su autonomía relativa y sus ecologías particulares, sus respuestas y adaptaciones inmunes a los retos medioambientales.[32] Podemos considerar esas entidades como "acontecimientos participativos" (tomando y generalizando el uso del término por parte de Ferrer, que él aplica específicamente a los fenómenos religioso, espiritual y transpersonal), que en cierto sentido deben verse como sujetos (y no meramente como objetos) que son a la vez enactivos e integrados; es decir, como relativamente autónomos y determinantes (auto), y como dependientes y determinados (eco), respectivamente.

Puesto que «la relación auto-ecológica es al mismo tiempo una relación de oposición/distinción y de implicación/integración», se debe esperar que la descripción e interpretación de los acontecimientos participativos subraye a veces las inflexiones de participación enactiva y, a veces, las de participación integrada.[33] Aún más, podríamos decir que, dependiendo de la perspectiva adoptada, la enactiva es integrada y la integrada es enactiva. La autoorganización enactiva de la célula individual, por ejemplo, no sólo obtiene del entorno lo que no puede producir interiormente, sino que también actúa sobre el potencial generador de los genes, a través de los cuales la célula se integra en su propia línea de antepasados, así como en la vida de su especie y, en realidad, en el conjunto de la vida. Por su parte, los sujetos humanos principalmente enactúan o "dan a luz" su mundo por medio del lenguaje, y el lenguaje, a su vez, integra al sujeto en las culturas y sociedades particulares, pero estas sociedades y culturas son ellas mismas totalidades autoorganizadoras con su propia autológica, a través de la cual (co)enactúan el mundo de la vida en el que los individuos participan.

Morin subraya que la revolución de nuestro conocimiento de la organización viviente exige la correspondiente reorganización del conocimiento. Es en y a través de esa reorganización del conocimiento –a lo que Morin se refiere como el "conocer del conocer"– como podemos empezar a imaginar la reparación de la grieta entre las dos culturas, e incluso su (compleja re-) integración. La relación entre *autos* y *oikos*, junto con el ejemplo más específico de la relación cerebro/mente considerada anteriormente, revela la posibilidad de un "metapunto de vista" donde no sólo lo integrado y lo enactivo, sino también lo físico (incluyendo lo biológico) y lo humano, objeto y sujeto, sean contemplados como dialógica, recursiva y holográficamente relacionados. Dice Morin:

> El metasistema sólo puede ser un bucle retroactivo/recursivo que no anula, sino que más bien se alimenta de esos movimientos contrarios sin los cuales no existiría y a los que integra en un todo productivo. De esta manera, el carácter antagónico de los puntos de entrada físico y antroposocial deviene no sólo aquello que entorpece, sino también aquello que es necesario para la constitución del metasistema. [...] Es en y a través de este bucle o circuito como podemos establecer un enraizamiento teórico doble en la "naturaleza" y a la vez en la "cultura", en el "objeto" tanto como en el "sujeto".[34]

CONSECUENCIAS PARA EL ESTUDIO DE LAS RELIGIONES

Reflejando el estado de la academia en general, el campo del estudio de las religiones existe como un conjunto muy fragmentado de acercamientos disciplinares o metodológicos a lo que se denomina a menudo "fenómenos religiosos". Junto con planteamientos hace tiempo establecidos como la sociología, la psicología, la historia o la antropología de la religión, el estudio de las religiones incluye ahora todo, desde teología y estudios bíblicos a planteamientos feministas, ecológicos, sociobiológicos, culturales, políticos, LGBT, *queer** y cosmológicos. Esta pluralidad de planteamientos en el estudio de las religiones es sin duda consecuencia no sólo de la proliferación de disciplinas académicas, sino también de la complejidad de los propios fenómenos religiosos. Sin embargo, si los estudios religiosos deben moverse en dirección a un campo coherente, pueden necesitar –o, al menos, aquellos de sus miembros que estén así inclinados pueden necesitar– abrazar un (meta-)punto de vista más explícitamente transdisciplinar tanto con respecto a los fenómenos que están en estudio como a los planteamientos existentes ligados a una disciplina de esos fenómenos. La visión de Morin del paradigma de la complejidad resulta, en mi opinión, muy prometedora en este sentido.

De entrada, hemos visto cómo los principios del pensamiento complejo y el concepto de auto-eco-re-organización viviente con el que se asocian pueden ayudar a religar las dos culturas. En el estudio de las religiones, esta brecha se puede observar en la relativa incomunicación entre los defensores de las explicaciones naturalistas (y a menudo materialistas) de los fenómenos religiosos, por una parte, y aquellos que se decantan por plan-

* LGBT: Lesbianas, *gays*, bisexuales y personas transgénero. (*N. de los T.*) *Queer*: pansexuales, intersexuales, etcétera.

teamientos más humanistas, por otra. Ejemplos de planteamientos naturalistas incluyen la obra de Michael Persinger sobre los efectos de los campos electromagnéticos sobre el lóbulo temporal,[35] las investigaciones paralelas de Vilayanur Ramachandran y sus colegas sobre el llamado "punto de Dios" o "nódulo de Dios" en el cerebro humano,[36] la investigación de Richard Strassman en la DMT* como "molécula del Espíritu" (aunque el propio Strassman no sea reduccionista en sus interpretaciones),[37] y la teoría de los memes de Richard Dawkins y Susan Blackmore.[38] También se podrían incluir los planteamientos científico-sociales que se basan fundamentalmente en métodos cuantitativos, o el psicoanálisis freudiano tradicional, con sus supuestos de raíz biologista, en ese lado de la gran división. En el lado humanista se podrían encontrar enfoques como los del análisis textual, la fenomenología y la antropología cultural de la religión, la filosofía de la religión, y los planteamientos humanistas, junguianos y psicológicos transpersonales de la religión.

Ha habido intentos de coordinar e incluso de integrar estos dos tipos de planteamientos: pienso aquí en la teoría multidimensional de las cosmovisiones de Ninian Smart (con su inclusión de manifestaciones paralelas religiosas y seculares de dimensión experiencial, mítica, ritual, doctrinal, ética, social, material/estética, y político/institucional),[39] o la obra de Ian Barbour en el área de religión y ciencia, que resalta cuatro modos posibles de relación: conflicto, independencia, diálogo e integración (el propio Barbour aboga por el diálogo y la integración).[40]

En los márgenes del gremio académico está también la versión de Ken Wilber de un enfoque "integral", que trata de satisfacer e integrar las dos culturas como los lados "derecho" e "izquierdo" de un modelo de cuatro cuadrantes (donde el lado

* DMT: Dimetiltriptamina, un psicoactico enteógeno.

derecho representa la dimensión exterior, y el lado izquierdo, la dimensión interior, mientras los cuadrantes superiores representan las dimensiones individuales, y los inferiores, las colectivas).[41] Los cuadrantes están revestidos por una "jerarquía nidal" u *holarquía* de niveles: materia, vida, mente, alma y espíritu (o fisiosfera, biosfera, noosfera y teosfera), donde cada término de la secuencia "transciende e incluye" al precedente. La distinción auto/eco aparece en la adopción de Wilber del postulado de David Bakan de condición agente y comunión como impulsos humanos fundamentales, y también, en cierta medida, en ambos ejes de los cuadrantes (donde lo interior e individual podría sugerir *autos*, y lo exterior y colectivo, *oikos*).[42] La fuerza del modelo de Wilber estriba en su capacidad de integración sistémica; se puede "ver" fácilmente cómo elementos dispares y en apariencia conflictivos podrían encajar en un todo altamente estructurado. Wilber denomina "lógica de visión" a esta manera de ver (a veces, también "lógica de red"), lo que en su sistema corresponde al pensamiento complejo de Morin.

Sin embargo, existen importantes diferencias entre Wilber y Morin. A diferencia de la teoría de Wilber de la integración holárquica, la apropiación crítica de Morin de la teoría de sistemas implica el reconocimiento de que cualquier conjunto es no sólo más, sino también menos que la suma de las partes.[43] El agua (como conjunto), por ejemplo, posee la cualidad emergente de humedad y puede (en realidad, debe) ser bebida por nosotros para vivir, pero no podemos respirar el oxígeno (como parte) que ha sido absorbido en su organización molecular. Igualmente, el ego autorreflexivo del adulto en general debe pagar la aparición de construcciones mentales conscientes con una cierta pérdida de vitalidad sensorial y de sensibilidad a lo imaginal. En términos junguianos, el surgimiento del ego y sus personas asociadas supone la creación de la sombra personal.[44] Aunque Jung no hable del desarrollo como la realización o actualización de la totalidad, recalca el "incluye" sobre el "transciende", y llama la atención sobre la manera en que los símbolos de totalidad sugieren la idea de una coincidencia o "entrelazamiento" (*complexere*) de opuestos (*coincidentia* o *complexio oppositorum*). Esto repite claramente el énfasis de Morin en el carácter dialógico (y recursivo) de los fenómenos complejos y su uso del término *unitas multiplex* y su descripción de la vida como «la unión de unión y desunión».[45]

Wilber apunta, es cierto, a la noción de Espíritu o Absoluto no dual, que él describe en términos muy coherentes con Jung y Morin. Al mismo tiempo, sin embargo, –y en este camino sigue una senda ya trazada por Hegel– tiende a privilegiar lo auto-lógico (cierre sistémico) sobre lo eco-lógico (apertura metodológica). Esta misma tendencia es evidente en su tratamiento de una serie de polaridades relacionadas: se privilegia la mente sobre la naturaleza, o la noosfera sobre la biosfera (se dice que la primera incluye a la última, pero no al revés), la jerarquía sobre la heterarquía, las epifanías monoteístas sobre las politeístas (y animistas), el Absoluto impersonal sobre el personal, etcétera. La (auto-)lógica de Wilber es coherente y, para quienes la comparten, convincente. Pero hay al menos otra lógica, antagónica, en la que se favorece el otro lado de estas polaridades. A pesar de la fuerte resonancia entre las nociones de naturaleza/biosfera y animismo/politeísmo, todas las cuales sugieren fácilmente el aspecto eco/integrado de la lógica de participación, no se deberían equiparar todos los términos del otro lado de las polaridades. Se debería recordar, además, que estos términos, o las cosmovisiones asociadas a ellos, son también enactivos (volveré enseguida a este punto) y, en la medida en que quienes los sostienen lo hacen de manera exclusiva, son expresiones de una auto-lógica. Lo que tenemos, en otras palabras, es una situación típicamente *dialógica* que, como se recordará, implica «la combinación simbiótica de dos o más lógicas [o perspectivas explicativas] que son simultáneamente complementarias *y* antagónicas».

Esta actitud de privilegiar una cierta auto-lógica conduce directamente a la espinosa cuestión de la clasificación de las tradiciones religiosas y espirituales. Como señala Ferrer, refiriéndose especialmente a la relación entre espiritualidad impersonal no dual y espiritualidad teísta, «lo que a primera vista es [...] desconcertante en estas clasificaciones es que sus defensores, actuando al parecer con criterios análogos (como la capacidad abarcante), llegan a conclusiones radicalmente opuestas».[46] Para Ferrer, no se trata sólo de que los argumentos ofrecidos por Wilber y otros idealistas monistas se tambaleen transculturalmente. Ferrer sostiene más bien que, en principio, puede no ser «necesaria ninguna relación jerárquica intrínseca, o *a priori*, entre los diversos universos espirituales».[47] A diferencia de Wilber, él ve la "Verdad" a la que esos universos se refieren como «intrínsecamente no determinada, maleable y plural».[48] La razón de ello es que estos universos son, por naturaleza, acontecimientos participativos, lo que significa que cada uno es también relativamente autónomo y son, en ciertos aspectos, enacciones potencialmente inconmensurables que juntas constituyen la ecología compleja del fenómeno religioso/espiritual. Como entidades noosféricas (si no teosféricas) vivas se puede imaginar fácilmente que, como toda forma de organización viva, los universos religiosos/espirituales –y los esquemas interpretativos asociados a ellos– podrían manifestar tipos y grados de jerarquía variables dentro de ellos y entre ellos. El peligro, sin embargo, es el de terminar cayendo en una interpretación simplificada y mutiladora de la jerarquía.[49] «Concebida de una manera simplificadora –escribe Morin–, la jerarquía o bien se identifica pura y simplemente con la esclavitud y la dominación, o enmascara esta esclavitud con los colores sonrosados de la integración y la funcionalidad. De este modo, vemos cómo una concepción mutilada de la jerarquía puede, con respecto a los problemas antroposociales, apoyar sociologías y políticas mutiladoras.» Se podría añadir también: una ciencia de la religión mutiladora.

Así pues, subraya Morin: «Nos es vitalmente necesario tener una interpretación *viva* –es decir, compleja– de la jerarquía».[50]

Morin llega a esta interpretación, en primer lugar, reconociendo la represión/esclavitud como el precio exigido para la aparición. La jerarquía es tanto una "pirámide aplastante" como un "árbol que crece".[51] Segundo, el carácter complejo de la organización viva no se agota en la noción de jerarquía, ni siquiera de holarquía, puesto que las «jerarquías tienen que contar con aquello de lo que dependen. Aún más, debemos reconocer que, en toda organización viva, la organización jerárquica depende de una organización no jerárquica». Añade Morin:

> Las jerarquías sólo llegan a ser operativamente ricas (complejas) si existe una cierta flexibilidad y libre juego entre niveles, la suficiente autonomía por parte de los elementos sometidos y posibilidades de tomar decisiones en la base. En realidad, organismos, sociedades y ecosistemas sólo pueden autoproducirse y autorreproducirse sobre la base de interacciones relativamente autónomas entre los sujetos por los que están constituidas. Estos organismos, sociedades y ecosistemas requieren la presencia de jerarquías concurrentes, e incluso de formas de organización que sean antagónicas a la jerarquía. En resumen, en toda organización jerárquica [viva] debe haber un elemento de *anarquía*.[52]

En su intento de satisfacer la complejidad de la auto-eco-organización viva, Morin pide un "gran bricolaje" no sólo de las nociones de jerarquía, heterarquía y anarquía, sino también de las correlativas de (mono-)centrismo, policentrismo y acentrismo.[53] Extendiéndose de las células simples a las sociedades de insectos y vertebrados, del cerebro humano a ecosistemas enteros, Morin muestra cómo ora uno, ora el otro de estos términos correlacionados se ajusta mejor a la definición o explicación del fenómeno concreto. «De hecho –concluye Morin– cada vez que ampliamos nuestra visión o nos centramos en los detalles, vemos que la combinación [compleja] de centrismo/policentrismo/acentrismo, y jerarquía/heterarquía/anarquía [...] describe el carácter fundamental de los fenómenos vivos, y es sólo a través de una visión monocular como algunos parecen exclusivamente centralizados y jerárquicos.»[54]

Dado que «no debemos pensar la organización antroposocial en términos menos complejos que los de la organización biológica»,[55] supongo que los planteamientos participativos contemporáneos de la religión pueden querer hacer uso de la misma estrategia metodológica de "gran bricolaje" para hacer frente a universos religiosos/espirituales aparentemente contradictorios o mutuamente excluyentes y a sus pretensiones de verdad asociadas. Esta estrategia se aplicaría no sólo a la tensión entre las representaciones monoteístas, politeístas y no-teístas de lo divino, sino también a grupos de distinciones –entre las tradiciones religiosas y dentro de cada una de ellas– como las antropomórficas (por ejemplo, las expresiones exotéricas de las religiones abrahámicas: Dios como Padre), cosmomórficas (muchas religiones indígenas: el Trickster como cuervo) y abstractas (muchas expresiones esotéricas de las tradiciones religiosas: uso de la geometría sagrada), y con respecto a los marcos temporales: unidireccionales (tradiciones abrahámicas) y poli/adireccionales (la mayor parte de las tradiciones indígenas y muchas tradiciones místicas).

Con todo, y como hemos visto, el método que surge del paradigma de la complejidad, ya se aplique a la organización biológica o a la organización de fenómenos antroposociales, noosféricos, o específicamente religiosos y espirituales, no es sólo cuestión de bricolaje, por elevado que este sea. Como entidades auto-eco-reorganizadoras, los fenómenos religiosos y espirituales, junto con los diversos enfoques disciplinarios de la articulación de su naturaleza e importancia, exigen el pleno empleo del pensamiento complejo. No basta, por ejemplo –aunque sea ya un gran paso–

crear un espacio cognitivo donde las tradiciones monoteístas, politeístas y no teístas puedan coexistir pacíficamente. Dada la naturaleza *dialógica* de las relaciones complejas, el objetivo del método, o la medida clave de su éxito, es la capacidad de este espacio para tolerar el antagonismo explícito. Este antagonismo se podría manifestar en el sentido de una total inconmensurabilidad entre dos (o más) afirmaciones contrapuestas, junto con las formulaciones previas, o como variantes de ellas: la creencia de que el universo tiene un principio y un final absolutos frente a la creencia de ciclos que se repiten eternamente, o la creencia en la supervivencia *postmortem* del alma personal frente a las visiones impersonales o no personales de la individualidad y su destino *postmortem*.

Para concluir este apartado llamo la atención sobre una serie de antagonismos relacionados, cuya importancia Ferrer ha destacado al tratar del giro participativo en la teoría transpersonal, a saber, los que se producen entre absolutismo y relativismo, universalismo y pluralismo, y perennialismo y contextualismo. «El giro participativo –dice Ferrer– se puede considerar como un intento de preparar un camino medio entre la Scylla del absolutismo autoritario y la Caribdis del relativismo autocontradictorio y moralmente pernicioso.»[56] Ferrer invoca también la idea de una «dialéctica entre universalismo y pluralismo» como expresión de la «dinámica más profunda de la autorrevelación del Espíritu».[57] Yo añadiría que esa dialéctica –o *dialógica*– está entrelazada (*com-plexere*) con las distinciones asociadas auto/eco y enactivo/integrado. Por una parte, dado que absolutismo/universalismo/perennialismo manifiestan normalmente un mayor grado de cierre sistémico, son expresiones claras de una auto-lógica. Relativismo/pluralismo/contextualismo, en cambio, sugieren apertura (a lo otro) y pueden, por tanto, ser consideradas expresiones de una eco-lógica. Mientras la noción de enacción, como vimos, deriva de la teoría biocognitiva de *autopoiesis* de Maturana y Varela (que está recogida en el concepto de *autos* de Morin), en la esfera de las ciencias humanas (y en el estudio de las religiones en particular), la noción de enacción está más asociada al constructivismo y a la idea de situacionismo, y por eso también al concepto de Morin de *oikos* y al aspecto relativismo/pluralismo/contextualismo de la polaridad que se considera. De nuevo vemos aquí cómo lo integrado, a modo de contexto (que apunta al concepto de *oikos*), es también enactivo (que apunta al concepto de *autos*). En otras palabras, ambos lados de la polaridad están relacionados no sólo dialógicamente, sino también recursivamente. Resumiendo la complejidad de este tipo de polaridad escribe Morin:

> Es inútil tratar de basar el conocimiento en el Espíritu o en lo Real. El conocimiento [y aquí podríamos decir también la *participación*] no tiene ningún fundamento, en el sentido literal del término; pero tiene varias fuentes, y nace de su confluencia, del dinamismo recursivo del bucle del que surgen sujeto y objeto. Este bucle pone en comunicación la mente y el mundo [y, podríamos añadir: *autos* y *oikos*, enactivo e integrado], pone a cada uno en el otro en una coproducción dialógica en la que participan cada uno de los términos y momentos del bucle.[58]

CONCLUSIÓN

En las páginas precedentes he tratado de mostrar, aunque de forma preliminar, cómo el giro participativo en el estudio de las religiones exige el pleno empleo del pensamiento complejo. La distinción inicial entre participación enactiva y participación integrada, mediante su encuentro con la noción generativa de auto-eco-re-organización en el paradigma de la complejidad, ha revelado su carácter complejo (dialógico y recursivo). El carácter paradigmático de la siguiente relación

se aplica también, como vimos, a una serie de oposiciones binarias relacionadas que, en el paradigma de simplificación, tienden a disociarse mutuamente. Estas incluyen:

- mente y cerebro/mundo
- sujeto y objeto
- cultura y naturaleza
- jerarquía y heterarquía/anarquía
- monocentrismo y poli/acentrismo
- absolutismo y relativismo
- universalismo y pluralismo
- perennialismo y contextualismo

Puesto que he decidido centrarme en la cuestión del método he tenido que dejar para otra ocasión un tratamiento más detallado de la interpretación de Morin de los mitos y doctrinas religiosas como entidades noosféricas.[59] A diferencia de Wilber, Morin nunca especula con la existencia y naturaleza de una teosfera relativamente autónoma, y mantiene a lo largo de sus escritos un fuerte agnosticismo metafísico. No obstante, Morin pide el cultivo de un tercer tipo de religión «en el sentido mínimo»[60] del término (sugerido por la etimología de la palabra: de *re-ligare*, volver a unir), en el centro de la cual estaría el hecho y el ideal de "religación". El primer tipo de religión está representado por lo que generalmente se denomina las religiones del mundo, que tienden a centrarse en la promesa de la salvación ultramundana y que, aunque de aspiración universalista, «fue y sigue siendo una forma cerrada de religación que exige fe en una revelación exclusiva».[61] Sin embargo, Morin admite que los ideales de amor, compasión y perdón que estas religiones han abrigado hacen de ellas «un tipo superior de religación del que los hijos del planeta Tierra todavía tienen necesidad».[62] El segundo tipo de religión, aunque hostil al primero, era igualmente de alcance universalista y suponía una fe en la salvación en este mundo (el mito de la Razón, del progreso y el "desarrollo"). Sin embargo, las modernas promesas seculares de salvación –sean de la izquierda, la derecha o del vacío "centro"–; todas ellas dieron nacimiento a monstruos (nacional-socialismo, estalinismo, imperialismo neoconservador, mercantilización corporativa de la cultura, mecanización del trabajo, por nombrar algunos). La nueva religión, en cambio,

> no tendría promesas, sino raíces: raíces en nuestras culturas y civilizaciones, en la historia planetaria y humana; raíces en la vida; raíces en las estrellas que han forjado los átomos de los que estamos hechos; raíces en el cosmos donde nacieron las partículas y de las que fueron hechos nuestros átomos [...]. Esa religión implicaría creencia, como todas las religiones, pero, a diferencia de otras que reprimen la duda con un celo desmedido, habría lugar para la duda. Miraría al abismo.[63]

Por lo que se refiere al tema rector de este volumen y a la distinción inicial con la que comenzaba este capítulo, el hincapié de Morin en las raíces culturales, planetarias y, en realidad, cósmicas como fuente de un sentido nuevo de religación resalta claramente la inflexión integrada del giro participativo. Al mismo tiempo, sin embargo, Morin sabe que el cultivo de esa religación exige el pleno, consciente y concienzudo compromiso del individuo, y es, por tanto, igualmente enactivo. Aunque, obviamente, da gran importancia a las virtudes mentales de una "racionalidad abierta",[64] a la capacidad de enactuar los principios cognitivos asociados al paradigma de la complejidad –el bucle recursivo que (re)liga polaridades de lo contrario disociadas es emblemático de esta enacción, como lo es la disposición a tolerar la diferencia, contradicción e incertidumbre–, sabe que estas virtudes exigen un corazón igualmente abierto.

La "religión de religación" es la hermana querida del paradigma de la complejidad, y si el ideal del último es la sabiduría, la realidad de la religación es el *amor*, dado que «en el nivel más alto de la complejidad humana, la religación sólo puede asumir la forma de amor».[65] Este amor, aunque sea en la forma de sencillo (o apasionado) afecto, amistad, perdón o compañerismo universal, es lo que permite vivir con la incertidumbre y da valor para "mirar al abismo". Es la «prescripción para la angustia y la respuesta a la muerte».[66] Y añade:

> El amor, la resistencia a todas las crueldades del mundo, nace de la religación del mundo, y sirve para exaltar las virtudes de esta religación [...]. El amor es la potencia más alta y la forma superior, el avatar final de esta religación.[67]

La participación como complejidad y religación, como sabiduría y amor. Cada uno de estos, dice Morin, debe estar ligado al otro a la manera del *yin* y el *yang*.[68] Sin embargo, sabe en su corazón que lo más grande es el amor.

3. EL CONOCIMIENTO ESPIRITUAL COMO ENACCIÓN PARTICIPATIVA

UNA RESPUESTA A LA CUESTIÓN DEL PLURALISMO RELIGIOSO

Jorge N. Ferrer

Cuando se le preguntó a David B. Barrett, el editor principal de la monumental *World Christian Encyclopedia*,[1] cuáles eran sus conclusiones sobre el cambio religioso en el mundo después de varias décadas de investigación, respondió lo siguiente: «Hemos identificado nueve mil novecientas religiones distintas e independientes en el mundo, y su número aumenta a razón de dos o tres religiones por día».[2] Aunque puede haber algo que celebrar en esta innovadora diversidad espiritual que ahora vivimos, es también evidente que las múltiples visiones religiosas contrapuestas de la realidad y la naturaleza humana son una causa fundamental del escepticismo predominante con respecto a las pretensiones religiosas y espirituales de verdad. Para la mente moderna, la pluralidad de los mundos religiosos plantea un dilema desconcertante: ¿cómo justificar esas importantes diferencias cuando la mayor parte de tales tradiciones pretenden enunciar verdades universales y últimas sobre la existencia? Las respuestas típicas a esta cuestión tienden a situarse por lo general en el espacio comprendido entre dos posturas drásticamente opuestas. En un extremo del espectro, investigadores materialistas, de mentalidad científica y "no religionistas", minimizan o desechan por completo el valor cognitivo de las pretensiones de un conocimiento religioso, considerando que las religiones son productos culturales que, como las obras de arte o los platos culinarios, pueden ser sumamente diversas e incluso personalmente edificantes, pero nunca portadoras de ninguna verdad "objetiva" en absoluto.[3] En el otro extremo, practicantes espirituales e investigadores "religionistas" defienden vigorosamente el valor cognitivo de la religión, abordando el problema del pluralismo religioso, ya sea asumiendo la verdad exclusiva (o en última instancia superior) de su tradición preferida, o bien elaborando marcos universalistas que, a primera vista, parecen aportar orden a ese caos religioso. A pesar de su declarada postura inclusivista, las visiones más universalistas de la espiritualidad humana tienden a tergiversar el mensaje espiritual de las diversas tradiciones religiosas, privilegiando jerárquicamente unos caminos espirituales sobre otros y planteando serios obstáculos para el diálogo interreligioso, la investigación espiritual y la armonía social.[4] En este capítulo ofrezco una respuesta participativa a la cuestión del pluralismo religioso que integra la nueva percepción moderna/postmoderna del elemento constructivo de todo conocimiento humano (incluido el conocimiento espiritual) con una defensa del valor cognitivo de la religión que evita el exclusivismo dogmático implícito en el acto de privilegiar cualquier tradición particular.

En pocas palabras: propongo que *la espiritualidad humana surge de la participación cocreadora en un misterio, un poder espiritual o energía creativa de la vida o la realidad siempre dinámicos y no determinados.*[5] Es más, argumento que esta interpretación participativa no sólo hace que las clasificaciones jerárquicas universales de las tradiciones religiosas parezcan mal concebidas, sino que también restablece nuestra conexión directa con la fuente de nuestro ser y amplía la gama de opciones espirituales válidas que, como individuos, podemos realizar. Después de plantear un análisis participativo de la naturaleza del conocimiento espiritual proporciono una interpretación pluralista, no sólo de los caminos espirituales, sino también de las liberaciones espirituales y de los fines espirituales últimos. El resto del ensayo estudia algunas de las implicaciones de este giro participativo para ciertos problemas que surgen de la cuestión del pluralismo religioso, como la interpretación de las relaciones interreligiosas, el problema de las pretensiones contrapuestas de verdad en el ámbito religioso, la validez intercultural de las verdades espirituales, la naturaleza de la liberación espiritual y la dialéctica entre la unidad y la multiplicidad –o entre universalismo y pluralismo– en la investigación religiosa.

Antes de seguir adelante debo recalcar, no obstante, que, aunque creo que este planteamiento participativo es más sensible a la evidencia espiritual y hace justicia de manera más adecuada a la diversidad de formas en las que puede expresarse la conciencia espiritual, de ningún modo pretendo que transmita la verdad final sobre el misterio del ser en el que participamos de forma creativa. Mi intención principal, por el contrario, es abrir caminos para repensar y vivir la espiritualidad y la diversidad religiosa actual a una luz diferente y, según creo, más fructífera. Igualmente, aunque creo que este enfoque es beneficioso tanto para las relaciones interreligiosas como para el crecimiento espiritual individual, es obvio que su valor último es un reto práctico que tiene que ser evaluado por otros cuando lo hagan suyo y decidan críticamente si promueve su discernimiento y florecimiento espiritual. Es en este espíritu de ofrenda, invitación, investigación y, tal vez, en calidad de recurso útil, como propongo las ideas contenidas en este capítulo.[6]

La naturaleza participativa del conocimiento espiritual

Veo el conocimiento espiritual como una acción participativa.[7] En el contexto de este capítulo, el término "participativo" tiene tres significados diferentes, pero igualmente importantes. En primer lugar, "participativo" se refiere a la condición ontológica fundamental de los seres humanos en relación con las energías espirituales o el dinamismo creativo de la vida o la realidad. Los seres humanos –lo sepan o no– participan siempre en la autorrevelación del misterio del que todo surge. Esta condición participativa no es sólo el fundamento ontológico de las otras formas de participación, sino también el ancla epistémica de las pretensiones de conocimiento espiritual. En segundo lugar, el término "participativo" alude al hecho de que el conocer espiritual no es objetivo, neutral ni meramente cognitivo. Al contrario, el conocimiento espiritual nos compromete en una actividad participativa, conectada, y a menudo apasionada, que puede implicar no sólo la apertura de la mente, sino también del cuerpo, de las energías vitales, el corazón y las formas sutiles de conciencia. Aunque los acontecimientos espirituales puedan afectar solamente a ciertas dimensiones de la naturaleza humana, todas ellas pueden entrar potencialmente en juego en el acto del conocimiento participativo, de la transfiguración somática al despertar del corazón, de la comunión erótica a la cocreación visionaria y del conocimiento contemplativo a la intuición moral, por mencionar sólo algunas. Finalmente, "participativo" se refiere al papel epistémico que las facultades humanas desempeñan en la mayor parte de los acontecimientos espirituales y transpersonales. La relación no es de apropiación, posesión o representación pasiva de un conocimiento o unas verdades establecidas de antemano, sino de *comunión* y *participación cocreadora.*

La última característica del conocimiento participativo requiere una más amplia elaboración. Siguiendo la obra pionera de Francisco J. Varela, Evan Thompson y Eleanor Rosch, mi interpretación del conocimiento espiritual adopta un paradigma de cognición enactivo.[8] El conocimiento espiritual no es una representación mental de objetos espirituales independientes previamente dados, sino una *enacción*, un "dar a luz" un mundo o dominio de distinciones cocreadas por los diferentes elementos implicados en el acontecimiento participativo. Algunos elementos centrales de los acontecimientos espirituales participativos pueden incluir intenciones y disposiciones individuales; el poder creativo de la multidimensional cognición humana; horizontes culturales, religiosos e históricos; energías arquetípicas y sutiles; y, quizá crucialmente, la creatividad, aparentemente inagotable, de una energía espiritual o poder generativo de vida dinámico y no determinado. Como explico más adelante, al situar el surgimiento del conocimiento espiritual en la zona de comunicación interactiva de la cognición humana, el contexto cultural y el poder creativo del misterio, esta interpretación enactiva evita tanto la reducción modernista de la religión a construcciones lingüístico-culturales como el privilegio dogmático religionista concedido a una sola tradición como paradigmática o superior a las demás. En este capítulo me refiero a esta visión del conocimiento espiritual en términos de *enacción participativa*: un proceso cocreativo que implica la participación de todos los niveles de la persona en la producción de mundos religiosos ontológicamente ricos.

Estas características hacen del conocimiento participativo algo inherentemente transformador, al menos en los dos sentidos siguientes. Primero, la participación en un acontecimiento espiritual produce habitualmente la transformación de uno mismo y, a veces, del mundo.[9] Como afirma, por ejemplo, la mística cristiana del siglo XV Catalina de Génova: «Mi ser es Dios, no por una simple participación, sino por una verdadera transformación de mi ser».[10] Segundo, la transformación de uno mismo es habitualmente necesaria para poder participar en el conocer espiritual, y este conocer, a su vez, arrastra al yo a un proceso transformador a fin de facilitar esa participación. Esta es la razón de que, como sostienen la mayoría de las tradiciones, se necesite estar abierto a ser personalmente transformado para poder acceder y comprender de pleno muchas afirmaciones de conocimiento espiritual. No se puede dejar de insistir en la importancia epistemológica de esa transformación personal, sobre todo teniendo en cuenta que el rechazo positivista de tal requisito es probablemente uno de los principales obstáculos para la legitimación epistémica de la espiritualidad en el Occidente moderno.[11]

UN OCÉANO CON MUCHAS ORILLAS

Tras haber esbozado mi interpretación del conocimiento espiritual quiero ahora precisar los contornos de un acercamiento participativo a la diversidad religiosa que revela una pluralidad radical no sólo de los caminos espirituales, sino también de las liberaciones y los supremos fines espirituales. Comencemos nuestra historia partiendo de la interpretación perennialista clásica. En general, el perennialismo postula una sola (o superior) realidad espiritual suprema que puede ser directamente conocida a través de una experiencia mística transconceptual o una intuición metafísica.[12] Esta intuición, se nos dice desde esta perspectiva, proporciona un acceso no mediado a «las cosas tal como realmente son», es decir, a la naturaleza última de la realidad y a nuestra identidad más profunda. Fundamental en esta visión es la idea de que una vez alzamos los múltiples velos de las distorsiones culturales, las creencias doctrinales, las proyecciones egoicas, el sentido de la existencia separada, etcétera, las puertas de la percepción se abren y la naturaleza verdadera del yo y de la realidad se nos revela en una intuición diáfana y liberadora. Desde una perspectiva perennialista clásica, toda tradición espiritual está orientada, en la práctica, hacia esa única visión idéntica (aunque se supone que unos sistemas espirituales son más eficaces que otros en el logro completo de este objetivo). O, usando una de las metáforas perennialistas más populares, las tradiciones espirituales son como «ríos distintos que llevan al mismo océano».

Aunque los perennialistas utilicen esta metáfora para sugerir una suprema realidad espiritual intercultural, me gustaría proponer aquí una lectura alternativa. Propongo que la mayoría de las tradiciones, aunque de ningún modo todas, se dirigen y pueden llevar potencialmente al mismo océano, pero no al reflejado en el lienzo perennialista. El océano compartido por la mayor parte de las tradiciones no corresponde a un único referente espiritual o a «las cosas tal como realmente son», sino, tal vez más humildemente, a *la superación del egocentrismo* y, de este modo, a una liberación de sus perspectivas limitadoras.

En otras palabras: creo que la mayor parte de los caminos espirituales buscan la transformación gradual que haga posible el paso del egocentrismo a una participación más plena en el misterio de la existencia.[13] Con seguridad, este egocentrismo puede ser superado de maneras diversas, por ejemplo, mediante el discernimiento de la interpenetración de todos los fenómenos que hace crecer la compasión en el budismo Mahayana, el conocimiento de Brahman en el Vedanta Advaita, el sentimiento continuo de la presencia amante y agapeica de Dios en el cristianismo, la adhesión a Dios en el judaísmo, o el compromiso con el servicio visionario y la sanación en muchas formas de chamanismo, por nombrar únicamente algunas posibilidades.[14] En todos estos casos, sin embargo, los practicantes que siguen su camino con éxito pueden experimentar una liberación del sufrimiento autoimpuesto, una apertura del corazón y el compromiso espontáneo con una vida compasiva y desinteresada.[15] Creo que es en este espíritu en el que el Dalai Lama piensa en la existencia de un elemento común en las religiones:

> Si consideramos las religiones del mundo desde el punto de vista más amplio posible, y examinamos su objetivo último, encontramos que todas las grandes religiones [...] se orientan hacia la consecución de una felicidad humana permanente. Todas ellas se dirigen hacia ese objetivo [...]. Para este fin,

> las distintas religiones del mundo enseñan doctrinas diferentes que ayudan a transformar a la persona. A este respecto, todas las religiones son iguales, no hay ningún conflicto.[16]

Por mor de la brevedad, y consciente de las limitaciones de esta metáfora, puesto que la mayoría de las tradiciones identifican la liberación del egocentrismo como la clave para esta transformación, denominaré a este elemento común *océano de la emancipación.*

Además, coincido con el perennialismo en sostener que la entrada en el océano de la emancipación puede ir acompañada, o seguida, de una revelación transconceptual de la realidad. Debido a la interpenetración radical entre el yo cognoscente y el mundo conocido, una vez se deconstruye el concepto de yo –resultado común de muchas prácticas contemplativas[17]– el mundo puede revelársenos de maneras que transcienden la racionalidad lingüística y la conceptualización mental. No obstante, y aquí es donde el pensamiento participativo se aparta radicalmente del perennialismo, sostengo que hay una *multiplicidad de revelaciones transconceptuales de la realidad.* Los perennialistas suponen erróneamente que la revelación transconceptual de la realidad debe ser necesariamente "una", y, de hecho, *el* Uno metafísicamente considerado y buscado en ciertos sistemas espirituales tradicionales. Dicho de manera algo diferente, los perennialistas creen generalmente que la pluralidad surge de conceptos e interpretaciones, y que el cese de la proliferación conceptual debe entonces tener como resultado una única aprehensión de «las cosas tal como realmente son».

Pero entrar en el océano de la emancipación no nos liga inevitablemente a una revelación particular de la realidad, por más transconceptual que esta pueda ser. Por el contrario, lo que la evidencia mística sugiere es que hay una variedad de posibles intuiciones espirituales y supremas (Tao, Brahman, *sunyata*, Dios, *kaivalyam*, etcétera) cuyas cualidades transconceptuales, aunque a veces coincidan en parte, son irreductibles y a menudo incompatibles (personal en oposición a impersonal, impermanente frente a eterno, dual frente a no dual, etcétera). El típico recurso perennialista para justificar estas evidencias contrapuestas es suponer que estas cualidades corresponden a diferentes interpretaciones, perspectivas, dimensiones o niveles de una única realidad suprema. Sin embargo, este recurso no sólo carece de fundamento, sino que es también problemático en su encubierta propuesta de un absoluto espiritual dado de antemano que se sitúa entonces, de forma explícita o implícita, jerárquicamente por encima del resto de los objetivos espirituales. Sugiero que una manera más fértil de afrontar la pluralidad de las afirmaciones espirituales es sostener que las diversas tradiciones conducen a la enacción –o "alumbramiento"– de mundos espirituales, realidades supremas espirituales y/o revelaciones transconceptuales diferentes de la realidad. Aunque estas realidades supremas espirituales pueden compartir aparentemente algunas cualidades (por ejemplo, la no dualidad en *Brahmajñana* y *sunyata*), constituyen objetivos religiosos independientes cuya identificación puede revelarse como un grave error (así, por ejemplo, la no dualidad ontológica del yo individual y el Brahman afirmados por el Vedanta Advaita tiene poco que ver con el discernimiento no dual del budismo Mahayana que ve en *sunyata* el surgimiento codependiente o interpenetración de todos los fenómenos). Por lo que se refiere a nuestra metáfora podríamos decir, pues, que *el océano de la emancipación tiene muchas orillas.*

La idea de diferentes "orillas" espirituales recibe el apoyo de uno de los pocos estudios comparativos interculturales rigurosos de las vías meditativas. Después de su detallado análisis de los *Yoga-Sūtras* de Patañjali, el *Visudhimagga* de Buddhaghosa y el *Mahamudra* tibetano, Daniel P. Brown señala que:

> Las conclusiones establecidas aquí son casi lo contrario de esa noción estereotipada de la filosofía perenne según la cual mu-

> chos caminos espirituales conducirían al mismo fin. Después de una comparación cuidadosa de las tradiciones, tenemos que concluir lo siguiente: hay solamente un camino, pero tiene diversas salidas. Hay varios tipos de iluminación, aunque todas liberan a la conciencia de la estructura psicológica y alivian el sufrimiento.[18]

Aunque estudiosos neoperennialistas como Brown, Robert K.C. Forman y otros han identificado debidamente algunos paralelismos en el conjunto de las sendas contemplativas, los estudiosos contextualistas del misticismo han recalcado correctamente que la enacción de diferentes intuiciones y fines últimos espirituales requiere enseñanzas, formaciones y prácticas místicas específicas.[19] O, dicho en términos tradicionales, se necesitan balsas particulares para llegar a orillas espirituales particulares: Si se quiere alcanzar la orilla del *nirvana*, se necesita la balsa del *dharma* budista Theravada, no la que ofrece la praxis cristiana. Y si se quiere realizar el conocimiento de Brahman (*Brahmajñana*), hay que seguir la senda advaita del estudio y la meditación védica, y no la práctica del budismo tántrico, la danza devocional sufí o el chamanismo psicodélico, etcétera.[20] A este respecto, el Dalai Lama es claro:

> La liberación en la que «la mente que comprende la esfera de la realidad aniquila toda mancha en la esfera de la realidad» es un estado que sólo pueden realizar los budistas. Este tipo de *moksha* o *nirvana* se explica sólo en las escrituras budistas y se alcanza únicamente mediante la práctica budista.[21]

Lo que es más, conciencias liberadas diferentes y fines espirituales supremos diferentes se pueden encontrar no sólo entre tradiciones religiosas diferentes, sino también dentro de una misma tradición. Escuchemos de nuevo al Dalai Lama:

> *Pregunta*: Así pues, si uno es un seguidor del Vedanta, y alcanza el estado de *satcitananda*, ¿no debemos considerar esto la liberación última?
> *Su Santidad*: De nuevo debo decir que eso depende de cómo interpretes las palabras «liberación última». El *moksha* que se describe en la religión budista sólo se alcanza mediante la práctica de la vacuidad. Y este tipo de nirvana o liberación, como lo definí anteriormente, no puede ser alcanzado ni siquiera por madhyamikas svatantrikas, por cittamatras, sautrantikas ni vaibhasikas. Los seguidores de esas escuelas, *aunque budistas*, no comprenden la doctrina real de la vacuidad. Al no comprender la vacuidad, o realidad, no pueden realizar el tipo de liberación que anteriormente definí.[22]

Lo que el Dalai Lama está sugiriendo aquí es que las diversas tradiciones y escuelas espirituales cultivan y alcanzan objetivos contemplativos diferentes. Insiste en subrayar que los adeptos de otras religiones, e incluso de otras escuelas budistas, no pueden alcanzar el tipo de liberación espiritual cultivada por la suya. Existen interpretaciones y conciencias alternativas de la vacuidad incluso entre las diversas escuelas budistas: desde el *pugdala-sunyata* (vacuidad de la persona; existencia de los agregados) del Theravada, hasta el *dharma-sunyata* (vacuidad de la persona y de los agregados) del Mahayana y el *sunyata-sunyata* (vacuidad de la vacuidad) del Madhyamika. Y desde la Naturaleza-de-Buddha de Dogen = Impermanencia, hasta el *sunyata* de Nagarjuna = *pratitya-samutpada*, o las interpretaciones más esencialistas de las escuelas Yogacara, Dzogchen y Hua-Yen en términos de la Mente Pura, la Presencia Luminosa o budeidad (*tathagatagarbha*).[23] Agrupar estas conciencias diferentes en una sola liberación o referente espiritual alcanzable por todas las tradiciones puede ser profundamente distorsionador. Cada orilla espiritual es independiente y hay que llegar a ella con la balsa apropiada.

Como conclusión de este apartado debo recalcar que mi defensa de múltiples caminos y objetivos espirituales viables no excluye, claro está, la posibilidad de elementos equivalentes o incluso comunes entre ellos. En otras palabras: aunque las diferentes tradiciones místicas actualicen y revelen universos espirituales diferentes, dos o más tradiciones pueden compartir algunos elementos en sus caminos u objetivos (por ejemplo, la unión mística con un Dios personal, el cultivo de la atención, la purificación del corazón, ciertas directrices éticas, etcétera). En este contexto, la propuesta de Hendrick M. Vroom de una "visión multicéntrica de la religión" que concibe las tradiciones desplegando una variedad de puntos centrales independientes pero potencialmente coincidentes en parte, merece una seria atención.[24] Tal como lo veo, este modelo no sólo hace de toda búsqueda de un "núcleo común" algo simplista y mal concebido, sino que evita también el escollo de la estricta inconmensurabilidad de las tradiciones espirituales, preparando así el camino para distintos tipos de estudio comparativo.[25]

DEL CONOCIMIENTO PARTICIPATIVO A LA COCREACIÓN ESPIRITUAL

Aunque la metáfora de "un océano con muchas orillas" sea útil para ilustrar la variedad de fines espirituales últimos, transmite de manera inadecuada la naturaleza enactiva y participativa del conocimiento espiritual presentado en este capítulo. Como ocurre con todas las metáforas geográficas se puede sacar fácilmente la impresión equivocada de que estas orillas están dadas de antemano; de que, de alguna manera, "están allí" esperando ser alcanzadas o descubiertas. Por supuesto, esta idea nos catapultaría automáticamente de regreso a un tipo de perennialismo perspectivista, que explica la diversidad de los objetivos religiosos en términos de perspectivas o dimensiones diferentes del mismo fundamento del ser previamente dado.

La interpretación participativa del conocimiento espiritual no debe confundirse, pues, con la idea de que, sencillamente, los místicos de diversas clases y tradiciones acceden a dimensiones o perspectivas diferentes de una sola realidad última ya configurada. Esta visión se limita a admitir que es posible acercarse a ese referente espiritual previamente dado desde diferentes posiciones ventajosas. En cambio, la visión que aquí promuevo es que no existe una realidad última dada de antemano, y que *se pueden enactuar diferentes fines espirituales supremos mediante la participación cocreadora, intencionada o espontánea, en un misterio, un poder espiritual o fuerza generadora de la vida o la realidad, dinámicos y no determinados.*

Sin duda, una vez enactivadas, las orillas espirituales se vuelven más fácilmente accesibles y, en cierta forma, "dadas" en alguna medida a la conciencia individual para que participe en ellas. Una vez entramos en el océano de la emancipación, las formas espirituales ya enactivadas son más fácilmente asequibles y tienden a emerger con mayor naturalidad (de los *mudras* a los paisajes visionarios, de las intuiciones liberadoras a los tipos extáticos de conciencia, etcétera). Pero el hecho de que esas orillas enactivadas sean más asequibles no significa que estén predeterminadas, limitadas en número, organizadas de una forma jerárquica intercultural, que sean universalmente consecutivas en su despliegue, o que no se pueda enactivar alguna otra orilla nueva mediante la participación cocreadora. Como senderos despejados en un denso bosque, los caminos espirituales transitados por otros se pueden cruzar más fácilmente, pero esto no significa que no podamos abrir nuevos senderos y encontrar nuevas maravillas (y nuevos escollos) en el aparentemente inagotable misterio del ser.

Es importante distinguir con claridad nuestra postura no sólo del perennialismo perspectivista, sino también del relativismo y la anarquía espiritual. Afirmar el papel creador de la multidimensional cognición humana en la configuración de los mundos religiosos no significa que "todo vale" en materia religiosa. Por una parte, aunque nunca se pueden predeterminar los límites específicos de las formas religiosas futuras (porque surgirán mediante fusiones de horizontes entre lo humano, el cosmos y el misterio que están todavía por producirse), es probable que formas religiosas históricamente enactivadas no sólo guíen, sino que también puedan limitar las posibilidades místicas y visionarias accesibles en cualquier momento dado. En otras palabras: la presencia del pasado puede imponer restricciones pragmáticas cuasitranscendentales a la investigación religiosa humana. En cualquier caso, aunque dentro de ciertos parámetros puedan ser factibles un número indefinido de enacciones espirituales, no podemos conseguir cualquier cosa que deseemos en nuestra cocreación visionaria de las formas y realidades espirituales.

Por otra parte, la amenaza de anarquía espiritual se ve conjurada por el hecho de que pueden existir algunas limitaciones identificables sobre la naturaleza de las realidades enactivadas espiritualmente válidas. Como Varela, Thompson y Rosch sugieren en relación a la evolución, el movimiento clave «es cambiar de una lógica prescriptiva a otra proscriptiva, es decir, de la idea de que lo que no está permitido está prohibido a la idea de que lo que no está prohibido está permitido».[26] En nuestro contexto, no tenemos que definir la esfera de las enacciones espirituales posibles; sólo necesitamos estar de acuerdo en las que son inaceptables. Una tarea esencial para los investigadores y participantes espirituales en el diálogo interreligioso es, pues, la identificación de estos parámetros o condiciones restrictivas de cara a la enacción de realidades espirituales válidas. En el contexto de una cosmovisión participativa, no se puede considerar que estos parámetros sean construcciones puramente humanas, ni tampoco transcendentalmente dadas a nosotros, como si, por decirlo así, cayeran del cielo. En lugar de ello, esta búsqueda necesita atraer a agentes humanos –y, tal vez, especialmente a aquellos reconocidos en sus comunidades como los más sensibles al poder creativo de la vida o el espíritu– en un diálogo crítico que honre, afirme y cultive el matrimonio participativo entre las facultades epistémicas humanas y los impulsos creativos del misterio. Aunque corresponda a otros juzgar la profundidad de mi discernimiento espiritual, me siento inclinado a cambiar ahora a un modo más normativo de discurso, y sugiero que puede ser más provechoso considerar la naturaleza de estos parámetros, no tanto en relación a los contenidos específicos de los mundos visionarios, cuanto a través de la discriminación de los valores éticos y los frutos prácticos que se derivan de ellos. A este respecto es significativo que, aunque existan zonas de tensión importantes (así como todo tipo de transgresiones y antinomias místicas fascinantes), habitualmente las religiones han sido capaces de encontrar más suelo común en sus prescripciones éticas que en cuestiones doctrinales o metafísicas.[27]

Debo subrayar inmediatamente que no estoy sugiriendo la existencia de un "perennialismo moral" que se apoye en un pasado religioso común supuestamente ético.[28] Propongo más bien que cualquier ética global futura no surgirá probablemente de nuestra muy diversa y ambigua historia religiosa moral, sino más bien de nuestra reflexión crítica sobre esa historia en el contexto de nuestras intuiciones morales actuales. La búsqueda de unas directrices éticas cosmopolitas, cuya aplicación particular debe ser, claro está, contextualmente sensible, puede ser vital para la regulación futura de los conflictos religiosos y, quizá, de otros conflictos globales. En cualquier caso, el papel regulador de criterios pragmáticos no sólo nos libera de caer en la anarquía espiritual, sino que también, como veremos más adelante, prepara el camino para establecer distinciones cualitativas entre intuiciones y tradiciones espirituales.

Sin duda, postular que la intencionalidad y la creatividad humanas pueden influir e incluso afectar a la naturaleza y los mecanismos del misterio –entendido aquí como la energía creativa o fuente de la realidad, la vida y la conciencia– puede sonar algo herético, arrogante o desorbitado. La afirmación puede parecer especialmente presuntuosa a los ojos de los practicantes teístas que equiparan el misterio con un Creador o Dios omnipotente y enteramente independiente. Esta es una observación válida, pero debo añadir que es el resultado de una visión convencional de lo divino como entidad aislada e independiente desconectada de la actividad de los seres humanos, y que se vuelve superflua en el contexto de una cosmología participativa. Cuando entendemos la relación entre lo divino y lo humano (y el cosmos) como recíproca e interconectada podemos reclamar, de forma humilde pero resuelta, nuestro papel espiritual creador en la revelación de lo divino.[29]

La idea de una relación recíproca entre lo humano y lo divino encuentra precedentes en el mundo de la literatura mística. Tal vez su elaboración más convincente se encuentre en los escritos de los antiguos místicos judíos y de los cabalistas teúrgicos.[30] Para la mística teúrgica, las prácticas religiosas humanas tienen un profundo impacto no sólo en la manifestación exterior de lo divino, sino también en su misma dinámica y estructura interior. A través del cumplimiento de los mandamientos (*mizvot*), la adhesión a Dios (*devekut*) y otras prácticas místicas, el místico teúrgo influye en las actividades divinas tales como la restauración de la esfera de las *sefirots*, la unificación y el crecimiento de los poderes de Dios, e incluso la transformación de la vida interior de Dios. Como expresa Moshe Idel, el místico teúrgo «se convierte en cooperador no sólo del mantenimiento del universo, sino también del mantenimiento o incluso la formación de algunos aspectos de la Divinidad».[31]

Además, como observan Louis Dupré y Bernard McGinn, esta interpretación no está ausente en el misticismo cristiano.[32] En los escritos de los llamados místicos afectivos (como Ricardo de San Víctor, Teresa de Ávila o Jan van Ruysbroek), por ejemplo, encontramos a menudo la afirmación de que el amor a Dios afecta substancialmente a la expresión divina y puede incluso transformar al propio Dios. En su análisis del misticismo de Ruysbroek, Dupré señala:

> En esta unión dichosa, el alma llega a compartir la dinámica de la vida interna de Dios, una vida no sólo de descanso y oscuridad, sino también de actividad y de luz. [...] El contemplativo acompaña el movimiento de Dios desde lo oculto a la manifestación dentro de la identidad de la vida misma de Dios.[33]

Y añade:

> Por su cualidad dinámica, la experiencia mística sobrepasa la mera conciencia de una unión ontológica ya presente. El proceso de la devoción amante *realiza* lo que existía sólo como posibilidad en la etapa inicial, creando de este modo una realidad ontológica *nueva*.[34]

Aunque las limitaciones de espacio no me permiten documentar aquí esta afirmación, creo que la idea de una cocreación espiritual –«algo que muchos han supuesto, pero pocos se han atrevido a expresar»[35]– está también presente en alguna medida en el sufismo devocional, la Cábala, las espiritualidades indígenas y en muchas tradiciones indias como el shivaísmo o el budismo Vajrayana. En cualquier caso, mi intención aquí no es sugerir la universalidad de esta noción (lo que, obviamente, no es el caso), sino tan solo indicar que ha sido sostenida por una serie de místicos y practicantes religiosos de épocas y tradiciones diferentes.

Pero ¿hasta dónde estamos dispuestos a llegar al afirmar el papel cocreador del ser humano en materia espiritual? Sin duda, la mayor parte de los estudiosos pueden estar dispuestos actualmente a admitir que los estados espirituales (por ejemplo, los *jhanas* budistas, las mansiones de Teresa, o los diversos *samadhis* del *yogui*), las visiones espirituales (por ejemplo, el carro divino de Ezequiel, la experiencia visionaria de Hildegarda acerca de la Trinidad, o la gran visión de Alce Negro) y los paisajes o cosmologías espirituales (por ejemplo, las tierras del Buddha, las mansiones celestiales del misticismo de la Merkavah, o los diversos dominios astrales propuestos por las escuelas esotéricas occidentales) son, en gran parte o enteramente, construidos. No obstante, sospecho que muchos investigadores y practicantes religiosos pueden sentirse más reticentes en el caso de las entidades espirituales (como las *daikinis* tibetanas, los ángeles cristianos, o los diversos dioses y diosas del panteón hindú) y, en particular, en el caso de los principios o personas supremas (como el Yaveh bíblico, el *sunyata* budista o el Brahman hindú).[36] ¿Rechazar su naturaleza cocreada no minaría no sólo las pretensiones de la mayor parte de las tradiciones, sino también la misma autonomía e integridad ontológicas del misterio mismo? Respuesta: dada la gran variedad de fines últimos espirituales incompatibles y las aporías implícitas en cualquier estrategia conciliadora –sea esencialista, perspectivista o estructuralista– propongo que es sólo elevando el papel de los poderes constructivos humanos hasta el corazón y la cima mismos de cada universo espiritual como podemos preservar la unidad última del misterio; de lo contrario, probablemente nos enfrentaríamos a la alternativa, asimismo insatisfactoria, de tener que reducir los universos espirituales a fabricaciones de la imaginación humana, o a un número indefinido de universos o mónadas espirituales aisladas. Sin embargo, al concebir universos *y* fines espirituales supremos como el resultado de un proceso de cocreación participativa entre la multidimensional cognición humana y un poder espiritual no determinado rescatamos la unidad última del misterio al tiempo que afirmamos simultáneamente su riqueza ontológica y se superan los reduccionismos de las explicaciones lingüístico-culturales, psicológicas o biológicamente naturalistas de la religión.

EL GIRO PARTICIPATIVO Y LA CUESTIÓN DEL PLURALISMO RELIGIOSO

En este apartado exploro algunas consecuencias del giro participativo para la cuestión del pluralismo religioso, en particular respecto a los cinco temas siguientes, relacionados entre sí: 1) la clasificación de las tradiciones espirituales; 2) el problema de las pretensiones contrapuestas de verdad en el ámbito de la religión; 3) la validez de las verdades espirituales; 4) la naturaleza de la liberación espiritual, y 5) la dialéctica entre universalismo y pluralismo en la investigación religiosa.

Sobre la clasificación de las tradiciones espirituales

Para abordar la pluralidad e incompatibilidad de cosmologías y fines espirituales supremos, la mayor parte de las religiones recurre normalmente a gradaciones jerárquicas, implícitas o explícitas, de las tradiciones espirituales. Antes de cuestionar estos procedimientos y proponer una solución participativa alternativa ofrezco primero algunos ejemplos interculturales de gradaciones espirituales. Es sabido que, a menudo el cristianismo consideró las religiones paganas anteriores como pasos incompletos hacia la revelación cristiana final. Igualmente, en el islam las enseñanzas de Jesús y los profetas antiguos de Israel son reconocidas como versiones relativamente válidas pero imperfectas de la Verdad final revelada en el Corán.

Es también conocida la profusión de gradaciones espirituales alternativas en el hinduismo. Por ejemplo, mientras Shankara subordinaba la creencia en un Dios personal independiente (*Brahman saguna*) al monismo no dual del Vedanta Advaita, Ramanuja consideraba el estado monista de llegar a ser Brahman como una etapa «en el camino a la unión con [un] Dios [personal]» y afirmaba que todo el sistema del Vedanta Advaita se apoya en supuestos erróneos.[37] Pero hay más: Udayana, de la escuela Nyaya, dispuso el resto de sistemas hindúes como una sucesión de etapas deformadas de interpretación de la verdad final encarnada en su "Vedanta supremo" que mantiene la realidad suprema del "Señor" (*ishvara*). Y «Vijñanabhiksu, el principal representante de la reactivación del Samkhya y el Yoga clásicos en el siglo XVI, afirma que otros sistemas están contenidos en el yoga de Patañjali y Vyasa igual que los ríos son preservados y absorbidos por el océano».[38] Como sabe cualquier conocedor del hinduismo, estos ejemplos se podrían multiplicar casi interminablemente.[39]

También en la tradición budista encontramos algunas jerarquías contrapuestas de intuiciones y escuelas espirituales. Como señalan Robert E. Buswell y Robert M. Gimello,

> con frecuencia las escuelas budistas trataban de asociar etapas particulares a lo largo del *marga* [camino], habitualmente inferiores, con varios de sus rivales sectarios, mientras sostenían que las etapas superiores correspondían a sus propias posturas doctrinales. [...] El propósito de tales clasificaciones no era puramente interpretativo; a menudo tenía una esencia polémica implícita.[40]

Ya hemos visto, en palabras del Dalai Lama, que el budismo tibetano considera las visiones de la vacuidad de los adeptos al Theravada y al Yogacara preliminares e incompletas. Es importante subrayar que, para los budistas tibetanos, su interpretación (y práctica) de la vacuidad no es sólo diferente, sino más refinada, veraz y soteriológicamente eficaz.[41] Ni que decir tiene, ésta no es una opinión compartida por los representantes de otras escuelas budistas, que consideran sus doctrinas y métodos completos por derecho propio, y suficientes para provocar el despertar total descrito por el Buddha. Por mencionar sólo una de las múltiples jerarquías budistas alternativas, Kukai, el fundador del Shingon japonés, ofreció una clasificación muy exhaustiva de los sistemas confuciano, taoísta y budista, que culminaba en su propia escuela.[42] En las "diez moradas para la mente" (*jujushin*) de Kukai, Buswell y Gimello explican:

> La cuarta morada de la mente corresponde a los hinayanistas, que reconocen la verdad del no-yo [...] mientras que la sexta se refiere a los seguidores del Yogacara, que generan compasión universal por todo. El camino de Kukai avanza a través de las etapas que corresponden a los sistemas de Sanron (Madhyamika), Tendai (T'ien-t'ai), y Kegon (Hua-yen), culminando en su propia escuela esotérica Shingon.[43]

Sólo en la décima etapa, correspondiente a la escuela Shingon, considera Kukai que el practicante budista está plenamente liberado.

Resulta muy interesante que las discusiones contemporáneas de las gradaciones espirituales reflejen, sorprendentemente, algunos de estos debates antiguos. Por ejemplo, mientras Ken Wilber trata de convencernos (en la línea de Shankara) de la naturaleza más abarcante de la no dualidad cuando se contrasta con las tradiciones dualistas y teístas, el modelo teomonista de Michael Stoeber establece (en la línea de Ramanuja) una jerarquía mística en la que las experiencias no duales, impersonales y monistas están subordinadas a las experiencias duales, personales y teístas:[44]

> Es posible en un marco teleológico teísta justificar las experiencias monistas desde la perspectiva de la naturaleza de las experiencias teístas, entendiéndolas como experiencias necesarias y auténticas en la teología mística. Pero lo contrario no es cierto en un marco monista. En un marco monista, las experiencias teístas no se consideran necesarias para el ideal monista.[45]

Lo que resulta más desconcertante a primera vista en muchas de estas clasificaciones es que sus defensores, trabajando aparentemente con criterios análogos (como la "capacidad holística"), lleguen a conclusiones radicalmente opuestas sobre la relación entre la espiritualidad no dual y la teísta. Sin embargo, si se examinan más atentamente, esto ya no resultará sorprendente. Los criterios propuestos son a menudo lo bastante vagos para que se puedan interpretar de tal modo que favorezcan la interpretación favorita de cada cual frente a las demás. Véase, por ejemplo, el criterio de Wilber de que «un nivel superior tiene capacidades adicionales respecto de los anteriores». Obviamente, lo que se entiende por "capacidades adicionales" puede ser evaluado, y de hecho lo es, de maneras muy diferentes por los diversos autores y tradiciones según sus compromisos doctrinales (por ejemplo, la no dualidad frente a las cualidades personales y relacionales de lo divino).

El giro participativo tiene importantes ramificaciones para la interpretación de las relaciones interreligiosas. La mayor parte de las gradaciones espirituales de las tradiciones deriva de postulados de un referente último u objetivo espiritual desde el que se establece el valor relativo, parcial o inferior de todos los sistemas o planteamientos religiosos. Desde la perspectiva de nuestra metáfora del océano con muchas orillas podríamos decir que, después de alcanzar una orilla espiritual establecida previamente o de enactivar una nueva, los místicos han considerado normalmente las otras orillas como incompletas, inferiores, o simplemente falsas. Sin embargo, como hemos visto, no hay ningún acuerdo entre místicos ni estudiosos sobre la naturaleza de este fin espiritual supremo o esta jerarquía de intuiciones espirituales. Esta falta de consenso no es sólo uno de los enigmas más desconcertantes de la filosofía de la religión, sino también una fuente fundamental de la incredulidad moderna hacia las pretensiones cognitivas en el ámbito de lo religioso. Lo que es aún más importante, la idea de un fin espiritual supremo universal por el que rivalizan las tradiciones, ha afectado profundamente la manera en que las personas de credos diferentes se relacionan entre sí e, incluso actualmente, alimenta todo tipo de conflictos y disputas interreligiosas, e incluso guerras santas.

Sin embargo, desde el giro participativo se pueden reconocer estas clasificaciones interreligiosas como parásitas del supuesto cartesiano-kantiano de un absoluto espiritual universal y previamente dado en relación al cual se pueden realizar tales juicios. Por decirlo de otro modo, estos juicios interreligiosos son inteligibles *sólo* si presuponemos primero la existencia de un único noúmeno o realidad dada de antemano detrás de experiencias y doctrinas espirituales múltiples. Sin embargo, si renunciamos a este supuesto, la idea misma de clasificar las tradiciones de acuerdo a un punto de vista paradigmático se vuelve falaz y superflua. No estoy sugiriendo que las intuiciones y tradiciones espirituales sean inconmensurables, sino tan sólo que puede ser muy equivocado clasificarlas según cualquier jerarquía espiritual o intuición religiosa tradicional preestablecida. En los próximos apartados propongo algunas direcciones en las que se pueden buscar estos terrenos de comparación.

El problema de las pretensiones contrapuestas de verdad en el ámbito de la religión

Muy relacionado con la clasificación de las tradiciones está el problema de las pretensiones contrapuestas de verdad en el marco de la religión. En términos generales, este problema se refiere a las afirmaciones últimas incompatibles que las tradiciones religiosas formulan sobre la naturaleza más profunda de la realidad, espiritualidad e identidad humana.[46] Dado que normalmente se ha supuesto que todas las religiones apuntan al mismo fin espiritual, la diversidad de discursos religiosos sobre la realidad última es no sólo desconcertante y contradictoria, sino que también plantea dudas comprensibles sobre el estatuto cognitivo de las pretensiones de conocimiento religioso.

Aunque con matices diversos, los intentos de explicar esas divergencias han seguido normalmente una de las tres rutas siguientes: exclusivismo dogmático («mi religión es la única verdadera, las demás son falsas»), inclusivismo jerárquico («mi religión es la más veraz y completa, las demás son inferiores o parciales»), y pluralismo ecuménico («existen muchas diferencias reales entre nuestras religiones, pero todas conducen en última instancia al mismo fin»).[47] O bien, por decirlo con otras palabras, los estudiosos lingüístico-culturales invocan marcos conceptuales o juegos de lenguaje, y los perennialistas apelan a gradaciones jerárquicas de tradiciones o a explicaciones esotéricas, perspectivistas o estructuralistas.

No obstante, desde el giro participativo aparece de forma natural una respuesta más satisfactoria a este rompecabezas. Una vez abandonamos los supuestos cartesiano-kantianos sobre una realidad espiritual nouménica o previamente dada, común a todas las tradiciones, el problema de las pretensiones contrapuestas de verdad se convierte, en gran medida, en un pseudoproblema.[48] En otras palabras: la diversidad de las afirmaciones espirituales es un problema *sólo* cuando hemos presupuesto que se refieren a una única realidad espiritual previamente establecida.[49] No obstante, si el conocimiento espiritual se enactiva de forma cocreadora en lugar de ser el resultado del acceso y la representación visionaria de una realidad dada de antemano, entonces las verdades espirituales ya no tienen que ser concebidas como "contrapuestas". Las pretensiones divergentes de verdad *sólo* son contrapuestas si pretenden representar o transmitir la naturaleza de un solo referente con características determinadas. Pero si consideramos que tal referente espiritual es maleable, no determinado y abierto creativamente a una multiplicidad de revelaciones en gran parte dependientes de los esfuerzos religiosos humanos, entonces las razones para el conflicto se desvanecen como un espejismo. Por usar una imagen tradicional, la serpiente amenazadora que veíamos en el sótano oscuro puede ser reconocida, a esta luz participativa, como una cuerda pacífica y útil para establecer conexiones.

En resumen, al abandonar nuestra dependencia de las premisas cartesiano-kantianas en la hermenéutica espiritual, las tradiciones religiosas se ven liberadas de su difícil situación de competición metafísica y se genera de manera natural un espacio interreligioso más constructivo y fecundo. Es decir, exorcizar el hechizo cartesiano-kantiano en el estudio de las religiones lleva a afirmar la unicidad e integridad potencial de cada tradición por derecho propio, y sólo desde esta plataforma, creo, puede plantearse con éxito un auténtico diálogo interreligioso.[50] Una vez las tradiciones dejen de pensarse a sí mismas como apriorísticamente superiores o más próximas a *la* Verdad, los miembros de los diversos sistemas de creencias podrán encontrarse entre sí en un espíritu de diálogo crítico, investigación colaboradora y transformación mutua.[51]

La diversidad de verdades y cosmologías espirituales, pues, en vez de ser una fuente de conflicto, o tal vez causa de una comedida y considerada tolerancia, puede ahora ser razón de asombro y celebración. Asombro por el inagotable poder creativo del autodespliegue del ser; y celebración por el reconocimiento de nuestro papel participativo en ese despliegue, y las posibilidades que surgen para el enriquecimiento mutuo y la fertilización cruzada del encuentro de tradiciones y perspectivas espirituales. Lee Irwin nos dice:

> Esta pluralidad de creencias consensuales no debe llevar al error de creer que se debe escoger entre alternativas o perderse; que se debe aceptar la validez de un mundo visionario particular o sufrir las consecuencias de la indecisión o la desesperación. Hay un poder creativo en la pluralidad de los mundos visionarios, una convergencia de formas e ideas de una profundidad insondable.[52]

Tres puntos hay que subrayar en este momento de nuestro análisis. Primero, en mi visión, el pluralismo espiritual no existe sólo en un nivel doctrinal, sino también en un nivel ontológico o metafísico. La pluralidad no es un aspecto exotérico, sino que está engranada fundamentalmente en el núcleo más íntimo de cada tradición. Como dice con energía Raimon Panikkar: «El pluralismo penetra el corazón mismo de la realidad última».[53] Segundo, no hay ninguna relación jerárquica necesaria, intrínseca, *a priori*, entre los diversos universos espirituales. No hay ningún único punto de vista espiritual final, privilegiado, ni en absoluto más abarcador. Ningún ser humano puede pretender tener acceso a un ojo de Dios que pueda juzgar desde arriba qué tradición contiene más parcelas de una Verdad unívoca, no porque esta Verdad sea nouménicamente inaccesible, sino porque es no determinada, dinámica, maleable y plural.[54]

Finalmente, este enfoque participativo de las relaciones religiosas puede conducir al cambio desde una espiritualidad global, organizada en torno a una única visión suprema, al reconocimiento de una familia espiritual humana ya existente que se diversifica desde la misma raíz creativa. En otras palabras: las tradiciones pueden encontrar su anhelada unidad no tanto en un único megasistema o visión global espiritual, cuanto en sus raíces comunes –es decir, en ese vínculo profundo constituido por la dimensión no determinada del misterio en el que todas las tradiciones participan en la cocreación de sus intuiciones y cosmologías espirituales–. Como miembros de una familia sana, la población religiosa podría entonces dejar de intentar imponer su percepción particular a los otros y convertirse, en cambio, en una fuerza comprensiva y enriquecedora para la "individuación espiritual" creativa de otros practicantes, tanto dentro como fuera de sus tradiciones. Esta mutua potenciación de la creatividad espiritual puede conducir al surgimiento no sólo de una fecunda variedad de perspectivas espirituales coherentes que en potencia pueden estar igualmente basadas en el misterio, sino que también puede generar una comunidad humana formada por individuos espirituales plenamente diferenciados. Esto sería coherente con una visión del misterio, del cosmos, o del espíritu como movimiento que va de un estado primordial de unidad indiferenciada hacia otro de infinita diferenciación-en-comunión.

La validez de las verdades espirituales

Respecto de la espinosa cuestión de la validez de las intuiciones espirituales debo decir que los criterios derivados de la visión participativa del conocimiento espiritual no pueden ya ser simplemente dependientes de la idea de la realidad revelada, sino del tipo de transformación del yo, la comunidad y el mundo posibilitados por su enacción y su expresión. Es decir, una vez aceptamos el vínculo creativo entre los seres humanos y el misterio en el conocimiento espiritual, los juicios sobre si las afirmaciones espirituales corresponden o representan de forma ajustada a la realidad última se vuelven casi irrelevantes. El objeto de la mayoría de los sistemas contemplativos no es meramente describir, representar, reflejar y conocer, sino en especial prescribir, enactuar, encarnar y transformar. El elemento gnóstico de la práctica contemplativa está subordinado generalmente al fin transformador de la vida contemplativa. Por decirlo con una referencia a la noción budista de recurso útil (*upaya*): «La principal medida de la verdad o el valor de una enseñanza es su eficacia con respecto a los fines religiosos, más que cualquier correspondencia con hechos».[55] En otras palabras: la validez del conocimiento espiritual no descansa por lo general en su equiparación exacta con algún contenido previamente dado, sino en la cualidad de la conciencia desinteresada revelada y expresada en la percepción, el pensamiento, el sentimiento y la acción.

Debo aclarar aquí que la observación previa es especialmente oportuna, creo, cuando se consideran distinciones cualitativas entre tradiciones religiosas o tipos de espiritualidad, así como en el contexto de una espiritualidad más "creativa" que trata de enactuar caminos y objetivos espirituales innovadores. Sin embargo, dentro de una determinada tradición, así como en el contexto de una espiritualidad más "reproductiva" que trata de reenactuar caminos y objetivos espirituales ya recorridos, las etapas, estados y visiones espirituales antes cartografiados sirven legítimamente como letreros indicadores cruciales de progreso a lo largo del camino, y, por tanto, en estos casos se puede aplicar algún tipo de "teoría de correspondencia de la verdad".

En todo caso, no se puede dejar de subrayar con insistencia que rechazar un referente espiritual último previamente dado no nos impide establecer distinciones cualitativas interculturales en los asuntos espirituales. Sin duda, como hermosas porcelanas hechas de arcilla amorfa, las tradiciones no pueden ser clasificadas cualitativamente según su precisión en la representación de un supuesto modelo original (accesible o inaccesible). Sin embargo, esto no significa que no podamos discriminar entre construcciones más o menos evocadoras, útiles o elaboradas. Se pueden buscar fundamentos para decidir el valor comparativo y relativo de verdades espirituales diferentes, por ejemplo, no en una jerarquía de intuiciones espirituales organizada de antemano, ni contrastando afirmaciones espirituales con una realidad espiritual ya confeccionada, sino evaluando su poder emancipador para el yo y para el mundo, tanto intra como interreligiosamente. Con *poder emancipador* de las verdades espirituales me refiero a su capacidad de liberar a los individuos, comunidades y culturas de formas burdas y sutiles de narcisismo, individualismo y egocentrismo. En términos muy generales, pues, y para comenzar a explorar estas distinciones cualitativas potenciales, creo que podemos plantear legítimamente las preguntas siguientes: ¿En qué medida el cultivo y la encarnación de estas verdades espirituales tiene como resultado un distanciamiento del egocentrismo?, ¿hasta qué punto conducen a la aparición de la conciencia o a la acción desinteresada en el mundo?, ¿en qué grado promueven el desarrollo y la maduración del amor y la sabiduría?, ¿en qué medida ofrecen los frutos prometidos?, ¿cuál es su eficacia para conducir a la armonía, el equilibrio, la integración, la sinceridad y la justicia dentro de cada uno, con relación a su comunidad, y al mundo en general?, etcétera.

Hay otra observación pertinente en el establecimiento de distinciones cualitativas entre intuiciones espirituales interculturales. Se pueden hacer distinciones cualitativas entre las diversas enacciones no sólo juzgando su poder emancipador, sino también discriminando en qué medida están basadas en la plenitud del misterio o son coherentes con él. Por ejemplo, es probable que, debido a algunas variables históricas y culturales, la mayor parte de las visiones espirituales pasadas y presentes sean en alguna medida producto de maneras disociadas de conocer, maneras de conocer que surgen predominantemente del acceso mental a dimensiones sutiles de la conciencia transcendente, pero que carecen de base y están desconectadas de fuentes espirituales vitales e inmanentes. Este tipo de conocimiento espiritual, aunque sin duda contiene intuiciones importantes y auténticas, es víctima de numerosas distorsiones y, en el mejor de los casos, de un entendimiento parcial que pretende falsamente representar la totalidad.

Veo, en el proyecto de construir de manera conceptual un marco para representar una realidad supuestamente dada de antemano, el sello distintivo de lo que podríamos llamar "falso conocer", es decir, la pretensión arrogante de la mente de representar una realidad ya confeccionada sin la colaboración de otros niveles de la persona (somático, vital, instintivo, emocional, etcétera), los cuales, creo, son claves para la elaboración de un conocimiento más holístico. Por eso, propongo que la enacción de la realidad o el misterio es más válida cuando no se trata sólo de un asunto mental/espiritual, sino de un proceso multidimensional que implica el poder epistémico de todos los niveles de la persona. Es sabido que la mayoría de las tradiciones espirituales proponen la existencia de un isomorfismo, o resonancia profunda, entre el ser humano, el cosmos y el Misterio del que todo surge («como es arriba, así es abajo», «el ser humano como *Imago Dei*», «la persona encarnada como microcosmos», etcétera).[56] Si aceptamos esta consideración, entonces podemos decir que cuantas más dimensiones humanas participen creativamente en la enacción del conocimiento espiritual, mayor será la congruencia dinámica entre el enfoque de la investigación y los fenómenos estudiados, y más coherente con el despliegue de la realidad y el misterio –o más sensible a él– será nuestro conocimiento. El florecimiento y la competencia epistémica de los diversos atributos humanos (somáticos, vitales, sexuales, emocionales, mentales, etcétera) puede ser crucial no sólo para la integridad del individuo y la armonía interpersonal, sino también para el surgimiento de un conocimiento espiritual no distorsionado y más completo.

Por consiguiente, se debe trazar una nítida distinción entre el «conocimiento que se coteja con una realidad dada de antemano» y el «conocer que se basa en el misterio, se alinea con él, o es coherente con él». Tal como lo veo, la primera expresión nos catapulta inevitablemente de nuevo hacia las epistemologías objetivistas y representacionales en las que sólo puede existir, al menos en teoría, una única representación más correcta de la realidad o el misterio. La segunda expresión, en cambio, así como la comprensión más dinámica de la verdad como «sensible al despliegue del ser», nos emancipa de estas limitaciones y nos abre a una *potencial* multiplicidad de visiones espirituales que pueden estar firmemente basadas en el misterio y ser igualmente coherentes con él. Por eso es por lo que puede haber, al menos en teoría, una variedad de cosmologías y absolutos espirituales válidos que, no obstante, pueden ser igualmente armoniosos con el misterio y que, en el reino de los asuntos humanos, pueden manifestarse a través de una similar ética de amor y compromiso con el florecimiento de la vida en todas sus manifestaciones constructivas (humanas y no humanas).

Recapitulando nuestro análisis hasta el momento, la concepción participativa del saber espiritual vuelve ininteligible el postulado de las distinciones cualitativas entre las tradiciones en función de doctrinas *a priori* o contenidos espirituales paradigmáticos jerárquicamente postulados. Por el contrario, se deben buscar estas distinciones en una serie de señales y frutos prácticos (existenciales, cognitivos, emocionales, interpersonales), tal vez anclados en torno a dos criterios epistemológicos básicos, que podríamos llamar *test del egocentrismo* (es decir, ¿en qué medida una tradición, camino o práctica espiritual libera a sus practicantes de formas toscas y sutiles de narcisismo y egocentrismo?) y *test de la disociación* (es decir, ¿en qué medida una tradición, camino o práctica espiritual fomenta el florecimiento integrado de todas las dimensiones de la persona?).[57] Aunque este planteamiento volvería obsoleta e inadecuada la clasificación de las tradiciones espirituales como conjuntos de acuerdo con puntos de vista doctrinales paradigmáticos, invitaría a una evaluación más matizada y compleja basada en el reconocimiento de que dichas tradiciones, como los seres humanos, probablemente son al mismo tiempo "superiores" e "inferiores" en su mutua relación, pero en *aspectos diferentes* (por ejemplo, en la promoción de la capacidad contemplativa, la conciencia ecológica, la integración mente/cuerpo, etcétera).[58] Es importante, pues, no entender el ideal de un encuentro simétrico entre tradiciones desde el punto de vista de un igualitarismo trivializador o relativista. Por el contrario, un encuentro verdaderamente simétrico sólo se podrá producir cuando las tradiciones se abran para enseñar y ser enseñadas, fertilizar y ser fertilizadas, transformar y ser transformadas.

Se deben hacer dos reservas en relación a las directrices aquí sugeridas. La primera se refiere al hecho de que algunos caminos y realizaciones espirituales pueden ser más apropiados que otros para disposiciones psicológicas y culturales diferentes (así como para un mismo individuo en coyunturas de desarrollo diferentes), pero esto no los hace *universalmente* superiores o inferiores.[59] Los conocidos cuatro *yogas* del hinduismo (reflexión, devoción, acción y experimentación) vienen rápidamente a la mente a este respecto, así como otras tipologías espirituales que se pueden encontrar tanto en el hinduismo como en otras tradiciones.[60] La segunda reserva se refiere a las complejas dificultades inherentes a cualquier propuesta de criterios interculturales para la verdad religiosa. Es obvio, por ejemplo, que mi énfasis en la superación del narcisismo y el egocentrismo, aunque probablemente fundamental para la mayor parte de las tradiciones espirituales, puede no ser compartido por todas. Aún más significativamente, la mayoría de las tradiciones místicas no estarían demasiado altas en el *ranking* por lo que se refiere al test de la disociación; por ejemplo, formas burdas o sutiles de represión, control o regulación estricta del cuerpo humano y de sus energías vitales/sexuales (frente a la promoción de su maduración autónoma, integración y participación en el conocimiento espiritual) son más bien la norma en la mayor parte de los esfuerzos contemplativos pasados y presentes.[61]

Estas y otras dificultades hacen que resulte imperativo subrayar el estatuto provisional y conjetural de cualquier criterio intercultural para la verdad espiritual. Pero hay más. No creo que cualquier resolución de este tipo de criterios espirituales pueda ser legítimamente alcanzada por estudiosos, líderes religiosos e incluso místicos sobre bases *a priori*. Lo que sugiero es que la búsqueda de criterios para la verdad religiosa intercultural no es un problema lógico, racional, y ni siquiera espiritual, para ser resuelto por individuos o tradiciones aisladas, sino una *tarea práctica* que se ha de realizar no sólo en el fuego del diálogo interreligioso, sino también mediante la evaluación crítica de las prácticas reales y sus frutos.

Liberación espiritual

La tesis de una pluralidad de fines espirituales supremos tiene también consecuencias importantes para nuestra interpretación de la liberación espiritual. Tradicionalmente se dice que la liberación espiritual implica dos dimensiones relacionadas entre sí: 1) *soteriológico-fenomenológica*, o el logro de la realización, salvación, redención, iluminación o felicidad humanas, y 2) *epistemológico-ontológica*, o el conocimiento de las «cosas tal como realmente son», el conocimiento de la realidad última, o lo divino. Curiosamente, según la mayoría de las tradiciones hay una relación de causalidad mutua o incluso de identidad final entre estas dos dimensiones definitorias de la emancipación espiritual: conocer es liberarse, y si se es libre, se conoce.

He propuesto que, aunque la mayor parte de las tradiciones coincidan en que la liberación implica una superación del egocentrismo y de sus perspectivas restringidas, esto se puede cultivar, encarnar y expresar en una variedad de caminos independientes. Asimismo, adelantaba la tesis más radical de que esta pluralidad espiritual no es sólo soteriológica o fenomenológica, sino también epistemológica, ontológica y metafísica. Dicho sencillamente: hay una multiplicidad de liberaciones espirituales y de cosmologías y principios espirituales supremos ontológicamente ricos. Sin embargo, sigue en pie la tarea de abordar la tensión entre esta visión y la afirmación tradicional de que la liberación equivale a conocer las «cosas tal como realmente son», así como la tarea de explorar las consecuencias de nuestro punto de vista para el florecimiento espiritual.

Para empezar debo admitir sin reservas que esta tensión es real, y que la interpretación del conocimiento espiritual como enacción participativa esbozada en este capítulo es probable que no sea aceptada por aquellos que creen firmemente en la verdad exclusiva o privilegiada de su propia religión. Aunque respetando a los numerosos individuos serios y sensibles que sostienen posturas exclusivistas o inclusivistas, veo estas pretensiones como supuestos problemáticos que no sólo no se pueden mantener consecuentemente en nuestro pluralista mundo contemporáneo, sino que también conducen con frecuencia a un punto muerto en el diálogo interreligioso.

Los muchos argumentos que muestran la insostenibilidad del absolutismo religioso son conocidos y no hace falta repetirlos aquí.[62] A los establecidos me gustaría añadir que el exclusivismo o absolutismo religioso puede ser considerado como inconsecuente con la naturaleza de la liberación espiritual tal como lo mantienen esas mismas tradiciones religiosas. La mayor parte de las tradiciones equipara liberación espiritual con libertad ilimitada. Pero si mantenemos rígidamente la Verdad exclusiva de nuestra tradición, ¿no nos estamos atando a una revelación particular y limitada de la realidad? Y si atamos nuestro propio ser a una revelación particular de la realidad, aunque sea transconceptual, podemos legítimamente preguntar cuán ilimitada es en realidad nuestra libertad espiritual. ¿Es esta libertad verdaderamente ilimitada o es más bien una forma sutil de esclavitud espiritual? Y, si es así, ¿es esta la libertad espiritual prometida que verdaderamente anhelamos?

Tal como lo veo, se puede relajar la aparente tensión entre esta visión participativa y las pretensiones místicas de finalidad metafísica suprema manteniendo simultáneamente que: 1) más de una tradición puede ser potencialmente correcta en su pretensión de conducir a una penetración directa en «las cosas tal como *realmente* son», y 2) este “realmente” no se refiere a una realidad cartesiana dada de antemano. A pesar de las disposiciones profundamente arraigadas del pensamiento occidental para equiparar objetividad cartesiana con realidad es importante comprender que cuando rechazamos la idea de un mundo dado de antemano no estamos diciendo adiós a la realidad, sino, al contrario, preparamos el camino para encontrarla en toda su complejidad, dinamismo creativo y misterio. Desde esta perspectiva, la expresión «las cosas tal como realmente son» sólo está descaminada si se entiende en el contexto de epistemologías objetivistas y esencialistas, pero no si se concibe en los términos de enacciones participativas de la realidad, libres de distorsiones egocéntricas y estados disociados del ser. Después de todo, lo que la mayoría de las tradiciones místicas ofrece no son tanto descripciones de una realidad última previamente dada que haya de ser confirmada o falsada por pruebas experimentales, cuanto prescripciones de maneras de «ser-*y*-el-mundo» (más que de «ser-*en*-el-mundo») destinadas a ser deliberadamente cultivadas y vividas. En última instancia, las tradiciones místicas apuntan a la transformación, no a la representación. Las pretensiones descriptivas de las tradiciones contemplativas se aplican principalmente al engañado o alienado predicamento humano ordinario, así como a las diversas visiones del yo y el mundo reveladas a lo largo del despliegue de cada una de las sendas soteriológicas. Pero dado que hay muchas enacciones posibles de un yo más holístico y liberado y el mundo puede ser más correcto hablar de ellas no tanto en los términos de «las cosas tal como realmente son», sino de «las cosas como realmente *pueden* ser» o, tal vez más normativamente, de «las cosas como realmente *deberían* ser».

En todo caso, es evidente que cuando digo que esto se refiere "realmente" a una interpretación de la realidad libre de las lentes distorsionadoras del egocentrismo y de una cognición espiritual disociada, no estoy limitando las afirmaciones contemplativas a su dimensión fenomenológica. Por el contrario, una epistemología participativa puede explicar plenamente, de una manera en que no puede hacerlo ningún paradigma cartesiano, por qué la mayoría de las tradiciones consideran estas dos dimensiones de la liberación (fenomenológica y ontológica) radicalmente entrelazadas. Si la realidad no es tan solo descubierta, sino enactuada a través de la participación cocreadora, y si aquello a lo que conduce nuestra indagación afecta de manera importante a la revelación de la realidad, entonces la interrelación fundamental, e incluso la identidad, entre fenomenología y ontología, entre conocimiento y liberación, en la búsqueda espiritual deja de ser un enigma y se convierte en una necesidad natural. Si esto es así, no hay ningún conflicto, en absoluto, en que un enfoque participativo mantenga que puede haber una pluralidad de fines espirituales supremos que revelen «las cosas tal como realmente son».

Un universalismo espiritual más relajado

Aunque mi perspectiva participativa subraye la pluralidad metafísica de los mundos espirituales debo recalcar que no creo que ni el pluralismo ni el universalismo *per se* sean espiritual o hermenéuticamente superiores. Es el momento, pues, de hacer explícito el tipo de universalismo espiritual implícito en esta visión del conocimiento espiritual como enacción participativa.

Creo que hay una manera en la que podemos hablar legítimamente de un poder espiritual, una realidad, un mundo, o una verdad compartidos. Por una parte, la discusión sobre si hay un solo mundo o una multiplicidad de mundos diferentes se puede considerar un asunto semántico y, en definitiva, un pseudoproblema metafísico. Por otra, se ha de presuponer una base común compartida para hacer posible e inteligible la investigación y el diálogo interreligiosos. Después de todo, las tradiciones se entienden entre sí y con frecuencia se desarrollaron y se transformaron a través de ricas y variadas interacciones interreligiosas. La inconmensurabilidad estricta de las tradiciones ha de ser rechazada sobre bases lógicas, pragmáticas e históricas. De este modo, se podría hablar de un dinamismo espiritual o creativo común subyacente a la pluralidad de intuiciones y fines religiosos supremos. Pero seamos claros aquí, este universalismo espiritual no dice que el Tao sea Dios, que la vacuidad (*sun-*

yata) sea estructuralmente equivalente a Brahman, ni propone ninguna otra identificación similarmente vacía. Y tampoco sugiere la posibilidad asimismo problemática de que estos fines espirituales supremos sean diferentes cortes, capas o fotos de la misma tarta. Como yo lo veo, la naturaleza no determinada del misterio no puede ser adecuadamente representada a través de ningún atributo positivo unívoco, como no dual, dual, impersonal, personal, etcétera.[63] Por eso, en mi opinión, tantos místicos occidentales y orientales escogieron la llamada *via negativa* o el lenguaje apofático para hablar de lo divino, y por eso ese lenguaje no experiencial fue considerado por la mayoría de las tradiciones más próximo a lo divino que cualquier afirmación positiva de sus cualidades.[64]

Un universalismo espiritual participativo no establece ninguna jerarquía *a priori* de atributos positivos del misterio: las intuiciones no duales no son necesariamente superiores a las duales, ni las duales superiores a las no duales. Las enacciones personales no son necesariamente superiores a las impersonales, ni las impersonales superiores a las personales, etcétera. Dado que la dimensión generativa del misterio es no determinada y dinámica, no se pueden hacer distinciones espirituales cualitativas enfrentando nuestras intuiciones y conceptualizaciones a cualquier característica dada o fijada de antemano. Propongo, en cambio, que se pueden realizar distinciones cualitativas entre enacciones espirituales no sólo evaluando su poder emancipador para el yo, las relaciones y el mundo, sino también discriminando de qué forma están basadas en el despliegue progresivo del misterio o son coherentes con él. Además, debido a sus disposiciones psicoespirituales únicas, individuos y culturas pueden emanciparse mejor a través de enacciones diferentes del misterio, y esto no sólo prepara el camino para un diálogo interreligioso más enriquecedor y constructivo, sino que abre también el campo creativo de opciones espirituales válidas que están potencialmente a nuestro alcance como individuos. En resumen: este planteamiento da lugar a un universalismo espiritual más "relajado" y fértil que abraza apasionada pero críticamente (en vez de reducir, unificar o subordinar) la fecunda variedad de caminos en los que el poder creativo de la vida o el espíritu pueden ser cultivados, enactuados y encarnados en el mundo, sin caer en anarquías espirituales o relativismos perniciosos. La relación entre pluralismo y universalismo no se puede definir consecuentemente de forma jerárquica, y menos aún en términos de evolución espiritual. Aunque puedan existir formas "superiores" e "inferiores" de universalismo y de pluralismo (es decir, más o menos elaboradas, abarcantes, explicativas, emancipadoras, basadas en el misterio, etcétera), la dialéctica entre universalismo y pluralismo, entre la unidad y la multiplicidad, muestra lo que puede ser la dinámica más profunda de la autorrevelación del misterio. Desde el universalismo rígido de la conciencia racional al relativismo pluralista de algunos de los primeros enfoques postmodernos, del universalismo perennialista al pluralismo espiritual emergente del diálogo entre religiones, el misterio parece oscilar de un polo al otro, del Uno a los Muchos y de los Muchos al Uno, luchando interminablemente por manifestar, encarnar y abrazar con mayor plenitud el amor y la sabiduría en todas sus formas. Seguirán apareciendo visiones universalistas y pluralistas nuevas y más abarcantes, pero el eterno movimiento dialéctico entre la unidad y la multiplicidad en la autorrevelación del misterio convierte en engañoso cualquier intento absoluto o abstracto de disposición jerárquica entre ambos polos. Si aceptamos el poder generador de la relación dialéctica entre la unidad y la multiplicidad, cosificar uno u otro de los polos como la Verdad no puede sino entorpecer el despliegue natural de los impulsos creativos del misterio. Esta es la razón de que, aunque presentada originalmente en un contexto diferente, parezca aquí pertinente la siguiente observación de Jürgen Habermas: «La prioridad metafísica de la unidad sobre la pluralidad y la prioridad contextualista del pluralismo sobre la unidad son cómplices secretos».[65]

Conclusión

En resumen, el océano común al que aspiran la mayoría de las tradiciones espirituales puede no ser un absoluto espiritual dado de antemano, sino el océano de la emancipación, la superación radical del egocentrismo que puede ir acompañada de una variedad de revelaciones transconceptuales de la realidad. Algunas de estas revelaciones ya han sido enactuadas por las diversas tradiciones espirituales, mientras que un número indeterminado no ha emergido todavía y puede requerir una participación más creativa, una cocreación con el misterio, para poder ver la luz. Aunque puedan existir ciertas limitaciones pragmáticas y normativas en su naturaleza, el número de las enacciones factibles de los mundos y absolutos espirituales puede ser, dentro de estos límites, prácticamente ilimitado. Esta postura, aparentemente permisiva en exceso, así como la afirmación de nuestro papel creador en la enacción participativa de las realidades espirituales, exige el desarrollo de una mirada evaluadora contextualmente sensible pero claramente crítica hacia las enacciones espirituales que puedan ser no sólo deficientes para favorecer la superación del ego, sino también conducir a formas sutiles o toscas de disociación humana y a imágenes consecuentemente parciales o distorsionadas de la realidad.

Aunque no pueda sostener de forma coherente la superioridad "objetiva" de este punto de vista sobre otros puedo destacar algunas de sus ventajas prácticas. Primera, una interpretación participativa del conocimiento espiritual es más generosa que otras metaperspectivas por lo que se refiere al reconocimiento de la inconmensurable creatividad del misterio, contribuyendo, por tanto, a la capacidad generativa real del despliegue espiritual (por ejemplo, permitiendo, impulsando y catalizando los impulsos creativos del misterio a través de la participación humana encarnada). Segundo, satisface mejor que otros planteamientos la diversidad de enacciones posibles igualmente fundadas, afirmando, apoyando y legitimando el mayor número de perspectivas espirituales en sus propios términos, aunque alentando la exploración crítica de prácticas e interpretaciones más holísticas en las tradiciones existentes y en las formas emergentes de espiritualidad. Tercero, esta visión participativa proporciona un suelo más fértil para encuentros interreligiosos constructivamente críticos y mutuamente transformadores, así como para un mayor respeto y armonía entre personas que sostienen creencias religiosas diferentes. Finalmente, tiene consecuencias emancipadoras para la participación humana en la autorrevelación de la realidad, por ejemplo, por lo que se refiere a promover la individuación espiritual y ampliar la gama de opciones viables destinadas a cultivar, encarnar y expresar el poder creativo de la vida o el espíritu.

En un cosmos participativo, la multidimensional cognición humana canaliza y modula de manera creativa la autorrevelación del misterio a través del alumbramiento de mundos visionarios y realidades espirituales. No se siente ya que estos mundos tengan una naturaleza independientemente objetiva, sino que, más bien, se convierten en realidades relacionales e intersubjetivas que pueden desplegarse en una multiplicidad de formas, en parte dependiendo de las perspectivas humanas y las maneras de conocer implicadas en el acto de aprehensión. La investigación espiritual se convierte entonces en un viaje más allá de cualquier objetivo previamente establecido, en una exploración y revelación inagotables de un misterio siempre dinámico y no determinado.

PARTE II:

LAS TRADICIONES. COMPROMISOS PARTICIPATIVOS

4. ENGRANAR CON LA MENTE DE DIOS

La vía participativa del misticismo judío

Brian L. Lancaster

> Cuando Moisés ascendió a lo alto [para recibir la Torá], los ángeles que servían al Santo, bendito sea, le dijeron: «¡Señor del Universo! ¿Qué hace uno nacido de mujer entre nosotros?» Dios les contestó: «Ha venido a recibir la Torá». Ellos Le dijeron: «Ese tesoro secreto, que ha permanecido oculto por Ti durante 974 generaciones antes de que el mundo fuera creado, ¡deseas darlo ahora a la carne y a la sangre! ¿No dice la Escritura: "¿Qué es el hombre para que te acuerdes de él, y el hijo del hombre, para que le visites? Señor y Maestro nuestro, qué excelente es Tu nombre en toda la tierra; Tu gloria [la Torá] está establecida en los Cielos!" (Salmos 8, 5. 2)». El Santo, bendito sea, dijo a Moisés: «¡Llévales una respuesta!»
>
> Talmud de Babilonia, «Shabbat»

Esta es la manera en que el Talmud aporta unas enseñanzas clave para la vida a través de la enacción narrativa. En el texto precedente, casi podemos escuchar a los ángeles gritando a Dios: «¿Estás loco? ¿Pretendes entregar tu Torá, la esencia última de todo lo que es mágico y secreto en el cosmos, al dominio inferior de la humanidad? ¡Te sugerimos humildemente que, como mínimo, te pienses dos veces semejante disparate!». La principal enseñanza está en la decisión de Dios de elegir a Moisés para dar una respuesta. ¿Por qué no podía Dios contestarles por Sí mismo? No, es "el hombre Moisés" (por citar indirectamente a Freud) quien debe responder. La esencia misma de la vía de la Torá es participativa; y no puede haber ninguna realización de su reto espiritual sin encarnación de sus principios en la vida cotidiana de los seres humanos. La respuesta elaborada por Moisés en la lectura *exotérica* de la continuación del extracto anterior subraya la importancia de las palabras de la Torá para la vida *en la tierra*; es una enseñanza para una forma de vida en la que lo físico está penetrado por lo sagrado. Pero hay mucho más en este relato talmúdico aparentemente simple, pues, en el nivel *esotérico*, se insinúa una enseñanza que se convierte en la esencia de la Cábala. Dios quiere, por decirlo así, asociarse para lograr los objetivos inherentes al proceso de la creación; y esa asociación sólo puede ser eficaz si incluye a la humanidad; los ángeles no pueden desempeñar ese papel. La vía mística en el judaísmo enseña los métodos para comprometerse con las raíces más profundas de la creación, por medio de las cuales podemos alcanzar los estados superiores necesarios a fin de cumplir nuestra parte en la asociación.

Hay otro detalle del relato talmúdico que resulta instructivo en este contexto. Dios ordena a Moisés que «se agarre al Trono de la Gloria» mientras responde a los ángeles. El Trono de Gloria representa la inmanencia de Dios; simboliza su movimiento para entrar en una relación dinámica con los reinos creados. La imagen de Moisés agarrándose a ese trono celestial mientras baja la Torá a la humanidad describe con precisión el papel unitivo al que el místico aspira. Siguiendo el camino más profundo de la Torá, el cabalista se convierte en puente entre el cielo y la tierra.

Este puente tiene dos direcciones. La vía participativa del misticismo judío está simbolizada por un motivo tradicional que sostiene que la imagen del Jacob bíblico está grabada en el Trono de la Gloria.[1] Jacob está *tanto* "arriba", en el cielo, *como* "abajo", en la tierra; en realidad, ese puente es Jacob que siembra el principio cabalístico central de que las acciones en el reino inferior, terrenal, engendran realizaciones paralelas en el reino superior, celestial, y, en definitiva, en la Divinidad. Analizaré este principio *teúrgico* más adelante, pues es el núcleo de la lógica de participación tal como la promueven las enseñanzas místicas judías. En el audaz "mito" cabalístico que fundamenta la teúrgia,[2] Dios necesita la participación humana a fin de promover, por decirlo así, su propia totalidad. Jacob es el punto neurálgico de este mito, pues es el glifo de la totalidad, el "ser perfecto" que resume el encuentro místico con Dios. En la narración bíblica, el estatuto de Jacob es confirmado cuando triunfa sobre un misterioso adversario en un encuentro arquetípico de "noche oscura": «En adelante, no te llamarás Jacob, sino *Israel*, pues como príncipe tienes poder con Dios y con los hombres, y has prevalecido» (Génesis 32, 28). Lingüísticamente, el nombre *Israel* alude no sólo al principado, sino también al concepto de *estar de pie* o *en verticalidad* [*con*] Dios. Esta verticalidad implica la integridad y la capacidad de unir los reinos inferior y superior.

Es esta la razón por la que, citando otra enseñanza rabínica fundacional, «Jacob no murió».[3] Jacob vive porque "él" es el mismísimo principio de unificación que pervive a través de todas las búsquedas místicas para alcanzar la perfección y la armonía en el orden creado:

> Jacob colocó a sus [doce] hijos alrededor de la *Shekhinah*,[4] logrando de ese modo la perfección de todos. [...] Luego el Sol se reunió con la Luna y el Este se acercó al Oeste, como está escrito, «recogió sus pies en el lecho» (Génesis 49, 33). La Luna se iluminó y alcanzó la perfección. Por consiguiente, como se enseña tradicionalmente, «Jacob, nuestro padre, no

> murió». Cuando Jacob vio tal perfección, que nunca había sido concedida a ningún otro hombre, se regocijó y alabó al Santo, bendito sea.[5]

Otra tradición relacionada con Jacob complementa lo anterior, pues se dice que Jacob logró un estatus cuasidivino (y, por tanto, míticamente transciende la mortalidad). El *Midrash* afirma que Jacob dijo a Dios: «Tú eres Dios en relación con los seres superiores, y yo soy Dios en relación con los seres inferiores».[6] La interpretación de superior e inferior, el núcleo esencial de la participación cabalística, cristalizó en esta descripción de un núcleo divino en el hombre perfecto.

Mi objetivo en este capítulo es doble. En primer lugar, como resultará evidente por estas palabras iniciales, las enseñanzas rabínica y cabalística refuerzan considerablemente el "giro participativo" en la espiritualidad. Al examinar la consideración de lo Divino y de la obra de creación transmitida en estas enseñanzas pondré de manifiesto la visión que el judaísmo puede aportar a la manera en que comprendemos el significado de la espiritualidad participativa. En segundo lugar, consideraré el mito cabalístico más ampliamente en el contexto de los estudios contemporáneos de la conciencia y la teoría transpersonal. Esto, a su vez, planteará preguntas sobre la Cábala en el siglo XXI. ¿Cuáles pueden ser las consecuencias de un enfoque participativo que transciende las particularidades de las tradiciones dadas? En pocas palabras: ¿cómo avanzamos en nuestra interpretación de las intuiciones cabalísticas en relación al conocimiento psicológico y científico contemporáneo?

COMPAÑEROS EN LA CREACIÓN

En el principio –es decir, antes incluso del principio de la manifestación tal como se describe en el relato bíblico de la creación–, la compañera de Dios era la Torá: «Con Él estaba yo [la Torá][7], como confidente, y era yo todos los días Su delicia, jugando en Su presencia en todo tiempo» (Proverbios 8, 30). El término hebreo para "delicia", *sha'ashu'a*, transmite un erotismo primario que inicia la chispa de la creación.[8] El cabalista del siglo XVI Israel Sarug escribe:

> Él se deleitó [en Sí mismo] pues Él es como agua o fuego que se agita cuando el viento sopla, y brilla como el relámpago ante los ojos, y destella aquí y allá. Así, Ein-Sof[9] se agitó en Sí mismo y brilló y centelleó desde dentro de Sí mismo a Sí mismo, y esa agitación se llama deleite. [...] Sabe que de ese deleite surgió el grabado [...] y este grabado es la luz, es decir, la Torá que nace del deleite.[10]

La Torá es el misterio nuclear del judaísmo. En términos concretos es un rollo que comprende los "cinco libros de Moisés". Sin embargo, como se deduce de forma evidente de lo anterior, el término queda envuelto por una connotación más profunda según la cual, ontológicamente, es la revelación primordial de la realidad, el "alma del mundo". La naturaleza no substancial de esta Torá primordial se transmite en la imagen de su ser compuesto de letras ardientes: es una Torá de «fuego negro sobre fuego blanco». Se dice que sus seiscientas mil letras componen el nombre de Dios, el despliegue básico de la esencia de Su Ser. La Torá primordial es un espejo resonante de lo divino: «El Santo, bendito sea, se llama "Torá" [...] y Torá no es otra cosa que el Santo, bendito sea».[11] *Sha'ashu'a* describe tanto el deleite autoerótico que inicialmente da origen a esta Torá primordial, como el deleite continuado que surge del juego entre Dios y Su creación primordial.

No obstante, el período dorado de este "juego" entre Dios y la Torá llega aparentemente a su fin. En su consideración de *sha'ashu'a*, una antigua obra cabalística, el *Bahir*, afirma: «La

Torá dijo: "Durante dos mil años me deleité en Su regazo"».[12] Estos dos mil años son, simbólicamente, el período anterior al comienzo de la creación manifestada. ¿Cesa el *sha'ashu'a* cuando se produce otra revelación de la realidad en la creación de Dios del orden *sefirótico*?[13] Si seguimos las alusiones crípticas tan características de los escritos cabalísticos, descubriremos que no. La ruptura de la dialéctica íntima entre Dios y la Torá es el precio que Dios paga, por decirlo así, por Su promoción de la creación. A partir de ese momento, la dialéctica necesita un mediador. La humanidad es el objetivo de la creación, y, en consecuencia, son los humanos quienes están llamados a responsabilizarse de la continuidad del *sha'ashu'a* que complace a lo divino. Nos hacemos compañeros en ese juego creador que inicialmente era coto exclusivo de Dios y Su Torá.

Tras afirmar que el *sha'ashu'a* entre Dios y la Torá duraba dos mil años, el *Bahir* pasa a indicar que ese deleite puede reaparecer intermitentemente o, quizá, "para siempre", citando dos frases bíblicas en su apoyo: «Por amor de mi nombre diferiré mi cólera, a causa de mi alabanza la reprimiré para no destruirte» (Isaías 48, 9), y «Salmo de alabanza de David; Te exaltaré» (Salmos 145, 1). El primer versículo asume un sentido característico en la tradición cabalista a causa de los vínculos etimológicos en hebreo entre la palabra utilizada para "nariz" y las utilizadas en este versículo traducidas como "diferir" y "reprimir". El referente, pues, es Dios respirando desde Su misericordiosa naturaleza interior en la creación. El segundo versículo implica que esa respiración regresa, por decirlo así, hacia Dios. Dios es "exaltado" por la alabanza humana. Es esta relación en dos direcciones lo que subraya la enseñanza cabalística. El significado que se encuentra en todo el pasaje del *Bahir* nos indica que *sha'ashu'a* hace regresar de nuevo hacia Dios, a través de los humanos que lo reflejan, el impulso con el que Él engendró la creación. Aunque la Torá fue el espejo primordial, la humanidad se convierte después en el espejo por el que lo divino encuentra placer.

La reciprocidad transmitida en el simbolismo de la "respiración" de Dios, por la cual Su inspiración es mediada por la conciencia humana, se daba a entender en el nombre que Dios reveló a Moisés en el libro bíblico del Éxodo. Dios responde a la pregunta de Moisés en cuanto al nombre que debería transmitir a los hijos de Israel, diciendo: «*Ehyeh asher Ehyeh*» (Éxodo 3, 9), un nombre quizá mejor traducido como «Yo estoy llegando a ser lo que estoy llegando a ser». La palabra *Ehyeh* se repite, insinuando un "devenir o llegar a ser" recíproco, por decirlo así. Dios inicia un proceso que resulta en la necesidad de los seres humanos de devolver el impulso para que se pueda completar el círculo. En la interpretación que el *Zohar* da de ese nombre, la repetición implica unión sexual:

> El secreto de la materia es éste: "*Ehyeh*" incluye la totalidad de todo [en potencia] puesto que los caminos [que se desplegarán en la creación] están todavía ocultos y no separados, siendo reunidos en un solo lugar. Por lo tanto, se lo llama [con la sola palabra] *Ehyeh*, la totalidad de todo, oculta y no revelada. Una vez el principio hubo surgido de ella, y el río fue fecundado para que pudiera producir todo, entonces se llamó "*asher Ehyeh*" [...] para producir y dar nacimiento a todo. [...] "*Asher*"[14] se refiere a unirse en placer: la unión celestial.[15]

La palabra *Ehyeh* implica una Fuente no engendrada de la que emana un principio masculino, aludido como "el principio", y un principio femenino, "el río" (conocidos también como el padre y la madre celestiales). La unión subsiguiente entre los dos refleja la unidad inicial de la Fuente (es decir, "*asher Ehyeh*" refleja "*Ehyeh*") y produce además el despliegue de la creación.

El principio de relación está presente en potencia en la Fuente no engendrada, y da origen no sólo a esta unión celestial, sino también posteriormente a una "unión inferior" en la estructura emanada de la creación. En el marco mítico del *Zohar*, la unión del padre y la madre celestiales genera un "hijo" que logra su objetivo proyectado cuando, como "rey" del reino inferior de la creación (simbolizado por el Jacob bíblico, como vimos anteriormente), se une con su "reina": «En ese momento, el hijo hereda la parte de su padre y de su madre y se deleita en ese placer y gozo. [...] Entonces se otorgan bendiciones a todos los mundos, y son bendecidos los reinos superior e inferior».[16]

Determinante para mis propósitos en este capítulo, la descripción del despliegue de la creación no es unidireccional. La unión inferior se considera dependiente de la acción humana, lo que implica que tenemos responsabilidades en el perfeccionamiento de esa intención que inicialmente provocó el nacimiento del impulso creador en la Fuente no engendrada. En una versión representativa de este imperativo, el *Zohar* afirma que la persona debería estudiar la Torá de noche «para que el nombre santo sea perfeccionado por ella».[17] En el simbolismo del nombre inefable de Dios de cuatro letras (transliterado como *Y-H-V-H*)[18], la perfección del nombre se produce mediante la unión de las dos letras finales, "V" y "H".

El simbolismo de la narración cabalística necesita un esclarecimiento considerable, pues existe el peligro de quedarse con el dedo que señala en vez de buscar el sentido señalado. El simbolismo sexual que implica uniones "superiores" e "inferiores" está igualmente presente en el nombre divino, *Y-H-V-H*. Gramaticalmente, la primera letra, "Y", transmite la forma masculina, mientras que la segunda, "H", representa la femenina. Estas dos están, pues, unidas en el nombre divino. La letra "V" indica el hijo/rey, y la "H" final es lo femenino "inferior", la *Shekhinah*. A diferencia de la unión entre lo masculino y lo femenino celestiales, la que se produce entre el hijo/rey y su consorte está cargada de tensión. Según la Cábala, la unión superior es una consecuencia inevitable de la voluntad inicial de crear que surgió en la Fuente no engendrada; no puede haber pérdida de esta unión sin una destrucción catastrófica de todo el orden creado. La unión inferior, en comparación, está dificultada por la relación distanciada de los dos miembros de la pareja. El papel humano es, pues, reunir a estos dos compañeros, promover la unión de aquello que las letras "V" y "H" simbolizan en la Divinidad. Este papel humano está indicado por la invocación frecuentemente repetida que debe ser recitada en privado antes de la oración o de la observancia ritual: «[Me entrego a esta actividad] por la unión del Santo, bendito sea, con Su *Shekhinah*».

Como señalaba anteriormente, el estudio de la Torá se considera fundamental para promover esta unión deseada entre las emanaciones inferiores en la Divinidad. En este contexto es instructivo un segundo sentido del término hebreo *sha'ashu'a*. Subrayaba antes las connotaciones eróticas de esta palabra por lo que se refiere al deleite que acompaña al juego creador. Su segundo significado es "contemplación",[19] que se refiere más abiertamente al estudio de la Torá.[20] En efecto, la connotación bíblica de la palabra *conocer* para significar un encuentro sexual («Y Adán conoció a Eva, su esposa») prefigura la conjunción de los dos significados. En el pensamiento rabínico y cabalístico, el complejo "cognición-deleite" se traspone a la idea de desarrollar un encuentro profundo, y en última instancia místico, con la Torá. Dada la visión de la Torá como la revelación principal de lo Real, el imperativo central del judaísmo –estudiar la Torá– adquiere proporciones cósmicas. Es como si la ruptura de la bienaventurada relación primordial entre Dios y su Torá sólo pudiera superarse cuando se estableciera una nueva relación, esta vez entre el hombre y la Torá. La pérdida de una fuente de *sha'ashu'a* es reemplazada por el desarrollo de una segunda, pues, según la enseñanza mística judía, la contemplación de la Torá es el camino necesario para la realización de la esencia divina de la mente. El deleite que ha de lograrse a través de la contemplación humana de la Torá es finalmente el arrobamiento místico de unión con lo Divino (para la Torá, se identifica con Dios).[21] Mediante la implicación del ser humano en este camino con Su Torá, Dios experimenta de nuevo deleite, esta vez a través de la intervención humana.

Las implicaciones participativas de la narrativa cabalística son poderosas. Desde el mismo origen de ese proceso de creación que la Fuente no engendrada pone en movimiento surgió la necesidad *inevitable* de la relación, de un compañero. Se podría interpretar *sha'ashu'a* como el arrobamiento erótico de la Fuente en Su comprensión de que una fuente no puede ser realmente tal a menos que se convierta en algo distinto a sí misma. *Sha'ashu'a* se despierta de nuevo cuando lo "otro" se esfuerza por reunirse con su fuente. Ciertamente, la *otredad* es el segundo polo crucial de esta interpretación cabalística participativa de la creación.

EXILIO Y REDENCIÓN

La idea de un inicio primordial de la creación que precede a cualquier manifestación de los días bíblicos de la creación viene transmitida por el término hebreo *tsimtsum*, "contracción". El término mismo está asociado con el maestro del siglo XVII Isaac Luria, aunque el concepto esté implícito en fuentes anteriores. Para que Dios pudiera dar de Sí mismo –que era el impulso primario detrás de la creación– tenía que *contraer* Su luz infinita para crear un "espacio desocupado" en el que pudiera verter un potencial creativo. Por regla general, todo esfuerzo creador requiere *polaridad*, y, en el pensamiento cabalístico, el acto del *tsimtsum* de Dios estableció la polaridad arquetípica –entre la luz infinita y el espacio desocupado– que se convierte en el germen de todas las polaridades posteriores. Al mismo tiempo, el *tsimtsum* generaba la *paradoja* arquetípica, pues el espacio desocupado es y no es parte de Dios. En última instancia, no hay nada además de Dios, y, sin embargo, de lo que habla el *tsimtsum* es de que Dios mismo se retira de parte de Sí mismo. En la agitación primordial de la creación, no sirve la lógica de "o esto, o lo otro", y, por tanto, se engendra la semilla de toda paradoja.

Aunque polaridad y paradoja recorren la senda cabalística como la trama y la urdimbre de algún tapiz cósmico, es una tercera condición derivada del *tsimtsum*, la *otredad*, la que da al tapiz su imagen fundacional. *Tsimtsum* acontece en la otredad del Sí mismo de Dios: el espacio desocupado carece de Su luz esencial. Y, puesto que el conjunto de la creación se despliega dentro del espacio desocupado, se interpreta cabalísticamente que el conjunto de la creación está impregnado por esa sensación fundacional de pérdida. El giro participativo –es decir, la enseñanza de que somos responsables de resolver la separación de Dios de Sí mismo– sitúa la búsqueda existencial por superar nuestro sentimiento de alienación o separación en el contexto de un drama cósmico. Para los judíos, la alienación o separación es la compañera del exilio.

Históricamente, la idea del exilio y la redención es seminal para la experiencia judía, pues los judíos fueron enviados al exilio de su tierra de Israel y anhelaban la redención que les viera retornar a su patria ancestral. Esta experiencia de exilio y búsqueda de redención se convirtió en una de las imágenes centrales de la tradición religiosa y mística judía. Su foco espiritual está con la *Shekhinah*, la presencia femenina divina que se dice en las fuentes rabínicas que acompaña al pueblo judío en su exilio. En la formulación cabalística de esta idea, la *Shekhinah* está exiliada de su consorte regio y anhela reunirse con él. En otras palabras, exilio, alejamiento y sentimiento de otredad son las condiciones existenciales que prefiguran el mito cabalístico antes estudiado. La *Shekhinah* se identifica con la "H" final del nombre de Dios, y está exiliada de su compañero, la "V" del nombre. Como vimos, la unión en la Divinidad está en función de la participación humana, que se convierte en una necesidad crítica para dar por terminado el período de exilio de la *Shekhinah*.

En un asombroso ejemplo de juego de palabras, la resolución de las tensiones derivadas del *tsimtsum* resulta estar en la revelación de Dios, la Torá. El juego de palabras implica la raíz hebrea *galah*, que tiene dos significados: "ir al exilio" y "revelar". En un sentido simple, la tarea del ser humano es dedicarse a la Torá, que promueve la unión entre la *Shekhinah* y su consorte en la divinidad, resolviendo las vicisitudes del exilio.

Una perspectiva más profunda en este doble significado de *galah* introduce una dimensión psicológica que fundamenta el reto participativo en la Cábala. Esta perspectiva más profunda mantiene que la revelación de la Torá *es ella misma el paradigma del exilio*. Para comprender esta idea debemos captar primero la idea quintaesencial que recorre todo el discurso judío en el sentido de que los significados "secreto" y "superior" se ocultan dentro del tejido literario externo de la Torá. Ya mencioné anteriormente una formulación cabalística de esta idea que mantiene que la esencia de la Torá consiste tan solo en los nombres de Dios. Es obvio que no vemos estos nombres en el nivel de la superficie narrativa; están ocultos, y necesitamos las claves de la tradición cabalista a fin de ahondar lo bastante para descubrirlos.

En una de las formulaciones del *Zohar* de esta noción del misterio interior, oculto dentro de la Torá, se describe a esta como una hermosa mujer que llama y envía mensajes a su amante. El amante es, por supuesto, aquel que tome este camino por los misterios interiores de la Torá. Por etapas, la mujer se revela al amante: primero le habla a través de una cortina, luego a través de un delgado velo, y, finalmente, «se le revela cara a cara y habla de todos sus misterios y de los caminos ocultos que ella había mantenido escondidos en su corazón desde los tiempos antiguos».[22]

La perspectiva más profunda sobre la relación entre "exilio" y "revelación" deriva de la idea de que el significado interior, o "superior", está "exiliado" en las vestiduras inferiores de la Torá.

La hermosa mujer –el significado superior– está, por decirlo así, exiliada en el mundo inferior que es el dominio de la superficie narrativa. La princesa está atrapada, y necesita ser liberada. Todo esto es consecuencia del *tsimtsum*, pues el *tsimtsum* es el acontecimiento divino paradigmático por el que una presencia superior, transcendente, se contrae en un dominio "inferior". Esto se expresa en los textos cabalistas afirmando que la presencia infinita de Dios se contrae en las letras de la Torá, Su revelación a la humanidad. Dios está efectivamente *exiliado* en la Torá.[23] En realidad, este modelo de contraer lo superior en lo inferior se supone recapitulado en todos los "mundos" creados.[24] Así pues, se interpretan las letras hebreas de la Torá como reveladoras de una forma contraída de la presencia infinita de la Fuente:

> Él se contrajo en las letras de la Torá, por medio de las cuales creó el mundo [...] y la persona justa, que estudia la Torá por ella misma en santidad, atrae hacia abajo al Creador, bendito sea, dentro de las letras de la Torá como en el momento de la creación.[25]

El estudio de la Torá no es una búsqueda intelectual tal como normalmente se entiende. El Talmud afirma que uno debe «cortarse en trozos por las palabras de la Torá», puesto que sus palabras están firmemente sostenidas sólo por «quien se da muerte a sí mismo por ella». Para adquirir la Torá uno debe «hacerse como un desierto».[26] En la interpretación cabalística debemos anular nuestro sentido del "yo" con el fin de alcanzar el estado de conciencia que es requisito necesario para la contemplación correcta de la Torá: estudiarla "por ella misma" sin ningún objetivo egoísta. Este es, pues, nuestro *tsimtsum*: reducir nuestra individualidad para hacer espacio a la individualidad de lo divino. Se nos reta a recapitular las acciones de Dios con el objetivo de encontrar el propósito del exilio de Dios. La revelación de Dios –la Torá– se convierte en el antídoto a ese exilio primordial de Dios de Sí mismo que resultó del *tsimtum* originario. Sólo yendo al exilio puede Dios revelarse; y es a través de la experiencia humana del exilio como podemos comprender el significado del exilio y captar los abismos de la revelación. Y, en la consumación de esta narración cosmográfica de lo Supremo, es sólo haciéndonos conscientes del Ser infinito que está confinado en las letras de la Torá como podemos liberar a la *Shekhinah* de su exilio.

Dado que el exilio *real*[27] es el de la contracción de Dios en las letras hebreas, entonces nuestra búsqueda para promover la liberación y reunión de la *Shekhinah* en la Divinidad implica entrar en esas letras. En el misticismo cabalístico del lenguaje es paradójicamente la propia profundidad de las palabras la que cierra las puertas que mantienen a la *Shekhinah* en el exilio. Cuando las letras se agrupan en palabras, frases, oraciones y narraciones pierden su simplicidad prístina y su multipotencialidad. En un sentido psicológico hay aquí un paralelismo con el papel que desempeña el lenguaje en la estructuración de nuestro sentido del yo y la percepción del mundo. El lenguaje es un sistema primario por el que se construyen los esquemas, o estructuras cognitivas, que dan un sentido de orden a nuestros mundos. Como afirmé en otra parte, el sentido del "yo" es semejante a un centro magnético para esos esquemas.[28] Si la búsqueda de la transcendencia significa en algún sentido ir más allá de esos rígidos esquemas, entonces "contraer" ese sentido del "yo" puede ser un primer paso necesario. Y el intento de dar la vuelta a las formas habituales en las que el lenguaje nos encierra en las estructuras que hemos erigido puede ser un acompañamiento valioso para dar ese paso.

La mayor parte de las prácticas cabalísticas se relacionan de un modo u otro con una visión del lenguaje –específicamente, de la lengua hebrea– al que se ve como la llave del reino divino. El hecho de que muchas de estas prácticas supongan centrarse en las letras más que en las palabras refleja la trayectoria de nuestro exilio, como hemos dado a entender en esta sección. Buscamos los elementos más simples del lenguaje para poder acercarnos a la base ontológica del *tsimtsum*.

UN MISTICISMO DE LA LENGUA

> Hemos aprendido que dos mil años antes de la creación del mundo, el Santo, bendito sea, jugueteaba con las veintidós letras de la Torá, y las combinaba y les daba vueltas, e hizo de todas ellas una palabra. Dio vueltas [a la palabra] hacia delante y hacia atrás, aunque las veintidós letras [...]. Todo esto emprendió el Santo, bendito sea, pues quería crear el mundo por medio de Su palabra y el epíteto del gran nombre.[29]

Este extracto procede del comentario de Shabbetai Donnolo, siglo X, sobre el *Sefer Yetsirah*. El *Sefer Yetsirah* es uno de los tratados más antiguos y más respetados del misticismo judío. Donnolo efectúa una integración entre los dos significados de *sha'ashu'a* que analicé anteriormente, a saber: "deleite" y "contemplación". Efectivamente, la forma del participio verbal de *sha'ashu'a* en el extracto, traducido por Elliot Wolfson como "jugueteaba con", es traducida por el mismo autor en una obra posterior por "contemplaba".[30] Podemos integrar los dos significados proponiendo que el deleite experimentado a través de la relación del Creador con la Torá antes de manifestar la creación deriva del juego contemplativo y creador con las veintidós letras que constituyen el alfabeto hebreo.

El contexto de esta idea es la premisa central del *Sefer Yetsirah* de que la creación se lleva a cabo mediante la acción de Dios permutando las letras hebreas:

> Veintidós letras de fundamento: Él las colocó en una rueda, como una pared con 231 puertas. La rueda da vueltas hacia de-

> lante y hacia atrás [...] ¿Cómo? Él las pesó y las permutó: *Alef* con todas ellas y todas ellas con *alef*; *bet* con todas ellas y todas ellas con *bet*. Continúan en ciclos y existen en 231 puertas. De este modo, todo lo que se forma y todo lo que se habla deriva de un solo Nombre.[31]

Se puede comparar el mecanismo de la creación, tal como se describe en el *Sefer Yetsirah*, con el de la génesis de la forma biológica. Las letras hebreas son semejantes a las letras del ADN, y las formas exactas generadas dependen de las combinaciones de las letras en el código. Así, la primera letra, *alef* ("A"), combinada con la segunda, *bet* ("B"), produce *av* ("AB"), palabra que significa "padre". Mediante la rotación de la rueda de Dios para esta combinación, la categoría de "padre" viene al ser, y así sucesivamente.[32]

Es evidente el giro participativo en el intento de los cabalistas de emular la actividad esotérica de Dios en su "trabajo con las letras". El lenguaje del *Sefer Yetsirah* es ambiguo: transmite al mismo tiempo la descripción en tercera persona de lo que Dios hizo («Las colocó en una rueda») y una forma imperativa verbal («colócalas en una rueda»). En otras palabras: también se puede leer el *Sefer Yetsirah* como un manual de instrucciones que nos informa de cómo entregarse a la obra esotérica de la creación. Vale la pena señalar que, a lo largo de los períodos sucesivos del misticismo judío, el texto se ha leído más enfáticamente en este sentido de invitación. Es decir, el *Sefer Yetsirah* no es ambiguo, sino que transmite deliberadamente *ambas* formas verbales a fin de dar a entender que el camino para ir a la par con Dios en su obra de creación supone la emulación de Sus caminos.

El relato paradigmático del éxito de este reto de unirse a Dios en la creación es el texto bíblico sobre Abraham. La estrofa final de la mayoría de las versiones del *Sefer Yetsirah* celebra este logro:

> Cuando nuestro padre Abraham, descanse en paz, miró, vio, comprendió, probó, grabó y esculpió, tuvo éxito en la creación, como está escrito: «Y las almas que hicieron en Harán» (Génesis 12, 5). Inmediatamente, allí se le reveló el Señor de todo, que Su nombre sea bendito por siempre, y Él le colocó en su regazo, y le besó la cabeza, y le llamó, «mi amigo Abraham» (Isaías 41, 8).[33]

El deleite de Dios en Abraham es evidente, como lo es la noción de que el origen del deleite es el éxito de Abraham en la creación. Pero, una vez más, existe el peligro de leer el simbolismo de manera demasiado rígida. El abrazo íntimo entre Dios y Abraham puede parecer algún tipo de encuentro antropomórfico, como si un padre estuviera entregando una recompensa agradable por el logro de su hijo. Yo lo leo más como una afirmación del despliegue intrínseco de los acontecimientos cuando se sigue con éxito este camino de la obra cabalística hasta su culminación. Abraham emula la obra creadora de Dios, y, como *consecuencia automática* de su éxito, alcanza la relación más profunda posible con Dios. La *Unio Dei* no puede separarse de la *Imitatio Dei* en esta visión cabalística.

Hay dos alusiones clave a la naturaleza de esta obra cabalística en la primera frase del extracto anterior. La primera alusión aparece en la frase «grabó y esculpió», que se refiere a las técnicas místicas para trabajar con las letras hebreas en emulación de la obra creadora de Dios. La segunda es la cita del Génesis, que alude a la creación de *golems* («las almas que hicieron...»). Un *golem* es un humanoide artificial, creado a través de un rito mágico. No hay lugar aquí para entrar en detalles sobre este capítulo fascinante y psicológicamente importante del misticismo judío.[34] Para nuestro propósito es suficiente señalar que la capacidad de fabricar un *golem* se presenta como prueba del dominio consumado de la creación. En este rito, el adepto integra las fuerzas elementales de la tierra y el agua, las enciende por medio del esotérico "trabajo con las letras" hebreas, y forma un todo orgánico a partir de la resonancia superior de aquellas letras, tal como se describe en la enseñanza judía y cabalística. El objetivo del ritual del *golem* se interpreta mejor como la recapitulación del punto culminante de Dios en la creación, a saber: la creación de Adán. La imagen de alguna fantasiosa creación de Frankestein, sacada de sus proporciones por la magia de Hollywood, nos ciega a la potencia del mito del *golem* para proporcionar un centro al reto participativo de nuestro tiempo. Un acercamiento del siglo XXI al *golem* puede reflejar un paradigma ecológico profundo al tiempo que pone en funcionamiento una visión psicodinámica y espiritual de la relación cuerpo-mente. El *golem* es casi el único esquema que puede unir la ciencia y las artes, la psicología y la inteligencia artificial, el cuerpo espíritual y el significado del Templo.[35]

La técnica para trabajar con las letras se amplía en el *Sefer Yetsirah*, donde se afirma: «Él [Dios] las *grabó*, las *esculpió*, las *pesó*, las *permutó*, las *combinó* y *formó* con ellas todo lo que fue formado y todo lo que sería formado en el futuro».[36] Una serie de caminos para recapitular estas seis acciones se desarrolló en la tradición cabalista,[37] encontrándose quizá con una máxima elaboración en las prácticas extáticas asociadas a Abraham Abulafia, siglo XIII. Como ha explicado Moshe Idel en detalle, Abulafia describió procedimientos complejos a través de los cuales la deconstrucción del lenguaje como instrumento comunicativo normal podría dar como resultado un estado místico de conciencia.[38]

El análisis académico de las corrientes de la mística judía ha subrayado la distinción entre dos planteamientos dominantes. El primero, vinculado especialmente con el *Zohar* y escritos asociados, se clasifica como *teosófico-teúrgico*; el segundo, fuertemente representado por las maneras anómicas de Abulafia de jugar con el lenguaje, es la Cábala *extático-profética*.[39] El material que examiné antes sobre la interpretación mítica del exilio y la reunificación es una expresión del primer enfoque. Así, Idel usa el término *teúrgia* para referirse a las enseñanzas que sostienen que la actividad en un nivel inferior (como el estudio de la Torá, la observancia ritual, etcétera) influye en el nivel superior de la Divinidad (creando equilibrio, dando lugar a un flujo benéfico hacia los niveles inferiores, etcétera). Como señala Isaías Tishby, en el gran proyecto del *Zohar* y las escuelas cabalísticas que inspiró «es esta obra lo que constituye el propósito real de la vida del hombre sobre la tierra».[40]

La mística extática, en cambio, parece estar más orientada a un tipo de encuentro personalista, que se experimenta como un influjo divino desde un reino superior que desciende al propio ser. Al mismo tiempo, el místico extático busca una experiencia de ascenso a través de la cual su propia alma pueda unirse con lo Divino. Desde esta perspectiva, las tradiciones de la Cábala extática se prestan más inmediatamente al análisis psicológico. En otra parte he analizado las técnicas de Abulafia con algún detalle, con particular referencia a los recientes avances en psicología y neurociencia.[41]

Dado que la motivación fundamental de la mística teúrgica es producir algún acontecimiento en el reino divino que Dios, en algún sentido, desea, es evidente el énfasis participativo. Aunque diferentes en ciertos aspectos, los objetivos de la otra corriente extática entran igualmente en un contexto participativo. Abulafia, por ejemplo, consideraba que estas técnicas restauraban la integridad de los nombres divinos, y por tanto de lo Divino mismo. Es evidente que el paradigma participativo afecta al núcleo real de todo el misticismo judío. En efecto, se puede afirmar que la división entre los dos planteamientos cabalísticos es más práctica que fundamental. Wolfson, por ejemplo, argumenta que la doble división es equivocada, y que la Cábala se define más correctamente en términos de una experiencia nuclear de éxtasis que comprende dos aspectos: «reintegración del alma en lo divino, y fusión de las potencias sefiróticas en la unidad armoniosa».[42]

Wolfson hace la importante observación de que «es necesario reintegrar los elementos teúrgico y místico de la experiencia religiosa de los cabalistas, pues no tiene ningún sentido hablar de llevar a cabo la naturaleza de Dios si no se está experimentando a Dios en algún sentido inmediato y directo».[43] Creo que esta reintegración es actualmente necesaria no sólo para la integridad del estudio académico e histórico de la Cábala, sino también para la renovación del reto más individual de encontrar un camino enriquecedor del judaísmo místico. Un énfasis más abiertamente teúrgico puede conducir a una observancia excesivamente pasiva y no creativa del ritual y el estudio de la Torá, en la creencia de que simplemente "recorriendo todos los pasos" se pueden lograr objetivos teúrgicos. Por otra parte, cuando el equilibrio se mueve demasiado lejos de lo teúrgico, de modo que esas exploraciones más extáticas se disocian del mito tradicional de exilio y redención, ello puede tener como resultado un apego excesivamente sentimental a la experiencia. Saber que uno tiene el potencial para «llevar a cabo la naturaleza de Dios», y que esa responsabilidad necesita «experimentar a Dios en algún sentido inmediato y directo», me parece que refuerza el equilibrio apropiado entre estos dos extremos. Legitimando la noción de que somos capaces de participar cocreadoramente en el despliegue de la voluntad de lo Supremo, el paradigma participativo[44] de Jorge N. Ferrer sitúa valiosamente los objetivos del misticismo cabalista en la perspectiva contemporánea.

HACIA UNA PSICOLOGÍA CABALÍSTICA: UNA CIENCIA TRANSPERSONAL DE LO SAGRADO

La disciplina de la psicología transpersonal se centra en las experiencias profundas, que incluyen las asociadas con la religión y la espiritualidad, y en los análisis de la mente que conceden alguna validez al valor transformador del misticismo.

Sin embargo, es poca cosa sustituir simplemente la terminología de una disciplina por la nomenclatura de otra, a menos que la sustitución ofrezca nuevas maneras de integrar y explicar el material que se está considerando. He afirmado que la psicología transpersonal puede abrir un discurso significativo en la medida en que puede llevar las intuiciones que se encuentran en las tradiciones espirituales al terreno en el que la ciencia trata de comprender la conciencia.[45] Hay aquí una relación de dos direcciones: las intuiciones espirituales y místicas pueden favorecer nuestra comprensión de la mente, y la psicología contemporánea puede revitalizar la manera en que trabajamos con las enseñanzas de la mística.

Existe un nexo de interés específico cuando se llega a la Cábala, debido a su enfoque inherentemente psicológico. Dos temas interconectados que atraviesan gran parte del corpus de la literatura cabalística son especialmente importantes para abrir esta dimensión psicológica. Estos temas son la creación y la dinámica entre ocultación y revelación. Se considera la creación como el despliegue del pensamiento de Dios,[46] y, debido al isomorfismo que la Cábala descubre entre lo humano y lo Divino, el análisis cabalístico de la creación es implícitamente una exploración del pensamiento humano. La creatividad humana recapitula la creación divina, y la fuente oculta de nuestra creatividad es el terreno de encuentro entre las mentes humana y divina. En realidad, se puede trazar otro paralelismo humano-Divino cuando se considera la noción de *tsimtsum* que contempla las intuiciones superiores de la Torá "exiliadas" en su narración inferior, como vimos anteriormente. El paralelismo se plantea aquí con la idea de que los niveles superiores de la mente humana se revisten en el reino psicológico mundano con el "yo". Así como el cabalista trata de liberar las chispas superiores que están en el exilio, así el buscador moderno puede tratar de descubrir los aspectos superiores de la mente a través del psicoanálisis u otras técnicas asociadas.

La Cábala considera el despliegue del pensamiento divino como el paso de unos estados ocultos a unos estados revelados, lo que puede ser equiparable a la manera en que el pensamiento humano progresa desde la preconsciencia a la consciencia. Pero esto no significa que el estado oculto sea reemplazado cuando se convierte en estado revelado, pues ambos continúan existiendo: «A lo largo de toda la Torá descubrimos que lo revelado coexiste con lo oculto. Así es con el mundo, tanto con este mundo como con el mundo superior: todo está oculto y revelado».[47] Así es también con el pensamiento, en el que coexisten corrientes de pensamiento consciente e inconsciente.[48] El juego entre estas dos corrientes es enactuado por la naturaleza interactiva del cerebro.

Los sistemas perceptivos del cerebro comprenden circuitos de proalimentación y circuitos de retroalimentación. En resumen, los primeros transmiten señales que derivan de los órganos sensoriales a través de una jerarquía de analizadores progresivamente más complejos, mientras que los últimos modulan estos análisis en sentido "de arriba abajo". La influencia moduladora de los circuitos de retroalimentación deriva del procesamiento de "orden superior" de la información contextual y de otra información relacionada con la memoria. La investigación reciente en neurociencia ha establecido que el circuito de retroalimentación es esencial para la conciencia; la actividad en el sistema de proalimentación no es consciente. Así, por ejemplo, si la imagen de una pluma cayera sobre mi retina, yo no sería consciente de los análisis sensoriales que producen la forma del contorno y el color de la pluma, etcétera (sistema de proalimentación); soy consciente de la pluma sólo cuando todo el objeto, completo con su significado, se establece (sistema de retroalimentación). En pocas palabras, veo una *pluma*, es decir, una entidad que es portadora de significado, gracias a toda una serie de imágenes de la memoria que constelan a su alrededor su simple "plumidad" y mi relación con ella.[49]

Las dos corrientes concurrentes de pensamiento –consciente e inconsciente– se pueden conceptualizar en relación a la actividad relativa en los dos circuitos. Simplificando al extremo: la corriente inconsciente surge del circuito de proalimentación y los múltiples vínculos asociativos que se generan con la recepción sensorial, mientras que la corriente consciente se basa en el circuito de retroalimentación y en la manera en que incorpora a la percepción el sentido inmediato del "yo" como "receptor de impresiones". Distanciarse del "yo", en el modo que propone la práctica mística, supone un cambio en la actividad relativa de los dos circuitos en el sentido de una atenuación de los circuitos de retroalimentación.

Sin embargo, lo que aquí me interesa no son principalmente los efectos de la práctica mística sobre la función cerebral. He aludido a estas ideas de la neurociencia cognitiva simplemente para señalar la cuestión clave de que el mito cabalístico analizado anteriormente encaja a la perfección con la interpretación actual del cerebro. El mito cabalístico depende de una lógica de interacción por la que un "inferior" está en interacción dinámica con un "superior", y es responsable de desencadenar los efectos benéficos que descienden de lo superior cuando se reequilibra. El principio teúrgico se resume en la máxima de que «el impulso de abajo estimula el de arriba»:

> Fíjate en esto. A través del impulso de abajo se despierta un impulso arriba, y a través del impulso de arriba se despierta un impulso aún más arriba, hasta que el impulso llega al lugar donde la lámpara debe encenderse y se enciende [...] y todos los mundos reciben bendición de ello.[50]

Los sistemas altamente interactivos del cerebro tienen alguna consonancia con este modelo. Mediante mecanismos *vinculantes*, el cerebro parece actuar para alinear el procesamiento de nivel superior con la salida del procesamiento de nivel inferior. Y, como hemos visto, la consciencia está asociada no con la actividad del nivel superior, sino más bien con su modulación retroalimentadora de la actividad del nivel inferior. Parecería, por tanto, que hay un "modelo" de los sistemas de operación del cerebro que se corresponde con el modelo macrocósmico identificado por la Cábala.

Este sistema, según el cual un "inferior" provoca un "superior" que da origen a un influjo ("bendición" o, en términos contemporáneos, "conciencia") que vuelve a lo inferior, me parece que ofrece la lógica fundamental de la participación. He ilustrado la importancia teúrgica de esta perspectiva tal como se conoce en la Cábala. Que el propio cerebro desarrolle una lógica análoga puede proporcionar una ventana científica en las enseñanzas de la *correspondencia* que dieron forma a la piedra angular de la "ciencia sagrada" del Renacimiento. La ciencia islámica, como la Cábala, concebía dos caminos para conocer: observación y revelación. Ambas están relacionadas entre sí: observar el modelo inherente a las estructuras de nuestro mundo (como el cerebro) produce un conocimiento del modelo superior de todas las cosas, mientras que comprender el modelo superior a través del estudio de la sabiduría reveladora dirige nuestra observación al discernimiento de la expresión de ese modelo a nuestro alrededor. El ingrediente adicional que hace significativa esa "ciencia sagrada" es el reconocimiento de que la conciencia humana desempeña el papel seminal en la interacción dinámica entre lo inferior y lo superior. Como expresó C.G. Jung, Dios depende misteriosamente de la conciencia humana.[51] La ciencia sagrada no se interesa tan solo por el modelo de discernimiento; es quintaesencialmente una ciencia de *transformación* humana. Conocer el Misterio significa participar en el Misterio; y esa participación implica necesariamente un cambio interior. La psicología transpersonal no sólo estudia la psicología de la transformación, sino que explora también los vínculos entre la observación científica y las tradiciones espirituales de saber revelado. Considero que en su énfasis en esta búsqueda, la psicología transpersonal ha llegado a ser la heredera contemporánea de las escuelas más antiguas de la ciencia sagrada.

Las fronteras que establece una cultura se ramifican por toda su psique. Otra forma de correspondencia se nos muestra de manera evidente en los cambios contemporáneos de dichas fronteras. Así como las fronteras exteriores parecen suavizarse debido a la globalización y presiones análogas, las fronteras que se aplicaron a las estructuras interiores están, de forma correspondiente, en tela de juicio. En cuanto al cerebro, nuestra concepción de áreas independientes y flujos de impulsos unidireccionales se ha revelado defectuosa. Sabemos ahora que áreas sensoriales concebidas antes como áreas compartimentadas son substancialmente multisensoriales.[52] En realidad, el propio término "sensorial" para esas áreas del cerebro parece algo inapropiado, dadas las fundamentales innervaciones motoras descubiertas en ellas. Desde una perspectiva cognitiva, las percepciones, además de la dependencia de los análisis sensoriales, suponen procesamiento y encarnación enactiva.[53] En todos los niveles, las fronteras se desdibujan y domina la interactividad.

Es en este contexto donde la participación se convierte en el mito transpersonal de nuestro tiempo. Sea el microcosmos del cerebro, el "mesocosmos" de las interacciones globales, o el macrocosmos de nuestro vínculo con el Misterio, se descubre que todo es coherente en un marco inclusivo de actividades. Como vimos, cuando los cabalistas distinguían en una época anterior que el todo inclusivo estaba estructurado a través de correspondencias entre "arriba" y "abajo", planteaban la participación humana como el camino para realizar la armonía del conjunto. Creo que tenemos aquí una semejanza sugestiva con nuestro tiempo: cuando las fronteras se disuelven y domina una toma de conciencia renovada de la interrelación de todas las cosas, gana fuerza una narración completamente moderna de la responsabilidad humana. El giro participativo en el estudio de la espiritualidad constituye un elemento clave de esa narración.

CONCLUSIÓN

Hay mucho en el mito cabalístico –que no he hecho sino esbozar a lo largo de estas páginas– que resuena tanto con los anhelos contemporáneos de un camino espiritual más *vivo* como con la dirección en que la ciencia psicológica parece apuntar. Como resultará evidente a cualquiera que tenga conocimiento de las vicisitudes de la historia judía, el relato de exilio y redención está sólidamente fundamentado en las exigencias de la opresión. Sin embargo, el genio de la mente mística judía miró atentamente a través de las eventualidades históricas el oculto espejo existencial de Dios y hombre. Y la imagen espectral de otredad y alejamiento que se refleja en ese espejo no parece ser ya el coto cerrado de un único pueblo con su historia distintiva. Cuando la búsqueda de alguna forma de sentido espiritual para nuestra vida comienza a agitarse en el corazón, ¿qué otra cosa hay en su núcleo que el sentimiento de haber perdido de alguna manera una intimidad fundamental con un "otro"? ¿Y qué mejor manera hay para tratar con ese poderoso sentimiento de pérdida que identificar eso que desgarra el corazón de los otros en una interminable sala de espejos? El dolor no disminuye cuando se descubre que es meramente un eco de la pérdida originaria de totalidad, como se simboliza en el *tsimtsum*, pero saber que mi soledad refleja el Misterio que sólo supo que estaba solo cuando afirmó su voluntad de convertirse en otro, y por tanto de expresarse, coloca esa soledad en un contexto más limitado. Y la comprensión de que yo, en la abrogación de esta misma afirmación (pues "yo" es el impostor que falsea incesantemente la apariencia de las relaciones), puedo participar en la restitución última del equilibro, galvaniza la acción.

«Era una maner de expresarlo...»,[54] pero, contra T.S. Eliot, no es una humildad vaciadora la que nos da una visión de nuestro lugar en la disposición de las cosas, sino el recuerdo de las responsabilidades: «No estás obligado a terminar la tarea; pero tampoco eres libre de abstenerte de ella».[55]

Conocer, experimentar y actuar constituyen el trípode sobre el que reposa esta responsabilidad participativa. Para el místico judío, ese conocimiento de Dios que deriva de la contemplación de la Torá nunca es una intelección abstracta. Conocer a Dios es conocer Su nombre; conocer Su nombre es experimentar las polarizaciones dinámicas de las letras que lo constituyen y el deleite, *sha'shua'a*, en esas relaciones; experimentar las letras significa actuar para promover el objetivo teúrgico; y actuar en busca del objetivo teúrgico significa conocer los caminos de la Torá y los detalles de la observancia *haláquica.*[56] Si hay un solo término que represente el paradigma de la búsqueda cabalística es *unificación.* Muchas prácticas cabalísticas se denominan unificaciones debido a su empeño en promover la unificación del nombre sagrado. Al mismo tiempo, las connotaciones psicológicas del mito cabalístico pueden sugerir una forma más interior de "unificación". Mediante el trípode del conocer, experimentar y actuar tratamos de unificar los diversos aspectos del yo para que nuestros dispares personajes interiores puedan ser integrados.

El sentimiento de separación, de exilio, que es general en nuestros días, es mayor que el de un grupo étnico separado de su "hogar". Estamos separados de nuestro mundo, de nuestro ambiente, de nuestros papeles establecidos, de las tradiciones que daban a nuestros antepasados el sentimiento de estar en casa en esta vida. El mito del *tsimtsum* y el camino de su resolución nos hablan potencialmente de nuestras responsabilidades con el Misterio mismo. Los "ángeles" no pueden renovar esa conciencia de lo sagrado que liga nuestro planeta al despliegue del Misterio; pero con el hombre Moisés agarrándose al Trono de la Gloria, una bendición puede todavía unificar el cielo y la tierra.

5. PARADIGMAS ESOTÉRICOS Y ESPIRITUALIDAD PARTICIPATIVA EN LAS ENSEÑANZAS DE MIKHAËL AÏVANHOV

Lee Irwin

Uno de los mayores problemas en el estudio de la espiritualidad por parte de los estudiosos modernos y postmodernos es la falta de un contexto metafísico en las teorías que pretenden identificar las fuentes de la transformación espiritual. Y, sin embargo, para la mayoría de los practicantes espirituales, es precisamente la metafísica de las afirmaciones religiosas lo que subyace en su significativo impacto sobre la vida humana. Se ha atribuido esta falta de contexto metafísico al auge del racionalismo científico moderno y su incipiente dependencia de un empirismo estrecho, observable y, con frecuencia, rígido.[1] Lo esencial de este empirismo estrecho, impregnado de la escisión sujeto/objeto, se expresa como una tensión entre el fenómeno o "dato" público, observable, y el dato privado, no observable, de la "percepción interior". Al excluir lo subjetivo y privado de los discursos del análisis empírico, muchos investigadores académicos han marginado las afirmaciones metafísicas de los miembros de las diversas religiones como pertenecientes al mito o la fantasía, o han sido consideradas mero "folclore" y, con frecuencia, desechadas como los detritus de subjetivismos descarriados, irrelevantes en el mundo racional, público, mensurable y exteriorizado de los hechos observables.[2]

Cuando además se vincula al materialismo biológico, la separación cartesiana entre la razón pública y la intuición privada a menudo tiene como resultado una forma limitadora de "calvinismo intelectual", en virtud del cual los hechos materiales se presentan como las variables causales determinantes que subyacen en toda afirmación religiosa, espiritual y transpersonal. Los que no consiguen reconocer la verdad de este empirismo están condenados a la ignorancia; la "salvación" radica en abrazar la creencia materialista de que toda causalidad religiosa es reducible a la biología, la psicología evolutiva o a los condicionamientos socioculturales. La causalidad atribuida a fuentes no empíricas, ni mensurables ni científicamente testables, debe ser relegada a los basureros de la historia como falsas creencias pintorescas mantenidas por los creyentes "populares", cuyas pobres intuiciones los extraviaron por los sombríos abismos subterráneos del inconsciente, la represión social y las agitaciones acalladas de las necesidades y deseos primarios. En un ambiente intelectual de ateísmo humanista y engrandecimiento secular del hecho empírico como señal de toda teoría real, las afirmaciones religiosas y espirituales basadas en intuiciones y discernimientos metafísicos han sufrido un severo desplazamiento del centro hacia la periferia, que refleja el rechazo de la importancia epistémica de la experiencia subjetiva en el pensamiento moderno.

EL CONTEXTO METAFÍSICO

También la teoría postmoderna padece este miasma de rechazo metafísico cuando su relativismo lingüístico se derrumba en un círculo hermenéutico subjetivo en el que el "yo" autoral no puede ver más allá de las fronteras de su horizonte interpretativo encerrado en sí mismo. Resulta irónico que el problema subjetivo difícilmente se destierra y, con frecuencia, se elogia el "yo" crítico como el único centro "real" de poder o significado interpretativo. En esta hermenéutica secularizada, la única autoridad del texto es el intérprete (subjetivo) que trata de desvelar la "cadena de textos" y "reescribir" el texto para el lector como respuesta a un contexto sin límites de asociaciones posibles que conducen a todos los textos posibles y a todos los sentidos posibles, una lectura sin "ninguna última línea" y ninguna conclusión sobre el significado.[3] Esta actitud deconstructiva, unida a una fuerte insensibilidad hacia el sentido de los textos por aquellos que no comparten estos presupuestos hermenéuticos, crea un espacio en blanco no sólo entre el texto y el intérprete, sino, más importante, entre el intérprete y quienes pueden interpretar el texto desde actitudes metafísicas alternativas. Las interpretaciones de los textos religiosos proporcionadas por los análisis racionales o deconstructivos se convierten con frecuencia en parodias de sus significados tradicionales. De manera más significativa, se desecha la fuente metafísica del conocimiento que se pretende subyace o inspira esos textos como una ortodoxia limitadora y restrictiva que no es ya coherente con el pensamiento moderno y postmoderno.[4]

Todo esto, desde luego, es una mirada al lado oscuro de la condición moderna y postmoderna. Hay muchas cosas positivas que han aparecido en estos movimientos: un mayor sentido de lo fundamentado en hechos reales y de lo observable en la naturaleza, la cultura, la historia y la humanidad; el valor del discurso racional abierto a la autocorrección mediante el rigor metodológico y las pruebas; el desarrollo de la capacidad de superar el subjetivismo estrecho que conduce al exclusivismo dogmático y la intolerancia; el valor práctico de los resultados empíricos para mejorar la calidad de la existencia humana; la formación de comunidades de discurso que con su lógica y sus reglas han ayudado en la articulación de muchas ideas perspicaces y creativas; el desmantelamiento de formas ideológicas autoritarias basadas en un pensamiento jerárquico opresivo y que conducían a afirmaciones éticas, políticas, estéticas y morales cuestionables; la disposición para ir más allá de las fronteras de las creencias, prácticas e instituciones religiosas tradicionales en una búsqueda amplia del significado más profundo. Todos estos son pasos necesarios hacia una comprensión más integrada y madura del potencial humano en un contexto multicultural cada vez más global.

Sin embargo, la cuestión del "contexto metafísico" sigue planteando problemas tanto en la teoría transpersonal como en el estudio comparativo de la religión. El estudio de la religión ha estado dividido tradicionalmente en dos campos generales: quienes afirman que tal estudio se lleva a cabo de forma óptima por los representantes de cada tradición "en sus propios términos" (es decir, la religión contemplada desde el punto de vista "del que está dentro": ¿qué creen y practican los miembros de las tradiciones?), y los que afirman que son necesarias perspectivas más críticas a la hora de describir las religiones, bien recurriendo a una serie de enfoques humanistas, bien afirmando que sólo los datos cuantificables o empíricos pueden hacer del estudio de la religión una verdadera "ciencia" (es decir, el punto de vista estricto de "el que está fuera": lo que puedan creer o no los creyentes no es una base para la interpretación racional o la explicación científica).[5] De forma problemática, la visión "desde dentro" tiende a abordar la metafísica desde el contexto de una tradición determinada –teniendo a menudo como resultado el rechazo (exclusivismo) o la ordenación jerárquica (inclusivismo) de otras tradiciones "inferiores"–, o subraya un fuerte plano "vertical" de verdades presuntamente perennes o universales que trascienden a cualquier tradición.[6] El estudioso humanista tiende a poner entre paréntesis las afirmaciones metafísicas (de forma modernista) apelando a perspectivas históricas, culturales, psicológicas, antropológicas, etcétera, que con frecuencia actúan en el plano "horizontal" del dato comparativo y usan teorías no religiosas para interpretar o explicar fenómenos religiosos. Y la "ciencia de las religiones" tiende a rechazar toda pretensión metafísica como no mensurable y fuera de su competencia del análisis científico-social. El problema "desde dentro/desde fuera" refleja, pues, las tensiones entre las consideraciones del practicante y las del estudioso humanista o científico que elabora interpretaciones o explicaciones no metafísicas de las afirmaciones religiosas del practicante. En el estudio de las religiones, las interpretaciones metafísicas han sido confinadas a la teología, el estudio del misticismo o la filosofía comparada de la religión. Sin embargo, aun en estos contextos la metafísica se convierte a menudo o en un tema histórico delimitado por un contexto teórico humanista, o en un vehículo ortodoxo para la expresión de una metafísica tradicional particular.[7]

Existir sagrado y espiritualidad participativa

Mientras que el estudio humanístico de la religión ha restringido la metafísica a un contexto en gran medida comparativo o histórico, el énfasis subjetivo en la "experiencia individual" de la teoría transpersonal ha limitado, por su parte, las afirmaciones metafísicas al reino de lo personal y lo privado, recortando de ese modo las afirmaciones ontológicas de la mayoría de las tradiciones religiosas. El problema inverso se encuentra en aquellos teóricos que describen lo "transpersonal" en un lenguaje objetivista que busca una base universalista totalmente más allá de lo subjetivo en la forma de una transcendencia absoluta que recluye lo personal en un reino inferior de ignorancia o preocupación egocéntrica de sí. Entre estos dos extremos se encuentra el territorio en expansión de una "espiritualidad participativa", basada en una postura ontológica que trata de recuperar la importancia del contexto metafísico como una característica válida, en realidad irreductible, de la teoría transpersonal.[8] Adecuadamente posicionado "en una postura intermedia", este paradigma emergente no niega el valor o la importancia de los *qualia* afectivos que configuran y surgen del acontecimiento transpersonal, ni niega la posibilidad de una profundidad trascendental en el contexto del horizonte transpersonal. Más bien, el "acontecimiento" es un encuentro, una revelación del ser, de los abismos sagrados, que tienen como resultado un saber multidimensional y encarnado.[9]

El valor heurístico de esta teoría, que subraya la respuesta interpretativa del individuo al encuentro sagrado, abre el camino a una valoración menos conflictiva de las afirmaciones místicas y metafísicas realizadas por diversos practicantes religiosos esotéricos y exotéricos. El modelo participativo no se basa en ideas preconcebidas sobre la validez de cualquier visión metafísica particular, o de la relación con ella, sino que trata de elucidar esa visión como ejemplo de un encuentro espiritual auténtico. Un aspecto clave de la teoría radica en la importancia concedida a los aspectos espirituales transformadores de ese encuentro, y en el conocimiento posterior alcanzado por el visionario e integrado en su vida. En este contexto, los múltiples mundos de visionarios diversos no se discuten; por el contrario, los *qualia* únicos de una visión individual indican tanto los abismos indeterminados de su fuente como el poder creativo de una interpretación individualizada. Las interpretaciones pueden ser contextualizadas por religiones y tradiciones espirituales particulares, o pueden surgir en contextos culturales fuera de esas tradiciones (como en el arte o la ciencia). Sea cual sea el contexto, el modelo participativo ofrece una valoración positiva clave de ese contexto, y pone su énfasis en el valor único de cada caso específico, aunque manteniendo, sin embargo, la apertura a múltiples investigaciones metafísicas alternativas. No hay ningún cierre apriorístico a los abismos indeterminados del ser, y ningún intento de priorizar manifestaciones específicas de esos abismos en los términos de una relación jerárquica doctrinal cualquiera entre las diversas tradiciones religiosas.

El énfasis, tal como yo lo entiendo, recae no en los *qualia* específicos que son sentidos o percibidos por el individuo como resultado de un acontecimiento personal, ni en algún absoluto transcendente, sino en el potencial metafísico abierto por el acontecimiento a la transformación de la existencia humana cotidiana. Este énfasis incluye un aspecto emancipador en el sentido de que ese acontecimiento puede revelar una transparencia y una correspondencia crecientes entre una vida espiritual auténtica y un cosmos interpenetrante con el ser cocreador. En este sentido, hay un aspecto liberador en todos esos acontecimientos transpersonales, en la medida en que tienen como resultado una consciencia cada vez más aguda de la espiritualidad humana auténtica en un cosmos sagrado emergente.[10] En otras palabras: no se pone el interés central en la "experiencia individual" *per se*, ni en ninguna evaluación metafísica específica, sino en una participación relacional, dialógica y transformadora de intuiciones resultantes de los múltiples acontecimientos transpersonales en una escala histórica y global. No se privilegia ninguna tradición particular ni ninguna enseñanza esotérica; no hay ningún criterio ontológico vertical paradigmático distinto a las particularidades relativas de las tradiciones o escuelas individuales. Lo que importa no es la experiencia subjetiva, ni las pretensiones radicales de absoluto de cualquier tradición (o individuo) en nombre de esa experiencia. Por el contrario, lo que importa es la naturaleza contextual de las afirmaciones metafísicas en la medida en que esas afirmaciones reflejen una forma auténtica de cocreación y coexistencia espirituales. Esa autenticidad no está determinada por ningún aspecto afectivo ni por las expectativas de la tradición, sino que surge a través de un proceso dinámico de transformación espiritual que tiene como resultado una forma de vida visible, recíproca y enactiva que ilustra el valor práctico del acontecimiento transpersonal.[11] Por "enactivo" me refiero a un modo de vivir y conocer en el que los valores del acontecimiento participativo se integran creativamente en las visiones, preocupaciones y acciones del practicante. En pocas palabras: el acontecimiento transpersonal es una apertura relacional, o una "participación en" la sacralidad de la existencia, un potencial ontológico cuyo contexto está ilustrado de forma óptima en la vida espiritual encarnada del individuo específico y su comunidad.

El giro participativo es un giro hacia las profundidades ontológicas y el ser auténtico, hacia lo que denomino "existir sagrado", es decir, un horizonte dinámico, profundo e indefinible de posibilidad transpersonal (o misterio espiritual) que invita a una apertura del individuo, centrada en el corazón y llena de sentimiento, a un auténtico contexto metafísico que es particular, relativo y cocreador. En este proceso, lo que es más significativo no es tener "experiencias transpersonales", sino lograr un auténtico conocimiento espiritual y el discernimiento de la llamada a realizar ese conocimiento en una vida participativa auténtica.[12] Esa llamada puede adoptar una multitud de formas y expresarse en innumerables caminos; sin embargo, no es simplemente una llamada preparatoria, una mera prueba de las aguas transpersonales. En un sentido más maduro, esa llamada exige una encarnación cada vez mayor en una forma particular de vida, en prácticas específicas y en un conocimiento y comprensión cada vez más profundos que afirme los valores espirituales de un camino dado. Así pues, puede no haber "un solo camino", ni "una única teoría" ni "una única epistemología" que den cuenta de la multitud y pluralidad de todas las circunstancias espirituales (y no espirituales) que dan lugar a acontecimientos transpersonales.[13] Y estos acontecimientos tampoco pueden ser reducidos a un solo paradigma operativo o teoría explicativa demasiado general en las evaluaciones comparativas de todos los contextos metafísicos posibles. Ninguna persona puede vivir de manera auténtica, y de ese modo encarnar, las verdades de todas las afirmaciones metafísicas posibles. En una época cada vez más ecuménica es posible explorar múltiples caminos y tradiciones, pero es imposible vivir y "conocer" esas tradiciones por encarnación directa de toda la gama y toda la profundidad de sus objetivos espirituales específicos. Por tanto, como elementos que lo ven "desde fuera", incluso en el sentido más culto e informado, no es posible ninguna evaluación comprehensiva de las tradiciones basada en la simple investigación intelectual o en la aplicación de una sola teoría de diagnóstico. Efectivamente, el teórico que afirma otra cosa crea un cierre arbitrario de los horizontes metafísicos. La validez de la visión de "el que está dentro" puede, sencillamente, no ser adecuada para presentar una teoría sin negar e incluso desfigurar el significado de esa visión en toda su riqueza y complejidad metafísicas.[14]

La encarnación de cualquier conocimiento dado en el acontecimiento transpersonal proporciona una base para el desarrollo espiritual personal y un terreno firme para articular una postura espiritual particular. Sin embargo, en un contexto dialógico y pluralista, la autenticidad de ese conocimiento es relativa a su actualización o puesta en práctica en relaciones humanas de respeto, preocupación mutua y aprecio de las diferencias de temperamento, cultura, género, tradición, edad, etcétera. No hay ninguna "única postura interpretativa" que pueda evaluar auténticamente todas las demás posiciones en el contexto global de la espiritualidad del mundo, incluso cuando pueda parecer que la "experiencia personal" legitima esa postura.[15] Esta es una afirmación ontológica, consecuente con mis propios encuentros transpersonales a lo largo de los años; esos encuentros me han llevado a afirmar la multiplicidad de todos los caminos espirituales como auténticos, posibles y reales dentro del contexto relativo de sus enseñanzas metafísicas. En este contexto ontológico, entiendo la naturaleza del "existir sagrado" como un horizonte transpersonal a través del cual la diversidad de la espiritualidad humana sigue emergiendo desde la estrecha preocupación por uno mismo hacia una resonancia cada vez mayor con los otros en el seno de nuestras diferencias colectivas. Llamo "sagrado" al fundamento de esta emergencia no de una forma esencialista, sino más bien para transmitir la manera en la que afecta a nuestro potencial humano más profundo para la coexistencia significativa y sostenida en los abismos de la vida cuya existencia no podemos llegar a comprender ni explicar plenamente.[16] Las diferencias espirituales se hacen "reales" a través de la personificación de las enseñanzas particulares en la vida de hombres y mujeres comprometidos cuyos ideales se realizan en la vida cotidiana. El horizonte transpersonal que se abre ante nosotros no es un acontecimiento singular, sino una vasta multitud de acontecimientos, encuentros, oportunidades y "revelaciones transconceptuales", que, en su diversidad y densidad, reflejan los abismos no mediados del existir sagrado (o Misterio) que no pueden ser sondeados plenamente por una sola corriente de una tradición ni por una única interpretación teórica.[17]

Participación e investigación espiritual

En este despliegue dinámico de potencial espiritual –como en los nuevos movimientos religiosos, en las ciencias cosmológicas emergentes, en el derrumbe de las pretensiones de verdad exclusiva de cualquier tradición, ciencia o arte–, el descubrimiento del horizonte transpersonal es irreductible a cualquier campo de estudio particular o a cualquier orientación religiosa única. La dinámica de un acontecimiento transpersonal dado no está aislada del contexto de otros acontecimientos semejantes, y, sin embargo, en cada acontecimiento hay un impacto cualitativo que da forma a la interpretación específica del individuo o la comunidad. Así, las condiciones básicas para comprender esos acontecimientos sugieren la necesidad de estudiar el encuentro de cada persona en el contexto de su comunidad (y de su lugar) a fin de proporcionar algunas ideas comparativas en el contexto metafísico específico de una enseñanza dada. El valor del modelo participativo como guía a la hora de investigar en el horizonte transpersonal estriba en la libertad que ofrece para unos análisis contextuales que no evitan de forma apriorística la importancia de los contextos metafísicos. Si el acontecimiento transpersonal no puede ser realmente reducido a ningún esquema de percepción o intuición particular, sino que depende en gran parte del contexto local/metafísico y del impacto cualitativo del acontecimiento, entonces la epistemología pertinente debe surgir de su contexto inmediato y de sus circunstancias históricas. Comprender el horizonte transpersonal de la meditación budista requiere la consideración del contexto, lugar, escuela, marco interpretativo, criterios para intuiciones válidas e inválidas, etcétera. Se puede decir lo mismo en el caso de la espiritualidad sufí, la Cábala judía, el misticismo neopagano, el despertar de la *kundalini*, las inspiraciones artísticas y el espectro completo de todo posible encuentro humano personal y transpersonal.[18]

Cada tradición ha de ser tratada con una actitud de respeto que no intente colocar su horizonte emergente en un marco teórico o histórico limitado. Una de las falacias de cualquier esquema universal de las "etapas de desarrollo" de la espiritualidad humana es la posibilidad de cambiar las modalidades de percepción y conciencia de los participantes en cualquier "etapa". Las modalidades no están "congeladas en el tiempo" ni "fijas en el ser", sino que continúan evolucionando, desarrollándose y surgiendo en el contexto de los cambios del desarrollo humano global cuando las comunidades interactúan según los datos específicos de sus creencias y sus prácticas. No podemos evaluar el contenido o valor del "otro" a través de una fijación artificial de etapas de desarrollo (como en el psicoanálisis) como si nuestra comprensión de esas etapas no cambiara ni evolucionara; nuestra comprensión de esas etapas evoluciona o, al menos, puede evolucionar, como por ejemplo ocurre con los modelos de la infancia que Freud observó en la Viena de finales del siglo XIX, que no son ya actualmente válidos.[19] Vemos, por tanto, cómo la cuestión del respeto se basa en el principio metafísico de que el fundamento del existir sagrado no es un fundamento estático, ni una estructura platónica de esencias estables, sino un fundamento dinámico de participantes que coevolucionan en un contexto común de exploración activa y encuentro dinámico.[20] En esos encuentros, el horizonte del acontecimiento transpersonal es irreductible a cualquier etapa o modalidad particular en la medida en que los seres participan verdaderamente en *cada nivel de desarrollo* en la encarnación de lo transpersonal a través de modelos muy diversos de maduración humana. No se trata simplemente de un viaje ascendente a la luz, sino de una exploración de posibilidades en un universo de alcance infinito y transformación constante, guiado a través de una auténtica encarnación viva y humilde de verdades relativas y viables.

La indeterminación del horizonte transpersonal permite la denotación creativa, a menudo mediante la formación de analogías, metáforas y narraciones simbólicas que a su vez dan centro y forma a la búsqueda transpersonal de ese acontecimiento. Esto se refiere al aspecto "búsqueda" del encuentro transpersonal: buscar un horizonte abierto, darle forma y significado, basado en lo que se recibe y, recíprocamente, configurado en el proceso de la búsqueda.[21] Como proceso espiritual, la búsqueda no apunta simplemente a la realización de un ideal, una esencia tradicional o un objetivo estructural "conocidos", sino que, en el sentido más creativo, la búsqueda es un proceso progresivo de eliminar los velos que cubren la belleza y las profundidades del encuentro humano con las realidades transpersonales.[22] La búsqueda del conocimiento del "existir sagrado" como proceso creativo se puede concretar en cuatro etapas: preparación (el cuestionamiento de los valores y el significado, una búsqueda motivada de alternativas mejores), incubación (período de asimilar posibilidades), iluminación (resolución creativa basada con frecuencia en encuentros transpersonales), y verificación (la integración de intuiciones o revelaciones en un estilo de vida consecuente con el saber transpersonal resultante de esos encuentros).[23] La etapa de preparación podría definirse como el aprendizaje y cuestionamiento de las enseñanzas fundamentales en relación con el aspecto transpersonal (o con la carencia de este) en una tradición. Independientemente de lo que el individuo pueda asimilar (o resistirse a asimilar) de las enseñanzas u objetivos de una tradición, o de que esté dando vueltas a intuiciones que no se ajustan a ninguna tradición particular, la incubación representa la siguiente etapa de la búsqueda. Es un período de práctica disciplinada y posible experimentación en busca del acontecimiento transpersonal confirmador (etapa de la iluminación). La verificación consiste en llevar el resultado de la búsqueda a la vida cotidiana a través de la actualización y la encarnación que reflejen el conocimiento obtenido por medio del acontecimiento.

La etapa de la iluminación, abriéndose paso a través de múltiples ciclos de cuestionamiento e incubación, puede o no confirmar una enseñanza tradicional en la medida en que el acontecimiento transpersonal es un horizonte abierto. La naturaleza transformadora del acontecimiento, su cualidad y su carácter *participativos* primarios, cocreados en la interacción con un contexto metafísico particular, permiten la innovación individual y comunal y muchas formas creativas emergentes de espiritualidad encarnada. Múltiples acontecimientos transpersonales pueden pulir y redirigir las intuiciones originales y dar como resultado un proceso progresivo de desarrollo espiritual. El acontecimiento transpersonal, como encuentro participativo, no se basa en ningún constructivismo subjetivo ni en un esencialismo objetivista, sino que refleja más bien un conocimiento que emerge de la apertura relacional al "pleroma" o plenitud del ser sagrado. El impacto de una experiencia dada puede *deconstruir* ideas o expectativas tradicionales, así como resultar en formas nuevas de conocimiento *no mediado* ni simplemente construido ni simplemente realizado en un sentido tradicional.[24] El conocimiento o gnosis de la etapa iluminada en el acontecimiento participativo facilita una comprensión única de la asimilación y aplicación de ese conocimiento en un sentido vivido; así, la gnosis tiene como resultado una sabiduría nueva. De un modo significativo, la investigación de ECM (experiencias cercanas a la muerte) ha mostrado que los acontecimientos ECM producen a menudo un sentido creciente de autovaloración, empatía por los demás, comportamiento social activo y creativo, resolución, aprecio y creación estéticas crecientes, y aumento de la percepción psíquica y paranormal.[25] Puesto que las ECM proporcionan un ejemplo de acontecimientos transpersonales espontáneos que con frecuencia se producen fuera de un contexto religioso, esa investigación sugiere que la simple experiencia de acontecimientos transpersonales iluminativos abre al participante a capacidades psíquicas inherentes que le dan acceso a horizontes transpersonales compartidos. Esos acontecimientos pueden aumentar nuestro sentido compartido de profundidad y ahondar nuestro mutuo aprecio por las diversas relaciones cocreativas que constituyen una vida espiritual individual.

Otra manera de expresar el aspecto participativo del acontecimiento transpersonal es considerar la participación no simplemente confinada al acontecimiento, sino también reflejada en el subsecuente estilo de vida del individuo, en sus valores, capacidades, presencia y encarnación progresiva del acontecimiento. En este sentido, "iluminación" se refiere al conocimiento derivado manifiesto en la vida del participante, y no simplemente a un particular tipo de "experiencia" o percepción subjetiva (ni a un contenido dualista "objetivado"). La cualidad participada del acontecimiento se refleja en el aumento de la sensibilidad psíquica del participante como resultado de la participación en un horizonte abierto que afirma las posibilidades de múltiples capas, multidimensionales, en el "existir sagrado". La búsqueda de la iluminación se convierte en un test de la capacidad individual para una participación progresiva que puede abordar un discurso imaginativo y metafórico como medio estratégico destinado a explicar el significado pleno del acontecimiento transpersonal.[26]

El papel de la imaginación en este proceso no es de ningún modo secundario o epistemológicamente redundante. La imaginación, como aspecto procreador y visionario de la percepción humana, es un medio por el cual la etapa de incubación es explorada y probada por los valores y significados perdurables inherentes a la búsqueda específica del individuo. Mediante el uso creativo de la imaginación se pueden simbolizar, comunicar y explorar aspectos implícitos del acontecimiento transpersonal. Una espiritualidad centrada en el corazón busca la realización del conocimiento transpersonal a través de los sueños, visiones rectoras e intuiciones creativas que conducen al individuo hacia la realización del potencial espiritual compartido. El reino imaginal, para los sufíes el *'alam al-mithal* y para algunas corrientes esotéricas del cristianismo el *mundus imaginalis*, es ese dominio de lo transpersonal que refleja la intención humana como aspiración motivadora hacia el testimonio presencial en el espejo de la imaginación receptiva, a través de las intuiciones de lo que es espiritualmente posible o incluso de lo que está oculto en el horizonte transpersonal.[27] Este aspecto imaginal se expresa en las denotaciones creativas del individuo en formas coherentes con la expresión visionaria y estética, como analogías simbólicas, metáforas y paisajes narrativos que reflejan el carácter encarnado, multimodal, del acontecimiento transpersonal.[28]

LAS ENSEÑANZAS ESOTÉRICAS DE MIKHAËL AÏVANHOV

Las tradiciones esotéricas occidentales constan de numerosas influencias, interacciones históricas, practicantes individuales y una amplia variedad de escuelas, sociedades secretas y órdenes diversas datadas convencionalmente a partir del hermetismo del Renacimiento hasta la actualidad. Los temas de interés común van desde la cosmología elemental, la astrología, la magia, la Cábala judía y cristiana, la alquimia y el tarot hasta las escuelas y sociedades esotéricas como los rosacruces, masones y ocultistas teosóficos, así como varios grupos mágicos, psíquicos y *new age* influidos por el esoterismo.[29] En general, el esoterismo occidental está muy diferenciado y no se puede definir en relación a un conjunto de doctrinas o prácticas específicas.[30] Comparten un conjunto variable de "semejanzas de familia", basadas en una jerarquía de espíritus y planos de existencia multidimensionales, la relación nuclear entre un maestro y los discípulos, a menudo entregados a una formación ritual mágica y a prácticas de visualización; pero los diversos maestros han desarrollado cada uno un vocabulario, un sistema de símbolos, técnicas y directrices éticas particulares, todo ello mezclado con una influencia esotérica cristiana (habitualmente marginal al cristianismo predominante) en grados diversos. Aunque ningún objetivo específico puede definir todo el esoterismo, en términos generales los maestros y las sociedades más esotéricas acentúan con fuerza el aspecto transpersonal del desarrollo humano y caracterizan el objetivo de ese desarrollo como diversas formas de gnosis.[31] Ese "conocimiento superior" tiene como resultado la aparición de un potencial espiritual humano que debe ser integrado en un estilo de vida consecuente con las enseñanzas éticas y metafísicas de la comunidad.

Sin embargo, el esoterismo occidental ha sido marginado de los estudios académicos de la religión, principalmente debido a la naturaleza individual, cambiante y participativa de sus numerosos maestros y escuelas. Al no encajar ni en el planteamiento lingüístico y humanístico de los "textos canónicos" interpretados como documentos históricos o literarios de movimientos socioculturales a gran escala, ni en los modelos esencialistas del perennialismo, ni tampoco en el enfoque "basado en la fe" (fideísta) del exclusivista religioso, los maestros y escuelas esotéricos de Occidente han sido ampliamente ignorados. Muchos esoteristas enfatizan el crecimiento progresivo y la transformación personal, abierta a la interpretación individual, y a menudo ligada a ejercicios imaginativos y narraciones míticas interpretadas principalmente como simbólicas y metafóricas. Ese enfoque progresivo e imaginativo socava la desmitologización de muchos constructivistas y pone también en cuestión la actitud "literalista", que limitaría la espiritualidad a modelos estáticos de transformación única y exclusivamente a los escasos fundadores y profetas o los místicos esporádicos. Esta subversión esotérica ante las ortodoxias interpretativas puede limitar la relevancia del esoterismo occidental en la corriente dominante del estudio de las religiones; sin embargo, estas mismas características del esoterismo son las que abren la puerta a una exploración participativa de sus profundidades espirituales. El modelo participativo ofrece una manera de ocuparse de los aspectos creativos, reveladores, de las tradiciones esotéricas mientras, simultáneamente, se acepta el contexto metafísico específico de un maestro dado. Afirma también el contexto local, específico del encuentro participativo, sin necesidad de hacer referencia a ese contexto en los términos de cualquier religión "tradicional" mayor; lo que importa es el encuentro participativo, no los dogmas a gran escala de la ortodoxia, ya sean religiosos o académicos.

Un ejemplo conocido de maestro esotérico moderno es Mikhaël Aïvanhov (1900-1986), *dounovisti* búlgaro que enseñó en Francia durante casi cincuenta años. Aïvanhov personifica el planteamiento creativo, multitradicional e integrador de la espiritualidad esotérica, y su vida revela con claridad un proceso progresivo de crecimiento personal basado en múltiples encuentros participativos. Nació en la región montañosa de Macedonia, en el pueblo de Serbtzi, de madre famosa por sus capacidades curativas (su padre murió cuando él tenía siete años). Bautizado en la iglesia ortodoxa griega, aprendió a leer a una edad muy temprana, pero mostró también un gran interés por las tradiciones orales, que aprendió de su abuela Astra (también sanadora) y otros ancianos locales. Sus habilidades de narrador se desarrollaron muy pronto, y supo mezclar las fuentes orales y escritas en el desarrollo de lo que llegaría a ser su carismático estilo narrativo.[32] En 1907, después de que su pueblo fuera atacado por bandidos griegos, Aïvanhov y su madre Dolia se trasladaron a la ciudad búlgara de Varna, en la costa del mar Negro. Fue aquí, viviendo en una gran pobreza, donde Aïvanhov recibió su educación general. Además de la educación institucional, leía también todos los libros que podía encontrar en la biblioteca de la escuela, en particular sobre el tema de las "ciencias esotéricas". De uno de estos libros, escrito por un *yogui* americano (Ramacharaka), aprendió, cuando era todavía un adolescente, *hatha yoga*, control de la respiración y técnicas de meditación que luego practicó diariamente durante muchos años. De otro libro, de Louis Jacolliot, aprendió técnicas de visualización que le posibilitaron un aumento de sus capacidades psíquicas naturales. Otros intereses tempranos se centraron en la música, en las diferencias cualitativas entre los colores, y mostró también un incipiente interés por las ciencias físicas.[33]

Hacia los dieciséis años, meditando durante la salida del Sol a orillas del mar mientras llevaba un régimen diario de estudio, meditación, ayuno y ejercicios de respiración constantes, Aïvanhov se sintió inesperadamente envuelto por un "nimbo de luz", y vio a un ser inmerso de colores brillantes y luminosos: «Me sentí inundado por la luz. Me encontraba en un estado de bendición, de éxtasis tan inmenso y poderoso que ya no sabía dónde estaba. Era una alegría delirante, el cielo, el universo». Después, la belleza y la fuerza de este acontecimiento permanecieron con él como un signo de la naturaleza de la divinidad. En una época posterior, Aïvanhov afirmó que como resultado de este acontecimiento participativo se sintió más tarde inmerso en el "fuego divino" e «inundado por una dulzura, paz y felicidad infinitas».[34] Como resultado de estas iluminaciones espirituales se dedicó intensamente a la lectura, tratando de comprender más plenamente las consecuencias del acontecimiento. Siguieron acontecimientos similares, una gota de fuego en sus pulmones llenó su cuerpo de dulzura y de luz, acontecimiento que él interpretó como el bautismo divino por parte del Espíritu de Cristo. Tuvo también un acontecimiento fuera-del-cuerpo sumamente intenso en el que fue arrastrado al "corazón del cosmos" y envuelto por la música de las esferas. Escribió: «El mundo entero cantaba, las estrellas, las plantas, las rocas, todo cantaba [...] y sentí que me dilataba hasta el punto de que temí morir». Experimentó también una extraordinaria excitación de la *kundalini*, que tuvo como resultado que una corriente poderosa llenara todo su cuerpo con un fuego fragoroso que se vio obligado a contener mediante la oración y el control mental.[35]

En 1917, en frágil condición física, vulnerable y abierto a las influencias cósmicas, cayó enfermo y casi murió. En medio de esta "purificación a través de la enfermedad", tuvo la visión de dos seres poderosos, uno vestido de negro sombrío y el otro de un blanco brillante: se le daba una opción, o tomar el camino del poder y el control sobre los otros, o elegir una vida de servicio y abnegación. Escogió la senda blanca, la opción de servicio que señaló como el aspecto definitorio de su vida. Fue también en ese momento cuando decidió vivir una vida célibe, elección que siguió hasta la muerte. Poco después de su recuperación y consagración a la senda blanca conoció a Beinsa Douno (1864-1944), que se convirtió en su maestro espiritual durante los veinte años siguientes.[36] Douno, conocido también como Peter Deunov, era un *uchitelyat* o "maestro espiritual" búlgaro, fundador (1900) de la Fraternidad de la Luz. El movimiento de los Hermanos y Hermanas blancos (o *dounovisti*) se basa en parte, según afirman sus seguidores, en las enseñanzas espiritualistas más antiguas de los bogomilos búlgaros.[37] Después del regreso de Douno de América, donde vivió siete años como estudiante de postgrado estudiando teología y medicina, se convirtió en maestro y curador itinerante y pasó períodos prolongados de retiro en las montañas. En 1897, Douno recibió su primera iniciación espiritual y, en 1914, después de una segunda visión del Espíritu de Cristo, empezó a enseñar una forma de esoterismo cristiano llamada el "Tercer Testamento", y gradualmente se convirtió en un *uchitelyat* de renombre.[38] Douno era violinista experto, escritor con publicaciones (con un doctorado en filosofía), sanador de éxito, hacedor de milagros, y creador de más de doscientos cánticos espirituales que todavía se cantan en la actualidad. El conjunto total de sus enseñanzas publicadas sobre espiritualidad esotérica supera los ciento cincuenta volúmenes (enseñanzas tomadas taquigráficamente cuando hablaba). Douno abrió la Escuela Esotérica (*Izgrev*) en Sofía, capital de Bulgaria, cuyo temario consistía en charlas espirituales (*besedi*, que comenzaban a las 5 de la mañana), una serie de movimientos físicos especiales conocidos como *paneuritmia*, vegetarianismo, cánticos, oración, y ejercicios de meditación dirigidos hacia el Sol, al que se consideraba un símbolo vivo del mundo divino. El maestro Beinsa resumía su enseñanza en el siguiente dicho: «Purificar los pensamientos, los sentimientos, los deseos y el cuerpo es condición para la salud. Vive y muévete siempre en el amor».[39]

En 1917, Douno fue expulsado de Sofía a requerimiento del obispo ortodoxo como consecuencia de sus enseñanzas "heréticas" (más tarde fue excomulgado) y se estableció en Varna. Aïvanhov se unió pronto a la Fraternidad y se convirtió en un estudiante totalmente entregado a Douno, siguiéndole finalmente de vuelta a Sofía. Recibió instrucción en varias técnicas esotéricas, incluidas las experiencias extracorporales, inducidas por Douno; Aïvanhov decía: «Abandonábamos el cuerpo y él me introducía en el mundo invisible; así pude aprender sus realidades».[40] Como miembro de la Fraternidad de Izgrev, Aïvanhov fue también instado por Douno a que continuara su educación formal y, finalmente, consiguió un diploma de la Universidad de Sofía. Combinó los estudios exotéricos y los esotéricos, y realizó también retiros frecuentes en los campamentos de verano (*bivacut*) de la Fraternidad en la montaña. En 1920, mientras asistía a un retiro, y tras haber subido montaña arriba hasta muy alto, Aïvanhov tuvo una profunda apertura a la presencia espiritual en la naturaleza. Dice: «Todo a mi alrededor me parecía vivo, las piedras, los árboles, la hierba, se volvieron vibrantes y luminosos, como por magia [...] detrás de su fachada invisible, la naturaleza esconde realidades que los seres humanos jamás han soñado».[41] Sus estudios académicos lo introdujeron en otras tradiciones espirituales, como el budismo y la Cábala, y continuó estudiando matemáticas y ciencia; finalmente recibió licenciaturas en psicología y educación. Aunque la relación entre Aïvanhov y Douno seguía siendo formal y algo distante (Douno tenía cientos de alumnos), en 1937 Douno escogió a Aïvanhov para llevar las enseñanzas de la Fraternidad a Francia.[42]

En Francia, el Hermano Mikhaël pasó cincuenta años ampliando y desarrollando las enseñanzas de Beinsa Douno. Como orador carismático, nunca usaba notas ni libros. Rápidamente reunió un pequeño grupo de seguidores interesados. Finalmente, con la ayuda de otros expatriados búlgaros y sus seguidores franceses formó dos centros espirituales: Izgrev (1947, en Sèvres, al oeste de París) y un segundo en Bonfin, en la Riviera (1953). Llegó a París sin un céntimo y vivió muy sencillamente el resto de su vida; no cobraba dinero por sus enseñanzas, practicó el celibato durante toda su vida y ejemplificó una senda espiritual de completa sencillez y frugalidad.[43] Estableció también L'École Divine como una rama del "colegio invisible" de la Hermandad Blanca, donde enseñaba un temario semejante al que seguía Douno. Insistía en la necesidad de difundir una visión pacífica de la humanidad, basada en la no violencia, la cooperación y una visión pluralista de una fraternidad ideal entre razas, credos y niveles sociales y económicos. Sus enseñanzas se centraban en la "religión solar", con Cristo como símbolo supremo del ser humano ideal y modelo de realización espiritual. En 1959, cuando todavía era conocido como Hermano Mikhaël, emprendió una peregrinación de un año a la India, donde conoció y se relacionó con muchos hombres y mujeres santos indios, y Neemkaroli Baba le impuso el nombre iniciático de Omraam. Tras su regreso a Francia, procedente de la India, con un extraordinario cambio en su aspecto, fue reconocido como *uchitelyat*, o verdadero maestro espiritual, y desde ese momento hasta su muerte, en 1986, fue conocido como Maestro Omraam Mikhaël Aïvanhov.[44]

Intuición espiritual

Las enseñanzas y los acontecimientos espirituales de la vida de Mikhaël Aïvanhov son particularmente congruentes con la interpretación participativa de la espiritualidad. Aïvanhov no formuló los acontecimientos participativos de su vida en términos de "experiencia personal", sino que se refirió a ellos como fuente de un *conocimiento* especial (gnosis) que le reveló la importancia cosmológica y metafísica de la vida humana. Sus enseñanzas, muy complejas y diversas, incluyen más de setenta volúmenes de charlas, abarcando un período de casi cincuenta años; en todos esos volúmenes, sólo muy raramente, y muy brevemente, habla de acontecimientos transpersonales en su vida. De hecho, advierte explícitamente a sus discípulos que no hablen de los "dones del espíritu" porque esos dones no serán comprendidos por aquellos que carecen de un conocimiento directo basado en los diversos tipos de percepciones metafísicas o místicas.[45] Por el contrario, habla extensamente de *conocimiento espiritual* y de sus diversas formas, utilizando un esquema de la persona profundamente esotérico. Afirma que la mayoría de los hombres valora el mundo objetivo, visible, intelectualmente accesible, por encima del mundo de los sentimientos subjetivos.

Sin embargo, los deseos y las motivaciones humanas surgen de los sentimientos y las intuiciones del corazón, y, así, cualquier verdad que se aprenda mediante el intelecto debe ser interiorizada y sentida con todo el cuerpo. Sólo si una verdad es vivida plena y completamente puede ser comprendida y realizada en la vida del individuo. Aunque el intelecto es una facultad cognitiva importante, Aïvanhov considera la *intuición espiritual* como una forma superior de inteligencia receptiva a la percepción sutil de la naturaleza cosmológica, y, cuando es sensible a los planos sutiles de percepción, esa intuición recibe percepciones inaccesibles a los sentidos físicos. La intuición es una facultad reveladora que está «más allá del alcance del intelecto» y sólo se puede desarrollar «a través de la meditación, el trabajo constante y la oración».[46]

La intuición espiritual tiene como resultado una "certeza inmediata" de las profundidades cosmológicas de la existencia humana; es un poder de cognición superior al de la clarividencia, la clariaudiencia y otros poderes perceptivos extrasensoriales. Aïvanhov consideraba que las percepciones paranormales, que se pueden desarrollar como consecuencia de la participación en acontecimientos transpersonales, son indicaciones de la potencial vulnerabilidad humana a las influencias psíquicas, que se corresponden con el grado de desarrollo y madurez espiritual del individuo.[47] Desde el punto de vista del desarrollo, el acontecimiento transpersonal podría estimular las percepciones psíquicas o paranormales, pero la fundamentación más profunda de ese desarrollo se realiza por el cultivo de las intuiciones espirituales que tienen como resultado una percepción expansiva, cosmológica, abierta al fundamento de la sacralidad de la existencia, o, como Aïvanhov lo llamaba, al Espíritu Viviente. Escribe extensamente sobre la "filosofía del Espíritu" tal como se simboliza en el Sol en tanto que manifestación del Logos Solar, una realidad extramental de la presencia espiritual que actúa en toda la naturaleza y se compendia en la brillantez de la luz del Sol del amanecer. El Fuego Primordial de la creación se manifiesta como la luz visible, un principio masculino. Mediante una síntesis creadora, la luz visible (*svetlina*) llega a ser la portadora de la luz invisible (*vedelina*), principio femenino que impacta tanto en los sentidos como en la intuición espiritual. De este modo, para Aïvanhov y para Beinsa Douno, el Sol es un símbolo del centro espiritual de un conocimiento que es plenamente transpersonal y, sin embargo, accesible a la percepción psíquica a través de la preparación espiritual. Cuando la intuición espiritual se desarrolle hasta el grado requerido, se abrirá a una percepción de *vedelina*, la luz invisible, primordial, que entonces inundará el aura del individuo con una presencia sutil. Una vez que esta presencia intuitiva sea operativa en el individuo, este podrá investir sus pensamientos, palabras y acciones con una mayor potencia creativa mediante la formación de una intención espiritualmente reforzada. Las virtudes que mejor solicitan esta presencia son el amor, la pureza y el desinterés; los colores del espectro de luz reflejan estas y otras cualidades espirituales.[48]

Identidad espiritual

Aïvanhov diferenciaba entre la "personalidad", a la que veía como una formación psíquica basada en influencias sociales, familiares y culturales, y la "individualidad", que era para él la verdadera base de la identidad espiritual auténtica. La personalidad está limitada a respuestas, actitudes, creencias y pensamientos "estereotipados" generados socialmente. El conocimiento acumulado de manera acrítica, basado en un aprendizaje externo mediante la memorización y lo que se recoge "de oídas", puede «ampliar la mente y el punto de vista, pero sólo en la superficie». Independientemente de la cantidad de información que una persona pueda recordar, el carácter, las virtudes y las cualidades espirituales más profundas permanecen indiferentes a esa información. El conocimiento espiritual auténtico obliga al buscador a «penetrar en las profundidades y trepar a las alturas», de tal manera que es imposible permanecer inalterado en un sentido profundo, interior.[49]

Este cambio deriva del hecho de renunciar a los estereotipos heredados de pensamientos o creencias que inhiben la transformación interior, que pasa por la participación directa en los acontecimientos transpersonales. Ese conocimiento tiene como resultado el despertar a un potencial oculto, y crea una "individualidad" auténtica que se diferencia del pensamiento y la acción colectivos y estereotipados. El aprendizaje necesario para la creación de la individualidad verdadera requiere una convergencia de «todas las tendencias contradictorias de uno mismo» hacia «el objetivo benéfico y glorioso, para llegar a ser un punto central de esa luz intensa y poderosa, desde la que uno es libre de enviar rayos de luz en todas direcciones, como el Sol».[50] La personalidad se opone a la conformidad con esta luz espiritual porque se basa en acciones y pensamientos estereotipados, mientras que la individualidad se alimenta mediante el contacto con la presencia transpersonal y trata de poner la identidad en armonía con esa presencia. La personalidad debe "rendir" sus impulsos y deseos si se quiere llegar a ser un individuo auténtico a través de un matrimonio verdadero (alquímico), que es «el objetivo y la meta de toda la instrucción, los métodos y los ejercicios ofrecidos por una Escuela Iniciática».[51]

Para Aïvanhov, la individualidad verdadera, configurada por acontecimientos transpersonales, revela la naturaleza del Yo como un aspecto despierto, nuclear, de la identidad; es como el maquinista que conduce un tren por la noche, que permanece despierto y vigilante mientras los pasajeros (en este caso, los aspectos inferiores de la personalidad) duermen, sueñan o tan solo contemplan pasivamente el paisaje exterior. El Yo despierto es una conciencia vibrante, lúcida y rectora, que requiere del iniciado la práctica de una vigilancia constante para sostener el sentido de participación en la verdadera consciencia de sí, incluso cuando duerme por la noche. Aïvanhov sitúa al "vigilante eterno" en el «centro de la frente, entre las cejas», y cuando la personalidad y la individualidad desarrollada se unen, el mundo invisible se abre y permite la comunicación «con las realidades más grandes y maravillosas», mucho más allá del mundo normativo, estereotipado de la conciencia cotidiana.[52] Como cristiano esotérico, Aïvanhov redefine la naturaleza del Espíritu Santo como «una entidad no externa, [sino] como la cima divina más luminosa y poderosa del ser del hombre». Sin embargo, y aquí tenemos el contexto metafísico, «hay solamente un Espíritu Santo cósmico, divino, y el Yo supremo de cada hombre, siendo divino por naturaleza, recibe su chispa de ese único Espíritu». Ese único Espíritu se manifiesta en el simbolismo vivo del Sol y en sus dos tipos de luz, y cuando un ser humano alcanza la purificación suficiente, se unirá con esa luz invisible, superior, que ya es intrínseca a cada individuo. La Divinidad es tanto el Espíritu cósmico universal como la base del Yo superior de cada persona, que no es «sino una chispa en un único gran Fuego, una gota en el único océano cósmico».[53]

Al definir en otra parte el Yo superior, Aïvanhov recurre a la Cábala y señala que el Yo no es una entidad material, ni sutil ni psíquica, sino que «pertenece a la región conocida [en la Cábala] como *Ain Soph Aur*, la Luz sin límites». La personalidad está construida de «muchos "yoes" variables, contradictorios, volubles», que producen sufrimiento y requieren una reparación constante a consecuencia de sus caóticas acciones expresivas. El "yo" que trata de coordinar estos múltiples yoes inferiores («el poeta, el avaro, el cocinero y el mentiroso»), al estar creado como un instrumento de socialización e impredecibilidad psicológica, basado en un aprendizaje estereotipado y pobremente organizado, está a menudo a merced de los impulsos, deseos y hábitos no integrados. Únicamente a través de la disciplina de un esfuerzo motivado por el conocimiento del Yo más profundo puede surgir el individuo, como sale la mariposa de la oruga, para secar luego sus alas a la luz brillante del Sol (espiritual). La mariposa es un símbolo esotérico del alma renacida que ha escapado de las restricciones de la personalidad desordenada y ha alcanzado la "resurrección verdadera"; no una resurrección del cuerpo físico, sino el despertar al elemento espiritual en su interior que había estado dormido pero que ahora "florece". Aïvanhov se refiere al ego («la frágil pantalla del yo») como un punto focal de meditación por el que el practicante puede fundirse con el Yo superior. Usando la facultad imaginativa, el practicante visualiza una corriente que fluye y que vincula el ego consciente y el Yo superior. La naturaleza expansiva del Yo superior y el ego inferior son dos polos de una sola conciencia, que pueden fundirse en una identidad por medio del acontecimiento transpersonal que abre el horizonte del Yo superior a su plena dimensión cósmica. El ego, como «pantalla de la personalidad», recibe constantemente las impresiones sutiles del Yo superior; así, la atención debe ser desplazada poco a poco hacia esas impresiones y retirada de las atracciones habituales de la personalidad. Cuando la transformación progrese, el practicante se sentirá «desbordado por la luz y sin previo aviso será empujado hacia arriba, a la superconsciencia, y se sentirá deslumbrado por la inmensidad y la belleza del mundo». Incluso cuando se regresa a la vida ordinaria debe haber un intento de cultivar la corriente de conexión, con paciencia y persistencia, hasta que «un buen día, la luz estará siempre contigo [...] conocer el Yo de uno mismo es fundirse en la unidad con la Divinidad».[54]

Evidentemente, el contexto metafísico es aquí inseparable de los acontecimientos transpersonales que fueron parte del desarrollo propio de Aïvanhov. Hay una coherencia entre estos acontecimientos y la interpretación que sugiere algo así como la imagen de Jorge N. Ferrer de un "océano con muchas orillas" a modo de modelo apropiado para comprender la espiritualidad participativa. A través de sus propios acontecimientos participativos, y con ayuda de Beinsa Douno, Aïvanhov pudo interpretar las aperturas transpersonales de una manera que era consecuente con los *qualia* de sus experiencias afectivas y un contexto metafísico basado en acontecimientos similares específicos del esoterismo búlgaro. El contexto búlgaro proporcionó a Aïvanhov una orilla en la que podía contextualizar los acontecimientos espirituales de su vida que dieron forma y significado a su desarrollo personal. Además, fue enviado a otra orilla (Francia), donde, después de aprender una segunda lengua y una segunda cultura, pudo traducir su interpretación a las nuevas circunstancias sin rechazar la importancia formativa de lo transpersonal, pero también sin enfatizar sus "experiencias espirituales" como base para su interpretación. En lugar de ello, la base del trabajo interpretativo estaba ligada a una visión global de una hermandad y una sororidad compartidas cuyo propósito era cultivar el "conocimiento superior", irreductible a cualquier etapa de la personalidad formativa. La fusión de lo transpersonal con un contexto metafísico es el verdadero núcleo expresivo de sus enseñanzas, que dependen muy poco de sus experiencias personales y mucho de una narración compartida de peregrinación y búsqueda, junto con una epistemología espiritual cuyos objetivos eran superar la caótica, enloquecedora y polarizada conciencia del condicionamiento social estereotipado, sustituyéndola por un conocimiento verdaderamente "participativo" en un horizonte metafísico más vasto de sacralidad existencial más allá de lo meramente psicológico. En realidad, la formación psicológica ordinaria es interpretada como un elemento retardante del desarrollo espiritual cuando tiene por resultado solamente un pensamiento estereotipado, modelos convencionales reiterativos y un horizonte limitado de respuestas condicionadas socialmente y orientadas por estructuras no integradas (y no reconocidas) de la infrapersonalidad.

El papel de la imaginación

Otra característica interesante de las enseñanzas de Aïvanhov es la importancia y el papel de la imaginación como facultad creadora. Describe la facultad imaginativa como un poder generador similar al de la mujer embarazada que alimenta el potencial incipiente del esperma para convertirlo en un ser vivo: «La imaginación moldea y alimenta los elementos que recibe, su poder es formativo». Es el pensamiento inspirado el que proporciona la semilla, mientras que es la imaginación la que da forma y contenido a la inspiración inicial. Cuando los pensamientos y sentimientos son puros y armónicos abunda la salud física y psíquica, pero el pensamiento trastornado y enfermizo conduce directamente al deterioro psíquico. La imaginación es un poder de atracción; lleva a la forma elementos que corresponden a sentimientos y pensamientos repetidos, habituales (positivos o negativos). Por tanto, la mente debe ser disciplinada para tener pensamientos sanos, armónicos y creativos; pensamientos que se aplican no simplemente a las preocupaciones inmediatas de la personalidad, sino al bien y el bienestar razonable de toda la humanidad. El iniciado es exhortado a centrar sus pensamientos en "lugares celestiales" y "mundos de belleza" para alimentar formas (o imágenes) imaginativas que reflejen "el esplendor mismo del cielo". La imaginación, como el globo de un meteorólogo, es enviada a la atmósfera superior para recoger impresiones e información que puedan luego ser traídas a la tierra y actualizadas en la vida diaria. La fuente de estas impresiones superiores es la naturaleza profunda del Yo manifestado a través de un poder visionario creativo, la imaginación, en el interior de cada persona.[55]

Una técnica para el desarrollo de la capacidad imaginativa es elegir un tema que refleje el ideal espiritual supremo y luego concentrarse en ese ideal de forma vívida, pero relajada. El practicante debe concentrarse en el tema y «simplemente contemplar y absorber la belleza que ha conjurado [...] luego, identificarse con esa belleza, pasando de la concentración a la meditación y a la contemplación». Así, deberíamos «beber profundamente de esta belleza, saborearla, y encontrar la felicidad en ella». El éxito de esta técnica depende, en última instancia, de una síntesis de esfuerzo humano y gracia divina, porque «sólo el Cielo puede darnos la luz que ilumina la imaginación». Aïvanhov define la "inspiración" como la fusión del esfuerzo imaginativo humano con la presencia divina luminosa; esa presencia hace que todas las facultades humanas trabajen juntas en armonía con «la luz espiritual recibida de arriba». La pantalla de la imaginación se convierte entonces en medio para un testimonio presencial que, como en la analogía del espejo usada en el sufismo, puede reflejar un potencial espiritual superior inherente al reino imaginal. Las impresiones sutiles recibidas por este uso creativo de la imaginación actúan para facilitar las transformaciones artísticas, místicas e iniciáticas que corresponden a las obras benéficas del arte, la realización espiritual y la enseñanza esotérica. Las consecuencias de esa práctica serán únicas en cada persona, filtradas a través de la textura de la personalidad, a fin de reflejar grados diversos de pureza e intuición configurados por la naturaleza y el temperamento del individuo. De este modo, la inspiración es una cualidad relativa, una comunicación con un ser superior, cuyas manifestaciones dependen del desarrollo, receptividad y madurez espiritual del individuo.[56]

Aïvanhov hablaba a menudo de la importancia de la armonía y el equilibrio estético para vivir una vida espiritual, una vida que refleje la belleza natural del mundo ("naturaleza viva") como habitada por una presencia transpersonal (y metafísica) de belleza y vitalidad. Relaciona esa armonía con el acontecimiento transpersonal de escuchar la música de las esferas, una belleza vibratoria que impregna el mundo de acuerdo con «la voluntad de la Inteligencia Cósmica». Es su conciencia vital de esta música lo que le permite ver «la estructura subyacente y el destino del universo». Afirma que esta visión de la realidad arquetípica es «el punto supremo de toda mi investigación, de toda mi obra, de todas mis experiencias extracorporales». Señala que es la piedra de toque y el criterio que le permite comprender y reconocer la naturaleza verdadera de la vida humana en el conjunto total del cosmos. Al conocer esta armonía o presencia, todo el cuerpo vibra al unísono con su verdad; su presencia es una fuente de renovación y salud perdurable. Es un conocimiento centrado en el corazón que atrae hacia él muchas otras cualidades espirituales, porque es la armonía central que resuena dentro de todos los seres vivos. En cuanto centro atractor y síntesis de las cualidades espirituales puede ser simbolizado como la presencia del Alma Universal, que él define como «las corrientes y fuerzas que transforman y organizan todo». El trabajo iniciático se centra en cultivar esta armonía en la propia existencia, a través de una vida disciplinada y unas relaciones afectuosas, para resonar con la armonía que es el conjunto de la creación y la base del bienestar espiritual. Para Aïvanhov, esta armonía hermética desciende a través de una jerarquía esotérica desde Dios como Principio Creador y Causa Primera, a través de los ángeles, maestros, hermanos y hermanas iniciados y otros seres humanos, hasta los animales, las plantas y las piedras, creando una naturaleza plenamente animada, un cosmos vivo de complejidad inabarcable. Sin embargo, su inmediatez y su cualidad transpersonal son una clave de la vida humana; sus efectos constantes y sutiles son realzados y magnificados a través de un modo de vida justo, una disciplina mental y unas relaciones armoniosas.[57]

ESOTERISMO Y ESPIRITUALIDAD PARTICIPATIVA

Aïvanhov muestra un estilo de vida creativo, enactivo, en el que los principios espirituales que enseña son inseparables de los acontecimientos transpersonales de su vida y del énfasis que pone en la necesidad de la transformación personal en la vida del iniciado. Recoge en muchos lugares su lucha por vivir de acuerdo con los ideales que enseñaba, y cuenta cómo los retos de su vida le exigieron pulir constantemente su propia comprensión interior.[58] El saber participativo no es meramente intelectual, sino que, como dice Ferrer, incluye el «conocimiento emocional y empático del corazón, el conocimiento sensual y somático del cuerpo y el conocimiento visionario e intuitivo del alma».[59] La base de la visión espiritual de Aïvanhov era actualizada mediante el conocimiento participativo del Espíritu, del existir sagrado; un conocimiento vivido que él luego trataba de encarnar mediante la práctica diaria, la meditación, los ejercicios corporales, la música, el arte y el estudio. Su tarea, encomendada por Beinsa Douno, era producir y hacer emerger su visión en el contexto metafísico de las enseñanzas del cristianismo esotérico búlgaro que luego llevó a Francia. Sin embargo, en armonía con la naturaleza creativa de la espiritualidad participativa, Aïvanhov fue más allá de las enseñanzas más tradicionales de Douno, pues integró varias enseñanzas hindúes y budistas en sus consideraciones globales sobre la vida espiritual, creando una fértil síntesis de las prácticas esotéricas orientales y occidentales.[60] Además, su conocimiento participativo recalca la necesidad continua de la transformación directa, personal, a lo largo de toda la vida. No enseñaba simplemente ideas, sino también técnicas y prácticas para el desarrollo emocional, mental y espiritual que facilitaban un continuo desarrollo, encarnación y manifestación de las realizaciones de la vida espiritual.

Como para encarnar las enseñanzas espirituales se requieren los esfuerzos de toda una vida, Aïvanhov coloca esas enseñanzas en un contexto metafísico, no como un complemento para validar la "experiencia", sino como una base cosmológica para toda forma de desarrollo humano. Para él, el conocimiento de sí mismo está inseparablemente ligado a la misma naturaleza del ser, que, mediante su encarnación en la naturaleza, abarca y sostiene toda vida a través de las actividades transformadoras y transpersonales. El desafío de encarnar esas actividades en un servicio, pensamiento y sentimiento conscientemente sintonizados tiene como resultado una resonancia metafísica: el alineamiento del alma con las armonías profundas e inherentes de la naturaleza. Lo que constituye la "experiencia personal" sólo es importante en la medida en que proporciona un fundamento para esa resonancia en el contexto del desarrollo de un conocimiento intuitivo cuya actividad consiste en sintonizar con las realidades transpersonales superiores. Como en un bailarín que trata de expresar el poder y la belleza de la música, el movimiento se coordina con los sonidos y ritmos vibrantes que mueven al individuo cuya disciplina y flexibilidad interiores han alcanzado el nivel suficiente para expresar o hacer presente la pasión y el significado sentidos en la música. Los *qualia* afectivos del bailarín son secundarios respecto de los coordinados movimientos expresivos que revelan las posibilidades ocultas de la música. En la vida del iniciado, es el carácter cualitativo y la vida virtuosa lo que mejor expresa la armonía experimentada y vista a través de los acontecimientos transpersonales.

Otra característica de la síntesis de Aïvanhov es el aspecto oral y narrativo de su enseñanza. Su uso constante de metáforas, relatos y adornos narrativos da vida a su enseñanza mediante la apelación a la percepción multisensorial y más fértilmente encarnada, a la sensación vivenciada de la conexión con una amplia gama de experiencias vitales, en contraste con el intelectualismo seco cuyas enseñanzas descansan casi por completo en un reino de abstracción y pensamiento desencarnado. Como expresión de la cognición enactiva, el aspecto normativo oral resuena en fértiles analogías sacadas de la vida concreta, diaria, en la que el discurso imaginativo y metafórico da un sentido de participación basado en un amplio espectro de relaciones humanas (y no humanas). La naturaleza, como un médium de presencia viva, se desborda en sus enseñanzas con el resplandor de imágenes luminosas que impactan directamente en la facultad imaginativa y, de ese modo, estimulan la actividad que se trata de promover mediante las técnicas de visualización. Sus extraordinarias analogías visuales dan forma y substancia a procesos mentales que reflejan un testimonio presencial; el espejo de la imaginación es pulido por su invocación metafórica de las imágenes astrales, solares, lunares y otras imágenes naturales que abundan en sus obras. Su uso de las analogías simbólicas, vinculadas frecuentemente a prácticas esotéricas occidentales como las de la alquimia, la Cábala, la astrología y la magia, actúa para crear un depósito vívido de imágenes (orientales y occidentales) que ayudan a encarnar sus enseñanzas en mundos visibles de formas, aunque advierta constantemente, al mismo tiempo, contra el apego a esas formas.

Hay también una cualidad emancipadora en sus enseñanzas, pues subraya la importancia del desarrollo personal que, a su vez, lleva, no a la conformidad con las enseñanzas fijas o dogmáticas, sino a un estilo de vida creativo, generativo, cuya substancia cualitativa se pule y adquiere mayor sutileza mediante la formación de una individualidad verdadera. El mismo concepto de abandonar el saber estereotipado por una autenticidad espiritual mayor corta por lo sano cualquier adopción estrictamente imitativa de sus enseñanzas, y reta al iniciado a descubrir y desarrollar esos rasgos únicos que son los que, de hecho, reflejan una vida espiritual emancipada. Por lo que se refiere al modelo participativo de espiritualidad, ese énfasis en llegar a ser un verdadero individuo, con un énfasis menor en la experiencia personal, sugiere que el "océano con muchas orillas" es un océano cuyos horizontes transpersonales se pueden conocer mejor a través de procesos de desarrollo y maduración que celebran las diferencias en vez de reforzar la uniformidad. La individuación, como proceso de madurez espiritual, debe minar inevitablemente la tendencia colectiva hacia la simple conformidad con ideas culturales (o racionales) porque la misma naturaleza del ser auténtico es desafiar las actitudes estáticas, fijas y rígidamente establecidas de la vida colectiva para sustituirlas por una expresión más matizada, personalizada e individualizada del crecimiento mutuo, la interacción, la diversidad y la complejidad. Este es exactamente el acento de las enseñanzas de Aïvanhov.

Otra característica de la vida de Aïvanhov es la naturaleza de las etapas por las que gradualmente alcanza su madurez espiritual. Con respecto a la mención anterior de las cuatro etapas (preparación, incubación, iluminación y verificación) podemos ver a través de la lente de su vida cómo estas etapas no son ni sucesivas ni lineales en su relación mutua. Muchos acontecimientos transpersonales le ocurrieron a Aïvanhov a una edad relativamente temprana, acontecimientos que se pueden tipificar legítimamente como iluminadores. Y, sin embargo, durante su formación con Douno plantea muchas preguntas, muchas dudas y manifiesta mucha incertidumbre sobre sus propias dotes mientras se está formando, después de haber tenido varias revelaciones profundas. Así, el modelo de desarrollo debe ser flexible, y reflejar la manera en que las etapas se pueden relacionar, repetir y alterar según unos patrones generales de vida. Hay un aspecto psicoespiritual en esta observación: los seres humanos, en sus encuentros con el horizonte transpersonal, no necesariamente comprenden o entienden con facilidad –ni siquiera tras algunas dificultades– la importancia de esos encuentros. Tal vez, tras años de esfuerzo, reflexión y trabajo continuo, tales acontecimientos empiezan a clarificarse y ampliarse como una comprensión que refleja la verdadera madurez. En este contexto, la "experiencia personal" no proporciona un receptáculo suficiente para el desarrollo espiritual, porque esos encuentros pueden llevarle a uno mucho más lejos de la orilla conocida, de los estereotipos convencionales o tradicionales, o de una etapa particular de desarrollo psíquico, hasta un horizonte expansivo de potencial humano espiritual cuyo significado y valor sólo puede conocerse a través de toda una vida de esfuerzo por encarnar y comprender los contenidos de tales acontecimientos.

Aïvanhov pasó muchos años formándose, y muchos más simplemente como un "hermano" en la organización general, en Francia, antes de que fuera reconocido como maestro verdadero. Su búsqueda de la comprensión plena de las enseñanzas y objetivos de una fraternidad universal fue un aspecto estructural formativo de esta incubación. A través de Douno aprendió la importancia de la comunidad, de las relaciones afectuosas y de una disciplina y educación consecuentes. Esta preparación le alejó de la fascinación por su propio desarrollo y reorientó su atención hacia cuestiones mayores de interés espiritual. Como en el modelo participativo, este movimiento hacia la comunidad, la preocupación social y el contexto global del desarrollo espiritual es coherente con el impacto de los acontecimientos transpersonales que apuntan más allá de los elementos subjetivos o personales del acontecimiento. Su síntesis de Oriente y Occidente, incluido su viaje a la India, muestra su disposición a explorar posibilidades espirituales a lo largo de su vida como parte de una búsqueda continuada por comprender, tan plenamente como fuera posible, las implicaciones globales de la espiritualidad humana tal como se le reveló a través de acontecimientos transpersonales. En el contexto de un modelo de búsqueda, el período de incubación fue impactado por muchos de esos acontecimientos, y el conocimiento iluminador de estos no se redujo a una recapitulación de la "experiencia", sino que redundó en una madurez continua de la intuición y la sabiduría espiritual. Esta sabiduría, en sus aspectos de desarrollo, es inseparable de los acontecimientos transpersonales que le inspiraron y de los esfuerzos que realizó durante su vida por trasladar a la vida práctica todas sus implicaciones a través de un estilo de vida auténtico y encarnado. La verificación dependía y estaba en función de sus propias percepciones metafísicas, pero la validación fue un proceso de toda una vida, que llevó a cabo poniendo continuamente a prueba su integridad y sus valores en ese proceso de tratar de encarnar los ideales de sus propias enseñanzas.

Conclusión

La capacidad de aplicación de un modelo participativo, como una ventana a través de la cual se ilumina un estilo de vida o una enseñanza particular, proporciona la flexibilidad epistemológica para enmarcar los acontecimientos que constituyen los aspectos transpersonales de esa vida o enseñanza. Sin embargo, no ofrece un contexto para realizar juicios sobre esa enseñanza en relación a criterios doctrinales implícitos en cuanto a cuáles de esos acontecimientos son más o menos auténticos, "superiores" o "inferiores". Y así es exactamente como debe ser, considerando el autoengrandecimiento que cualquiera de tales juicios lleva implícito. El valor de cualquier teoría transpersonal radica, tal como yo lo veo, en su capacidad de revelar rasgos de interés implícito para la materia que se está estudiando, no en ofrecer criterios evaluativos paradigmáticos para la determinación del valor o la importancia de ese material. El planteamiento participativo pone entre paréntesis esos juicios doctrinales porque reconoce que, en una cultura variada y cada vez más globalizada, el valor de una teoría no radica tanto en su poder explicativo cuanto en su capacidad para formular y reformular respetuosamente el estilo de vida y las prácticas de otros, de manera que ellos mismos pueden encontrarle un valor a la teoría. La teoría aquí no es un sustituto para el contexto y el contenido que ella pudiere pretender ofrecer a ojos extraños, sino que más bien pretende ofrecer una visión dialógica consecuente con una ética de comunicación respetuosa y de aprendizaje mutuo.

Si algunos teóricos se oponen a este elemento ético dialógico, apenas hay duda de que el valor de sus teorías permanecerá circunscrito a las fronteras de sus propios intereses particulares. El estudio ecuménico de los fenómenos transpersonales las dejará sin valor en la medida en que su perspectivismo se limita a una voz monológica o a una teoría cerrada, no receptiva al valor de las reivindicaciones metafísicas realizadas por muchos de aquellos que son los destinatarios principales de los acontecimientos transpersonales. El nuevo horizonte de los estudios transpersonales debe incorporar finalmente intuiciones e interpretaciones de múltiples disciplinas, incluidos los estudios comparativos de la religión, así como la teología y el misticismo que se mueven más allá de los modelos "explicativos" reductores. Los paradigmas emergentes de interacción dialógica, autodesarrollo mutuo y relación cocreadora en el análisis cultural contribuirán todos ellos a la formación de una preocupación ética, cuyo propósito es promover el entendimiento humano por encima de las fronteras de las diferencias sociales e históricas. El modo de análisis verdaderamente "postcolonial" es el que se funda en el respeto por las diferencias que no están socavadas por un pensamiento jerárquico o por la construcción de una teoría. Las afirmaciones metafísicas realizadas por aquellos cuyas vidas se han visto modificadas e impactadas por acontecimientos transpersonales son exactamente una de esas diferencias. Pensar críticamente en esas afirmaciones requiere teóricos que las reconozcan como reales y válidas para los practicantes, y también que formulen sus teorías de una manera respetuosa y no despectiva que genere un contexto para el diálogo.

Una de esas teorías, el modelo de espiritualidad participativa, lo hace de manera admirable, con tacto y sensibilidad. En el contexto esotérico ofrece un medio para examinar los acontecimientos formativos transpersonales en la vida de un individuo, grupo o comunidad. Lo hace proponiendo una afirmación contextual de las reivindicaciones metafísicas sin sobrevalorarlas y sin hacer juicios sobre su importancia explícita en relación con otras reivindicaciones que pueden ser semejantes o contrapuestas. El modelo permanece abierto a los aspectos creativos de la encarnación de esas reivindicaciones, y trata de elucidar las relaciones entre la vida del individuo (o del grupo) y la manera en que los acontecimientos transpersonales dan origen a enseñanzas o valores transpersonales relevantes. La epistemología enactiva del modelo hace posible la investigación de formas diversas de conocimiento (y de práctica) como base legítima para la expresión de las verdades transpersonales, sin violar la integridad de ese conocimiento al trasponerlas a un marco deconstructivo. El modelo permite también el estudio comparativo e interdisciplinario sin tratar de crear jerarquías entre las tradiciones, manteniendo una postura de mediación entre todas las afirmaciones metafísicas, pero sin negar ninguna. El pensamiento crítico se dirige así hacia la aplicación operativa del modelo y de su valor a fin de estimular intuiciones transformadoras desde cualquier contexto transpersonal, sin tratar de justificar esas intuiciones a expensas de infravalorar el contexto. Es mediante ese respeto como podemos esperar aprender de los mundos visionarios de los otros.

6. HERIDA DE AMOR. 'THEOSIS' FEMENINA Y MISTICISMO ENCARNADO EN TERESA DE ÁVILA

Beverly J. Lanzetta

Entre las múltiples dimensiones del misticismo medieval, los escritos de Teresa de Ávila sobresalen como testimonio de la proximidad con que la naturaleza divina es comprendida y concebida. Mientras otros textos místicos son elogiados por su erudición, su elevado nivel de contemplación o rigor especulativo, el corpus de las obras de Teresa es profundamente íntimo en su lenguaje, interpretación e intención. Esta transparencia lingüística se debe no sólo a la naturaleza personal de sus escritos, en los que cuenta su vida, su formación espiritual y sus fundaciones monásticas, sino también a que el propio texto es un acontecimiento performativo. A través de sus palabras públicas somos introducidos en su amistad privada con Dios. La lectura de su texto nos llama a participar en la específica contribución de Teresa a la vida espiritual: su relación íntima o encarnada con Dios.[1] Para ella, Dios no es ni exterior ni interior, sino que está en cada respiración y cada acción que lleva a cabo. Esta relación indisoluble de intimidad y unidad –que se le da a Teresa después de años de búsquedas superficiales y pruebas angustiosas– transforma su vida y le proporciona el impulso para su audaz legado social y espiritual.

Nacida en Ávila, el 28 de marzo de 1515, Teresa de Ahumada y Cepeda era descendiente de *conversos* (judíos convertidos al cristianismo) por parte de padre. Extremadamente consciente de las injusticias sociales durante toda su vida, la sensibilidad de Teresa estaba sin duda relacionada con la historia de su familia y la confesión pública que su abuelo paterno fue obligado a realizar en 1485 sobre su práctica secreta del judaísmo. La muerte temprana de su madre –que murió de parto, cuando Teresa tenía trece años–, combinada con su ascendencia mixta, dejaron una huella indeleble en la joven Teresa que la sensibilizó ante los estragos de la injusticia social y el sufrimiento de las mujeres. Atraída por la vida religiosa, Teresa entró en el monasterio carmelita de la Encarnación en 1535, contra los deseos de su padre. Según su propio relato, los primeros años de su profesión estuvieron marcados por graves enfermedades y el anhelo de vencer su atracción por la amistad, los cotilleos y la vanidad. Esta situación cambió dramáticamente en 1554 cuando, durante la estación de la Cuaresma, Teresa experimentó una transformación profunda ante una estatua del Cristo herido. Consciente de su propia insuficiencia y falta de compromiso, Teresa se sintió paralizada por la comprensión espiritual de cuánto sufre Dios por nosotros y lo poco que hacemos a cambio. Esta experiencia marcó un momento decisivo radical en su vida, y señaló el principio de lo que más tarde sería su fama como autora espiritual, teóloga mística, maestra contemplativa y fundadora de las Carmelitas reformadas, o descalzas.[2]

Su enorme talento místico y su estilo literario realista proporcionan una ventana a su profundo sentido de reciprocidad con Dios. Aunque la magnitud de su contribución a la espiritualidad participativa esté más allá del alcance de este capítulo, mi interés explícito es fomentar una valoración superior de tres elementos críticos de su pensamiento: la feminización que hace Teresa de la vida espiritual, incluida la contemplación deconstructiva que ella sigue hacia la *theosis*; su desarrollo de una antropología mística particular sobre la premisa de la pureza del alma y su interés especial por la perfección femenina, y su método de autorrevelación mística –ejemplificada en la "herida de amor"–, por la que descubre un nuevo linaje espiritual y participa cocreadoramente en la vida interior de Dios.

'THEOSIS' FEMENINA Y APOFASIS DE LA "MUJER"

Quizá más que ningún otro místico de la Europa medieval, Teresa escribe con sutileza y audacia sobre los dolores y ultrajes infligidos a las mujeres.[3] Sus numerosos textos reflejan claramente su consciencia de las cuestiones de género, y del lugar inferior y con frecuencia despreciado que se otorgaba a las mujeres en la España del siglo XVI. Adoptando un estilo literario que es al mismo tiempo profundamente personal y rigurosamente cauto ante el temperamento inquisitorial desarrolla lo que Alison Weber ha llamado una "retórica de la feminidad".[4] No sólo es implacable en su búsqueda del sufrimiento interior de las mujeres; es muy moderna en su penetrante análisis social de las dimensiones estructurales de la violencia contra las mujeres. Esta combinación de dones espirituales profundos y crítica social incisiva procuró a Teresa abundantes críticas y un gran sufrimiento personal, cuando sus confesores, superiores, e incluso amigos monásticos cercanos, dudaron de su veracidad, su cordura y de los motivos subyacentes. Sin embargo, fue precisamente su determinación de abrirse paso a través del papel de una "débil mujer" lo que puso en movimiento su innovación mística y se convirtió en el medio para su visión holística de lo divino.

En el léxico del misticismo cristiano se clasifica habitualmente a Teresa como una mística espiritual o afectiva. A pesar de esta afiliación lingüística principal dentro de la *via affirmativa*, la esencia de su proceso contemplativo –el camino por el que viaja hacia la unión mística y la autodignidad– es profundamente apofática. En su lucha por deconstruir los papeles de género estereotipados y la denigración espiritual de las mujeres, Teresa forja un audaz camino hacia la *theosis*, o deificación, de las mujeres. Basada en la promesa establecida primero en la famosa frase de Ireneo de Lyon, repetida después por san Atanasio, «Dios se hizo hombre para que el hombre pudiera hacerse Dios» (*De Incarnatione*, 54), la *theosis* expresa no sólo la primacía ontológica del yo interior, sino también la cooperación entre divinidad y humanidad en la construcción del mundo. Sin referencia explícita a esta antigua promesa cristiana, queda muy claro que desde el tiempo de la conversión de Teresa, en 1554, su corazón y atención estaban centrados en la capacidad de las mujeres para alcanzar no sólo la salvación, sino también la perfección: la divinización.

Para conseguir este ferviente deseo, Teresa se ve introducida en una comprensión cada vez más honda de sus sufrimientos como mujer y en una experiencia más profunda de su reciprocidad con Dios. Místicamente experimenta la apofasis de la "mujer" –es decir, de lo que minimiza y niega la santidad de las mujeres– durante un período de veinte años, en los que afronta y sufre su incapacidad para transcender la duda interiorizada sobre sí misma y el rechazo institucional. Como su rechazo de los papeles femeninos definidos, la apofasis de Teresa no es sólo personal y social, es también mística. Experimenta el insoluble dilema de la tensión entre sus necesidades y deseos personales, las exigencias sociales y eclesiales, y su anhelo de conocer a Dios en una reciprocidad e intimidad auténticas. Este proceso deconstructivo contiene simultáneamente en sí mismo una coemergencia creativa, que en Teresa se ejemplifica por su práctica de la oración contemplativa. Lo que le sustrae la sociedad y la Iglesia, lo que no le está permitido conocer y hacer, y las desigualdades de género que sufre, culminan para Teresa bajo la rúbrica de la oración mental. Estos dos aspectos –el proceso contemplativo que forja para reemplazar y transformar la opresión de género, y su descubrimiento de las formas de oración participativa que repiten la cooperación teándrica entre divinidad y humanidad–, están estrechamente entrelazados.

Está bien establecido que desde el siglo XII al XVI, en la Europa medieval, las mujeres místicas desarrollaron un "nuevo lenguaje místico encarnado" en el que había un énfasis sobre la Eucaristía, la humanidad de Cristo, el sufrimiento del alma, las figuras de la diosa y los símbolos de maternidad.[5] Sin embargo, más allá de la asociación descriptiva entre las mujeres y el misticismo encarnado existen pocos ejemplos documentados de una consciencia personal de género en las mujeres místicas. Pero Teresa es diferente en este aspecto. Es posible trazar su desarrollo espiritual y posterior autoridad mística de género debido al lenguaje directo con que expresa sus sufrimientos y límites como mujer. Este hecho, no obstante, no implica un razonamiento feminista estricto o esencialista –pues Teresa es una mujer, y particularmente *como mujer* descubre una espiritualidad encarnada y participativa–, lo cual sería difícil de sostener desde esta distancia histórica. En cambio, sería más justo decir que descubre una nueva espiritualidad encarnada porque no puede descubrirla sin afirmar también su propia integridad como mujer. El nexo entre una relación íntima, participativa, con lo divino y el proceso contemplativo, que invierte su opresión de género, está intrínsicamente ligado. No es posible para Teresa encarnar y vivir su *theosis* sin curar también y aceptar su coigualdad y cocreatividad con Dios. En su vida y a través de sus pruebas se ejercita haciéndose divina, transponiendo eficazmente la fórmula antigua: *Dios se hizo mujer para que la mujer pudiera hacerse Dios.*

En su lucha por deconstruir los papeles estereotipados de género y afirmar el lugar espiritual de las mujeres en la España del siglo XVI, Teresa busca lo que he calificado en otro lugar como la "noche oscura de lo femenino", un proceso contemplativo en el que Dios participa y cura las heridas de su alma.[6] Usando la cuádruple tipología de Juan de la Cruz de la noche oscura como marco conceptual defino la noche femenina de Teresa como una etapa adicional más allá de la noche pasiva del espíritu para resaltar su alma específica que sufre como mujer.[7] El dolor de la noche femenina estriba para Teresa en la actitud de separarse de la misoginia que habita su conciencia y la condiciona para volverse contra sí misma. Durante este tiempo, Teresa experimenta la fractura antigua e histórica de su alma y la injuria sistemática de lo femenino en el mundo. En esta apofasis de lo femenino sufre también el dolor raigal y la terrible angustia de desprenderse de los límites impuestos exteriormente a su desarrollo espiritual.

Habiendo conocido a Dios principalmente a través de la autoridad de una Iglesia dominada por el varón, Teresa se esfuerza por reconciliar la afirmación amante de Jesús de toda su persona con las severas observaciones de censura dirigidas contra ella. Reconoce que incluso los directores espirituales autorizados por la Iglesia y las oraciones mediadas por sus confesores varones no captan la plenitud de su vida espiritual, ni el dolor de la contemplación purgativa que se apodera de su alma. Refleja en sus libros y cartas, una y otra vez, que un elemento fundamental de las luchas espirituales de ella y de sus hermanas como mujeres queda excluido. Llega un momento en su itinerario en el que incluso los relatos clásicos del alma se convierten en obstáculo, pues suponen que las descripciones masculinas de la vida espiritual están trazando el mismo territorio que ella tendría que cruzar. En su *Libro de vida*, Teresa cuenta cómo continuamente se ve obligada a desprenderse de su apego a los consejos, exigencias y críticas de los clérigos varones y los funcionarios de la Iglesia, para reclamar el consejo amante y a veces radical de Jesús, y el suyo propio.

Al seguir el camino de la apofasis femenina, la intimidad se convierte en una metáfora central en su paso del sufrimiento divino-humano a la plenitud de la *theosis* femenina. Su identificación con el sufrimiento de Jesús la conduce desde la unión mística a una intimidad más profunda, ontológica, entre la profundidad de su alma y Dios. La comunión entre Dios y el alma es tan total que todo se comparte por igual y el alma experimenta no sólo su propia voluntad, sino la voluntad de Dios. Para Teresa, la intimidad mística implica identificación con el anhelo y el *pathos* de Dios por la humanidad, así como soportar la doblemente hiriente pasión de Cristo. Su alma experimenta las aflicciones de su naturaleza más receptiva, en lo que se refiere a la herida negativa de tener que cargar con el pecado y la violencia del mundo, y el toque positivo de la Sabiduría Divina que la abre a reservas más profundas de comunión y unidad. Teresa sostiene que esos sufrimientos se sienten «en lo muy hondo e íntimo del alma», y repite místicamente las heridas padecidas por Jesús.[8]

Sin embargo, el intenso sufrimiento por las aflicciones del mundo está vinculado con la inmensa exaltación de amor que Dios ofrece al alma. La herida interior del alma y la ofensa mundana exterior existen en relación recíproca al amor desbordante entre Dios y el alma. La profundidad de la capacidad del alma para cargar con el amor de Dios por el mundo existe en proporción a la intensidad de la herida de amor del alma. En los límites supremos de la contemplación mística, Jesús «comienza a tratar de tanta amistad [al alma] –escribe Teresa– que no sólo la torna a dejar su voluntad, mas dale la suya con ella».[9] La comunión que se produce entre Dios y el alma en su centro enseña a Teresa la cercanía que Dios comparte con todas las cosas, y la manera en que ella debe llevar por Dios la herida y la felicidad del mundo.

Esta relación íntima es, por tanto, profundamente recíproca. No sólo Teresa participa en el *pathos* de Dios por la creación, sino que también Dios sufre sus heridas. A través de un soportar mutuo la herida de la "otredad" de las mujeres, Jesús se identifica en esta noche de lo femenino con el sufrimiento de ella y lo asume, del mismo modo que ella se identifica y lleva las heridas de Jesús. El sufrimiento de Cristo despierta en Teresa un deseo de participar en las angustias del mundo, de cargar por él y por los otros en una efusión de solidaridad con aquellos que son marginados, ridiculizados y rechazados. «Padecer quiero, Señor, pues Vos padecisteis», escribe Teresa. «Cúmplase en mí de todas maneras vuestra voluntad; y no plegue...»[10] En sus meditaciones sobre el sufrimiento de Jesús en la tierra y en la cruz, Teresa evalúa sus propias acciones y la respuesta del mundo a la luz de su pasión amante. Encuentra la vulnerabilidad del rostro, el cuerpo y las heridas de Jesús, y se despoja de cualquier rastro de egocentrismo cuando su corazón es consumido por la llama ardiente de la tristeza por la arrogancia y el pecado humanos. Sin embargo, este vacío místico del yo inicia una responsabilidad incondicional en la que ella reclama su dignidad como mujer y elabora un nuevo camino femenino de liberación para sí misma y para las demás.

Aunque la imitación del sufrimiento de Cristo en la cruz es central en la espiritualidad cristiana y en la sanación del alma, Teresa establece una asociación explícita entre su subjetividad femenina y las heridas del alma, y su íntima participación en el sufrimiento de Jesús. Teresa comprende que su descrédito como mujer representa el sufrimiento de Dios en ella, y que la doble aflicción –humana y divina– tiene una profunda relación con el género. Aunque Teresa no llame explícitamente a este paso la "noche oscura de lo femenino", en sus escritos insiste en que encuentra un aspecto adicional, y más crucial y angustioso, de la búsqueda de su propia subjetividad. Cuando sus visiones, favores y experiencia de la presencia de Dios aumentan es sometida a otro examen y es ridiculizada por sus confesores, las autoridades inquisitoriales, los habitantes de la ciudad, e incluso su propia comunidad monástica. Más allá de la oración de unión descrita por ella, e incluso más allá de la etapa siguiente llamada "raptos", experimenta «una pena [...] esta gran pena [...] esta pena que ahora diré».[11] Asociando la herida de amor con esta transfiguración final de su "otredad" femenina, Teresa describe su camino a la *theosis* femenina en los términos de una crucifixión entre el cielo y la tierra, en la que el alma sufre, es exaltada y está «como crucificada entre el cielo y la tierra, padeciendo sin venirle socorro de ningún cabo [...]; y aquel desierto y soledad le parece mejor que toda la compañía del mundo [...] no participa con el cuerpo sino pena, y el alma es la que padece, y goza sola del gozo y contento que da este padecer [...]. Y no se deje dc tener acuerdo, que es después de lo que va escrito en este libro y en lo que ahora me tiene el Señor. Digo que estos ímpetus es después de las mercedes que aquí van, que me ha hecho el Señor».[12]

En su negociación del viaje del alma, Teresa describe su batalla contra la opresión espiritual distintiva de su género, apartándose de las definiciones convencionales de los beneficios espirituales de las mujeres, así como de los papeles tradicionales a ellas asignadas. Cuando madura en su vida espiritual, Teresa se enfrenta a una fractura más profunda y radical que habita su conciencia, y lucha por reconocer y curar la misoginia que está en el fondo de su duda y de su desprecio de sí como mujer. El proceso deconstructor por el que invierte su inferioridad y su interiorizado odio de sí es el mismo proceso por el que reivindica su camino de perfección y su visión dc una relación divino-humana en continuo despliegue. Esta noche femenina culmina para ella en una realidad más allá de la unión mística, y más allá de las categorías tradicionales de la Iglesia. En este punto está en una relación tan íntima con Dios que ahora Dios vive en ella. No hay ninguna división entre interior y exterior; ninguna tensión entre contemplación activa y contemplación pasiva, sino un flujo ininterrumpido de la divinidad viviendo en su persona. En Teresa descubrimos no sólo el camino a esta noche oscura, sino el tiempo posterior de sus efectos, cuando transciende las categorías cristianas tradicionales y forja su propio lenguaje y su propia experiencia femenina.

Su lucha por ser una mujer es, a gran escala, la lucha de expresar una espiritualidad plenamente encarnada, plenamente participativa que no esté vinculada con el pecado y la salvación, sino con el florecimiento y la transformación. Sin esta participación igual, recíproca e íntima por ambas partes, Teresa no habría sido capaz de alcanzar la *theosis*, la plena transparencia con lo divino. El proceso deconstructivo que la lleva desde la inferioridad y el aborrecimiento de sí a la reciprocidad y la dignidad es *necesario* para que Teresa encarne y transmita su visión participativa de Dios. Es a través de su amistad íntima con Jesús como se concede a Teresa la comprensión de la cooperación entre Dios y la mujer en el acercamiento de las almas a Dios y la construcción de la divinidad en el mundo.

Sin embargo, la apofasis femenina de Teresa no se fundamenta en la teología negativa clásica. Para ella, el vacío de sí existe siempre en relación dialéctica con la intimidad. La tensión entre los dos no puede ser disipada ni resuelta. La entrega de sí, requisito previo para recibir la contemplación infusa, no se alcanza según el camino tradicional del ascetismo, la teología negativa o el discurso apofático. En lugar de ello, Teresa es atraída a la autoentrega mediante la herida del amor –tratada en el apartado final de este capítulo– que amplía y dilata su alma hasta que es capaz de portar el amor divino como suyo propio. Aunque describe numerosas experiencias de compunción, sufrimiento, maldición y pecado, se centra más bien en el cambio interior producido por su intenso amor a Dios.

Un aspecto interesante de la espiritualidad de Teresa, y que los comentadores pasan por alto con frecuencia, es la intimidad performativa de sus escritos, en los que desarrolla una nueva gramática mística que surge de sus propios contenidos y habla un vocabulario encarnado del corazón. Como tal, es un lenguaje que realiza en el texto todas las transiciones del misticismo apofático: vaciamiento del yo, desapego, renuncia al nombre y a la identidad. Se desborda también de afectividad: asignando atributos a Dios, sumergiéndose en el océano de nombrar y sentir, abrumada por visiones y locuciones. Pero dejar ahí a Teresa es privarse de su contribución más radical al pensamiento místico. Teresa, sin el beneficio de la formación teológica, forja una verdadera innovación en la vida espiritual sistematizada por un acontecimiento participativo en el que sus escritos realizan una integración de la historia de Marta y María. Metáfora central en la espiritualidad cristiana, este relato del Evangelio de Lucas ha sido usado durante siglos para proclamar la superioridad de la vida espiritual contemplativa (María) sobre la activa (Marta). Más que afirmar una distinción, Teresa es explícita al decir que la intimidad con Dios reproduce la interpenetración continua de la contemplación activa y la pasiva. Es como si el momento apofático se derramara sobre la entrega devocional, de manera que existe una relación indisoluble (una relación María-Marta) entre el vacío de sí contemplativo y la cocreación efectiva con Dios. El dinamismo interno de estos dos polos no puede ser separado ni detenido. Teresa no deja de identificar o habitar estos momentos apofáticos, pero los asume como fundacionales para la oración contemplativa. Es únicamente cuando el sí se ha vaciado –y entregado– cuando puede entrar en estados avanzados de contemplación. Todas las obras exteriores del alma plenamente integrada surgen de las agitaciones interiores del espíritu. No hay, pues, ninguna obra exterior que no sea fruto de la vida interior, receptiva. Todo lo que ella hace es obra de Dios en ella. «María y Marta –afirma– nunca dejan de trabajar juntas cuando el alma está en este estado [de matrimonio místico], pues en la obra activa –y aparentemente exterior– el alma está trabajando interiormente. Y cuando las obras activas surgen de esta raíz interior, se convierten en flores preciosas y fragantes.»[13]

Teresa transforma e integra estos dos caminos clásicos mediante una inversión de su diferencia como mujer, que la pone en contacto con un nuevo lenguaje y una nueva interpretación femenina. Efectúa una transformación apofática de sí misma como "mujer" y "hembra" –de todo lo que es negado, rechazado y aborrecido en ella misma– para descubrir un lenguaje afirmativo directamente de Dios. Dios le enseña todo lo que necesita saber; su lenguaje está más allá de los "hombres de letras" y es el discurso de Dios; su sabiduría procede de un saber infuso nacido del ofrecimiento de su yo definido socialmente. En este camino místico femenino, su cuerpo de mujer asimila y transforma la realidad, dando vida así a un nuevo camino espiritual, marcado no por el ascetismo, sino por un amor afectivo y una intimidad desbordante entre Dios y el alma. Al otro lado de su "nada" como mujer está un saber infuso, contemplativo, en el que Dios cura su negación de sí. Teresa escribe de angustias, heridas del alma, tormentos y crucifixión, pero estos no son la acción de su propia voluntad ni el efecto de una voluntad divina exterior a ella. Más bien, es Dios actuando en ella, llevándola no sólo a afirmar, sino a cocrear su dignidad y su valor.

ANTROPOLOGÍA MÍSTICA

Fundamental en el conjunto de la vida y la obra de Teresa es una antropología mística basada en el vínculo primero e irrevocable entre Dios y el alma humana, en el que estamos hechos para ser amados por Dios y para anhelar a Dios. Afirmando lo transconsciente y lo suprapersonal más allá de las nociones tradicionales del yo humano, Teresa se pregunta continuamente: ¿Quién es la persona cuando se la ve desde la perspectiva de Dios? Con la premisa de la consideración distintiva de la persona humana como unida siempre a su fuente divina, esta visión rectora se establece en Teresa tras muchos años de lucha, duda de sí y sufrimiento personal. Lo más doloroso fue que los monasterios que fundó Teresa estaban constantemente bajo vigilancia, y su integridad personal estaba sometida a la crítica y el ridículo, mientras trabajaba afanosamente para resistir el último ataque inquisitorial. Sus sufrimientos físicos se habían intensificado hasta el punto de que, fatigosamente, comenta: «... por tener la cabeza tres meses ha con un ruido y flaqueza tan grande que aun los negocios forzosos escribo con pena».[14]

Sin embargo, en medio de estos acontecimientos inquietantes y dolorosos, Teresa de Ávila, bajo obediencia de fray Gracián, su confesor, comenzó a escribir su libro sublime sobre la oración, *Castillo interior*. Hacia el final de su vida y mientras sufre algunas de sus mayores pruebas, Teresa resume todo su corpus místico en «la gran hermosura de un alma y su gran capacidad».[15] En la víspera del domingo de la Trinidad, el 2 de junio de 1577, Dios le mostró en un destello de luz todo el libro que ella escribiría y la gloriosa sensibilidad del alma, hecha a imagen de Dios. «Estando hoy suplicando a Nuestro Señor –escribe– hablase por mí, porque yo no atinaba a cosa que decir ni cómo comenzar a cumplir esta obediencia, se me ofreció lo que ahora diré [...] que es considerar nuestra alma como un castillo todo de un diamante o muy claro cristal, adonde hay muchos aposentos así como en el cielo hay muchas moradas».[16]

La relación de la persona con la vida mística está ejemplificada en esta obra maestra, un relato autobiográfico apenas disfrazado de su viaje espiritual hacia la integración. Ahí Teresa describe el alma como un castillo cristalino con siete moradas, representando cada una de ellas múltiples dimensiones o niveles de conciencia. Toda el alma está bañada por la luz de Dios, quien, morando en su centro, honra y quiere a toda la persona. Teresa nos dice que ignoramos esta comunión siempre presente a causa del pecado, la ignorancia y la confusión de la vida en el mundo. No obstante, el alma es una joya gloriosa a ojos de Dios, y nunca está separada de su fuente. «Es de considerar aquí –escribe– que la fuente y aquel sol resplandeciente que está en el centro del alma, no pierde su resplandor y hermosura, que siempre está dentro de ella y cosa no puede quitar su hermosura».[17] El alma en su centro es inmaculada e indescriptiblemente pura; en última instancia nunca puede mancharse o corromperse. El yo verdadero es siempre uno con su fuente divina.

Para explicar la participación mutua de Dios y el alma, Teresa describe: «estas mansiones como las habitaciones mismas de Dios, otro cielo, donde Dios es todo en todo. Puesto que son también el lugar de morada del santo y la fuente de su actividad, lo divino se ha hecho humano y lo humano divino».[18] Aunque todo el castillo es espiritual y divino, las tres *moradas* exteriores (inferiores) representan las actividades de la persona en relación con el mundo y la intención de acercarse a Dios. Aquí, la persona practica la oración y las virtudes, trata de vivir una vida buena y se une en comunidad con otros. Puesto que las moradas exteriores se vuelven hacia el mundo están afectadas por el pecado y son susceptibles de corrupción, heridas y roturas. Estas mansiones inferiores fueron el lugar de Teresa durante los casi veinte años de lucha por vencer su conflicto entre la vida espiritual y las alegrías superficiales, los pasatiempos y los placeres.[19] Las cuatro moradas superiores o interiores señalan los principios de la vida espiritual pasiva, es decir, la plena receptividad del alma a Dios. Estos niveles interiores de conciencia son sobrenaturales y permanecen puros e inalterados por el pecado. En el centro del castillo mora Cristo, y es aquí, en la morada séptima, donde Teresa experimenta una elevada intimidad mística. Participando en la vida interior de Dios, la vida de Teresa se vuelve el medio de una autoexpresión divino-humana. La progresión desde los niveles inferiores de conciencia a los superiores queda plasmada en el viaje de autodescubrimiento de Teresa y sus numerosas experiencias espirituales. Pero, más importante que estos efectos, el *Castillo interior* se centra en la transformación integradora, centralizadora, de la nueva vida de Teresa en Dios. Su vida no está ya en el centro, porque ha sido atraída por "Su Majestad" hacia la vulnerabilidad, la humildad y la aniquilación.

La entrada al castillo es a través de la oración, y toda la antropología mística de Teresa se puede resumir bajo la rúbrica de la oración contemplativa. Aunque las formas de oración activa son el medio de las tres moradas exteriores y proceden del deseo de la persona de conocer a Dios, la oración pasiva o receptiva tiene su origen en Dios y se derrama en la naturaleza humana, inundando las cuatro moradas interiores con luz suprasensible. La capacidad del alma para aguantar la reciprocidad del amor divino –y progresar así de la conciencia inferior hacia la superior– está en función de una humildad continua marcada por grados sucesivos de aniquilación y arrobamiento. Para Teresa, este proceso místico de yuxtaponer períodos de dolor y de alegría es el método por el que Dios la atrae, más allá de su esfuerzo por entregarse, a una participación plena en la vida divina.

Es posible leer la noción de oración contemplativa de Teresa desde las categorías religiosas tradicionales, como un ejercicio espiritual o una forma de comunicación personal con Dios. Sin embargo, para Teresa la oración contemplativa –su "camino de perfección"– es mucho más compleja y abarcante. Es toda una vida de hermenéutica, en la que todos los acontecimientos, acciones, conocimiento y ser son vistos a través de las lentes de un estado de consciencia altamente unitivo y participativo. Además, lejos de reducir la oración contemplativa a una actividad, Teresa usa la expresión *oración contemplativa* como una clave para afirmar lo indecible: la oración contemplativa es el medio místico de alcanzar la salvación y la deificación, o *theosis*. Es el camino real de la liberación. Es sólo al darse plenamente a Dios cuando se siente preparada para recibir los dones del amor de Dios. Inmersa en el lenguaje apofático, Teresa recalca que la negación de sí es, en verdad, el gran favor del amor: vaciarse es entregarse; la negación es convertirse en huésped para Dios; la aniquilación es la más íntima de las intimidades; borrar el yo fortalece su capacidad de resistir la vulnerabilidad divina, permitiendo que el mundo entero fluya.

Para comprender la atrevida postura de Teresa hay que comprender qué es la contemplación pasiva que tanto la atrae. ¿Por qué la escoge como el medio necesario y superior para la santidad o salvación? En la contemplación pasiva, Teresa experimenta que la salvación es mística y, por tanto, no está bajo la competencia de la Iglesia institucional ni de los sacerdotes. Sólo en la intimidad mística con Dios se puede encontrar la libertad buscada. Segundo, hay un método contemplativo de avanzar en el amor de Dios y acercarse más al ser auténtico. Teresa subraya que a través de la oración mental o pasiva comienza a producirse un proceso oculto que arrastra al alma a través de la opresión a la libertad del interés propio. Es la oración de amor, de entrega completa y total a Dios; es el camino de vaciarse definitivamente de todas las atracciones y distracciones para ser para Dios y con Dios. Tercero, en la contemplación pasiva, se le enseña al alma todo lo que necesita saber; es conducida por Dios a la vida íntima de Dios para que conozca como Dios conoce. Cuando las autoridades de la Iglesia le quitan todo lo que para ella tiene sentido –sus libros espirituales, su derecho a enseñar y aprender–, Jesús concede a Teresa un conocimiento superior no dependiente del mundo. Mediante este conocimiento interior aprende todo directamente a través de la presencia de Dios en su alma. Protegida del lenguaje de los eruditos, un lenguaje enraizado en una forma dualista de pensamiento, Teresa extrae sus experiencias transcendentes «usando una mirada, un enfoque, un discurso y una escritura femeninos».[20]

Es significativo que sus escritos y luchas personales giren en tan alta medida alrededor de su devoción a la oración mental y la insistencia en su poder. Este era su camino de perfección, una vía que democratizaba la vida espiritual y colocaba su propia liberación al margen de la casta sacerdotal o de la autoridad de la Iglesia. Comprendió que la contemplación pasiva o infusa disuelve las fronteras entre el alma y Dios. Es verdaderamente una participación mutua de Dios en su vida y de su vida en Dios lo que le reveló un camino mejor y más rápido hacia la santidad espiritual. Mediante la rendición de sí misma, Dios estaba obligado a vivir en ella. Esta relación nueva le procuró una manifestación de la divinidad intensamente dinámica y cocreadora. En la oración pasiva descubrió su verdadero derecho de nacimiento a llegar a ser divina, ni oprimida ni limitada por las autoridades de la Iglesia y la política teológica dominante.

Además, Teresa, en armonía con siglos de pensamiento cristiano, subraya que en la oración contemplativa las facultades espirituales se sosiegan, pues sólo entonces el alma es libre de entregarse. Insiste en que en la oración mental o pasiva, Dios hace todo el trabajo. Las facultades descansan y el alma conoce desde un lugar más allá del conocimiento; renuncia a lo que nunca puede ser conocido por lo que es conocido pero no se puede decir. Pero, de nuevo, Teresa no se queda con el habitual "no saber" apofático, o la experiencia de la "nada" mística. En esta designación de la suspensión de la memoria, el entendimiento y la voluntad, Teresa descubre un mundo verde, floreciente, en el que actúan toda la gama de acontecimientos participativos, incluidos el saber enactivo o encarnado, el ser participativo, visiones intelectivas y espirituales, locuciones, raptos, *gustos* y *contentos*.[21] En cada una de estas áreas teológicas tradicionales ofrece una perspectiva innovadora y única sobre la interpenetración sin costuras de la divinidad y el alma. Aunque sus comentaristas posteriores se distrajeron tal vez por su énfasis en visiones, locuciones y otros acontecimientos extrasensoriales, Teresa misma nunca los vio como otra cosa que como la participación en la autorrevelación divina. Al escribir la divinidad a través del texto de su cuerpo y en el texto de la página, Teresa documenta y aclara el alcance y la importancia del conocimiento visionario e infuso, los tipos de palabras o locuciones silentes de parte de Dios, el centro divino del alma como el lugar interpetrativo básico, y el yo verdadero rendido y vaciado por amor. El propósito de todos estos estados de oración interior, sin embargo, es para «que nazcan siempre obras, obras», escribe Teresa.[22]

La antropología mística de Teresa no es ni un estado preordenado ni una condición imposible, sino el desbordamiento continuo de la divinidad en su vida y en su obra. La base de esta creatividad sin límites y mutua amistad es la desaparición o negación del yo. La renuncia al yo es la condición que activa la disolución de fronteras entre el alma y Dios. Sólo cuando el yo ha entregado su existencia individual, separada, se es arrastrado a la vida interior de Dios. El alma humana, a ojos de Teresa, está hecha para la intimidad y la transparencia; este es su verdadero hogar y su logro mayor. Ser verdaderamente espiritual, nos recuerda Teresa, significa «hacerse esclavos de Dios».[23]

También es explícita al decir que a las mujeres se les otorga un lugar especial en esta antropología mística, y afirma audazmente la virtud superior de las mujeres. En sus últimas obras introduce Teresa el tema de la capacitación y la dignidad de las mujeres al destacar la gran perfección y virtud que sus monjas eran capaces de alcanzar. Teresa quiere que sus hermanas alcancen el discipulado espiritual, porque ella misma aspira a ser apóstol que lleve las almas a Dios. Su deseo de ser maestra espiritual y líder de obras de misericordia y justicia enciende sus textos; al mismo tiempo es muy consciente del juicio que les infligen a ella y a sus hermanas. «¿No basta, Señor –escribe– que nos tiene el mundo acorraladas [a las mujeres] […] que no hagamos cosa que valga nada por Vos en público, ni osemos hablar algunas verdades que lloramos en secreto, sino que no nos habíais de oír petición tan justa […]? […] que sois juez justo y no como los jueces del mundo, que como son hijos de Adán y, en fin, todos varones, no hay virtud de mujer que no tengan por sospechosa.»[24]

En su *Libro de las fundaciones*, Teresa cuenta cómo, a través de sus comunidades monásticas, rechaza la injusticia y la violencia contra las mujeres y se opone al orden social reuniendo su conocimiento místico con propósitos políticos. En respuesta a la preferencia cultural por los varones, Teresa ensalzaba las virtudes de las mujeres y la vergüenza de los padres que no comprenden «los grandes bienes que pueden venir mediante las hijas ni los grandes males de los hijos».[25] Teresa habla de algunas mujeres que deseaban ser monjas que fueron azotadas y castigadas por sus familias, o que se desfiguraron ellas mismas para evitar el matrimonio. Además de contribuir a la renovación de la orden carmelita y a la fundación de monasterios para mujeres y hombres, Teresa ayudaba también a los *conversos* admitiéndolos en sus monasterios de acuerdo con su piedad e idoneidad para la vida religiosa. Constance FitzGerald sostiene que la vida contemplativa de Teresa la llevó a considerar «un nuevo orden social donde todos fueran iguales. En sus pequeñas comunidades de mujeres contemplativas, Teresa pone en movimiento un cambio total del orden social y religioso por otro espiritual que erradicaría los principios supremos del orden establecido y socavaría las imágenes comunes del estatus social. Libró una valiente lucha para destruir la preocupación por los honores y las riquezas, y, en consecuencia, por sostener el valor de la persona sobre el dinero y el origen social; una lucha inquebrantable por el reconocimiento de los derechos de las mujeres a la oración interior profunda, rindiendo de este modo un importante servicio en la Iglesia en una época de gran peligro y confusión eclesial».[26]

LA HERIDA DE AMOR

Se desprende de forma evidente del testimonio de Teresa que su antropología mística culmina en una nueva realidad ontológica, en la que el alma no es ya una entidad separada, sino que ha sido absorbida o fundida con el espíritu divino. Este nuevo estado del ser está marcado por la reciprocidad de amor, que instila en el alma un deseo de ser todo y hacer todo por Dios. Teresa afirma que este estado más allá de la unión mística, e incluso más allá de la posterior experiencia de éxtasis, vuelos de la fantasía, etcétera, ha sido propiciado por la herida de amor. La herida de amor tiene dos efectos: curar y transformar las aflicciones y sufrimientos que el alma sufre en el mundo, y ungir el alma con el amor que dilata y magnifica su capacidad para recibir en plenitud divina. Abriendo la puerta entre el alma y Dios, la herida de amor aquieta las facultades del alma hasta lograr una suspensión del pensamiento, la memoria y la voluntad. La comunicación se produce entonces no por medio de los sentidos espirituales, sino directamente a través del lenguaje propio de Dios: locuciones, visiones y otras intimidades. Para Teresa, estas comunicaciones no son epifenómenos inferiores de la vida espiritual, sino el medio directo por el que Dios habla a su amada.

La herida de amor tiene una larga historia en la espiritualidad cristiana. Rememorando el Cantar de los Cantares 2, 5, «Confortadme con pasteles de pasas, reanimadme con manzanas, que estoy enferma de amor», escritores cristianos como Orígenes y Gregorio de Nisa confieren a la herida de amor un significado cristológico: «Cristo la Palabra es tanto arco como espada, hiriendo al alma desde dentro». El efecto emocional de esta herida es comparado con «el dulce y amargo pinchazo» y es explicado mediante una serie de metáforas, sensaciones y «anhelos incumplidos».[27] Captando la intensidad emocional de la herida producida en el alma por Cristo, Orígenes escribe: «Si hay alguien que ha sido traspasado con la lanza amante de su conocimiento de manera que me anhele y me desee día y noche, que no pueda hablar de nada sino de él, que no pueda oír nada sino a él, que no pueda pensar en nada sino en él, y no pueda desear ni anhelar ni esperar nada salvo a él, esa alma dice entonces verdaderamente: "he sido herida por la caridad"».[28]

Las muchas experiencias de Teresa con la herida de amor están inmortalizadas en el *Libro de vida*, en el que cuenta que un ángel hundió un ardiente «dardo de oro» en lo más profundo de su corazón.[29] La intensidad del dolor y el exceso de dicha que marcan la transverberación de su corazón son símbolos de la transfiguración ontológica que experimenta y de la importancia espiritual de la herida. Afirma que la herida no se activa a sí misma: «Ve claro que no movió ella por donde le viniese este amor», sino que «del muy grande que el Señor la tiene, parece cayó de presto aquella centella en ella que la hace toda arder».[30] Puesto que la herida es causada divinamente, no puede ser aliviada por penitencias corporales o mentales, sino sólo por Dios, cuyo deseo es que el alma muera al viejo yo. Únicamente de esta manera puede el alma alcanzar la libertad de la vida recíproca en lo divino. Así pues, Teresa es clara respecto a que la herida de amor es un gran favor de Dios al alma y no, a pesar de sus aspectos dolorosos, una prueba.

En el *Castillo interior*, Teresa acepta la herida de amor, especialmente en las sextas moradas. Con una síntesis más madura de su pensamiento, Teresa sitúa ahora la herida de amor como el precursor necesario para la integración completa con Dios en las *moradas* séptimas. El sufrimiento es provocado por la angustia de todo su ser arrastrado no sólo más cerca de Dios, sino hasta ser Dios. Está marcado por una intensidad de anhelo y una consciencia creciente de las pruebas que sufre como mística. Se da cuenta de que los dolores interiores y exteriores que debe soportar son, en muchos casos, el efecto de la ignorancia de sus confesores y sus prejuicios contra la santidad de las mujeres. Se esfuerza por reconciliar la afirmación amante de Jesús y las gracias excesivas con la retórica recelosa dirigida contra ella. Preocupados porque su estatus espiritual es incoherente con sus informes de los favores divinos, sus confesores temen que sus experiencias procedan del demonio, hecho que hace que Teresa esté «con gran tormento y turbación».[31] Estas heridas de amor exteriores le enseñan que sólo Dios puede curar la duda incisiva que se apodera de su alma, y que sólo Dios puede transformar su ajado y cansado corazón.

Sin embargo, el sufrimiento que siente Teresa no es el efecto de un castigo o una reprensión divina. Más bien, es el sufrimiento de la compunción del amor, el sufrimiento que siente a causa de su incapacidad para sentirse digna del amor de Dios. En la herida de amor, redención y salvación son traspuestas y superadas. Teresa se da cuenta de que la intimidad mística predomina sobre la prescripción teológica, porque Dios es la realidad más benéfica. El alma es herida por el amor divino para llevarla a la felicidad verdadera: Dios nos hiere con amor para que podamos recibir y aceptar la bondad de Dios en nosotros. Es así como progresa desde la herida del mundo a la herida divina más profunda en la que toda prueba es, por encima de todo, alegría. La persona, desde una perspectiva mística, participa en la vida de Dios y percibe el mundo desde la perspectiva de Dios. Sin duda alguna, uno de los aspectos más convincentes de la sabiduría de Teresa es su insistencia en la capacidad del alma para empatizar, asumir y transformar el sufrimiento. Igual que Dios asume el dolor del mundo, el alma plenamente realizada participa en el sufrimiento intradivino cuando Dios llora con nuestro llanto. A través del ojo interior del amor se le da al alma la vulnerabilidad divina para cargar con la herida de amor, y la fuerza divina para resistir la violencia y la aflicción. Finalmente, la persona, como agente de lo divino en el mundo, eleva la creación a un entendimiento integral, encarnado, de la divinidad del mundo y la belleza del alma.

Teresa especifica una progresión de la herida de amor. El primer efecto de la herida es dilatar y expandir el alma para hacerla capaz de recibir la inmensidad de Dios.[32] Este herir es «bien diferente de todo lo que acá podemos procurar, y aun de los gustos que quedan dichos [es decir, los deleites antes mencionados]».[33] El alma sabe que la herida es algo precioso e incluso, aunque el dolor es intenso, no quiere ser curada de su sufrir. Más bien, la acción del pinchazo divino es tan poderosa que el alma «se está deshaciendo de deseo», experimentando un tipo de entrega sin miedo del abandono de Dios.[34] Experimentando las heridas divinas como un sufrimiento intenso y una intensa alegría en su profundidad más íntima, el alma siente un amor abrumador cuando Dios lleva estos abismos a su propia naturaleza.

> [...] como va conociendo más y más las grandezas de su Dios, y se ve estar tan ausente y apartada de gozarle, crece mucho más el deseo; porque también crece el amar, mientras más se le descubre lo que merece ser amado este gran Dios y Señor; y viene en estos años creciendo poco a poco este deseo de manera, que la llega a tan gran pena como ahora diré. [...] andándose así esta alma, abrasándose en sí misma, acaece muchas veces [...] un golpe o como si viniese una saeta de fuego. No digo que es saeta, mas cualquier cosa que sea, se ve claro que no podía proceder de nuestro natural. Tampoco es golpe, aunque digo golpe; más agudamente hiere. Y no es adonde se sienten acá las penas, a mi parecer, sino en lo muy hondo e íntimo del alma, adonde este rayo que de presto pasa, todo cuanto halla de esta tierra de nuestro natural, lo deja hecho polvos [...].[35]

Siempre preocupada porque su camino esté por encima de todo reproche, Teresa se esfuerza especialmente en distinguir el despertar de Dios de su alma de cualquier posible actividad del demonio. Comprende que sólo Dios tiene la facultad de unir el dolor con el deleite espiritual del alma. Igualmente, la acción de Dios infunde en el alma quietud y certeza, fortaleciéndola con gran determinación para sufrir por Dios. No está en poder del demonio observar, dotar de estas capacidades. Los beneficios de Dios son más interiores y ocultos y expresan formas especiales de comunión participada entre Dios y el alma. Entre estas, Teresa menciona la infusión en los sentidos de una «inflamación deleitosa» que da lugar a «grandes actos y alabanza a Nuestro Señor».[36] Además, la herida de amor genera una comunión más profunda, que Teresa describe en las moradas cuartas y quintas como las oraciones de quietud y de unión, respectivamente. Pero más allá de estas formas de oración, Dios lleva al alma a los esponsales, hablando a su amada a través de una variedad de locuciones (palabras silentes de Dios), éxtasis y visiones intelectuales e imaginativas. Cada uno de estos medios de comunicación le transmite una mayor comprensión de los misterios divinos y una encarnación más integral de su cocreación con Dios.

En las moradas sextas, la herida de amor ciega los ojos del alma y la envuelve en un capullo de no saber para dejar al alma «aniquilada a sí, y con mayor conocimiento de la misericordia de Dios y de su grandeza».[37] A través de momentos de iluminación se enseña al alma que no hay ninguna puerta cerrada entre las moradas inferiores y la luminosidad del matrimonio místico que se produce en las moradas séptimas. Se le otorga ahora al alma la comprensión de que no hay ninguna división, ninguna separación, entre el alma y Dios. Como la lluvia que cae en un río o en un arroyo que llega al mar, el alma está inseparablemente en casa, y es una con su fuente divina. «Porque se entiende claro –escribe Teresa–, por unas secretas aspiraciones, ser Dios el que da vida a nuestra alma, muy muchas veces tan vivas, que en ninguna manera se puede dudar [...] Llegando el alma a hacerla Dios esta merced está segura de su salvación y [a salvo] de tornar a caer».[38]

Tras haber alcanzado esta altura de intimidad mística, Teresa explica en las moradas séptimas que el propósito de la herida de amor y los favores deliciosos es vivir como Cristo, ofreciendo al mundo el fruto de las buenas obras. La disolución del alma en el océano de la divinidad afecta a la acción de Teresa en el mundo, de modo que sus obras exteriores surgen siempre de esta profunda raíz interior. Para Teresa, la reciprocidad e intimidad experimentada a través de la herida de amor es más primordial, más fundamental que la *unio mystica*, que habla de confluir y de unir. Tiene muy claro que la realidad que quiere transmitir está más allá de la unión, que implica la reunión, el hacerse uno, de dos entidades separadas. No, la nueva realidad ontológica que descubre es anterior a la unión; es el estado original, el principio maternal por el cual y a través del cual se hace posible lo que se manifiesta. No es la reunión de dos entidades separadas, sino la fuente y el origen descubiertos por el camino del amor. Tal vez en las séptimas moradas comprende las implicaciones místicas del sufrimiento de Dios en la cruz para su condición de mujer. Dios no puede crear ni conducir al alma a ninguna realidad que ha estado allí todo el tiempo, sino que debe sufrir y esperar la cooperación humana, hasta que Teresa ame su yo con tal intensidad de amor que se abra paso a través de su inferioridad y su duda de sí misma. Entonces, el ser de Dios se manifiesta en el ser de su alma, co-liberando a Dios en el mundo. Dios está restringido por la opresión del alma de Teresa; en consecuencia, Dios es liberado por su dignificación y su potenciación. La descripción de Teresa del viaje del alma vacila en el *Castillo interior* entre la idea sensible de una realidad predeterminada a la que es conducida el alma y una realidad dinámica, interactiva, constantemente cocreada por Dios y el alma.

Teresa descubre que la salvación o perfección espiritual es mística. Es decir, que todo lo que se desea ardientemente, todo lo que requiere curación, todo lo que anhela integridad se resuelve en la intimidad mística con Dios. No mediante austeridades ni represión; no mediante la coerción o los sacramentos; no mediante la liturgia ni la erudición; sino que sólo haciendo de todo el yo un huésped de Dios se puede alcanzar la *theosis* femenina. A través de la herida de amor, el alma de Teresa es ahuecada y vaciada para recibir la comprensión de su participación en la construcción de una comunidad sagrada en la tierra. Así como Dios comparte todos los cuidados, problemas, dolores y triunfos de Teresa, así Teresa participa en los dones generosos y porta el sufrimiento de Dios por el mundo. Juntos se esfuerzan por dar voz a los sin voz, santifican la vida e inspiran en otros el mismo deseo de verdad. La herida significa tanto la ausencia como la presencia de Dios; la transcendencia de Dios y su amistad íntima; la benevolencia sobreabundante de Dios y la asunción de la ignorancia humana.

Teresa aprende que abrirse paso a través de quien le revela todos sus nombres conduce al fluir a raudales de *aquella* que ha llegado a ser íntima con su totalmente otro, Dios. Un nuevo lenguaje surge atado en el tejido de lo intacto y no corrompido que es claro e intimidante en su luz, como el espéculo de Teresa de la iluminación divina. Esta presencia pura –un decir por siempre no dicho, un no nombrar de la construcción "mujer"– suscita miedo y resistencia, y es ridiculizada, suprimida, incluso "matada" por quienes no están todavía en esa actitud de soltar. Habiendo cruzado el trémulo río del no saber y del no hacer (de todo lo que se afirma, nombra y desea), y habiendo vuelto con sus dones, esta mujer nueva, que no es ya "mujer", ve sus dones destrozados y rotos. Han nacido muertos, no se les permitió nacer. Para Margarita Porete –la desdichada beguina del siglo XIV que se negó a paralizar la circulación de su escrito *El espejo de las almas simples*– esto sucedió de golpe: fue quemada en la hoguera. El poder destruirá a alguien tan audaz y reducirá a cenizas las brasas de un corazón inflamado con la apofasis del puro deseo femenino.

En el caso de Teresa, ella es azotada por una verdad más amarga y duradera, que la lleva a una crucifixión mística entre el cielo y la tierra. Su Amado tiene un plan diferente. No basta con que sea portadora del don del matrimonio místico –que es, en realidad, el don de su auténtico yo femenino–, pues tiene que convertirse en novia de toda su persona, afirmando, dignificando, diseminando y elevándola para los demás. No puede ser inconsciente; no puede olvidar el camino por el que ha viajado ni las lecciones aprendidas. No puede negar el poder de ella misma como mujer, y debe ser testimonio y testamento de su perdurable presencia femenina. Sus escritos inspiran la búsqueda, pues en sus palabras ella da la palabra a los que no tienen voz; escribe fuera del patriarcado –si no fuera de la religión–, encontrando en su relación con Jesús una vía de escape de lo que la somete y rebaja, y una liberación de confesores y sacerdotes, así como de la denigración de su condición de mujer. Teresa alimenta la herida de amor, que produce una continua generosidad de espíritu: vuelve portando dones, siempre portando dones.

La lucha de Teresa por vencer su inferioridad y la prohibición por parte de la Iglesia, y su intenso esfuerzo por afirmar y reivindicar su camino femenino, liberaron un reino suprimido o inexpresado de la conciencia: la dimensión encarnacional femenina en la que la coparticipación en la realidad es *el camino* de perfección. Su lucha particular como mujer era necesaria para su liberación. A través de sus esfuerzos por liberarse de los estereotipos y las limitaciones de género en la vida espiritual, Teresa encarna la reciprocidad del amor que sostiene su comprensión mística de la persona. Una vez descubierta su propia *theosis* femenina, Teresa asume en cuerpo y alma la herida del amor que traspasa los velos entre los mundos y la recibe en la «pérgola de la intimidad».[39]

7. IBN AL-'ARABĪ, SOBRE LA PARTICIPACIÓN EN EL MISTERIO

William C. Chittick

Jorge N. Ferrer propone cuatro aspectos en los que el enfoque participativo en el estudio de la religión y la espiritualidad resulta más satisfactorio que las metodologías actuales: generosidad al reconocer la creatividad infinita del Misterio, respeto hacia la legítima diversidad de las tradiciones, fecundidad para el diálogo interreligioso, y expansión de las opciones emancipadoras de los seres humanos.[1] Estas son, en realidad, algunas de las características de gran parte del pensamiento islámico premoderno, a pesar de los estereotipos populares en Occidente. Específicamente, se pueden observar con claridad en los escritos de Ibn al-'Arabī (m. 1240), que fue probablemente el pensador musulmán más influyente antes del siglo XX.

Ibn al-'Arabī fue un autor enormemente prolífico de unas obras de difícil catalogación. Fue maestro de las principales ramas del saber islámico: Corán y comentario del Corán, Hadiz (dichos del Profeta), jurisprudencia (*fiqh*), Kalam (teología dogmática), y sufismo, tanto en su dimensión práctica como en la teórica. Sus obras integran y sintetizan todos estos campos, en contraste con los escritos más especializados de casi cualquier otro autor importante de la historia islámica. Si se le denomina habitualmente "sufí", es porque hizo pleno uso de las intuiciones de los "místicos" y estaba inmerso en las prácticas y realizaciones del camino hacia Dios. Esto no significa, sin embargo, que él se identificara con los sufíes o que se limitara a sus planteamientos característicos. La reivindicación planteada por sus seguidores (y probablemente por él mismo) de ser "el sello de los santos muhammadianos" es, tal vez, menos reveladora que el hecho de que su tumba en Damasco sea todavía venerada por la gente común y frecuentada por peregrinos de todo el mundo islámico, o que sea universalmente condenado por los llamados "fundamentalistas".[2]

Para comprender las enseñanzas de Ibn al-'Arabī en su contexto tenemos que recordar que su pertinencia para la tradición islámica y su capacidad para hablar a los musulmanes conscientes a lo largo de los siglos tienen mucho que ver con el hecho de que sus escritos toman el Corán como punto de referencia constante. Pocos autores han estado tan completamente versados en la terminología propia del Corán, o se han ocupado tanto por recuperar el significado del texto tal como era interpretado por los árabes a los que les fue revelado. Pero no es un pensador "sistemático". De ningún modo trata de abarcar su tema de una manera totalizadora y jerárquica. Más bien, escribe –como nos dice con frecuencia– bajo la presión de la inspiración divina, que fluye como quiere. Así es como él podría explicar el hecho, atestiguado por cualquier lector atento de sus obras, de que siempre sorprende. Empieza sus análisis con lo consagrado y conocido (Corán, Hadiz) y termina mostrando que hay mucho más de lo que la mirada encuentra. Sus argumentos son siempre coherentes y convincentes, aunque vuelen ante la lógica convencional. Si hay algún móvil que se le puede atribuir, es el de los maestros espirituales de cualquier lugar: abrir el alma a toda la gama de sus posibilidades.

LOS SIGNIFICADOS DE 'ISLĀM'

Un buen lugar para empezar a investigar la naturaleza participativa de la visión de Ibn al-'Arabī e ilustrar su perfecta adecuación a la tradición islámica puede ser la palabra "islām".

Normalmente, se interpreta que designa la religión establecida por Muhammad y el Corán, y se dice que su significado literal es "sumisión a la voluntad de Dios". Sin embargo, islam como nombre de la religión no está atestiguado inequívocamente en el Corán, ni se da a la "voluntad" de Dios una preeminencia especial. Más bien, el significado coránico más básico –"sumisión" o "rendición"– designa el estado universal de todo lo que hay en el universo. Todas las cosas están totalmente controladas por su Creador. El cosmos entero y todo dentro de él participa en el flujo del ser universal, y nadie tiene ninguna opción en el asunto. Como dice el Corán: «¿Acaso buscan algo diferente a la religión de Dios cuando quienes están en los cielos y en la tierra se someten a Él voluntaria u obligadamente?» (3, 83). Si reemplazamos el término "participativo" de Ferrer en el párrafo siguiente por el de "islām", el sentido básico de la palabra aparece expresado claramente:

> "Participativo" se refiere también al predicamento ontológico fundamental de los seres humanos en relación con las energías y realidades espirituales. Los seres humanos están siempre –lo sepan o no– participando en la revelación del Espíritu en virtud de su misma existencia. El predicamento participativo no es sólo el fundamento ontológico de las otras formas de participación, sino también el ancla epistémica de las pretensiones de conocimiento espiritual y la fuente moral de la acción responsable.[3]

Una vez reconocemos que el significado primero de *islām* es ontológico podríamos entonces decir que todas las cosas están sometidas a la "voluntad" de Dios. Sin embargo, a diferencia de muchos teólogos musulmanes, Ibn al-'Arabī no ve ninguna razón para destacar la voluntad sobre otros atributos divinos. Normalmente, cuando explica la sumisión de todas las cosas a Dios empieza con el atributo divino de la vida (*ḥayāt*), luego señala el conocimiento (*'ilm*), el deseo (*irāda*)[4] y el poder (*qudra*). Dios crea las cosas mediante su poder, pero no ejerce su poder sin desear primero hacerlo. No puede desear cosas sin conocerlas primero, y no puede conocerlas sin que estén vivas.

Nótese que el análisis de Ibn al-'Arabī del deseo divino es ontológico, no moral. Cuando hablamos de la "voluntad" de Dios, normalmente pensamos en lo que Dios "quiere" de nosotros, sin ninguna insinuación de que estemos forzados a hacerlo. Por ejemplo, cuando los teólogos musulmanes leen el versículo «Tu Señor ha decretado que no adoréis nada excepto a Él» (17, 23), nos dicen que eso significa que tenemos la obligación moral de someter nuestra voluntad a la de Dios. Ibn al-'Arabī, sin embargo, nos dice que se refiere al hecho ontológico de que todas las cosas adoran y sirven (*'ibāda*) a su Creador por el acto mismo de existir.

Generalmente, en la teología islámica se atribuye a Dios dos tipos de mandatos (*amr*). El primero, llamado el mandato de "engendrar" (*takwīnī*), trae todas las cosas a la existencia y, de ese modo, las obliga a someterse a su Creador. Se menciona en algunos versículos coránicos, como: «En verdad, su orden cuando desea algo es decirle: "¡Sé!" [*kun*], y es» (36, 82). En relación con este mandato, todas las cosas sirven y adoran a Dios. «No hay nadie en los cielos y la tierra que no venga como siervo ante el Clementísimo» (19, 93). Su servicio es "esencial" (*dhātı*), lo que equivale a decir que es parte de lo que son. Su ser no es nada sino la huella de la Palabra divina; su actividad, nada sino la impresión del Acto divino: «Dios os ha creado a vosotros y lo que vosotros hacéis» (37, 96). Por ello, nos dice Ibn al-'Arabī, el cosmos, que se define como «todo lo otro que Dios» (*mā siwa'llāh*), es la suma total de las palabras divinas expresadas en «el Soplo del Muy Compasivo» (*nafas al-raḥ mvn*), que es idéntico al espíritu que Dios sopló en la arcilla de Adán para infundirle vida (Corán 15, 29).

En resumen, *islām*, en su sentido coránico más amplio, significa la sumisión forzosa de todas las cosas al mandato engendrador. No puede haber ninguna discusión acerca de la libertad hasta que consideramos el segundo significado, más limitado, de *islām*, que es sumisión voluntaria a las instrucciones de Dios tal como fueron reveladas a los profetas. El Corán habla de muchos profetas, empezando por el propio Adán, y les llama a ellos y a sus seguidores *muslims* o "musulmanes", significando que se sometían voluntariamente a Dios. La literatura del hadiz nos cuenta que Dios envió 124.000 profetas, de manera que hay mucho lugar para la generosidad de adivinar quiénes pueden haber sido (el Corán sólo menciona a unos veinticinco por su nombre).

Las instrucciones proféticas se contrastan con el mandato de engendramiento llamándolas mandato "prescriptivo" (*taklīfī*). Asumen la forma de «hacer las oraciones, ayunar durante el Ramadán, evitar la carne de cerdo, amar al vecino, no adorar a los ídolos». Dios prescribe la actividad recta, las palabras rectas y el pensamiento recto, y los seres humanos tienen la libertad de aceptar o rechazar sus prescripciones. Quienes aceptan se convierten en *musulmanes* espontáneos, sean o no seguidores de Muhammad y el Corán.

Como sumisión espontánea, *islām* tiene tres formas básicas. La primera es el libre consentimiento a las instrucciones de lo Real; corresponde aproximadamente a la "religión" como fenómeno universal. En relación a ello, dice el Corán: «No hay coacción en la religión» (2, 256), esta no tiene sentido sin la aceptación libre. La segunda forma de sumisión voluntaria es la religión histórica que lleva tal nombre. La tercera son las prácticas que el Corán y los Profetas prescriben para quienes deciden seguir esta revelación específica. En esta última interpretación, se distingue *islām* de *īmān*, el reino de la fe y la comprensión, y de *iḥsān*, el reino de la bondad, la virtud y la transformación humanas.[5]

LA MANERA EN QUE LAS COSAS SON

Los escritos de Ibn al-'Arabī tratan de tres dimensiones de la tradición islámica –práctica, comprensión y transformación–, pero subrayan la segunda, es decir, aclarar la naturaleza de las cosas para señalar el camino hacia la transformación. Se dice que Muhammad solía decir: «Señor, ¡muéstranos las cosas como son!». Ibn al-'Arabī escribe como guía para la comprensión de las consecuencias infinitamente diversas de esta visión. Habitualmente llama a aquellos que lo logran *muḥaqqiq*, "el que comprende", participio activo del nombre verbal *taḥqīq*, "comprensión". Tan central es esta noción para sus enseñanzas que su mejor discípulo, Śadr al-Dīn Qūnawī, habla de la perspectiva de su maestro como *mashrab al-taḥqiq*, "el punto de vista de la comprensión".

La palabra *taḥqīq* deriva de la misma raíz que *ḥaqq*, uno de los nombres coránicos más importantes de Dios y término técnico clave en varias ciencias islámicas; *ḥaqq* significa verdad, realidad, rectitud, propiedad, valor. Como nombre de Dios (nombre que, en Persia por ejemplo, se usa de manera mucho más habitual que Allah), designa lo Real, lo Verdadero y lo Recto en su sentido absoluto. Cuando se emplea para algo distinto de Dios, *ḥaqq* designa la verdad, la realidad, la rectitud y lo apropiado de las cosas, en contraste con *bāṭil*, mentira, irrealidad, falsedad.

Taḥqīq significa literalmente "realizar *ḥaqq*" o "poner en práctica *ḥaqq*". Como la palabra inglesa *realization* tiene el doble sentido de comprender y realizar. Significa comprender y reconocer que las cosas son verdaderas, reales y apropiadas, y realizar en uno mismo lo que es verdadero, correcto y valioso. En última instancia, la autorrealización no es otra cosa que la realización de lo Real.

Una de las diversas bases escriturarias importantes para la

interpretación de Ibn al-'Arabī de la palabra *taḥqīq* es un hadiz en el que el Profeta explica que la gente no debería perder de vista el *ḥaqq* de las cosas –su verdad, rectitud, propiedad y valor– y debería responder a estos *ḥaqqs* de la manera correcta y digna: «Tu alma tiene un *ḥaqq* contra ti, tu Señor tiene un *ḥaqq* contra ti, tu cónyuge tiene un *ḥaqq* contra ti, tu visitante tiene un *ḥaqq* contra ti. Así pues, da a todo lo que tiene un *ḥaqq* su *ḥaqq*». Aquí se puede traducir la palabra *ḥaqq* por "derecho", y, en efecto, es precisamente esta palabra árabe la que se usa actualmente en el debate sobre los "derechos humanos". Pero nótese que lo fundamental de observar los derechos no es reclamar lo que se debe a uno mismo, sino más bien responder justamente, apropiadamente y dignamente a los otros. Observar los derechos es responsabilidad nuestra; los derechos son "contra" nosotros, no para nosotros.

En Ibn al-'Arabī, la última frase de este hadiz –«Dad a todo lo que tiene un *ḥaqq* su *ḥaqq*»– es tanto una obligación humana universal como el epítome de *taḥqīq*. La comprensión es ver las cosas como verdaderamente son –es decir, es verlas respecto de su *ḥaqq* específico– y, simultáneamente, es actuar de forma correcta y digna. Esto exige una visión del *ḥaqq* Absoluto, no en sí mismo, sino en la medida en que se revela en todas las cosas y de ese modo les confiere sus "derechos". Exige reconocer y observar el *ḥaqq* de nuestra alma contra nosotros, aquello que es nuestra responsabilidad particular. Nuestra alma o yo (*nafs*) es un don de Dios, nacida del Soplo del Muy Compasivo, y está naturalmente inclinada a servir, adorar y someterse a su Señor. Nuestra responsabilidad hacia ella es permitir que realice su propia naturaleza.[6] El derecho de nuestro Señor contra nosotros implica para nosotros reconocer su Señorío y actuar en consecuencia, es decir, obedecer su mandato prescriptivo. Por lo que se refiere a los cónyuges, invitados y otros, sus derechos contra nosotros implican que actuemos hacia ellos con sabiduría y compasión, pero estas son cualidades que no nos llegan fácilmente, por eso también aquí necesitamos la guía de las normas proféticas y sabias. Las ciencias islámicas tradicionales, de la jurisprudencia al sufismo, se ocupan precisamente de todo lo que esto supone.

LA UNICIDAD DE LO REAL

Otro hadiz nos habla del *ḥaqq* de Dios contra nosotros, es decir, de nuestra responsabilidad hacia él: «El derecho de Dios contra sus servidores es que ellos adoren a Dios y no asocien nada con Él. El derecho del servidor contra Dios es que Él no castigue a nadie que no asocie a nada con Él». Esta sentencia destaca la importancia del primero de los tres principios de la fe islámica, es decir, el *tawḥīd*, la afirmación de la unicidad divina que está sintetizada en la declaración: «No [hay] más dios que Dios».[7] El homólogo negativo de *tawḥīd* es *shirk*, «asociar a otros con Dios», que en términos coránicos es el único fallo humano que, sin penitencia, Dios nunca perdonará (4, 48).

En general, los musulmanes han sostenido que la afirmación de la unicidad es comprendida intuitivamente por cualquier persona de mente sana. El papel de los profetas es "recordar" (*dhikr*) a aquellos que lo han olvidado y proporcionar guía a aquellos que recuerdan. La guía es necesaria porque uno no puede lograr un equilibrio feliz y armonioso con lo Real sin la iniciativa de lo Real. La gracia tiene siempre prioridad sobre las obras. Aunque podamos comprometernos en una búsqueda de lo Real, no podemos discernir lo que se le debe legítimamente –en sí mismo y en sus manifestaciones criaturales– por su transcendencia y omnipresencia. No tenemos ningún modo de responder a aquello que es simultáneamente nada y todo, es decir, ninguna cosa específica, aunque revelado en todas las cosas, en todos los "signos" (*āyāt*) de Dios que son precisamente sus creaciones. Esto ayuda a comprender por qué el segundo principio de la fe islámica es la "profecía" (*nubuwwa*), no la de Muhammad específicamente, sino la de los 124.000 profetas enviados por Dios.

El Corán resume las revelaciones de Dios a los profetas en estas palabras: «Y no hemos enviado antes de ti a ningún mensajero sin haberle revelado "No hay más dios que Yo, así pues adoradme/servidme"» (21, 25). Un mensaje profético, según este versículo, tiene dos elementos básicos: el primero es el *tawḥīd*, el reconocimiento de la forma en que las cosas son, empezando por el reconocimiento de la autoridad absoluta de lo Real y la servidumbre obligatoria de todas las cosas. El segundo es la servidumbre y adoración voluntaria, es decir, la observación del mandato prescriptivo, que precisa la acción apropiada tal como la instruye lo Real autorrevelado. Así, en la visión coránica de las cosas, el *tawḥīd* es el mismo para todos los profetas, pero Dios envió a cada profeta con «la lengua de su pueblo» (14, 4), es decir, con la "guía" (*hudā*) apropiada al contexto cultural y lingüístico de cada pueblo. Pero el Corán recuerda también que solo Dios es el guía verdadero. Así: «Tú [oh Muhammad] no puedes guiar a quien quieras, sino que Dios guía a quien Él quiere, y Él es quien mejor conoce a los que son guiados» (28, 56).

LAS RAÍCES DE LA MULTIPLICIDAD

Si intentamos conceptualizar toda la realidad, podemos dividirla en dos reinos: Dios y lo otro que Dios; o lo Real *per se* y las manifestaciones de lo Real; o el Misterio Absoluto (*al-ghayb al-muṭlaq*) y lo relativamente misterioso.[8] Respecto del Misterio mismo, no tenemos ninguna respuesta adecuada más que reconocer nuestra ignorancia. De todo lo demás podemos decir, en los términos de Ibn al-'Arabī, que es la autorrevelación (*tajallī*) del Misterio.

El término "autorrevelación" deriva de un pasaje coránico en el que Moisés le pide a Dios que se muestre, y Dios responde a Moisés que no lo verá. «Y cuando su Señor *se manifestó* a la montaña la desmoronó, y Moisés cayó desvanecido» (7, 143). En la interpretación de Ibn al-'Arabī de la autorrevelación de lo divino, lo Real en sí mismo permanece como el Misterio absoluto, pero se revela siempre y para siempre, sea en este mundo que conocemos o en cualquier otro reino de manifestación. El Misterio es uno, por eso cada autorrevelación del Misterio tiene su unicidad propia. Dos cosas nunca pueden ser la misma, y nunca se repiten dos momentos de la misma cosa. Este es el sentido de su axioma citado con frecuencia: «No hay ninguna repetición en la autorrevelación» (*lā takrār fi'l-tajallī*).

Si todas las cosas son autorrevelaciones del Único, cada una revela y oculta simultáneamente al Único. Dice el Corán: «A donde quiera que os giréis, encontraréis el rostro de Dios» (2, 115), pero cada rostro vela otro rostro, y los rostros de Dios son infinitos. Tal como lo expresa a veces Ibn al-'Arabī, todo es Él/no Él (*huwa lā huwa*), es decir, Real/no Real. En la medida en que las cosas revelan a Dios son Él, pero en la medida en que velan no son Él. En todas las cosas, lo Real se manifiesta y se esconde a la vez, es conocido y desconocido, evidente y misterioso.

El Corán nos dice: «Todas las cosas perecen salvo Su rostro» (28, 88), y los comentadores explican que "rostro" significa aquí la Esencia misma de lo Real. Ibn al-'Arabī está de acuerdo, pero señala también que las reglas de la gramática árabe nos inclinarían de manera natural a leer el versículo interpretando que en «todo perece salvo *su* rostro», el *su* se refiere al rostro de la cosa, a su esencia y realidad. El hecho de que el versículo sea susceptible de dos lecturas obvias se sigue de la intención divina, dice Ibn al-'Arabī, pues Dios quiere que entendamos que el rostro divino vuelto hacia cada cosa es idéntico al rostro de la cosa vuelto hacia Dios. Así, cada cosa del universo tiene un "rostro específico" (*wajh khāṣṣ*), que es su propia realidad en la conciencia de Dios. Es a ese rostro al que Dios dice: «¡Sé!», y aunque el rostro permanece con Dios, sus propiedades y características se hacen manifiestas como la cosa en el mundo.[9]

El camino al conocimiento de sí conduce al rostro de lo Real, pero ese rostro es precisamente la comprensión y realización del rostro propio de uno mismo, de la naturaleza verdadera de uno mismo, el *ḥaqq* propio de uno. El rostro del servidor no es nada sino el rostro del Señor, y cada servidor es único, cada uno es una autorrevelación nunca repetida de lo Real. En la medida en que todos los servidores son rostros, todos los caminos conducen a lo Real, pero en la medida en que cada camino es específico y único, cada servidor realiza una única realización de lo Real. El mandato coránico de buscar conocimiento es el mandato de esforzarse por conocerse a uno mismo y al Señor de uno mismo, pues los dos conocimientos son el mismo conocimiento. «Quien se conoce a sí mismo –dijo el Profeta en una sentencia citada con frecuencia– conoce a su Señor.» Quien ve su propio rostro ve el rostro de Dios:

> Dios posee relaciones, rostros y realidades *ad infinitum*. Aunque todas ellas vuelvan a la Entidad Única, no obstante las relaciones no están cualificadas por la existencia con que la finitud debería afectarlas [...]. Nada es conocido de lo Real excepto lo que es dado por la relación específica. Las relaciones son infinitas, por eso la creación de las cosas posibles es infinita. Por ello la creación es constante en este mundo y en el siguiente, y el conocimiento experimenta constantemente nuevas llegadas en este mundo y en el siguiente. Por eso Él ordenó [a Sus servidores] que tratasen de crecer en conocimiento.[10]

Pero el camino no tiene fin, pues lo Real en su mismidad nunca puede ser alcanzado.[11] El objeto de la búsqueda es infinito, y el buscador es finito, por eso el viaje continúa para siempre:

> Dios mandó decir a Su Profeta: «Señor mío, hazme crecer en conocimiento» (Corán 20, 114) [...]. El mandato era incondicional, por eso busca el crecimiento y la concesión en este mundo y en el próximo [...] Dios nunca deja de crear en nosotros *ad infinitum*, por eso el conocimiento se amplía *ad infinitum* [...] La sed del buscador de conocimiento no cesa nunca [...]. Uno de los gnósticos dijo: «El alma es un océano sin orillas», aludiendo al infinito. Pero todo lo que entra en la existencia o es cualificado por la existencia es finito [...]. Si los objetos de conocimiento tuvieran que ser cualificados por la existencia, serían finitos y se podrían otorgar en medida suficiente. Así pues, no sabrás nada de Dios sino lo que viene a ser desde Él y viene a existir dentro de ti.[12]

REVELACIÓN

A pesar del misterio absoluto de lo Real Infinito en sí mismo, este articula su autorrevelación *ad infinitum* a través de las palabras inacabables del Soplo del Muy Compasivo. Percibimos estas palabras en tres dominios: cosmos, alma y escritura. Esta última es la autorrevelación de lo Real en un lenguaje de orientación. Habla a la capacidad humana para que reflexione sobre el mundo y sobre nosotros mismos, y para que nos reorientemos adecuadamente. Se dirige a nosotros en la medida en que vemos que todavía no somos completos y tenemos un papel que desempeñar en nuestra propia culminación. Toma en consideración el hecho de que, en un sentido muy real, somos cocreadores de nuestros propios yoes y del mundo, pues cada acto que realizamos y cada opción que hacemos configura la dirección en la que se despliega el Misterio.

"Cocreatividad" no es un término que podamos encontrar en árabe, sobre todo debido al interés por subrayar que «no hay ningún Creador excepto Dios». No obstante, Ibn al-'Arabī no le hace ascos a señalar que los seres humanos participan de hecho en el atributo divino de la creatividad. Nos recuerda que la palabra árabe *khalq*, "creación", tiene dos significados básicos: traer a la existencia lo que nunca fue, y dar una forma nueva a lo que ya es. Solo Dios posee el atributo de decir: «Sé»; por eso, solo él crea en el primer sentido. Pero tanto Dios como los seres humanos crean en el segundo sentido, punto al que alude el Corán en el versículo: «Bendito sea Dios, el mejor de los creadores» (23, 14).

El papel de la revelación profética es proporcionar guía para que la gente pueda comprender el *ḥaqq* de las cosas y ejercer sus poderes creadores de manera apropiada. La característica destacada del estilo de guía propio del Corán se encuentra tal vez en la manera en que nombra al Innombrable. Los llamados "noventa y nueve nombres más bellos de Dios" impregnan el texto y ofrecen los componentes esenciales de la teología islámica. El Misterio se revela llamándose a Sí mismo el Viviente, el Conocedor, el Deseante, el Poderoso, el Elocuente, el Generoso, el Justo, el Compasivo, el Afectuoso, el Perdonador, el Vengativo, etcétera. En cada caso, la fórmula del *tawḥīd* proporciona el sentido: no hay nadie verdaderamente vivo excepto Dios, nadie verdaderamente conocedor excepto Dios, nadie deseante excepto Dios, nadie generoso excepto Dios, nadie justo excepto Dios.

Cuando interpretamos los nombres divinos en función de lo absoluto del Misterio, nos dicen que solo lo Real es verdad, vida, conocimiento; todo lo demás es ilusión, muerte, ignorancia. Cuando leemos los nombres en función de la autorrevelación infinita de lo Real, nos dicen que toda huella de vida, conocimiento, deseo y palabras no pueden ser nada excepto el rostro de lo Real. Todo sin excepción participa en la autorrevelación de lo Real. Pero sólo los seres humanos, entre todos los participantes –hasta donde sabemos–, participan en la creatividad del Único, pues sólo ellos tienen voz y voto en cómo los atributos y las cualidades divinas se despliegan en sí mismos y en el mundo.

¿Podemos, entonces, conocer el Misterio conociendo sus nombres? La respuesta es sí y no. Podemos conocerlo en la medida en que se nombra a sí mismo a través de las cualidades de las cosas y de las personas, y en que se revela lingüística y conceptualmente en los mensajes proféticos. Pero sus nombres siguen siendo, como le gusta decir a Ibn al-'Arabī, "relaciones" (*nisab*), no las cosas en sí mismas. Esto nos permite orientarnos correcta y adecuadamente hacia lo Real, pero no da acceso al Misterio en sí mismo.

Además, por supuesto, está toda la cuestión de lo que queremos decir por "conocer" lo Real. Ibn al-'Arabī vuelve con frecuencia a las diversas modalidades de interpretación y a la diferencia entre la conceptualización mental y la visión "cordial", pues el corazón es el lugar verdadero de la yoidad y de la conciencia humanas, la única cosa en el universo que, según un hadiz, puede abarcar a Dios: «Ni Mis cielos ni Mi tierra Me abarcan, pero el corazón de Mi servidor creyente Me abarca».[13]

Para Ibn al-'Arabī, el conocimiento real, la conciencia real de la manera en que las cosas son, vuelve a la presencia de lo Real en toda autorrevelación, es decir, al *ḥaqq* de las cosas. Lo Real es el Viviente, el Cognoscente, el Deseante, el Poderoso; las autorrevelaciones participan en estos atributos según el grado de su receptividad. Ibn al-'Arabī cita el dicho del gran sufí Junayd: «El agua toma el color de la copa que la contiene». A fin de cuentas, conocer es un atributo de lo Real: «Nadie conoce sino Dios». El conocimiento real, el conocimiento alcanzado a través de la realización, exige la identidad con el conocedor real. Una vez que uno encuentra el rostro específico de Dios, que es el rostro de uno mismo, entonces se conoce. Se alcanza ese estado a través del amor, uno de los temas básicos de todos los maestros sufíes. En este tipo de análisis, Ibn al-'Arabī cita a menudo un hadiz auténtico que recoge las palabras de Dios respecto del servidor que se hace digno de su amor: «Cuando yo le amo, soy el oído a través del que oye, la vista por la que ve, la mano con la que agarra, y el pie con el que camina». Ni que decir tiene decir que es también la mente y el corazón mediante los que conoce.

LA ONTOLOGÍA DE LO HUMANO

Una de las preocupaciones de Ibn al-ʻArabī como instructor en el camino hacia Dios es cartografiar el alcance de las posibilidades humanas. Cualquier análisis completo de sus enseñanzas nos revelará el hecho de que ofrece una exposición inmensamente complicada de los tipos humanos a la que se da una orientación global mediante la noción de "el ser humano perfecto" (*al-insān al-kāmil*). La perfección es el estado humano último, la realización plena de la esencia humana, el objetivo máximo al que se puede aspirar. Pero no se debe imaginar como algo fijo o limitador, ni se debe pensar que sólo hay un camino para su consecución. Es la estación encarnada por todos los profetas, cada uno de ellos según su camino perfecto y específico. Y, como todo lo demás, tiene grados, hecho que se infiere de los axiomas «no hay más dios que Dios» y «no hay repetición en la autorrevelación». La perfección absoluta es un atributo sólo de lo Real, y ninguna perfección relativa, revelada, puede ser exactamente igual a ninguna otra.

Ibn al-ʻArabī cita un versículo que el Corán pone en boca de los ángeles: «No hay ninguno de nosotros que no ocupe su lugar determinado» (37, 164). Nos dice que este versículo se aplica a todo en el universo, pero, en el caso humano, no está vigente sino después de la muerte. En otras palabras, todas las cosas están fijas en su particular naturaleza y capacidad única, aunque cada una esté sometida a modificación constante como autorrevelación que nunca se repite de lo Real. Pero los seres humanos no están fijados en su individualidad, por eso el Misterio se revela en ellos de manera impredecible, a diferencia de animales y plantas, por ejemplo, que conservan las limitaciones de sus respectivas especies. El alma humana está abierta, es un océano sin orillas. Mientras las personas viven en el mundo, poseen algún grado de libertad en el corazón, alma y cuerpo, o en la conciencia, rasgos del carácter y actividades. Tal como dijo el Profeta, la posibilidad de "arrepentimiento" (*tawba*, literalmente, "volverse" hacia Dios) se mantiene hasta el último aliento.

Los seres humanos son esencialmente misteriosos de una manera que no tiene réplica en las cosas no humanas. Después de todo, Dios «creó a Adán según Su propia forma [*ṣūra*]», por citar la versión de Muhammad de esta sentencia bíblica. Adán y sus hijos son formas del Misterio absoluto; lo revelan en sí mismos, no en la medida en que adoptan una u otra posibilidad de manifestación. En términos coránicos, Adán fue el primer profeta y el primer ser humano perfecto. Dios lo creó para que fuera su representante y le enseñó todos los nombres (2, 30). Para Ibn al-ʻArabī y otros, esto significa que se dio a los seres humanos la posibilidad de comprender, abarcar y hacer manifiestos todos los nombres y cualidades de Dios y de las cosas. Pueden ser autorrevelaciones globales del Misterio, y es precisamente su participación consciente en la manifestación global de lo Real lo que Ibn al-ʻArabī llama "realización". Esto exige reconocer el *ḥaqq* del Absoluto y los *ḥaqq* relativos de todas las cosas; exige conocer la respuesta apropiada a los *ḥaqq*, es decir, el deber y la responsabilidad que nos corresponden por los derechos de Dios y de los otros. Y significa que uno debe actuar basándose en los *ḥaqq*; esto es precisamente lo que constituye la actividad ética y moral.

Como Realidad omniabarcante que es origen, sostén y destino de todas las cosas, el Misterio es denominado a menudo *al-wujūd*, Ser, o *al-wujūd al-ḥaqq*, el Ser Real. En las fuentes secundarias se describe generalmente a Ibn al-ʻArabī (de manera errónea) como el fundador de la doctrina de *waḥdat al-wujūd*, "la unicidad del Ser".[14] La palabra "wujūd" era fundamental en el vocabulario de los filósofos peripatéticos como Avicena, que es famoso entre otras cosas por su distinción entre *wujūd* necesario y *wujūd* posible (o contingente). El Ser Necesario es aquel que es y no puede no ser; el posible es todo lo demás, que puede ser o puede no ser, dado que su existencia es completamente dependiente de la palabra de Dios «¡Sé!».

Ibn al-'Arabī recurría a las distinciones avicenianas, pero daba también importancia a los sentidos literales de la palabra *wujūd*, que son descubrir, percibir, comprender, disfrutar y ser extático. Para él, una de las formas más adecuadas de penetrar en el Misterio es concebirlo simplemente como el *Wujūd* Único, que es el que verdadera y únicamente descubre, comprende y disfruta. El Misterio es el Ser/Conciencia/Bienaventuranza necesario, y todo lo demás –todas las cosas posibles y contingentes– son sus autorrevelaciones, manifestaciones limitadas y restringidas de sus atributos y cualidades. ¿Existen, son conscientes, son bienaventuradas? Sí y no; son Él/no Él; por tanto, sí en la medida en que son Él, no en la medida en que no son Él.

Decir que hay un sólo *wujūd* significa que solo el Misterio es verdaderamente real y valioso y está verdaderamente presente en todo lo que es. Las cosas no tienen existencia por sí mismas ni realidad propia porque el *wujūd* –existencia, realidad– es propiedad exclusiva de lo Real. El *wujūd* revela su infinitud propia a través del cosmos sin principio ni fin.[15] En la medida en que existen las cosas, sólo pueden ser su rostro, pero en la medida en que son lo que son en sus especificidades propias, revelan sus posibilidades velando su luz infinita. Las cosas son lo bastante reales para objetivos prácticos, así como, en la analogía común, el rojo y el azul son verdaderamente rojo y azul, aunque no sean nada sino luz.

Lo que distingue a los seres humanos de las otras criaturas es la plenitud de su espectro. Todas las demás cosas del universo están en estaciones conocidas, lo que equivale a decir que cada una se define por un color único y específico de la Luz Infinita. En cambio, los seres humanos, creados según la forma del Sin Forma, no tienen ningún color específico; son simplemente luz. Esto no es negar que cada individuo humano esté dominado por colores y atributos cambiantes y específicos; es, simplemente, afirmar que en su humanidad subyacente, fundamental –en el hecho de ser formas de lo Real en sí mismo–, no están fijados en su coloración y pueden luchar por ser incoloros. Sólo ellos entre todas las cosas pueden intentar realizar la plenitud y la totalidad, "la estación de la no estación", el color del no color, la pureza del Ser/Consciencia/Bienaventuranza.

MODELOS DE PERFECCIÓN

Ibn al-'Arabī habla de la perfección humana en dos modos básicos: interior y exterior, o misteriosa y manifiesta. Respecto de su perfección interior, todos los seres humanos perfectos alcanzan la unidad con lo Real; todos participan en la autorrevelación de lo Real bajo la égida del nombre Allah, el nombre no específico y omniabarcante que designa el Misterio tanto en sí mismo como en los atributos a través de los cuales se revela. Respecto al segundo modo de perfección, cada ser humano perfecto revela atributos divinos específicos y rasgos de carácter apropiados a los *ḥaqq* de las circunstancias históricas y sociales en que se encuentran.[16]

Esta forma de ver la perfección se pueda observar en acción en el libro más famoso de Ibn al-'Arabī, *Fuṣūṣ al-ḥikam*, *Los engarces de la sabiduría*.[17] Cada uno de sus veintisiete capítulos está dedicado a una sabiduría divina encarnada en una palabra o *logos* específico (*kalima*) de Dios, identificada en cada caso con un profeta o un hombre perfecto, de Adán a Muhammad. La sabiduría que se encarna en Adán, a quien está dedicado el primer capítulo, el más largo del libro, es la del nombre de Allah. Aquí Ibn al-'Arabī investiga varias implicaciones del hecho de que los seres humanos fueran creados según la forma de este nombre omniabarcante, y no según la forma de algún nombre menos inclusivo. En capítulos sucesivos asocia cualidades divinas específicas con otras figuras proféticas.

La idea subyacente, no completamente explícita en el texto, pero bastante clara en sus otros escritos, es que Adán, como progenitor del género humano y padre de todos los profetas, representa necesariamente una revelación completa del *Wujūd* Real, con todos sus atributos y cualidades concomitantes. En cuanto a los otros profetas, cada uno de ellos realiza la plenitud de la forma divina internamente, pero está gobernado exteriormente por las implicaciones de un solo atributo divino: Noé por la glorificación, Ismael por la exaltación, José por la luz, etcétera. En cuanto a Muhammad, manifiesta la singularidad, puesto que, como último profeta, representa el ejemplo único de un ser humano en el que todas las potencialidades implícitas en Adán y hechas manifiestas sucesivamente en la cadena de profetas se sintetizan y realizan en un único individuo.

Así pues, ¿algunos de los 124.000 profetas son superiores a otros? El Corán ofrece la respuesta mítica con una serie de versículos aparentemente contradictorios. Desde el punto de vista de Ibn al-'Arabī, algunos de estos versículos tienen en cuenta la unidad interior de la perfección humana, y otros, la diversidad exterior de la función profética. Interiormente, los seres humanos perfectos son uno, externamente hacen manifiestos grados y tipos de perfección, cada uno de los cuales tendrá una superioridad relativa sobre otros. Por ejemplo, el Corán ordena decir: «No hacemos distinciones entre Sus mensajeros» (2, 285). Nos dice también: «Hemos favorecido a unos profetas sobre otros, y otorgamos los Salmos a David» (17, 55).

RECEPTIVIDAD

Ibn al-ʻArabī explica la manera en que las cosas creadas participan en la autorrevelación de lo Real usando la noción de "receptividad" (*qabūl*). Todas las cosas del universo son un "receptáculo" (*qābil*) para el *wujūd*. Todo, en la analogía de Junayd, es una copa que otorga su color al agua. Pero ¿de dónde procede la copa? El Corán dice: «En verdad, cuando Nosotros deseamos que algo exista, simplemente decimos "¡Sé!" y es» (16, 40). ¿Cómo puede Dios desear una "cosa" que no existe? Ibn al-ʻArabī explica que la no existencia de las cosas es relativa al cosmos, no absoluta. Las cosas no existen en sí mismas ni como objetos en el mundo, pero existen como concomitantes de la autoconciencia de Dios, más o menos como nuestras propias ideas existen en nuestra mente. El *Wujūd* Real transciende todas las limitaciones espaciales y temporales, pues estas son simplemente revelaciones de las posibilidades y limitaciones del ser-en-el-mundo. Su conciencia abarca el conocimiento de todas las cosas por toda la eternidad, pues cada cosa en el cosmos, independientemente del tiempo o el lugar, es una posibilidad de existencia contingente de la Necesidad propia de lo Real.

Cada cosa (*shay'*) tiene una "cosidad" única (*shay'iyya*) conocida para siempre por lo Real. La especificidad de la "cosidad" de las cosas define su disposición (*isti'dād*), la forma y el color de su copa, o su capacidad para llevar el peso de la autorrevelación de lo Real y hacer manifiestos los atributos divinos. Ibn al-ʻArabī nos dice cómo funciona esto mientra explica por qué Dios no siempre responde a las oraciones, a pesar del hecho de que diga, por ejemplo: «Invocadme, y yo os responderé» (40, 60):

> Dice Dios: «Los dones de tu Señor no se le niegan a nadie» [17, 20], es decir, no pueden ser retenidos por Él. Dios dice que Él da constantemente, aunque los *loci* reciban en la medida de

> su disposición. De la misma manera, dices que el sol difunde sus rayos sobre las cosas existentes; no es mezquino hacia nada con su luz. Los *loci* reciben la luz en la medida de su disposición [...] Lo mismo se produce en las autorrevelaciones divinas. El Autorrevelador, respecto de lo que Él es en Sí mismo, es Uno en Entidad, mientras que las formas de las autorrevelaciones son diversas de acuerdo con la diversidad de la disposición de los lugares de autorrevelación. Lo mismo sucede con los dones divinos. Una vez comprendas esto, sabrás que el don de Dios no se niega, sino que tú pretendes que Él te dé algo que tu disposición no puede recibir, y entonces le atribuyes la negación de lo que esperas de Él, y no vuelves tu atención hacia tu disposición [...] Dices: «Pero "Dios es poderoso sobre todas las cosas" [2, 20]», y dices la verdad en eso. Olvidas la ordenada disposición de la sabiduría divina en el cosmos y lo que exige la realidad de las cosas.[18]

Parece que nos movemos en una dirección determinista, pero eso sería leer mal la intención de tales explicaciones. Lo que se está subrayando es la realidad de lo Real, la primacía del Misterio, y el estatus contingente e ilusorio de todo lo demás. Con todo, hay distinciones que trazar entre las autorrevelaciones de lo Real, y las elecciones que han de realizar seres que poseen un cierto grado de libertad, a pesar de lo ilusoria que esta pueda ser cuando se sopesa con la Libertad absoluta de lo Real. Todo el mundo debe recordar siempre que todavía no se ha fijado la parte de nadie en los dones divinos: nuestra estación sigue siendo desconocida hasta la muerte. El imperativo moral del mensaje deriva precisamente de la fluidez de la situación humana. Todo el mundo está llamado a actuar de acuerdo con el *ḥaqq* de las cosas y a seguir el mandato preceptivo.

Dado lo desconocido de nuestras estaciones y la no repetición de las autorrevelaciones, nuestra receptividad en este momento es una cosa, pero nuestra receptividad en el momento siguiente es desconocida. La única salida lógica es aceptar que el Muy Compasivo nos ha articulado en su Soplo precisamente para que podamos participar del Ser/Conciencia/Bienaventuranza, y que también nos ha ordenado ejercitar nuestra libertad limitada de la manera apropiada. El *ḥaqq* de nuestras almas ha de ser abierto a la plenitud de la misericordia divina, pero ese *ḥaqq* es "contra" nosotros. Depende de nosotros seguir el camino recto, y eso sólo puede suceder cuando observamos el *ḥaqq* de nuestro Señor y seguimos los pasos de sus profetas y de los seres humanos perfectos.

EL VIAJE TRANSFORMADOR

La vida humana es un viaje de lo Real a lo Real con lo Real. Esta es la perspectiva del *islām* obligatorio. Se hace explícita por la doctrina del *tawḥīd*, que dice que todo viene del Misterio, todo es sostenido por él momento a momento, y todo vuelve finalmente a él. Todo está sometido a Dios "desde el origen al retorno" (*min al-mabda' ila'l-ma'ād*), como les gusta expresarlo a los filósofos musulmanes.

La profecía, el segundo principio de la fe, afirma que los seres humanos tienen la capacidad única de decir "no" a la forma en que las cosas son, pues sólo ellos están hechos según la forma del Sin Forma y no permanecen en una estación específica. El Corán alude a esta situación humana peculiar en el versículo: «¿Acaso no habéis visto que para Dios se prosternan quienes están en los cielos y en la tierra, y el sol y la luna y las estrellas y las montañas y los árboles y los animales y muchos de los seres humanos?» (22, 18). Todas las cosas se inclinan ante el mandato engendrador, pero los seres humanos tienen la opción de no inclinarse ante el mandato preceptivo. Aquí es precisamente donde el tercero de los tres principios del islam entra en juego: Todas las cosas vuelven a su Creador obligadamente, pero la libertad humana permite que las personas tengan la palabra sobre su propio destino final.

Las imágenes del camino hacia Dios son omnipresentes en la tradición popular islámica. La ley revelada, que incumbe a todos los musulmanes, se llama *sharī'a*, "el camino ancho", y el camino sufí se conoce como *ṭarīqa*, "la senda estrecha". El camino a Dios se describe normalmente en términos de estaciones (*maqāmāt*) o apeaderos (*manāzil*), designando ambos términos los lugares de parada de las caravanas. El número de etapas varía según los maestros: siete, cuarenta, cien, trescientas, mil una. Lo fundamental es que, a pesar de la omnipresencia del rostro de Dios, estamos sumidos en la ignorancia y no podemos recuperar nuestra naturaleza humana verdadera sin la ayuda profética y mucha dedicación y disciplina. El objetivo es la transformación, y los nombres de las estaciones indican su naturaleza: designan las virtudes, los rasgos del carácter y las cualidades positivas del alma. Cada uno de ellos debe ser realizado y estabilizado o fijado antes de que se pueda alcanzar la etapa siguiente.

El ejemplo más famoso del camino graduado hacia Dios lo ofrece el largo poema persa de 'Aṭṭār «Manṭiq al-ṭayr», «El discurso de los pájaros».[19] Los diversos pájaros que son las almas humanas tienen que volar sobre siete montañas de virtud: búsqueda, amor, autoconocimiento, independencia, unidad, desconcierto y pobreza. El objetivo último es la perfección, que es la unión con lo Real. La penúltima etapa, la pobreza (*faqr*), se refiere a la comprensión de los buscadores de cómo son las cosas, su reconocimiento del absoluto vacío de todas las cosas y la naturaleza ilusoria de sus propios yoes ante lo Real. Como la mayoría de los nombres de las estaciones, "pobreza" deriva del Corán, específicamente del versículo: «¡Oh humanos! Vosotros sois los necesitados de Dios, y Dios es el Rico, el Digno de alabanza» (35, 15).

Muchos maestros han resumido el camino con un dicho de

un sufí de los primeros tiempos que describe el viaje de Muhammad: «Dos zancadas, y llegó». Con una sola zancada, nos dice, dio un paso más allá de este mundo, y con la segunda zancada, fue más allá del reino del espíritu a la presencia de lo Real. El modelo de la realización de las dos zancadas se representa de forma bien conocida como "aniquilación" (*fanā'*) y "subsistencia" (*baqā'*). Ambos términos derivan del versículo coránico: «Todo el que está en ella [en la tierra] perecerá y sólo permanecerá el rostro de tu Señor, Dueño y Señor de la Majestad y la Generosidad» (55, 27). Comparadas con el Misterio omnipresente, todas las cosas son evanescentes e ilusorias. Lo que verdaderamente subsiste –y lo que está de hecho siempre y para siempre presente– es el rostro de Dios, la autorrevelación de lo Real. Para alcanzar el despertar tenemos que experimentar dos transformaciones simultáneas: la "aniquilación" de la ignorancia, la limitación, el egocentrismo y la estrechez, y la "subsistencia" de lo que verdaderamente es, a saber, el rostro específico de Dios que es único para cada uno de nosotros.

Aniquilación y subsistencia representan uno de los varios pares de términos que se emplean para conseguir expresar la naturaleza del proceso transformador que lleva al alma a su destino. Los dos términos se leen a menudo como la aplicación de las dos partes de la fórmula del *tawḥīd*, la negación (*nafy*, es decir, las palabras «no hay más dios») y la afirmación (*ithbāt*, las palabras «que Dios»). «No hay más dios» despoja el mundo, el alma y todo lo que contienen de cualquier realidad propia; «que Dios» afirma que toda realidad pertenece a lo único Real. Todas las ilusiones de la ego-centralidad –toda la ignorancia, la envidia y la codicia del alma– deben ser negadas, y entonces el rostro de Dios permanecerá, un rostro que es la plenitud de la sabiduría y la compasión y la autorrevelación del Ser/Conciencia/Bienaventuranza. En otras palabras, sufrir la aniquilación es ver que todo es "no Él", y alcanzar la subsistencia es participar en la comprensión de que todo es "Él".

LA MISERICORDIA DE LA EXISTENCIA

Para concluir esta breve presentación de la visión participativa de Ibn al-'Arabī, permítaseme enfatizar su «generosidad al reconocer la creatividad infinita del Misterio». Lo que ofrece es una visión de la manera en que las cosas realmente son, y, nos dice, las cosas son así debido a la generosidad infinita del Misterio creador. El tema abrumador de sus escritos es la omnipresencia de la misericordia, la compasión y el favor divinos, precisamente el punto que está señalando cuando dice que el Soplo del Muy Compasivo es la esencia misma de la realidad manifestada. Tiene abundante apoyo escriturario para este parecer, como el versículo: «Mi misericordia alcanza a todas las cosas» (7, 156), y el hadiz: «La misericordia de Dios tiene prioridad sobre su ira».

La misericordia dinamiza el mandato engendrador, pues concede el don de la existencia a una infinidad de criaturas que no la reclaman. Es omnipresente, pero la libertad humana nos permite alejarnos de ella. Por eso, el Muy Compasivo establece el mandato preceptivo, que explica cómo reconocer los rostros de la misericordia en la multiplicidad de las cosas y cómo actuar correcta y dignamente, de acuerdo con el *ḥaqq* de la misericordia. En un pasaje típico, Ibn al-'Arabī comenta un hadiz en el que el Profeta cita a Dios en relación con lo que las personas deberían pensar de él en cuanto a su naturaleza fundamental, que es misericordia y generosidad:

> «Dice Dios: "Yo estoy con la opinión que Mis servidores tienen de Mí"», pero no se detiene ahí, porque «Su misericordia tiene prioridad sobre Su ira». Así pues, Él dijo, para instruirnos: «Por eso, que su opinión sobre Mí sea buena», como un mandato. Quienes no tienen una buena opinión de Dios han desobedecido el mandato de Dios y muestran ignorancia de lo que pide la generosidad divina [*al-karam al-ilāhī*] [...] Cuando

> las personas tienen una opinión mala de algo, lo que vuelve a ellos es su propia mala opinión, nada más.[20]

La generosa valoración de Ibn al-'Arabī de la misericordia divina ayuda a explicar esta respuesta crítica al tipo de mentalidad teológica que confinaría a los "no creyentes" en un tormento eterno. Como escribe en uno de varios pasajes similares:

> ¡Qué tremenda es la misericordia de Dios hacia Sus servidores! Pero ellos no lo saben, incluso vi un grupo que discutía respecto de la misericordia omniabarcante de Dios, sosteniendo que se limita a una facción específica. Reducen y limitan lo que Dios ha hecho omniabarcante. Si Dios no fuera a tener misericordia de alguna de Sus criaturas, Él prohibiría Su misericordia a aquellos que dicen esto. Pero Dios no rechaza nada, Su misericordia todo lo incluye.[21]

Pero, una vez más, no se debería llevar al extremo la postura adoptada aquí por Ibn al-'Arabī, como si negara la realidad de la ira o el castigo del infierno. A fin de cuentas, toda misericordia real está temperada por la sabiduría y la justicia, como sabe cualquier madre.[22] Si Dios nos hubiera creado solamente con misericordia, estaríamos fijos en las estaciones gloriosas, como los ángeles, sin ningún medio para ascender o descender. La plenitud de la misericordia divina exige la plenitud de nuestra propia exposición a la posibilidad y la elección, y eso implica ignorancia, olvido e inclinación a hacer lo que es feo y equivocado.

Respecto del mandato de engendrar y el *islām* obligatorio, la misericordia lo impregna todo, pero con respecto al mandato prescriptivo y el *islām* voluntario, la ira entra en juego en la medida en que las personas se niegan voluntariamente a emplear los dones divinos y rechazan libremente las elecciones correctas.[23] Y si dices: «Bien, pero ¿por qué no nos hizo Dios servidores obligados de manera que tuviéramos un mundo sin mal y fuéramos siempre felices?», estás pidiendo la privación de tu libertad y la negación de tu humanidad, hecha según la forma del Sin Forma.

El reconocimiento de la realidad de la sabiduría, justicia e ira mantiene a Ibn al-ʻArabī lejos de decir que todo es bueno, que todo debe ser aceptado, que nada debe ser rechazado, postura que a veces le atribuyen algunos críticos que sólo consideran la afirmación y no la negación de "Él/no Él". Muy al contrario, Ibn al-ʻArabī habla constantemente de la necesidad de discernimiento. Decir que todo es abarcado por la misericordia no es ignorar el hecho de que cada cosa tiene su propio *ḥaqq* individual, su verdad, rectitud, valor y propiedad particulares, y que, a diferencia del *ḥaqq* del Absoluto, cada alma humana es susceptible de *bāṭil*: ilusión, mentira, error, indignidad. Todo tiene un derecho contra nosotros, y nuestra responsabilidad puede ser evitarlo o incluso luchar contra ello.

El punto de vista de la realización, que exige dar a todo su lugar correcto y ver las cosas como realmente son, ayuda a explicar por qué Ibn al-ʻArabī mantiene el «respeto hacia la legítima diversidad de las tradiciones». Esta es, después de todo, la postura coránica. Al mismo tiempo, sin embargo, el Corán es crítico con aquellos que no están a la altura de las enseñanzas proféticas, e Ibn al-ʻArabī sigue el mismo modelo. Ofrece la metafísica para mostrar que la misericordia debe revelarse necesariamente a todos, pero también pone de manifiesto el error y la limitación dondequiera que los encuentre.[24]

Para el estudio de la religión en general, Ibn al-ʻArabī señala el camino de una visión equilibrada de las cosas, incluido el reconocimiento de la necesidad de discernir entre el bien y el mal. Sus observaciones acerca de la postura que se debería adoptar en relación a las enseñanzas sobre el Misterio podrían ser el modelo para todos los que aprecian la amplitud y la profundidad del enfoque participativo:

Quien quiera aconsejar a su propia alma debería investigar, durante su vida en este mundo, todas las doctrinas referentes a Dios. Debería aprender desde dónde afirma su doctrina cada poseedor de una doctrina. Una vez ha sido afirmada por él en lo que se refiere a su rostro específico, de acuerdo con lo que es correcto para quien la mantiene, entonces debería apoyarla con los argumentos de aquel que cree en ella. No debería negarla ni rechazarla, pues él cosechará sus frutos el Día de la Resurrección, cualquiera que pueda ser su creencia.[25]

8. UN ESPÍRITU, UN CUERPO. LA REVOLUCIÓN PARTICIPATIVA DE JESÚS

Bruno Barnhart

El cristianismo es originalmente y esencialmente un misterio de participación. En el acontecimiento de Cristo se hizo accesible a la persona humana una participación nueva en el Absoluto divino (Dios) que se convierte en la matriz de una relación participativa nueva entre los seres humanos, así como entre la humanidad y su entorno natural. La conciencia dominante, occidental y moderna, se distingue, por el contrario, por su carácter no participativo: habitualmente carecemos de un sentido vital de participación en esas tres dimensiones. En general, los cristianos occidentales han sido arrastrados en el desarrollo de esta conciencia occidental –sobre todo durante los dos últimos siglos– de manera que se han vuelto inconscientes del núcleo participativo de su propia tradición religiosa.

El nuevo despertar participativo que ahora se está produciendo –y que se expresa en esta compilación de ensayos– se desarrolla también en el cristianismo occidental. Escribo desde la tradición católica romana, en la que el Concilio Vaticano II (1962-1965) ha sido el gran acontecimiento simbólico que marca este giro participativo. El nuevo despertar continúa, y no sólo afecta a la epistemología, sino a la vida, y, por tanto, manifiesta toda la complejidad de la vida. Los seres humanos vivimos continuamente en una estructura de participaciones, de las que sólo de forma esporádica somos mínimamente conscientes.

En este capítulo me centraré en el sentido de la participación en la tradición cristiana, tal como se manifiesta en los escritos fundacionales del Nuevo Testamento, y luego en el desarrollo de la teología, la espiritualidad y la liturgia. "Participación" no es solamente una categoría útil en el campo de los estudios religiosos,[1] sino que es una realidad y una experiencia fundamentales en la tradición cristiana. El objetivo de este ensayo es recobrar esta visión cristiana participativa, presentándola en un contexto contemporáneo. La presentación se desarrollará en cinco etapas, que se corresponden con los cinco apartados del texto. Después de revisar brevemente 1) las principales corrientes de conciencia participativa y no participativa en el mundo antiguo veremos 2) la "revolución participativa", que es el acontecimiento-Cristo, y luego describiremos 3) la progresiva extinción de la conciencia participativa en el cristianismo occidental, y avanzaremos hacia 4) el nuevo despertar participativo actual. Finalmente, situaremos teológicamente 5) esta "historia de la participación" de dos mil años del Occidente cristiano y postcristiano en su contexto más amplio, es decir, global. El concepto de "participación" es una clave hermenéutica que promete abrir nuestra historia común (religiosa y secular) a una comprensión nueva y más profunda.

La participación distingue un modo de conciencia y una manera de pensar que han caracterizado a las tradiciones de "sabiduría", a la teología y la filosofía sapienciales. El sentido de participación define la frontera entre una conciencia y un pensamiento de "sabiduría", por una parte, y el moderno pensamiento occidental (postcartesiano), por otra: entre un modo de conocimiento sapiencial y un modo de conocimiento racional/analítico (es decir, científico). La expresión del Nuevo Testamento del misterio de Cristo es una literatura sapiencial que cuestiona no sólo el objetivismo de nuestras modernas maneras dominantes de interpretación, sino también el individualismo y el subjetivismo que se manifiestan en nuestro sentimiento de la "experiencia personal". El lector reflexivo descubrirá en esta perspectiva sapiencial un reto implícito a muchos de los planteamientos académicos habituales de los fenómenos religiosos y místicos, en especial a aquellos que intentan comprender las realidades espirituales desde dentro de un marco epistemológico limitado, sea el de la experiencia puramente subjetiva, sea el de la ciencia empírica positiva.

Aunque algunos lectores podrían preferir una presentación del cristianismo que partiera desde el punto de vista de la experiencia espiritual personal –o incluso mística–, la opción por un enfoque más objetivo corresponde a la afirmación central que aquí se propone. La experiencia espiritual cristiana es una participación en el acontecimiento "objetivo" de Cristo del mismo modo que la comprensión teológica cristiana es una participación en el misterio "objetivo" de Cristo. El acontecimiento/misterio es anterior a la participación y define la experiencia y el conocimiento. Por otra parte, este misterio objetivo es en sí mismo, esencialmente, cuestión de participación.

EL TRASFONDO HISTÓRICO: LA PARTICIPACIÓN EN EL MUNDO ANTIGUO

Es importante afirmar al principio el valor de un polo opuesto, una cierta "no participación", contra cualquier inclinación acrítica a ver la participación como un bien absoluto. Un tipo de "no participación" es, con frecuencia, un paso hacia algo nuevo; en realidad, hacia una participación nueva. Trataremos continuamente de la interacción de estos dos factores: *novedad* y *participación*. En la Biblia, el lugar de una etapa intermedia, aparentemente no participativa, en el viaje es el *desierto*. Aquí encontramos a los profetas bíblicos, a Juan el Bautista, y el principio de las narraciones del pueblo de Israel (en el Éxodo) y de la comunidad del Nuevo Testamento. Aquí, normalmente, comienza una nueva fase de participación, una revolución participativa.

Los pueblos primitivos se caracterizan por una conciencia intensamente participativa; es con el desarrollo de la cultura y la civilización cuando surgen las distinciones racionales firmes y las fronteras.[2] Un momento decisivo crucial en el desarrollo de la conciencia humana llegó durante el "tiempo axial"[3] del primer milenio a. de C., cuando, en culturas de todo el mundo muy alejadas entre sí –en la India, China, Persia, Grecia e Israel–, una nueva *conciencia personal* se liberó de la matriz de la conciencia colectiva. Karl Jaspers, que acuñó el término tiempo axial, describe esta ruptura de la siguiente forma:[4] «Lo que es nuevo en esta época, en las tres áreas del mundo [China, la India y "Occidente", es decir, Israel y Grecia], es que el hombre se hace consciente del Ser como un todo, de sí mismo y sus limitaciones [...]. Experimenta lo absoluto en las profundidades de la individualidad y en la lucidez de la transcendencia».[5] Es la conciencia reflexiva lo que distingue la irrupción axial: «La conciencia se hace una vez más consciente de sí misma, pensar se convierte en su objeto propio».[6] En la edad axial se echaron los cimientos de las culturas, civilizaciones y tradiciones del mundo actual. «En esta edad nacieron las categorías fundamentales con las que todavía pensamos hoy día, y se crearon los principios de las religiones del mundo, por las que todavía viven los seres humanos. El paso a la universalidad se dio en todos los sentidos.»[7] Dentro de los muy diferentes tipos de surgimiento personal que caracterizan al tiempo axial, éste es un acontecimiento clave.

> Es lo *específicamente humano en el hombre* que, atado a un cuerpo y oculto en él, encadenado por los instintos y sólo vagamente consciente de sí mismo, anhela la liberación y la redención y es capaz de alcanzarlas ya en este mundo, elevándo-

> se hacia la idea, en la resignación de la ataraxia, en la absorción de la meditación, en el conocimiento de su yo y el mundo como *atman*, en la experiencia del *nirvana*, en la concordia con el *tao*, o en la entrega a la voluntad de Dios. Estos caminos son muy divergentes en sus convicciones y dogmas, pero común a todos ellos es la tendencia del hombre a ir más allá de sí mismo al hacerse consciente de sí mismo en el conjunto del Ser y el hecho de que sólo puede recorrerlos como un individuo por su propia cuenta [...]. Lo que más tarde se llamó razón y personalidad fue revelado por vez primera durante el Período Axial.[8]

Cousins señala el declive de la conciencia participativa que resultó de esta revolución axial. La conciencia anterior, primaria o tribal, había sido intensamente participativa: tanto "horizontalmente", en la colectividad humana, como "verticalmente", en una relación en gran parte indiferenciada con el entorno natural.

> Aunque la conciencia axial trajo muchos beneficios, implicó también pérdidas. Cortó la armonía con la naturaleza y con la tribu. Las personas axiales estaban en posesión de su propia identidad, es cierto, pero habían perdido su relación orgánica con la naturaleza y la comunidad. Ahora corrían el riesgo de distanciarse de la matriz del ser y de la vida.[9]

Como occidentales modernos somos herederos de una forma avanzada de esta conciencia individualizada, a través de un largo y complejo proceso de evolución. Este estudio se centrará en las elaboraciones, específicamente en la tradición judeocristiana, que creo han sido decisivas en la formación de nuestra conciencia occidental contemporánea.

El período axial marcó un éxodo de la anterior participación en la conciencia colectiva, y a veces trajo la realización de una participación más universal, realmente metafísica: como en el vedanta o el taoísmo. En la tradición filosófica griega, el movimiento fue de una antigua participación mística –una conciencia mitológica común– a una racionalidad objetiva "no participativa" (tipificada por Sócrates), en la que se manifiesta la individualidad emergente. Pero también aquí, como en las tradiciones asiáticas, encontramos el descubrimiento de una participación sublime y transcendente: en Platón, es la participación en las Ideas divinas, en el Absoluto, el Bien. Las tradiciones filosóficas griegas –en particular a través de Platón, Aristóteles y Plotino– serán también un factor principal en la evolución de la conciencia y el pensamiento occidentales.

La "historia de salvación" bíblica está ligada al principio y al final por imágenes de una participación total: es decir, mediante la unidad o reunión de toda la humanidad en una sola "persona": primero en Adán y, finalmente, en Cristo. El primer hombre, Adán, tiene el nombre de la Tierra: *adamah*. La tierra –la creación material– está recapitulada en este primer hombre, como lo estará más tarde en Cristo. Dios insufla el "espíritu de vida" en este primer ser humano;[10] Jesús insuflará el Espíritu divino en sus discípulos la noche de su resurrección.[11]

Seguimos encontrando, en el relato escriturario de Israel, imágenes fuertes de identidad colectiva que son típicas de las sociedades tribales. La identidad de los israelitas es principalmente la de su grupo, su familia, su tribu y su nación. Este grupo está sintetizado, "recapitulado", en su jefe, su patriarca: Abraham, Isaac, Jacob/Israel. Esta identidad colectiva determina una ética: el patriarca es señor absoluto de su familia, y se interpreta que todo el poder o valor habita en él. La identidad colectiva se asocia posteriormente con los reyes.[12]

Sin embargo, Israel es conducido en una dirección que difiere claramente de las religiones de los pueblos circundantes. Owen Barfield[13] ha considerado que el papel de Israel en la historia ha consistido básicamente en la *eliminación de la participación*, es decir, en la eliminación del mito, el rito y la religión cósmicos y participativos de las naciones, en particular de los cananeos. Esto se produce mediante la deconstrucción de los "ídolos", de las representaciones de lo divino, y, finalmente, a través de la supresión de la consciencia de la divinidad (o espíritu) inmanente en la naturaleza. La participación en Dios será solamente a través de los canales establecidos por la acción de Dios: alianza, rituales, sacrificios, sacerdocio, levitas, santuario y templo, todos ellos establecidos por la palabra de Dios. Y esta participación canalizada adquiere también un nuevo carácter "personal" a través de la enseñanza de los profetas de una religión de fe y amor, una religión del corazón interiorizada, y el desarrollo de una tradición de la relación personal del individuo con Dios.

Aquí podemos ver el inicio implícito de otra participación en Dios; participación en Dios como Persona mediante una respuesta personal y una relación personal con este Dios. Es como si Dios despertara al individuo humano a su identidad como persona a través de esta relación que no permite ningún escape ni ocultación tras los velos de la religión exterior: detrás del ritual, de las representaciones egocéntricas de Dios, de una clase sacerdotal mediadora. Cada persona debe crecer en el contexto de una relación con este Dios intensamente personal, la Archipersona. La participación divina implícita del Antiguo Testamento llega al máximo en la revelación del Nombre divino –Yahveh, o «Yo soy»– a Moisés.[14] Como señala Barfield, el ser humano no puede pronunciar el Nombre divino sin algún grado de apropiación implícita de la identidad divina.[15] Aunque, en el transcurso de la historia de Israel, la participación se distancia cada vez más de la naturaleza, se hace más personalizada, la participación humana en la "identidad" divina misma se insinúa discretamente debajo de la superficie de la palabra bíblica: una participación que permanece impronunciable y agudamente paradójica en el contexto de esta religión de un Dios tan solo transcendente. Es en la línea de esta participación "indeterminada" en la identidad divina donde se llevará a cabo la revolución unitiva de Jesús.

Las participaciones divinas, pues, están ya presentes en Israel bajo la Primera Alianza, y algunas de las principales participaciones son explícitas. En los escritos bíblicos encontramos la persona de Dios "proyectada" en el mundo a través de la Palabra y la Sabiduría divinas, y a través del Espíritu Santo. Los seres humanos participan en algún grado en el ser divino y la vida divina a través de la Palabra/Sabiduría y el Espíritu presentes en el mundo. Además, los profetas atisban en algún lugar del futuro otra alianza centrada en una participación interior en Dios, una participación más plena del Espíritu divino, y en una inmediatez nueva del conocimiento divino. Se promete una asombrosa intimidad nueva con Dios: «Y os daré un corazón nuevo, infundiré en vosotros un espíritu nuevo, quitaré de vuestra carne el corazón de piedra y os daré un corazón de carne. Infundiré mi espíritu en vosotros».[16]

LA REVOLUCIÓN DE JESÚS

La nueva participación iniciada por Jesucristo es el tema central del Nuevo Testamento. Su inauguración es el acontecimiento clave al que se dirigen los Evangelios y del que derivan los Hechos de los Apóstoles y las cartas apostólicas. Abundan los textos importantes. Citaré algunos de los pasajes más explícitos de las cartas paulinas y del Evangelio y la primera carta de Juan.

Pablo

La experiencia iniciática que tiene Pablo de Cristo en el camino de Damasco incluía una revelación de los cristianos (de los que Pablo había sido perseguidor) en la persona de Cristo que se convirtió en el fundamento de su teología: «Cayó en tierra y oyó una voz que le decía: "Saulo, Saulo, ¿por qué me persigues?"

Él respondió: "¿Quién eres, Señor?" Y le dijo: "Yo soy Jesús, a quien tú persigues"».[17] El centro de esa teología se convierte en el "misterio" de Cristo, que Pablo resumiría como «Cristo en vosotros».[18] Para Pablo, el misterio suponía especialmente la apertura de la salvación –o participación divina– a los gentiles así como a los judíos. En repetidas ocasiones recuerda a sus conversos gentiles la "desconexión" de la que procedían.

> [Recordad] que estabais a la sazón lejos de Cristo, excluidos de la ciudadanía de Israel y extraños a las alianzas de la Promesa, sin esperanza y sin Dios en el mundo. Mas ahora, en Cristo Jesús, vosotros, los que en otro tiempo estabais lejos, habéis llegado a estar cerca por la sangre de Cristo. Porque él es nuestra paz: el que de los dos pueblos hizo uno, derribando el muro que los separaba, la enemistad, anulando en su carne la Ley de los mandamientos con sus preceptos, para crear en sí mismo, de los dos, un solo Hombre Nuevo, haciendo la paz, y reconciliar con Dios a ambos en un solo Cuerpo, por medio de la cruz, dando en sí mismo muerte a la enemistad.[19]

Esta participación en Cristo es una "incorporación" en él; el creyente se convierte en parte del "cuerpo de Cristo". El cuerpo de Cristo incluye a todos los creyentes; cada uno es "miembro" del cuerpo. «Así también nosotros, siendo muchos, no formamos más que un solo cuerpo en Cristo, siendo, cada uno por su parte, los unos miembros de los otros.»[20] El *realismo físico* con que estos textos hablan de la nueva participación en Cristo es sorprendente para el lector moderno. "Cuerpo de Cristo" no es una mera metáfora, sino una expresión precisa de la nueva realidad participativa, aunque de una manera que está más allá de nuestro entendimiento. «Porque en él reside toda la plenitud de la divinidad corporalmente, y vosotros alcanzáis la plenitud en él.»[21] Este cuerpo es a la vez el cuerpo del Cristo resucitado, la comunidad de creyentes, y el pan eucarístico. Es el cuerpo en el que todas las cosas –incluidos los cristianos individuales– se reúnen en la unidad. «La copa de bendición que bendecimos, ¿no es acaso comunión con la sangre de Cristo? Y el pan que partimos, ¿no es comunión con el cuerpo de Cristo? Porque aun siendo muchos, un solo pan y un solo cuerpo somos, pues todos participamos de un solo pan.»[22]

Cada cual se convierte en miembro de este cuerpo a través de la iniciación bautismal; en el rito sacramental se participa en la muerte y resurrección de Jesús.[23] Esta doble participación –en la muerte y en la vida resucitada de Jesús– continúa en la existencia de los discípulos.[24] El cuerpo de Cristo crece, a través del crecimiento espiritual de los creyentes. «Crezcamos en todo hasta aquel que es la Cabeza, Cristo.»[25] Aunque Cristo sea la cabeza,[26] es también el conjunto, cabeza y cuerpo.[27]

Los creyentes participan en el Espíritu único y en el Cuerpo único; la unicidad se subraya una y otra vez, pues el misterio es un misterio de unidad, de participación unitiva. «Pues del mismo modo que el cuerpo es uno, aunque tiene muchos miembros, y todos los miembros del cuerpo, no obstante su pluralidad, no forman más que un solo cuerpo, así también Cristo. Porque en un solo Espíritu hemos sido todos bautizados, para no formar más que un cuerpo, judíos y griegos, esclavos y libres. Y todos hemos bebido de un solo Espíritu.»[28]

La nueva participación en Cristo es el tema único, central y unificador, de Pablo, tema del que depende cualquier otra afirmación. Lo recuerda una y otra vez al escribir sobre diversos asuntos, a través de sus expresiones habituales "en Cristo", "en él".[29] Si, por una parte, la nueva participación es una unión "vertical" con Dios y con Cristo («Con Cristo estoy crucificado, y no vivo yo, sino que es Cristo quien vive en mí»),[30] por otra, es una unidad "horizontal" de los creyentes en Cristo, que transciende y relativiza todas las diferencias entre ellos. «Pues todos sois hijos de Dios por la fe en Cristo Jesús. En efecto, todos los bautizados en Cristo os habéis revestido de Cristo; ya no hay judío ni griego; ni esclavo ni libre; ni hombre ni mujer, ya que todos vosotros sois uno en Cristo Jesús.»[31]

El plan de Dios es reunir todas las cosas en Cristo.[32] «Para realizarlo en la plenitud de los tiempos: hacer que todo tenga a Cristo por Cabeza, lo que está en los cielos y lo que está en la tierra.»[33] «Pues Dios tuvo a bien hacer residir en él toda la plenitud y reconciliar por él y para él todas las cosas, pacificando, mediante la sangre de su cruz, lo que hay en la tierra y en los cielos.»[34] El proceso de recapitulación o reunión de todas las cosas es un nuevo *nacimiento*, que el cristiano individual, la iglesia y el universo experimentan juntos por la participación en la Energía divina, el Espíritu Santo. «La creación, en efecto, fue sometida a la vanidad, no espontáneamente, sino por aquel que la sometió, en la esperanza de ser liberada de la servidumbre de la corrupción para participar en la gloriosa libertad de los hijos de Dios. Pues sabemos que la creación entera gime hasta el presente y sufre dolores de parto. Y no sólo ella; también nosotros, que poseemos las primicias del Espíritu, nosotros mismos gemimos en nuestro interior anhelando el rescate de nuestro cuerpo.»[35]

Juan

El prólogo del Evangelio de Juan, una gran síntesis teológica en forma poética, comienza con la participación unitiva del *Logos* –la Palabra divina– en Dios: «En el principio estaba la Palabra, y la Palabra estaba con Dios, y la Palabra era Dios».[36] El texto prosigue a través del acontecimiento de la nueva participación de la Palabra en nuestra corporalidad humana, la "Encarnación": «Y la Palabra se hizo carne y habitó entre nosotros».[37] En su parte final, el «Prólogo» proclama la participación del creyente en Dios a través de la Palabra encarnada: «Pues de su plenitud hemos recibido todos, y gracia por gracia».[38]

El tema central del Evangelio de Juan es el mismo de Pablo –la nueva participación unitiva en Cristo–, pero se proyecta hacia atrás en la narración de la vida de Jesús. Aquí sólo puedo mencionar algunas de las expresiones más evidentes de este tema continuo. En los capítulos 4 y 7 del Evangelio de Juan, Jesús promete una nueva participación divina a través del don del Espíritu Santo.[39] En el curso de la narración de Juan, Jesús se identifica a menudo con las palabras «Yo soy...».[40] En ocasiones se agrega un predicado al «Yo soy», y el término predicado denota un modo particular en el que Jesús media la participación divina para aquellos que creen en él. «Yo soy la luz del mundo»; «Yo soy el camino, la verdad y la vida»; «Yo soy la puerta del redil»; «Yo soy el pastor». Las imágenes más desarrolladas son *luz* y *pan de vida*. Al final de su ministerio público, Jesús vuelve a hablar de participación en la luz divina, recordando el «Prólogo» y sus palabras: «Yo soy la luz del mundo [...]. Mientras tenéis la luz, creed en la luz, para que seáis hijos de luz».[41]

A veces Jesús usa las palabras «Yo soy» de manera absoluta, sin ningún predicado; entonces es evidente que se está identificando con el Nombre divino impronunciable, Yahweh (o «Yo Soy»). Aquí, la participación divina se expresa sin mediación y sin determinación: Jesús participa plenamente en la "Identidad" divina.[42] Es esencial darse cuenta de que, en el Nuevo Testamento, lo que se revela en Jesús –puesto que es un ser tanto humano como divino– se debe comprender como algo dado también a quienes creen en él. Se defiende a sí mismo de una manera sorprendente contra aquellos que le acusan de blasfemia por pretender la unidad con Dios, como en el capítulo 10 del Evangelio de Juan.[43] Cuando sus oyentes se preparan para apedrearle hasta la muerte «porque tú, siendo un hombre, te haces Dios», Jesús responde: «¿No está escrito en vuestra Ley: "Yo he dicho: dioses sois?" Si llama dioses a quienes se dirigió la Palabra de Dios –y la Escritura no puede fallar– a aquel a quien el Padre ha santificado y enviado al mundo, ¿cómo le decís que blasfema por haber dicho: "Yo soy hijo de Dios"?».[44]

Otra persona se identifica con estas palabras, «Yo soy», en el Evangelio de Juan. Es el ciego de nacimiento (Jn 9), a quien Jesús ha curado poniendo arcilla en sus ojos y enviándole a que se bañara en la piscina de Siloé. Cuando ha recibido la vista, y algunos de los que lo rodean niegan que pueda ser el mismo hombre que el que antes era ciego, responde: «yo soy» (*ego eimi*).[45] La referencia a la iluminación bautismal es clara, y la otra consecuencia impresionante es la participación inmediata en la identidad divina por este nacimiento nuevo en Cristo. En un contraste extraordinario, dos personajes de la narración joánica expresan su no participación en la nueva identidad divina, cada uno de ellos en una negación que se repite tres veces: Juan el precursor[46] y Pedro el discípulo,[47] cuando reniega de su relación con Jesús.

En la extensa narración de la cena de Juan (Jn 13-17), Jesús habla a sus discípulos de la nueva participación en su ser, y de ese modo en el ser divino, que están a punto de recibir, a través de una serie de imágenes.[48] «Aquel día comprenderéis que yo estoy en mi Padre y vosotros en mí y yo en vosotros»;[49] «Si alguno me ama, guardará mi Palabra, y mi Padre le amará y vendremos a él, y haremos morada en él»;[50] «Yo soy la vid; vosotros los sarmientos. Lo mismo que el sarmiento no puede dar fruto por sí mismo si no permanece en la vid, así tampoco vosotros si no permanecéis en mí. El que permanece en mí y yo en él, ése da mucho fruto, porque separados de mí nada podéis hacer [...] pedid lo que queráis y lo conseguiréis.»[51] Después de la cena, en su oración al Padre, Jesús habla explícitamente de la nueva unidad en la que están a punto de ser iniciados. «Para que todos sean uno. Como tú, Padre, en mí y yo en ti, que ellos también sean uno en nosotros, para que el mundo crea que tú me has enviado. Yo les he dado la gloria que tú me diste, para que sean uno como nosotros somos uno: yo en ellos y tú en mí, para que sean perfectamente uno.»[52]

Entre los escritos del Nuevo Testamento, ninguno está más

saturado continuamente con la experiencia de la nueva participación divina que la Primera carta de Juan. La carta se abre con una declaración de la nueva *koinonia*, comunión con Dios y en Dios, que se ha dado en Jesucristo.[53] «Pues la Vida se manifestó y nosotros la hemos visto y damos testimonio y os anunciamos la Vida eterna, que estaba vuelta hacia el Padre y que se nos manifestó; lo que hemos visto y oído, os lo anunciamos, para que también vosotros estéis en comunión [*koinonia*] con nosotros. Y nosotros estamos en comunión [*koinonia*] con el Padre y con su Hijo, Jesucristo.»[54] La nueva comunión es inseparable de la nueva participación en la vida divina. «Y éste es el testimonio: que Dios nos ha dado la vida eterna, y que esta vida está en su Hijo. Quien tiene al Hijo tiene la vida; quien no tiene al Hijo no tiene la vida.»[55]

Se participa en Dios como *luz*; sin embargo, esta luz debe ser encarnada en una existencia relacional entre el resto de los seres humanos.[56] Se participa en Dios como amor: esta es, igualmente, una participación activa y no meramente pasiva.[57] El que cree en Jesucristo es *engendrado* por Dios, es un *hijo* de Dios.[58] El creyente *habita en* ("permanece en") Dios y Dios en el creyente.[59] El *Espíritu Santo*, experimentado en el interior del creyente, verifica la participación divina.[60] La *unción* divina es una participación que "permanece" en el creyente, comunicando una plenitud de conocimiento.[61] Esta palabra, "habitar", "morar" o "permanecer" (griego, *menein*), es un término poderoso para la participación, tanto en el Evangelio como en la Primera carta de Juan.[62]

La doble apertura de la participación

El punto de partida de este desarrollo participativo desde Israel hasta la Iglesia cristiana fue, como hemos visto, una relación rigurosamente dualista con Dios, aunque, no obstante, se insinúe sutilmente algún tipo de participación divina. La participación estaba limitada, interiormente, en la exclusión del sentido de inmanencia divina, y, exteriormente, en la exclusión de cualquier otro pueblo fuera de la familia de Israel. Jesús, a través de su muerte y resurrección, abrió esta participación circunscrita tanto interior como exteriormente: es decir, iniciando una participación en Dios que es inmediata (o no dual) y universal. Por supuesto, este es un cambio extraordinario, y se presentaba al Israel del tiempo de Jesús, en especial a los dirigentes religiosos, como una propuesta revolucionaria y realmente inaceptable. Tanto el movimiento "vertical" o interior como el "horizontal" o exterior eran escandalosos para la ortodoxia judía. La afirmación de Jesús de una intimidad única con Dios –en realidad, de una participación en la identidad divina[63]– fue considerada blasfema.[64] La apertura de la salvación a los gentiles pudo ser aceptada por los primeros discípulos (que eran todos judíos) sólo después de demostraciones extraordinarias del poder divino.[65]

La vida nueva como participación

Después de la revolución de Jesús, el *objetivo* de la vida –a diferencia de las tradiciones espirituales clásicas– no debe interpretarse como la experiencia unitiva o el estado unitivo, una participación suprema e inmediata en el Absoluto, como a través de la purificación progresiva, o unificación, por la que transcendemos el mundo fenoménico. Más bien, esta unión divina se da práctica y substancialmente en la iniciación bautismal como una nueva identidad divino-humana. El viaje de la vida se ha convertido en una realización progresiva de esta nueva identidad a través de una encarnación existencial, en el seguimiento de Cristo. Como el Maestro, uno viaja desde el don de sí mismo *recibido* en una iniciación bautismal hasta el don de sí mismo *dado* en una vida y muerte eucarísticas. Cuando se participa en la revolución de Jesús, la forma de esta llega a determinar la configuración de la vida de uno mismo. Esta es la forma de la cruz.[66]

Fundamental en el Nuevo Testamento y en la revolución de Jesús es el elemento de *novedad*; el fuego de la novedad arde sin cesar dentro de la vida y la actividad cristianas. En la nueva participación debe haber, finalmente, una transcendencia del "sistema", de cualquier paradigma metafísico, por esta presencia dinámica de la novedad divina.[67] Como veremos, este espíritu de novedad no sólo está activo en el Nuevo Testamento y en el cristianismo primitivo; está presente y operativo de un modo u otro también en el Occidente secular moderno. Es una participación en la creatividad divina, sea conscientemente o "de manera anónima".

La nueva existencia que se deriva de la revolución de Jesús se basa en la nueva participación en Dios. Desde una perspectiva dinámica, esta nueva participación puede verse como *fontalidad*, un solo movimiento vital que abarca las "virtudes teológicas" tradicionales de fe, esperanza y amor, así como una cuarta virtud orientada al mundo: la acción creativa. Estas cuatro actualizaciones de la participación divina corresponden a la "forma" del misterio de Cristo, la cuaternidad de Dios, Palabra, Espíritu y Creación:

Esperanza
Fe + Amor
Acción creativa

Hasta ahora he dicho poco directamente de la *espiritualidad* cristiana, es decir, de la práctica y la experiencia espirituales. Como mencioné en la parte introductoria hay una buena razón para ello. Una de las corrientes más debilitadoras del cristianismo occidental ha sido la separación de la "espiritualidad" de la vida humana ordinaria y de la teología; o, más en general, la separación de estas tres formas entre sí y del culto litúrgico durante el proceso de diferenciación que se ha prolongado a través de los siglos. Sin embargo, la espiritualidad cristiana es simplemente la experiencia y la apropiación personal de ese misterio o acontecimiento de Cristo que ha sido el centro de nuestro estudio. Por tanto, podemos definir la espiritualidad como una participación personal en el misterio-Cristo (esencialmente participativo). Debido a la amplitud del misterio, esto implica una participación personal en la Iglesia, su tradición y su vida, y en la historia de salvación que abarca a toda la humanidad. Pero, en primer lugar, es una participación *en Cristo* –en el «cuerpo de Cristo»– y a través de Cristo, una participación *en Dios*, en el ser divino y en la vida divina. Esta última participación es experimentada de dos modos fundamentales, correspondientes a la polaridad básica de individuo y comunidad. En el nivel personal, la participación en Dios constituye a la persona: es el suelo de la nueva (aunque "original") identidad de la persona bautizada. En el nivel comunitario, esta participación en Dios se experimenta como la *koinonía* que es constitutiva de la comunidad o iglesia. En nuestro Occidente moderno, como el sentido de participación ha disminuido, estos modos de experiencia unitiva casi han desaparecido de la conciencia y la teología cristianas.

EL ECLIPSE DEL CRISTIANISMO PARTICIPATIVO

El cristianismo es encarnación: el misterio (o acontecimiento) participativo de Cristo es una realidad física, corporal. Podemos atisbar algo de esto en el énfasis puesto por los escritores del Nuevo Testamento en la crucifixión corporal y la resurrección corporal de Jesús.[68] «Caro salutis est cardo», escribe Tertuliano a principios del siglo III d. de C.: «La carne es la bisagra de la salvación».[69] La participación en el misterio de Cristo se produce a través de los "misterios" físicos del bautismo y la eucaristía.

El misterio, que abarca los tres mundos de materia, conciencia (o psique) y espíritu, se extiende por encima y por debajo del nivel operativo de nuestra razón humana. A la racionalidad del Occidente moderno, con su epistemología allanada, y a las metodologías del estudio de la religión, que excluyen la posibilidad del misterio sacramental, les es particularmente difícil acceder ahí. Dependemos, para una interpretación teológica del misterio, de los dos elementos objetivos y "conservadores" de la tradición cristiana, que son la palabra escrituraria de Dios y la liturgia. Escritura y liturgia conservan la integridad participativa del misterio, que es reducido u oscurecido por cada intento de objetivación y análisis racionales. Aunque la aplicación de la razón y de la conceptualización objetiva al misterio es necesaria y útil –y se encuentra ya en el Nuevo Testamento–[70] lleva consigo invariablemente el peligro de sustituir el misterio por una construcción racional más accesible. La historia de la teología cristiana ha consistido en gran medida en una serie de racionalizaciones progresivas del misterio, demasiado a menudo sin la conciencia de este peligro.

Es posible hacerse una idea de la naturaleza esencialmente participativa del misterio de Cristo a través de un estudio de las luchas doctrinales de los primeros siglos, tanto trinitarias como cristológicas. La respuesta de los teólogos de la Iglesia a las formulaciones heterodoxas de la relación entre divinidad y humanidad en Cristo descansa en una doble participación: participamos en Dios porque participamos en Cristo, y en Cristo, Dios y la humanidad se hacen uno. Las grandes "herejías" fueron rechazadas por la Iglesia porque negaban o ponían en peligro esta participación humana en el ser divino y en la vida divina que eran el don de Cristo. Además, la defensa central a que recurrieron los Padres de la Iglesia contra las desviaciones teológicas se basaba directamente en la experiencia y la convicción de esta participación. «Si Dios no se hubiera hecho persona humana en Cristo, entonces no podríamos convertirnos en Dios.»[71]

Sin embargo, no todas las graves amenazas al misterio participativo fueron claramente diagnosticadas y repelidas. Elementos de la filosofía griega y de otras procedencias habían sido importados al pensamiento cristiano desde sus primeros tiempos, a menudo con una escasa evaluación crítica. Estructuras filosóficas extrañas que parecían hacer el misterio más comprensible para la gente de aquel tiempo y aquella cultura oscurecieron de forma inevitable su simplicidad y su unidad, su carácter esencialmente participativo. Durante los siglos patrísticos (más o menos, los seis primeros siglos de nuestra era), y a través de la Alta Edad Media hasta el siglo XII, estas fueron especialmente las estructuras del platonismo y el neoplatonismo. Desde el siglo XII en adelante empezó a predominar el pensamiento aristotélico, y una nueva teología "escolástica" –más racional y analítica– empezó a reemplazar a la teología sapiencial (bíblica y participativa) de las tradiciones patrística y monástica medieval. El nominalismo del siglo XIV y la epistemología cartesiana del siglo XVII en adelante manifestaban la rápida decadencia del pensamiento participativo en Occidente, disminuyendo además la densidad unitiva de la teología cristiana.

Cada división sucesiva de la Iglesia cristiana trajo otro endurecimiento de las estructuras externas y otro estrechamiento de perspectiva, lo que hizo que la fragmentación pareciera cada vez más irreversible. La identidad religiosa se definía en términos "denominacionales" externos; la simplicidad y la libertad, la apertura y la seguridad profunda de la experiencia original se perdieron y olvidaron. Nos hemos hecho conscientes de la relación circular entre conciencia y comunión eclesial. La división entre las comunidades cristianas y el eclipse del pensamiento participativo se acompañan y refuerzan entre sí. Una vez se ha perdido la unidad primordial, el misterio se divide y disminuye, la luz unitiva se vela y se vuelve inaccesible. Nada pone freno a la desintegración y división continuadas que impregnan cada sector de los pensamientos y la vida hasta que, por alguna gracia de la historia, empieza a amanecer una vez más un sentido del misterio integral, y de nuevo se busca la unidad en su plenitud. Esta ha sido, al menos, la historia del cristianismo occidental durante los últimos mil años.

En los siglos que siguieron a la separación de las iglesias occidentales en el siglo XVI, el sentido de participación disminuyó hasta niveles sin precedentes en la teología de las comunidades católica y protestante. Este movimiento coincidió con el desarrollo intelectual más general de Occidente durante los últimos siglos. Cuando la metafísica cedió el paso a la ciencia positiva y las antiguas matrices de la conciencia colectiva dieron lugar a la conciencia individualista, se produjo una fragmentación cultural y social a nivel general. El occidental moderno es, en primer lugar, un *individuo*. En el Estado nacional democrático que surge de la Ilustración (por ejemplo, los Estados Unidos), el individuo es anterior a la comunidad, que principalmente existe (en teoría, al menos) para la protección de los derechos del individuo y la promoción del bienestar individual. La participación –política, económica, social e incluso religiosa– se concibe espontáneamente como el resultado de una opción voluntaria, y no como una realidad preexistente; la colectividad es posterior más que anterior al individuo. La literatura moderna ofrece un claro testimonio de la experiencia de este individualismo radical y del aislamiento que lleva consigo.

En este ambiente, el cristianismo protestante experimentó una serie interminable de fisiones, y la teología protestante tendió a polarizarse en campos opuestos: especialmente a lo largo del eje entre la "fe pura" y la racionalidad científica, con un conservadurismo fundamentalista y una crítica histórica reduccionista en los dos extremos. El sentido de participación es muy limitado a lo largo de este eje; en ambos polos se niega la posibilidad de la profundidad unitiva por una necesidad compulsiva de claridad literal, sea la aplastante claridad integrista de la creencia literal incuestionada, o la claridad conceptual desintegradora de un método científico que desecha el misterio, que está completamente más allá de su comprensión. La crítica histórica racionalista moderna dio origen a movimientos fundamentalistas en sentido contrario; en la larga lucha entre estos dos literalismos opuestos, el nivel del debate teológico se alejó cada vez más de la realidad sapiencial profunda de la participación.

La Iglesia católica posterior a la Reforma y su teología se inmovilizaron en su fortalecida postura defensiva; el pensamiento creativo fue severamente reprimido, y las propias Escrituras del Nuevo Testamento llegaron a ser valoradas como una colección de pruebas para apoyar las proposiciones preconcebidas de una teología militante, en vez de la encarnación del misterio vivo de Cristo. El conservadurismo católico se solidificó en un fundamentalismo institucional o tradicionalista opuesto al fundamentalismo bíblico de las iglesias protestantes. Los papas de finales del siglo XIX y principios del siglo XX se debatieron con los documentos oficiales, intentando repeler la ola de pensamiento "modernista" que había comenzado a infiltrarse en la iglesia, y denunciando de manera estridente todo el irresistible movimiento de la historia y la cultura que se extendía rápidamente por todos lados en la iglesia.

Hagamos una pausa para lanzar una mirada atenta al cristianismo no participativo que se había desarrollado en Occidente hacia el siglo XIX, específicamente como catolicismo romano. Contra el individualismo de las comunidades protestantes, la Iglesia romana mantenía un riguroso sentido de identidad colectiva; esta identidad, sin embargo, se experimentaba menos en un contexto de comunión que de estructura institucional y autoridad jerárquica. Había más posibilidades de pensar en "la Iglesia" como una estructura sagrada invencible, o como una autoridad clerical en alguna parte por encima de uno mismo, que como una comunidad en la que se participaba. Uno no se pensaba ya a sí mismo como Iglesia. La Iglesia se había convertido en una institución y la persona se había convertido en un individuo. Cada uno de los elementos centrales de la fe cristiana, en este ambiente moderno polarizado de individualismo y autoridad institucional centralizada, se había separado de su unidad simple con el misterio de Cristo y se había desgarrado de su matriz vital de comunión, la *koinonía* original que es la vida de la iglesia.

La expresión teológica del Nuevo Testamento *misterio de Cristo* se podía definir como el «Cristo que todo lo abarca» o, simplemente, el «Cristo participativo». Hacia el siglo XIX, esa cualidad participativa había sido casi completamente despojada de la imagen católica de Jesucristo, y con esto, la unidad del misterio mismo se disolvía y la fe cristiana iba a reunir un surtido de artículos de creencia obligatorios y separados. La primera piedra de la creencia católica, la confesión de Pedro en Cesárea de Filipo, «Tú eres el Cristo, el Hijo de Dios vivo»,[72] seguía siendo proclamada firmemente por la autoridad de la Iglesia, pero el misterio de la Encarnación se limitaba a Jesús (y, por extensión, a la Iglesia institucional); su extensión al pueblo ya no formaba parte de la enseñanza. La Encarnación se había vuelto casi no-participativa. De manera similar, el dogma de la Trinidad se había cerrado en gran parte a la participación; en lugar de la "Trinidad económica" de los Padres de la Iglesia, en la que la humanidad participaba en la Palabra divina y en el Espíritu Santo, el primer principio de la teología era una Trinidad divina encerrada en sí misma, estudiada en los términos de sus relaciones internas.[73] Los dos misterios básicos de la fe cristiana habían sido así objetivados y elevados por encima de los fieles, como si se hubiera dado una inversión del acontecimiento-Cristo. La redención, que los teólogos cristianos orientales de los primeros siglos habían interpretado de manera participativa, como una incorporación al «cuerpo de Cristo»,[74] se había concebido desde la época de la primera escolástica, en el siglo XII, principalmente de una forma externa y jurídica,[75] como la reparación –a través del sacrificio de Cristo, el Dios hecho hombre– por la ofensa infinita contra la Majestad divina que fue el "pecado original" de Adán.

En la iglesia primitiva, se interpretaba teológicamente el bautismo como la divinización del cristiano, es decir, como la admisión de la persona bautizada a una participación inmediata con el ser divino.[76] En el siglo XIX, en Occidente esta verdad central del cristianismo había sido casi olvidada, y por eso la simplicidad y unidad de la vida cristiana se había vuelto inaccesible para la teología. Bajo la reafirmada doctrina agustiniana del pecado original y la consiguiente depravación de la naturaleza humana, esa participación en Dios se tornaba inconcebible, a la vez que facilitaba enormemente el gobierno de la Iglesia. El sacramento esencialmente participativo de la eucaristía se había atenuado en tal medida que se pensaba en él sólo en los términos del sacrificio de Cristo y de la comunión del individuo con Dios y Cristo. La dimensión lateral de la *koinonía* se había perdido casi por completo, y esto quedaba perfectamente reflejado en el estilo del culto. El sacerdote celebraba la eucaristía lejos del pueblo, en la lengua sagrada del latín que le era ininteligible; las respuestas eran fijas e invariables, y toda espontaneidad por parte del pueblo quedaba excluida. Las "especies" del pan y el vino habían sido reducidas a un pequeño barquillo al que se ha aludido en tono bromista como "el símbolo de un símbolo". Esta reducción occidental moderna de los sacramentos del bautismo y de la eucaristía vuelve claramente visible el punto más bajo de participación al que el cristianismo occidental había llegado a principios del siglo XX. La conciencia de la participación inmediata en Dios que constituye el nuevo nacimiento y la nueva identidad de los cristianos, y la conciencia de la participación comunitaria en la vida divina, que es la esencia de la iglesia, habían disminuido hasta casi desvanecerse. La espiritualidad, entre los católicos y entre los protestantes, se había vuelto individualista, subjetivista, y se había separado de su fondo sacramental en la iniciación bautismal y en el cuerpo eucarístico de Cristo.

La extinción del sentido de participación en la Iglesia católica romana de la época moderna no sólo era interna, sino también externa. A finales del siglo XIX, la Iglesia se había aislado de la participación en el mundo que la rodeaba y de la historia cada vez más acelerada de la Europa de su tiempo. Encerrada en una verdadera fortaleza de institución y doctrina desde la Reforma, la Iglesia oficial se retiraba cada vez más, bajo la presión de un ambiente político y cultural desfavorable, a un gueto sagrado.[77] Desde esta perspectiva, el movimiento contemporáneo de la historia en Occidente sólo se podía ver a una luz negativa, y un pesimismo agustiniano coloreaba la visión católica oficial de la humanidad, su lucha por la libertad y sus logros. La Iglesia tendía temerosamente a aliarse con el *ancien régime* contra los amenazadores movimientos sociales participativos de revolución popular, democracia y socialismo.

Y en este mínimo histórico de la comprensión sapiencial, las barreras "judías" y "griegas" a la participación se habían levantado de nuevo. "Lo sagrado" –y la Iglesia institucional como su encarnación– había sido devuelto a su elevación precristiana por encima del pueblo, y los misterios de la fe se habían objetivado y circunscrito racionalmente con tanto éxito que su naturaleza participativa –y por tanto su unidad y su fuerza– se había neutralizado en una gran parte. Una vez más, cuerpo y comunidad habían sido eliminados en gran medida de la espiritualidad.

EL NUEVO DESPERTAR DE LA CONCIENCIA PARTICIPATIVA

En medio de los catastróficos acontecimientos de la Europa del siglo XX iba a nacer una importante revolución teológica. Entre algunos de los estudiosos católicos de la primera mitad del siglo empezó a despertarse de nuevo el sentido teológico del misterio de Cristo –y de la Iglesia como misterio de comunión–, a pesar de la resistencia decidida del conservadurismo institucional. Cuando las dos guerras mundiales y los cambios culturales revolucionarios sometieron a un cuestionamiento radical los cimientos de la civilización occidental, también las convenciones de la teología occidental se vieron cuestionadas y empezaron a reaparecer las fuentes de la tradición cristiana en su unidad luminosa. Se abría un espacio en el que se podía encontrar de nuevo el misterio de Cristo, y una vez más se podía pensar la unidad esencial de la humanidad.

El saber bíblico, el litúrgico y el patrístico convergían para dar un fruto común en los documentos del Concilio Vaticano II (1962-1965), en el que el misterio encontraba expresión una vez más con su simplicidad y su fuerza, su centralidad y su alcance omniabarcante. El Concilio, se puede decir, fue una revolución participativa en la que la comunidad cristiana o "pueblo de Dios" empezó a ser consciente de nuevo de su identidad. Resurgió la teología del gobierno colegial. Después de siglos, la iglesia era reconocida una vez más como un misterio que no podía ser abarcado por una sola expresión teológica, sino que se desplegaba en una serie de imágenes: misterio de comunión, sacramento de Cristo y de Dios, pueblo de Dios.[78] Los católicos laicos empezaron a reconocerse de nuevo *como la iglesia*, después de muchos siglos de pensar en ella como una institución autoritaria que les mediaba la gracia de Dios desde arriba. Fue la experiencia eclesial de la liberación de la persona que se había producido en la historia revolucionaria del Occidente moderno y, al mismo tiempo, una experiencia nueva de la liberación experimentada por la primera comunidad cristiana de Jerusalén.

Dos pasajes de los principales documentos del Concilio ilustrarán la recuperación del sentido teológico participativo de Cristo y la iglesia, y del lugar de esta en el mundo y en su historia.

> Brillando con la luz de Cristo, la Iglesia, que por virtud del mismo Cristo es como sacramento de la unidad del género humano, quiere presentarse a los fieles y al mundo entero tal cual es en su naturaleza y misión universal.[79]

> Los gozos y las esperanzas, las tristezas y las angustias de los hombres de nuestro tiempo, sobre todo de los pobres y de cuantos sufren, son a la vez gozos y esperanzas, tristezas y angustias de los discípulos de Cristo. Nada hay verdaderamente humano que no encuentre eco en su corazón. La comunidad cristiana está integrada por hombres [seres humanos] que, reunidos en Cristo, son guiados por el Espíritu Santo en su peregrinar hacia el Reino del Padre y han recibido la buena nueva de la salvación para comunicarla a todos [los seres humanos]. La Iglesia por ello se siente íntima y realmente solidaria del género humano y de su historia.[80]

Unos pocos espíritus audaces del mundo intelectual católico dieron el paso –apenas imaginable durante siglos– de mirar el progreso del Occidente moderno de una manera positiva, en realidad como otro despliegue del acontecimiento de Cristo. Preeminente entre ellos por la amplitud y audacia revolucionaria de su visión es Pierre Teilhard de Chardin, que vio a Cristo en el centro de la historia humana y de la evolución, y desarrolló una visión participativa siguiendo el camino esbozado por san Pablo, pero alcanzando las dimensiones de la nueva cosmología occidental. En este punto empezamos a poder imaginar una nueva teología –o "sabiduría"– cristiana que, aunque permaneciendo fiel a la centralidad del acontecimiento de Cristo, abarca toda la magnitud y el dinamismo del mundo y la persona que hemos llegado a conocer en nuestro Occidente moderno.

El futuro de la sabiduría cristiana

Como mencioné al principio hay una teología cristiana que corresponde a la visión participativa del cristianismo: la tradición de la teología sapiencial o de sabiduría. Nuestro intento de recuperar una visión cristiana participativa es necesariamente un viaje a la teología sapiencial. Además, una fase o modo nuevos de participación significa una *sabiduría nueva*. Esto es lo que vemos surgir, en formas muy diferentes, en escritores como Teilhard de Chardin, Karl Rahner, Thomas Merton y Bede Griffiths. Lo que es *nuevo* en esta "sabiduría" es: 1) su universalidad, 2) su carácter claramente personal, a diferencia de la naturaleza "pre-personal" de gran parte de la teología sapiencial cristiana clásica, 3) su perspectiva histórica, dinámica, y, en muchos casos, 4) una profundidad y una sencillez metafísicas alcanzadas en interacción con las tradiciones asiáticas. La nueva sabiduría se caracteriza con frecuencia por 5) una valoración positiva de la *secularidad* que es claramente occidental y moderna. En el centro de su novedad, sin embargo, hay un sentido de la *persona*: por una parte, la conciencia de la profundidad y autonomía transcendente, la libertad y creatividad de la persona individual en este mundo, y, por otra, la conciencia de la naturaleza esencialmente relacional y participativa de la persona, y de la unidad última de toda la humanidad. Esta nueva conciencia y este nuevo pensamiento sapienciales contienen grandes promesas para el estudio de los fenómenos religiosos y místicos, al tiempo que ponen en cuestión los paradigmas racionalistas, así como los puramente universalistas de gran parte del pensamiento académico contemporáneo en esta área.

El espacio de que dispongo sólo me permite una breve confrontación de la visión sapiencial participativa que he propuesto con algunas de las principales perspectivas entre los estudios de la religión y el misticismo contemporáneos: 1) el tratamiento lingüístico, contextual (o constructivista) de la experiencia mística,[81] 2) las visiones occidentales perennialistas clásicas,[82] 3) las propuestas de "experiencias de conciencia pura" y "conocimiento por identidad",[83] 4) el pluralismo radical,[84] y 5) la aplicación de las metodologías de la ciencia material positiva a las experiencias y estados espirituales.[85]

La teología cristiana participativa se opone al aislamiento de la experiencia espiritual personal de su contexto en la persona y en el misterio total; se considera la experiencia como una manifestación de entidades más fundamentales: la identidad transcendente (o unitiva) de la persona, que participa en el misterio objetivo. Tanto el reduccionismo racionalista del análisis filosófico o lingüístico, como la visión perennialista que reduce las tradiciones religiosas a un "núcleo universal" o denominador común, son inadecuados para el misterio participativo con su dimensión transcendente o no dual y su particularidad concreta. No se puede conceder a una epistemología filosófica moderna, dualista y contraída (por ejemplo, la de Kant), autoridad para definir los límites del posible saber espiritual. En esta visión participativa, la experiencia de la "conciencia pura" y el "conocimiento por identidad" son interpretados como momentos de participación en el fundamento divino de la conciencia humana. Aquí –y con frecuencia– será útil la "antropología transcendental" de Rahner.[86] Una teología sapiencial cristiana contemporánea admitirá una pluralidad de experiencias válidas de la divinidad y de caminos de desarrollo espiritual, pero conservará un único Principio divino supremo. Los métodos de la ciencia física (por ejemplo, los procedimientos experimentales, los intentos de verificación clara o falsación), con su dependencia de la mente objetivadora dualista y de los datos sensoriales, son inapropiados para las realidades del nivel del yo interior (o sujeto transcendente) que tienen también su "particularidad" propia, resistente a la clasificación abstracta y a la gradación. Es una conciencia participativa o sapiencial –que implica la afirmación del misterio en la fe– la que puede comprender estas experiencias en su nivel propio.

Algunos autores contemporáneos proponen integrar directamente un perennialismo "oriental" con la racionalidad científica occidental sin considerar el fondo histórico que vincula estos dos aspectos a su propia continuidad cultural.[87] En el curso del último milenio de la historia occidental, nuestro modelo epistemológico ha descendido desde la mente sapiencial unitiva a la mental racional empírica. Una de las propuestas más audaces de una nueva visión sapiencial es la de que esta historia descendente puede ser interpretada como una participación en el acontecimiento revelador de Cristo, es decir, como un proceso de encarnación. Entre la luz matinal de la contemplación y la luz vespertina del racionalismo científico, el gran arco solar determina una penetración progresiva de la divinidad en la humanidad, la transición de la participación pasiva a la activa. ¡Pero ahora necesitamos también la luz de la mañana!

LA REVOLUCIÓN EN EL CONTEXTO GLOBAL: HACIA UNA INTERPRETACIÓN TEOLÓGICA DE LA HISTORIA

El acontecimiento participativo

A diferencia de las enseñanzas del Vedanta hindú, del budismo (aunque en su lenguaje "negativo" o apofático), o del taoísmo, así como de la intemporal "filosofía perenne", el Nuevo Testamento no revela una Realidad unitiva (participativa), sino un *Acontecimiento* unitivo (participativo). Presuponiendo como trasfondo un mundo de participación imperfecta, el acontecimiento-Cristo es equivalente a la encarnación, es decir, a la unión de Dios y la creación en la persona divino-humana de Cristo. Esta es la "nueva participación" básica de la que deriva cualquier otra forma de nueva participación.

La persona

Sin embargo, la participación, como hemos visto, no es toda la historia. Se necesita una segunda constelación de ideas para expresar la relación del cristianismo con el mundo moderno, en particular con el mundo del Occidente moderno: libertad, capacidad de intervención y creatividad, interpretadas como participaciones activas y "seculares" en el acontecimiento de Cristo. Estos tres términos –participación, autonomía, capacidad de intervención (o creatividad)– condensan en sí mismos la historia de Occidente en sus fases cristiana y secular. Más simplemente, podemos imaginar la historia elaborándose en la interacción de dos grandes principios: participación y autonomía (o libertad creativa). Occidente surge desde una fase prepersonal de participación a una fase de relativa autonomía personal y colectiva, y luego comienza el retorno –o descenso– de nuevo hacia la participación, conforme a la trayectoria natural o "solar", de la vida humana. La vida despliega su interacción dinámica de autonomía (o "identidad") y participación. El estudio de la religión en nuestro tiempo debe trascender los parámetros occidentales convencionales –individualistas y subjetivistas– si quiere seguir el ritmo del movimiento participativo de la historia.

Se puede interpretar el acontecimiento de Cristo como la revelación y re-creación de la persona, individual y colectivamente. Esta "persona nueva" existe por la participación inmediata en la Persona divina, y participa también en la dinámica de encarnación del acontecimiento de Cristo. Por tanto, existe la persona en una participación con toda la realidad que puede ser llamada eucarística. En el acontecimiento único hay un doble movimiento hacia la personalidad participativa plena: de la participación pasiva a la participación activa, y de la participación "tribal" a la participación universal. Se puede ver este doble movimiento en la enseñanza de Jesús, luego en la revolución que se inició por su resurrección y el don del Espíritu Santo; es evidente también en el movimiento progresivo de la historia occidental, y en el desarrollo de la persona individual. El acontecimiento único es el despertar de la Persona verdadera, en su libertad, plenitud y universalidad activas. Una buena ilustración del doble despertar se encontrará en la parábola de Jesús del buen samaritano, en el capítulo 10 del Evangelio de Lucas.[88] A la pregunta del escriba: «¿Quién es mi prójimo?», Jesús responde con su relato del forastero que cruza las fronteras de las diferencias religiosas y el odio hereditario para cuidar a un judío al que habían robado y golpeado. La respuesta de Jesús concluye con estas palabras: «Ve y haz tú lo mismo». Aquí está implícito que todo el mundo es ya nuestro prójimo y que esta humanidad común debe, sin embargo, ser realizada mediante un acto de *fontalidad* personal. Con la autocomunicación divina que se da en Cristo, se infunde en la persona humana una autoridad divina por la que debemos pasar por encima de las diferencias más santas y arraigadas, afirmar el núcleo divino común de todos los seres humanos y realizar una sola humanidad. Este es el despliegue del acontecimiento de la Encarnación en el mundo.

Particularidad: el núcleo perdurable

Sin embargo, los términos abstractos "participación" y "persona" no agotan el significado del acontecimiento de Cristo. La fe judeocristiana es inseparable de una *particularidad histórica concreta* que es incompatible con filosofías y teorías de la religión más "universalistas". Este núcleo concreto está constituido por una revelación divina específica, por una relación individual y colectiva con el Dios personal de la Biblia, y por la "historia sagrada" bíblica. Para los cristianos existe, además, la particularidad concreta del acontecimiento de la Encarnación y de la persona de Jesús, que se amplía en la concreción y particularidad de la participación sacramental en el bautismo y la eucaristía y en el "sacramento" primordial que es la iglesia misma.[89] Estos particulares concretos, en su coherencia rigurosa, permanecen como un "cuerpo" permanente, intensamente participativo, en y alrededor del cual se extienden las energías de la libertad y la *fontalidad* creativa hacia la totalidad humana.

Actualmente, los cristianos que han evitado los extremos del fundamentalismo y de un relativismo desarraigado se encuentran así mediando en un territorio ambiguo entre los dos polos de la particularidad y la universalidad. Ninguna ley ni fórmula teológica única resuelve la tensión –espiritual, intelectual, existencial– entre los dos principios, pues su interacción sigue elaborándose en el corazón de la vida y de la historia.

El papel de Occidente

En la realización de la persona, creo, radica gran parte del significado del desarrollo singular de la civilización occidental. Occidente ocupa una posición única en la "historia de salvación", como un pueblo y una cultura que nace alrededor del núcleo unitivo del misterio-Cristo, en una posición intermedia clave entre el acontecimiento histórico de Cristo y la realización de una humanidad global.[90] La realización histórica de la persona corresponde al acontecimiento de la Encarnación, en cuanto se manifiesta en una historia concreta.

Creo, pues, que hay una relación constitutiva entre estos dos fenómenos únicos en la historia de la humanidad: 1) el acontecimiento de Cristo, y 2) la importancia de Occidente en la historia del mundo durante los últimos quinientos años. Dejemos a un lado, por el momento, la división convencional de la historia en antigua, medieval y moderna, y pensemos en los dos milenios de la historia occidental desde la época de Cristo como un solo período, dividido en dos grandes fases. Prosiguiendo con esta amplia generalización denominemos provisionalmente a los primeros mil años la edad de la unidad, y a los mil años segundos, la edad de la autonomía. Durante la primera fase –en la que el cristianismo se convierte casi en la religión exclusiva de Occidente y la Iglesia pasa a ser progresivamente el factor unificador central de la sociedad europea– predomina la conciencia colectiva. Durante los segundos mil años, esta conciencia colectiva de la cristiandad cede el paso a la emergencia del individuo, y luego a las particiones sucesivas que fragmentan el mundo occidental, y a la emergencia de una cultura occidental moderna secular e individualista.

La imagen concluyente: el nacimiento de la persona divino-humana en este mundo

El conjunto de estos dos mil años de movimiento histórico puede ser interpretado como un despliegue progresivo del acontecimiento de Cristo, entendido como "nacimiento divino en este mundo". En la primera fase predomina la *unidad*, y todo se sigue viendo a la luz "teológica" de la fe en Dios, Cristo y la Iglesia. En la segunda gran fase, *diferenciación y autonomía* se tornan dominantes, y las potencialidades divinas se realizan en la persona. Cuando esta fase progresa en la modernidad se puede hablar de una *encarnación secular* del don divino, que cae desde la gracia del nuevo nacimiento divino hacia abajo, a los niveles de creatividad cultural, científica, tecnológica y social.[91] En la fase de unidad se puede imaginar a la persona como mirando hacia atrás (y hacia el Este), hacia la Fuente transcendente e indeterminada; mientras que en la fase de autonomía, la persona mira hacia adelante (y hacia el Oeste), hacia su propia individuación y realización en este mundo, y hacia una humanización del propio mundo material.

En el corazón del cristianismo está el nacimiento divino, en sus etapas sucesivas: el nacimiento del Hijo divino del Padre, el Dios eterno, luego el nacimiento de Jesucristo como persona en este mundo, después el nuevo nacimiento de los creyentes bautizados en Cristo y en Dios. Esta participación divina es la fuente de todo lo que sigue en la "historia de salvación" y –cruzando la frontera exterior de la fe explícita– es también la fuente de la autorrealización del “hombre occidental”. En el curso de la historia, el don se ha separado de su fuente, la participación divina se ha olvidado o negado, y, al mismo tiempo, la Iglesia occidental y el mundo occidental han entrado juntos en lo que parece una edad de no participación, una plotiniana «tierra de la disemejanza».[92] Sin embargo, esta historia desconcertante es otro despliegue del acontecimiento único y audaz del nacimiento divino en este mundo.

Nacimiento global

Como he sugerido, por debajo del eclipse de la experiencia y el sentido consciente de participación avanza a menudo una transición hacia un modo de participación más nuevo y más pleno. Esto, creo, es cierto en relación al desierto de no participación que el mundo occidental ha estado atravesando durante los siglos recientes. Por debajo de la fragmentación aparente avanza el movimiento, en última instancia irreversible, de la *unificación de la humanidad.* Se está produciendo un cambio total, desde la dinámica centrífuga imperante, por medio de la cual hemos llegado a nuestra actual conciencia no participativa dominante, a un movimiento convergente hacia una sociedad global y una conciencia global.[93] Las pruebas de ello aparecen en los esfuerzos cada vez más numerosos de cooperación y organización internacional de todo tipo. Una convergencia más profunda aparece en la aceptación creciente –que se acerca gradualmente al consenso universal– de la dignidad y los derechos básicos de la persona, del imperativo de la justicia social, de los valores de la libertad, la autodeterminación política y la democracia. Estas ideas “occidentales” o “ilustradas” se originan en la *revelación de la persona* que he identificado con el acontecimiento-Cristo.

Hoy somos conscientes –a pesar de los conflictos que continúan desgarrando a la humanidad– de que el mundo se está convirtiendo muy rápidamente en *un solo* mundo. La humanidad empieza a ser consciente de sí misma, a reflexionar y valorar como un solo organismo, si bien todavía no completamente integrado. Esto se ha producido por la creatividad expansiva secular de Occidente, a través del múltiple "lenguaje" común que incluye comercio, ciencia, tecnología y política mundial. La unificación de la humanidad es un despliegue de la "encarnación secular" de la que hablaba anteriormente. Desde el acontecimiento único de Cristo, y a través de su despliegue en el ambiente secular del Occidente moderno, la primera línea de la humanidad se mueve rápidamente hacia una conciencia de toda la persona y hacia una conciencia mundial, la conciencia de la humanidad única y del mundo único, incluyendo la naturaleza material. Esto equivale a decir que nuestra conciencia de *participación* se está ampliando hasta las dimensiones plenas de la persona y el planeta. Aunque esto podría no haberse producido en el mundo de la cristiandad ni en la esfera gobernada por la autoridad de la Iglesia, creo que esta es otra realización del acontecimiento de la Encarnación, el acontecimiento de Cristo.[94] La palabra *libertad* es el eje de la teología cristiana,[95] pero no es una palabra de "iglesia". La libertad nueva, la capacidad de intervención, la creatividad, que han surgido en el mundo a través del Occidente moderno, son participaciones en las energías divinas infundidas en la naturaleza humana por el acontecimiento de Cristo, que ha tenido que hacer estallar el recipiente –el odre viejo– de la convención cultural y de la autoridad institucional para realizarse. En el Espíritu divino único está naciendo la humanidad. Nuestra interpretación de la religión –y de la experiencia espiritual– debe ampliarse a esta magnitud, a estas dimensiones.

9. LA PARTICIPACIÓN ALCANZA LA MAYORÍA DE EDAD. OWEN BARFIELD Y LA 'BHAGAVAD-GITA'

Robert McDermott

> Puede haber momentos en los que lo más necesario no sea tanto un descubrimiento o una idea nueva como un "enfoque" diferente; me refiero a un reajuste relativamente ligero en nuestra manera de mirar las cosas y las ideas en las que ya está fija la atención.
>
> OWEN BARFIELD, *Saving the Appearances*

Este capítulo utiliza la interpretación de la historia de la conciencia participativa de Owen Barfield para iluminar la manera en que tres maestros espirituales de la primera parte del siglo XX se ocuparon de formas diversas de la *Bhagavad-gita*. Mohandas K. Gandhi, Sri Aurobindo y Rudolf Steiner, los tres consideraban la *Gita* un texto sumamente importante, pero ninguno de los tres la leyó como hubiera podido hacerlo un contemporáneo de Arjuna. En lugar de ello, en el límite de lo que Barfield describe como evolución participativa, estos maestros habían de enfocar la *Gita* como un texto autoimplicativo que se desvela diversamente a las diferentes sensibilidades participativas. Basado en el trabajo de Barfield, este capítulo mira la distancia diacrónica participativa entre estos tres pensadores y el escenario histórico de la *Gita*, a la vez que atiende a las importantes diferencias sincrónicas en la manera participativa en que la abordan Gandhi, Sri Aurobindo y Steiner.

La primera mitad de este capítulo resume el análisis de la pérdida gradual de participación y su posible recuperación tal como la describió Owen Barfield (1899-1998), figura literaria, filósofo laico, estudioso de Coleridge y antropósofo. La obra principal de Barfield, *Saving the Appearances: A Study in Idolatry*, afirma la realidad e importancia de la evolución de la conciencia, y en particular el cambio diacrónico desde una participación original (primordial, indígena) a la gradual pérdida de participación (que culmina en ciertas manifestaciones de la manera ilustrada y postilustrada de relacionarse con el mundo), y, muy especialmente durante los últimos siglos del pensamiento y la cultura occidental, con la posibilidad contemporánea de participación "final" (cuyos contornos se pueden discernir, si bien imperfectamente, en el Romanticismo y los movimientos con él relacionados). La segunda parte de este capítulo analiza la forma en que los tres intérpretes del siglo XX de la *Gita* –Gandhi, Sri Aurobindo y Steiner– abordaron, explicaron y se ocuparon de la revelación que Arjuna recibió de Krishna. Los considero primero uno por uno y, luego, concluyo el capítulo con algunas reflexiones comparadas a la luz de la teoría participativa de Barfield de la evolución de la conciencia.

La teoría de la participación de Owen Barfield

Barfield construye su argumentación en *Saving the Appeareances* sobre elementos ya establecidos en obras anteriores y sobre un pensamiento original. Su primer libro, *History in English Words*, es un análisis magistral de la manera en que las palabras tuvieron en un tiempo una plenitud de significado, tanto literal como metafórico, que se perdió gradualmente. Este proceso, que Barfield traza desde una perspectiva filológica, implicó la diferenciación de los significados exterior e interior, que fueron más tarde identificados como significados subjetivo y objetivo, o literal y metafórico. Este estudio pretende esencialmente mostrar cómo el mundo perdió su interioridad, cómo los conceptos perdieron su multivalencia, y cómo la profundidad poética originaria de las palabras se derrumbó en una semiosis meramente referencial.

Barfield ofrece un ejemplo en la utilización que hacemos de la palabra "corazón": originalmente, el "corazón" incluía tanto el órgano físico como lo que ahora consideramos sus asociaciones metafóricas. En el uso contemporáneo es necesario, pero difícil, llenar el vacío entre lo literal y lo metafórico de un concepto como "corazón". Actualmente decimos que el significado "real" es el órgano, la bomba impulsora que tenemos en el pecho; el significado metafórico se ha separado del órgano y del concepto que significaba tanto órgano como afecto. Es como si estas acepciones se hubieran convertido en dos palabras separadas, de manera que le corresponde al pensamiento metafórico y a otras formas de pensamiento imaginativo reunir de nuevo los dos sentidos. Reunir los significados físico y metafórico de "corazón" requiere un acto de pensamiento intencionadamente creativo, un acto imaginativo (pero no fantasioso o extravagante) que Barfield denomina participación final y que descubre de forma anticipada en los poetas románticos (especialmente Johann Wolfgang von Goethe, William Wordsworth y Samuel Taylor Coleridge). En *Poetic Diction* (1928), Barfield ofrece lo que viene a ser una filosofía de la poesía, afirmando que el elemento esencial de la experiencia poética es la inducción de un «cambio sentido de conciencia».[1] Este cambio sentido se caracteriza por una atención distintiva que sirve como preparación para el tipo de percepción extraordinaria que es la participación final; Barfield conecta así nuestras capacidades interpretativa, poética e imaginativa con una visión más amplia de nuestra participación en el devenir propio del mundo. Lo que Barfield ofrece en todas sus obras es una visión evolutiva de las sensibilidades participativas transformadoras, un análisis de cómo la cocreación humana del mundo se ha modificado a lo largo del tiempo. Ni subjetivo ni objetivo, este cambio incumbe tanto a la manera en que nosotros actuamos con el mundo como a la manera en que el mundo se ofrece a nosotros.

Para comprender con mayor plenitud la visión de Barfield será útil considerar su visión de la participación. *Saving the Appearances* se centra principalmente en la pérdida contemporánea de la participación y en la forma en que esto afecta a la humanidad moderna, pero comienza necesariamente con un estudio de la participación primordial u originaria, el tipo de conciencia inmediata que la humanidad ha ido perdiendo poco a poco, y el Occidente moderno de forma precipitada, a través de un recorrido por toda la historia. Influido por la filosofía de la historia de Steiner (que se parece en muchos aspectos importantes a la filosofía de la historia de Georg W.F. Hegel y Friedrich W.J. Schelling), Barfield ve la historia sobre todo como la pérdida de la participación y el anhelo por superar esa pérdida.[2] Sin embargo, es más cierto decir, con Barfield, que esta pérdida gradual de la participación es la mitad de la historia, la mitad degenerativa; la otra mitad, la evolutiva, es la superación gradual de esta pérdida mediante una serie de avances y contribuciones. Sri Aurobindo, también influido por Hegel, ofrece una metanarración similar: lo divino se vacía en el tiempo y el espacio, y se desarrolla a través de las diversas civilizaciones y modos de conciencia. Este proceso conduce a la humanidad más lejos de lo divino, pero, simultáneamente, a través de una serie de avataras (seres intercesores divinos), supera esta distancia iniciando una intimidad nueva entre la humanidad y la divinidad.

En varias de sus obras, Barfield rastrea la evolución de la conciencia y la pérdida de la participación original. Prestando atención a la historia de las lenguas occidentales y complementándola con informes de antropólogos de principios del siglo XX, Barfield ofrece una imagen de la participación originaria (es decir, "antigua", "primigenia" o "indígena"). Sin embargo, como Barfield usa muy pocos ejemplos ajenos a la tradición occidental puede ser un test importante aplicar su estudio de la evolución de la conciencia a la edad axial en la India, específicamente a la emergencia de la *Bhagavad-gita* en el gran poema épico del *Mahabharata*, aproximadamente en el siglo VI d. de C. Como la India ha preservado de manera más completa que Occidente algunas formas de participación originarias, el examen de la *Gita* nos ofrece una penetración especial en las transformaciones participativas en las que está interesado Barfield. Por supuesto, Occidente tiene su propia conciencia originaria parcialmente vigente, pero, por regla general, la ha suprimido de forma violenta reemplazando todas sus sucesivas expresiones culturales. El compromiso de Occidente con el cambio ha sido más revolucionario que evolutivo, enterrando así gran parte de su memoria de la participación original y obligando a buscar la conciencia originaria en culturas muy alejadas de la suya.

El *Mahabharata*, que incluye los dieciocho capítulos de la *Bhagavad-gita* –en particular el diálogo del guerrero Arjuna con Krishna, conductor de su carro (y todavía no revelado como dios), en el campo de batalla de una guerra civil– se puede ver como una mezcla de conciencia primordial y conciencia histórica, o como una transición del mito a la historia, bastante semejante a la transición de Homero a Sófocles, y progresivamente a Virgilio, Dante y Joyce. Esta transición es la de una relación directa, o fácilmente accesible, con lo divino o el mundo del espíritu, a una conciencia en la que tanto la divinidad como el espíritu parecen distanciados y gradualmente sustituidos por la realidad del yo y el mundo terrenal. Este proceso se caracteriza por la pérdida gradual de la conciencia mítica y el desarrollo progresivo de personalidades cada vez más específicas. Incluso en la cultura griega clásica se puede ver cómo Aquiles, Odiseo,

Agamenón, Sócrates, Platón, Aristóteles y Alejandro avanzan en una línea notablemente recta desde la conciencia mítica a la conciencia histórica, desde una relación inmediata con los dioses y el mundo espiritual a una relación más vaga con el mundo del espíritu y a una relación más segura de su identidad individual y su pensamiento propio.

En la participación originaria, la relación significativa con dioses y espíritus (por ejemplo, en la otra vida) no era problemática ni tampoco se cuestionaba; más bien era automática y fácilmente compartida. Los dioses estaban "aquí" y "allá" en la mente de cada uno, en la psique de individuos y comunidades. Una expresión familiar para la participación originaria, "en el principio", apuntaba hacia un no-tiempo, es decir, ningún tiempo específico, un *arche* (fundamento atemporal o principio originario), "tiempo" en el que los dioses estaban luminosamente presentes para la humanidad. Lo fundamental para Barfield es simplemente que en el curso de varios milenios, la accesibilidad de los dioses y los seres del espíritu se hizo menos obvia, luego nada obvia, antes de volverse dudosa y, finalmente, increíble. Cada vez más en el Occidente moderno, Dios y el mundo del espíritu se convirtieron en reinos de lo lejano, y luego de lo inalcanzable, hasta que esos reinos parecieron morir por completo. En Occidente, durante los siglos XIX y XX apareció un consenso respecto de la no existencia (pasada y presente) de Dios, los dioses y los espíritus. Lo que se había creído en relación a Dios y los espíritus parecía ahora que no era real, y que nunca lo había sido; las antiguas creencias aparecían como una ilusión, una proyección de la humanidad en su inmadurez (es decir, en su participación originaria ingenuamente concebida).

La involución de la conciencia, caracterizada por la pérdida del acceso al espíritu, es el complemento de su evolución, caracterizada idealmente por el desarrollo de la individualidad, el amor y la libertad humanas. En el Occidente moderno (y postmoderno), la involución parece casi completa, parece que los dioses se han retirado y que realmente han muerto. Siguiendo a este respecto a Lucien Lévy-Bruhl y Emile Durkheim, Barfield afirma que la conciencia primordial se caracterizaba por la unidad de los mundos interno y externo, por una relación todavía no separada de lo interior y lo exterior, de lo psíquico y lo físico, de lo espiritual y lo material. La separación que iba a llegar, una separación que Barfield consideraba al menos normal y tal vez inevitable, implicó la pérdida terrible de dioses y seres espirituales y, simultáneamente, una ganancia positiva de independencia, objetividad, distancia e individualidad. Esta ganancia hizo a la mente moderna capaz de descubrimientos y creaciones asombrosas, y también de catástrofes.

Defensores de la perspectiva perennialista, o tradicionalista, como Frithjof Schuon, René Guénon, Huston Smith, Jacob Needleman y Seyyed Hossein Nasr se oponen a la visión del mundo evolutiva porque no consideran que la historia sea un proceso de progreso.[3] Barfield coincide con estos autores en que la evolución de la conciencia implica una pérdida, y es, por tanto, involución. Sin embargo, además de este acuerdo hay también un profundo desacuerdo. Según Barfield, a diferencia de los tradicionalistas la involución es simultáneamente una progresión hacia la posibilidad, y en alguna medida hacia la realización de la individualidad, la libertad y el amor. Usando un símil desarrollista podríamos decir que en la medida en que la persona joven se aleje del control o la influencia de los padres, podrá volver a amarlos libremente, y, si no fuera libre, ese amor no podría ser pleno. Igualmente, es sólo cuando una civilización alcanza una cierta distancia respecto de sus propios compromisos cuando puede reflexionar sobre ellos, y afirmarlos o revisarlos. Sin distancia, individuos y culturas pueden cambiar, pero no pueden realizar una revisión consciente. Es crucial comprender que mientras los dioses guiaban a la humanidad, esta era incapaz de tomar el lugar de los dioses, creando formas culturales nuevas. Fue al separarse de la naturaleza, de la tierra y el cosmos, y de los dioses –y, más patéticamente, de las diosas–, cuando el yo logró una perspectiva objetiva, y luego racional, sobre ellos.

Por la distancia de sí mismo, el yo desarrolló la capacidad de examinarse psicológicamente a sí mismo. Esa distancia da a los individuos y a civilizaciones enteras la oportunidad de crear configuraciones nuevas, nuevos paradigmas, nuevas maneras de ver y pensar las mismas fuentes de un objeto percibido y conceptualizado tal como se vieron en el pasado, pero interpretados de manera diferente. Es importante comprender que, por ejemplo, el Partenón o el monte Kailash, son realmente lugares diferentes según se experimenten en el pasado o en el presente. El objeto percibido en el pasado contenía una plenitud de significados materiales y espirituales; este (aparentemente) mismo objeto, tal como lo percibe y al mismo tiempo lo conceptualiza una persona occidental contemporánea, no se presenta ya con la misma integridad. Más bien, el objeto se nos aparece como una entidad dividida, separada de su concepto y capaz de ser reintegrada sólo por un acto de imaginación.

En *Saving the Appearances*, Barfield rastrea los cambios graduales de las representaciones colectivas que han configurado, tanto permitiendo como limitando, lo que individuos y grupos ven realmente, no sólo por el acto físico de la mirada, sino por lo que la mente proporciona a modo de significado, sin el cual, cualquier cosa que se viera físicamente sería ininteligible. Esto es lo fundamental en la insistencia de Barfield en que nosotros no vemos, o probamos, el café. "Café" es el concepto que aportamos para el percepto,[4] o el conjunto de perceptos, con los que se identifica "café". En su *History in English Words*, Barfield mostraba que la evolución de la conciencia se puede observar mediante muchos conceptos adicionales que los hablantes de la lengua inglesa han descubierto para expresar sus percepciones. Cada concepto nuevo, cada verbo nuevo, cada nueva escisión de una palabra, en otras dos o más, aumenta el hábito progresivo de diferenciación y fragmentación que se ha vuelto característico de la conciencia occidental moderna.

Además, estas palabras nuevas favorecen la separación de interior y exterior, mente y mundo, que una vez fueron una unidad, la forma de conciencia que hacía posible la participación originaria. La participación originaria se ve hoy, acertadamente, para el individuo occidental moderno, como algo muy difícil y tal vez imposible. Más radicalmente, la no participación podría ser tan característica de la conciencia occidental moderna que filósofos y científicos sociales parecen pensar cada vez más que la participación original, o cualquier grado de participación, nunca se experimentó realmente y que se trata de una experiencia falsa. Otros piensan que se trataba de la experiencia unitiva, y que, ocasionalmente, se puede seguir experimentando; es a lo que se llama "misticismo", es decir, la unidad del yo con alguna realidad superior, sea la naturaleza, el espíritu o la divinidad.

En *Saving the Appearances*, Barfield ofrece un ejemplo espléndido de la separación del concepto respecto de su percepto característico con la pérdida de la participación:

> Cualquiera que se haya peleado con unas pocas páginas de la traducción de los Vedas sabrá que su lenguaje y su confusión de sujeto y objeto, de psicología e historia natural, de lo divino y lo humano, de palabra y cosa es tal que puede hacer su pensamiento prácticamente ininteligible para el lector moderno [...] Por poner un ejemplo, la palabra *namarupa*, o "nombre-forma" nos devuelve directamente a una etapa de la conciencia en la que esa operación quirúrgica [...] por la que la cosa es separada de su nombre todavía no había comenzado a ser realizada. En la medida en que un hombre participa en sus fenómenos, en esa medida el nombre es la forma y la forma es el nombre.[5]

En el *Crátilo*, Platón se lamenta de la pérdida del significado natural de las palabras, es decir, de la pérdida de identidad entre palabra y cosa.[6]

De manera similar, *dharma*, palabra que Barfield no analiza, es un ejemplo de un concepto que poseía muchos significados en la época de las *Upanishads* y la *Bhaghavad-gita*. Uno de los términos base de la *Gita*, *dharma*, no tiene un equivalente único en inglés, porque designa la obligación, el lugar en el mundo, la enseñanza y las prácticas religiosas; en efecto, incluye religión, ética y valores sociales. Los pensadores indios sin conocimiento del sánscrito, así como la persona occidental moderna que trata de comprender la *Gita*, deben mantener al unísono los múltiples y variados significados de este concepto. *Maya* tiene un espectro igualmente amplio de significados: se refiere al abismo entre el mundo fenoménico y Brahman, pero también a cualquier entidad o acontecimiento que parezca (de forma errónea y, en realidad, imposible) existir o tener un significado en sí mismo. La descripción de Barfield de la conciencia primordial funciona como un trasfondo contrastante con la conciencia occidental moderna de los tres últimos siglos. Como la revolución científica que comenzó en el siglo XVI propinó un golpe mortal a la participación, Barfield plantea que es tarea de la humanidad en el tiempo presente abrirse paso a través del pensamiento científico, transformándolo mediante un pensamiento pleno, definitivo, lleno de voluntad y amor. Para Barfield, esta es la gran tarea que define a la cultura occidental contemporánea: pensar "científicamente" de una manera que reúna mente y mundo. Esta reunificación es posible mediante un pensar caracterizado por el afecto. Siguiendo a Goethe, Barfield aboga por un "empirismo refinado",[7] y, siguiendo a Steiner, aboga por una manera de pensar y conocer que una lo interior del yo con lo interior del mundo.[8] Lo esencial de *Saving the Appearances* es dejar claro que los individuos occidentales modernos pueden alcanzar, y deben luchar diariamente por ello, una conciencia con una unidad semejante a la conciencia originaria, pero conseguida mediante un acto de voluntad, infundido de afecto y altamente individualizado.

Toda esta narrativa evolutiva se vincula a una serie de ideas ontológicas y epistemológicas controvertidas e importantes. Mientras que los discursos actualmente dominantes asumen, en palabras de Barfield, que «cualquiera que pueda ser la verdad sobre el nexo psicológico entre el hombre y la naturaleza, es algo inmutable y es lo mismo ahora que lo que fue cuando los hombres aparecieron por primera vez sobre la tierra»,[9] Barfield sostiene, al contrario, que el nexo entre la humanidad y la naturaleza ha cambiado decisivamente con cada milenio, y en los siglos recientes, casi con cada generación. Como él mismo afirma:

> Este libro se ha escrito [...] porque parece [al autor] que algunas consecuencias importantes que emanan de las ciencias de los siglos XIX y XX extendidas a la ligera, y en particular de su Física, no han sido suficientemente consideradas al elaborar la imagen general que el siglo XX propone del universo y de la historia de la Tierra y el hombre.[10]

Es posible comprender inmediatamente el significado de las palabras de Barfield pensando en el arco iris, que es, como él dice, «el resultado del sol, las gotas de lluvia y nuestra propia visión».[11] Explicando con más detalle esta metáfora, indica:

> La diferencia práctica entre el sueño o la alucinación de un arco iris y el arco iris real es que, aunque ambos son una representación o apariencia (es decir, algo que yo percibo como si estuviera allí), la segunda es una representación colectiva o *compartida*.[12]

Añade Barfield:

> Es fácil apreciar que no existe algo así como un arco iris invisible. No es tan fácil comprender que no hay algo así como un ruido no oído.[13]

En otras palabras: el pensar humano contribuye no sólo a la unión del Sol y las gotas de agua para la cocreación del arco iris; es igualmente necesario para la unión del concepto correcto con el percepto que conocemos como "café". Esto es difícil de expresar porque todas las cualidades, como color, aroma y granulosidad necesarias para el conocimiento del café requieren el mismo proceso de unir concepto a percepto. Aunque seamos inconscientes del proceso por el que se crea, todos sabemos que el arco iris tiene una aportación humana. Es más difícil ser consciente del pensar humano con respecto al café porque creemos obstinadamente que está ahí fuera, realmente ahí, con independencia de mi pensamiento. Es cierto que los perceptos a los que aporto conceptos están ahí, pero sin los conceptos que yo aporto, los perceptos no serían nombrados y, por tanto, serían ignorados. Barfield aboga de este modo por una *epistemología holística, autoimplicadora*, que evite el reduccionismo empirista y el lingüístico. Como dice Barfield: «Yo no percibo ninguna *cosa* sólo con mis órganos de los sentidos, sino con gran parte de mi ser humano completo».[14]

Este importante aspecto epistemológico tiene también importancia exegética: lo que significa en el Éxodo la conversación de Yahveh con Moisés, o la zarza en llamas, o la apertura del mar Rojo, o el decálogo entregado a Moisés, o lo que significa en la *Gita* la conversación de Krishna con Arjuna, depende de la representación colectiva de cada pueblo; su significado para el hombre contemporáneo requiere la interpretación de esa representación colectiva, así como de la suya particular. Pero esa doble interpretación exige un acto de imaginación, de escapar de los límites contemporáneos para llegar a la imagen consciente de Yahveh, Moisés, la zarza ardiente, el faraón, los Diez

Mandamientos, etcétera. Dado que la representación colectiva del Libro del Éxodo es una mezcla de lo mítico y lo histórico, es difícil interpretarla dentro de la representación colectiva occidental contemporánea para la que la conciencia mítica e histórica tienen significados muy diferentes de los que tenían en la época del Éxodo. Cuando volvamos a las interpretaciones de la *Bhagavad-gita* será importante recordar la afirmación fundamental de Barfield de que dos procesos son necesariamente constitutivos del pensamiento, y que los dos son importantes para interpretar una escritura sagrada como la *Bhagavad-gita*:

1. «Los órganos sensoriales deben estar relacionados con las partículas, de manera que den origen a las sensaciones».
2. «Esas sensaciones deben estar combinadas y elaboradas por la mente perceptora en los objetos reconocibles y nombrables que llamamos "cosas"».[15]

Una de las "cosas" que deben ser pensadas es Krishna, un auriga que es también representado colectivamente en la mente hindú como un dios. Evidentemente, la representación colectiva propia de cada cual establece diferencias en cuanto a cómo uno interpreta esta figura compleja. Una interpretación de la *Gita* de acuerdo con la participación original, y en particular respecto de Krishna, presupondría la identidad última del perceptor y el mundo, incluido Arjuna como perceptor en su relación con Krishna.[16] Al permitir a Arjuna, el guerrero en el campo de batalla, que experimente su identidad con Krishna, este restablecía en cierto sentido a Arjuna en la participación original. Sin embargo, esto no es del todo exacto, pues Arjuna, en su representación individual, perdió algo de la representación colectiva de una época anterior, cuando Krishna habría estado más inmediata y obviamente presente a él de lo que lo está al comienzo de la *Gita*, cuando Arjuna ha caído en la depresión debido a la guerra civil que está a punto de comenzar.

A diferencia de la participación original, el hombre occidental contemporáneo, cuya conciencia está configurada y limitada por la representación científica colectiva occidental, no vería al Krishna real detrás de su representación en la *Gita*. Según la representación contemporánea, Krishna debe ser un personaje de ficción, una creación de la imaginación humana (es decir, fantasía, no conocimiento de una imagen real). Esa interpretación no intentaría llegar al Krishna real, pero en cambio "salvaría las apariencias", es decir, trataría a Krishna "como si" fuera real. Él es real para los propósitos del relato, no ontológicamente real en el tiempo, el espacio o la historia. Para Barfield, en cambio, la atribución de realidad exclusivamente a las cosas materiales es epistemológicamente ingenua y espiritualmente idólatra. El subtítulo de *Saving the Appearances* es *A study in Idolatry* [«Estudio de la idolatría»], un estudio de la pérdida de la participación y la sustitución por ídolos de las realidades en las que la humanidad, en el presente, parece incapaz de participar. La humanidad crea ídolos para reemplazar las realidades a las que ya no puede acceder y que no considera que sean reales o que puedan haberlo sido.

Con su sutil atención a los contornos cambiantes del mundo y de la conciencia en la que el mundo aparece, Barfield nos ofrece una manera de leer la *Gita* que evita tanto la idolatría de literalizar los textos antiguos como la idolatría de desposeer a esos textos de cualquier referencia real. El estudio de Barfield sugiere que se puede abordar participativamente la *Gita* de una manera no literal, imaginativa, pero sin embargo real. Esa forma de enfrentarse al texto permite al lector participativo entrar en un mundo antiguo y en las riquezas de una visión espiritual antigua sin el sacrificio de su propia modernidad ni autonomía. Pero, ¿cómo sería esa forma participativa de abordarla? De esto trataremos en el próximo apartado.

La 'Bhagavad-gita' en el desarrollo de la conciencia

En el resto de este capítulo consideraremos tres interpretaciones participativas fuertes, distintas pero ejemplares, de la *Bhagavad-gita.* Para Gandhi, la *Gita* enseña el no apego a los frutos de la acción. La batalla que está a punto de librarse, con el desconcertado guerrero Arjuna en la primera línea suplicando ayuda de su auriga divino, es una batalla en el corazón humano, no es en absoluto una batalla histórica. Según Sri Aurobindo, por el contrario, esta batalla fue un acontecimiento histórico, Krishna instruyó realmente a Arjuna para que luchara, y para que lo hiciera de acuerdo con los yogas que Krishna enseñó y ofreció a toda la humanidad. Cuando Sri Aurobindo lee la *Gita* históricamente (así como filosófica y espiritualmente), no se trata sólo de una perspectiva hermenéutica, sino también de una manera de comprender los acontecimientos contemporáneos. Por ejemplo, la lectura que Sri Aurobindo hace de la *Gita* le convenció de que si Krishna hubiera aconsejado a la India durante la II Guerra Mundial, habría ordenado que se uniera en la batalla a los británicos en contra de los poderes del Eje. Steiner ofrece una lectura diferente, que considera a Krishna como un ser espiritual muy elevado que transmite a la humanidad los diversos yogas como preparación para las grandes contribuciones espirituales que traerían posteriormente el Buddha y Cristo. ¿Cómo se valoran estas tres interpretaciones tan diferentes?

En el capítulo primero de la *Gita* encontramos planteada la situación a la que dan respuesta los diecisiete capítulos restantes:

> Oh, Krishna, veo a mis parientes aquí ansiosos por luchar, y mis miembros se debilitan [...] No puedo soportarlo; mi mente parece dar vueltas. Estos signos traen malos augurios para nosotros. No veo que ningún bien pueda derivarse de matar a nuestros parientes en la batalla. Oh Krishna, no tengo ningún

> deseo de victoria, ni de un reino, ni de placeres. ¿De qué sirve un reino, o los placeres, o incluso la vida, si aquellos para los que deseamos estas cosas –maestros, padres, hijos, abuelos, tíos, cuñados, nietos y otras personas unidas por lazos familiares– están empeñados en esta batalla, renunciando a su riqueza y a su vida? Aunque fueran a matarme, no querría matarlos, ni tampoco convertirme en soberano de los tres mundos. Cuánto menos por la tierra sola. [1.28-35.]
> Abrumado por la pena, Arjuna pronunció estas palabras, y, arrojando el arco y las flechas, se sentó en el carro en medio del campo de batalla [1.47.][17]

La respuesta de Krishna en los capítulos 2 y 3 favorece la convicción de Gandhi de que el núcleo de la enseñanza de la *Gita* es el *karma-yoga*, la acción sin apego a los frutos de la acción: «Aquel que elude la acción no alcanza la libertad» (3.3); «Cumple todos tus deberes; la acción es mejor que la inacción» (3.8).

Sin embargo, el capítulo 4 favorece el énfasis de Sri Aurobindo sobre la experiencia humana de la forma divina y la eficacia de Krishna en relación con la conducta humana:

> Tú y yo hemos pasado por muchos nacimientos, Arjuna. Tú lo has olvidado, pero yo los recuerdo todos. / Mi ser verdadero no nace ni cambia. Yo soy el Señor que habita en toda criatura. Mediante el poder de mi propia *maya*, me manifiesto en forma finita. / Cada vez que el *dharma* decae y el propósito de la vida se olvida, Yo me manifiesto en la tierra. / Yo nazco en cada edad para proteger el bien, destruir el mal y restablecer el *dharma*. / Quien me conoce como su propio Yo divino se abre paso a través de la creencia de que él es el cuerpo, y no renace como criatura separada. Ése, Arjuna, se une a mí. / Liberados del apego egoísta, del miedo y la ira, llenos de mí, rendidos a mí, purificados en el fuego de mi ser, muchos han alcanzado el

> estado de unidad en mí. / Como los hombres se me acercan, así los recibo. Todos los caminos, Arjuna, conducen a mí [4.5-11.]

Estos no son sino algunos de los versículos que muestran la respuesta, influyente y ocasionalmente reveladora e inspiradora, pero lejos de ser obvia, de Krishna a Arjuna. Aunque muchas de las palabras y frases de estos textos son ambiguas, es especialmente la revelación nuclear de la *Gita* –las enseñanzas de Krishna a Arjuna con relación a la guerra civil– lo que sin duda resulta más confuso y crispante para una sensibilidad contemporánea, sea india u occidental. Hay aspectos importantes en los que la visión del mundo o *dharma*, implícita en la *Gita*, es incompatible con el Occidente contemporáneo. Aunque la *Gita* ofrece enseñanzas y prácticas importantes para una persona contemporánea, en particular respecto a la condición de avatara de Krishna y los tres o cuatro yogas que se subrayan en la *Gita*, incluso estas prácticas y enseñanzas se revelan según una "disposición del alma" que es inconfundiblemente antigua, tradicional, mística e imaginal, en pocas palabras, muy diferente de la sensibilidad occidental moderna.

Una manera de caracterizar el contexto que distancia a la *Gita* de la disposición o la mentalidad contemporánea sería decir que responde a una conciencia pregriega, es decir, que transmite una visión del mundo previa al tipo de pensamiento que surgió cuando la eficacia y, luego, la existencia de los dioses empezaron a ser cuestionadas. Obsérvese la famosa crítica al carácter antropomórfico de la teología griega de Jenófanes, en el siglo VI: «Si las vacas pudiesen dibujar, sus dioses serían como vacas». No hay rastro de una separación tan radical de lo divino y lo humano en la *Gita*. La inmediatez y seguridad del mundo de Arjuna, incluso la visión del mundo de Krishna, parecen haber sido cuestionadas sólo ahora, con la gran guerra de Arjuna: primero Arjuna necesita guía, y luego necesita una visión que le permita comprender la naturaleza y la medida del dios Krishna y ser capaz de hacer suyo el consejo de Krishna. La *Gita* es, pues, un eficaz texto de transición, como son todos los textos importantes: esos textos median la transición de un tipo de conciencia, y de una idea paradigmática, a la siguiente. En el caso de la *Gita*, Arjuna, y por tanto la humanidad, es llevado desde el desánimo ocasionado por la desdichada manifestación de su *dharma* y su *karma* a otro nivel de conciencia. Dependiendo de la interpretación, este nuevo *dharma* se puede entender metafóricamente como el relato de Arjuna de su propia realización interior, o, históricamente, como el requerimiento a participar en la guerra fratricida exigida por su *dharma*, pero haciéndolo con una conciencia transformada.

En la conciencia india, de la que la *Gita* es una expresión importante, pero de ningún modo la única, de una penetración más elevada o más profunda en la realidad espiritual, las expresiones místicas profundas hablaban al discípulo preparado y atento como si estuviera escuchando música. Los estribillos brotaban a raudales, más como melodías o visiones que como proposiciones analíticas. Dada esta fácil, aunque imperfecta, relación entre un ser humano individual (que presumiblemente es un representante de la humanidad) y lo divino (representado por Krishna, que es al menos un dios y, tal vez, una manifestación plena de Brahman, la concepción hindú de toda la divinidad), es muy notable que Arjuna se dirija a Krishna en el primer capítulo para anunciar que esta guerra, y su participación en ella, no es de su gusto. Se lamenta de que si todos los guerreros preparados para matarse entre sí en el campo de batalla lo hicieran realmente, las estructuras (*dharma*) de la sociedad serían destruidas (*adharma*).

Arjuna no exclama, a la manera existencialista del siglo XX, «¡Dios ha muerto!». Sin embargo, se vuelve a su auriga Krishna y le habla de una forma que revela la súbita erupción de *adharma*. Dice, en efecto: «Esto es terrible. Destruirá toda la sociedad. El *dharma* no se recuperará de esta guerra desastrosa». Arjuna argumenta ante Krishna que si todos los líderes de su sociedad se mataran entre sí, ¿quién dirigiría el gobierno, los templos, las escuelas? Escandalosamente, el dios le dice a Arjuna que no se preocupe por eso: aquellos a los que se puede matar están ya muertos, y él debe hacer aquello para lo que ha nacido, pero con consciencia plena y amorosa de Krishna.

¿Cómo podía Arjuna ser tan consciente de Krishna, a quien conoce sólo como su auriga y no todavía como el dios Krishna, como para que pudiera llegar a matar a sus primos en un combate cuerpo a cuerpo y hacerlo con la ecuanimidad inspirada por Krishna? Después de enseñar a Arjuna los yogas del conocimiento (de lo divino), de la acción (desapego a los frutos de la acción), del amor (a Krishna y a su creación) y de la meditación (para retirarse de la influencia de los sentidos), Krishna ofrece a Arjuna un don sublime, una aparición de su forma divina. ¿Qué es lo que Arjuna ve? Si ve a Krishna en una manifestación divina, ¿cómo es eso posible? Se le podría plantear la misma pregunta a Sri Aurobindo, ¿qué vio en sus muchas y probablemente productivas experiencias místicas? Sri Aurobindo, según se afirma, vio la forma divina de Krishna en el contexto de la evolución de la conciencia. Es extraordinario que una persona del siglo xx vea a Krishna como manifestación de lo divino. Es menos extraordinario que Arjuna, en el tiempo de la *Gita*, viera a Krishna como un ser divino. El gran logro de Steiner y de Sri Aurobindo, ambos escribiendo de manera independiente sobre la *Gita* en la segunda década del siglo xx, fue haber visto la experiencia que Arjuna tuvo de Krishna a la luz de la conciencia históricamente determinada de Arjuna y también desde sus perspectivas del siglo xx.

Una de las formas en que se manifiesta la diferencia entre la conciencia que la *Gita* presupone y la del Occidente moderno es la designación del *varna* (casta), o actividad vital, por nacimiento. Arjuna es un guerrero por el hecho de que su padre era guerrero. Cumplir con las obligaciones del guerrero, incluida la dolorosa tarea de luchar en esa guerra civil, es el deber de su *varna*, de su casta. En el Occidente moderno, en cambio, los papeles de la actividad vital no están determinados por el nacimiento. En la India de la *Gita*, el nacimiento revela lo que uno debe hacer por nacimiento en virtud de su vida anterior y la vida de los padres. Que Arjuna pudiera perder el rastro de este hecho esencial indica que ha surgido una conciencia nueva, que también producirá un cierto caos, al menos temporalmente. Es sorprendente, y muy revelador de la medida del cambio emergente de la conciencia, que Krishna necesitara recordar a Arjuna el deber de su *varna* y tuviera que enseñarle la disciplina para que lo cumpliera. Debido al surgimiento de un *dharma* nuevo, Krishna tiene que enseñar a Arjuna los cuatro yogas: conocimiento, acción, devoción y meditación.

Los yogas que Krishna enseña a Arjuna en la *Gita* son teórica y prácticamente útiles para el hombre occidental moderno, pero no sin algunos ajustes, debido a lo que Steiner, Aurobindo, Barfield y otros ven como la evolución de la conciencia durante los dos milenios y medio transcurridos. El yoga del conocimiento espiritual es simplemente más difícil para el hombre moderno de lo que lo fue para el Arjuna de la *Gita*: el conocimiento de espectador que ha dominado la conciencia occidental, desde y a causa de la revolución científica, se caracteriza por la gran distancia entre el conocedor, incluso el buscador espiritual, y lo divino, o el espíritu. Realizar el viaje de Arjuna al conocimiento de Krishna significa un enorme esfuerzo para el occidental moderno.

¿Cómo entender este cambio que viene determinado por las peculiaridades propias de cada época? En la *Gita*, Krishna instruye a Arjuna con respecto a los tres *gunas*, los tres niveles de conciencia: *sattva*, o luz; *rajas*, o energía, y *tamas*, u oscuridad y pesadez. Una manera de interpretar la evolución de la conciencia, en particular los dos milenios y medios que separan el tiempo presente del tiempo de la *Gita*, es entender que la humanidad ha caído desde la preponderancia de *sattva* y *rajas* a la preponderancia de *tamas*. La época caracterizada por *sattva* (luz) habría sido en realidad muy anterior a la *Gita*, cuando la humanidad vivía enteramente en el mito y cuando lo divino y los seres espirituales eran inmediatamente accesibles tanto en el mundo visible como en el invisible. Según el modo actual de conciencia, no sólo los dioses y el espíritu no son accesibles, sino que el pensamiento mismo de que existen tales seres, y de que en otro tiempo fueron accesibles, es también inaccesible. En este contexto, «Dios ha muerto» es el anuncio de una conciencia *tamásica*.

El segundo yoga, el *karma-yoga*, la disciplina de la acción desinteresada, puede y debe ser practicado por los individuos contemporáneos, pero con una importante revisión. Según la *Gita*, el *karma* ya ha establecido el futuro, aquellos a los que Arjuna matará están ya muertos. El sentido pleno de la vida de Arjuna no está en su decisión de si matar o retirarse de la batalla, sino más bien en su aceptación de la necesidad. Como el ideal filosófico de los estoicos romanos, la sabiduría de la *Gita* no consiste en una sabia elección, sino en el *amor fati*, el amor al destino. La única decisión real a la que se enfrenta Arjuna es si, con la ayuda de Krishna, será capaz de actuar –de la manera más dramática imaginable, matando a sus primos y, muy probablemente, siendo matado a su vez– con la conciencia amorosa y cognoscente de Krishna. En el caso de no actuar yóguicamente se moverá en la ignorancia y la oscuridad, y actuará en la ilusión de su propia autosuficiencia. Según el Krishna de la *Gita*, no es la elección de los fines justos lo que importa, sino el no apego a los fines. Como enseña Krishna a lo largo de la *Gita*, en un mundo predestinado el desapego a la elección del destino es el único objetivo verdadero, el único camino de liberación.

Krishna enseña también a Arjuna el yoga de la devoción o el amor. Con este yoga, como con los yogas del conocimiento y la acción, Krishna lo tenía más fácil de lo que lo tendría un dios que tuviera que aconsejar a un representante contemporáneo de la humanidad occidental. Aunque no haya escasez de místicos en la actualidad, incluido alguno que atestigua experiencias comparables a la que Arjuna tuvo de Krishna según los capítulos centrales de la *Gita*, en general la participación de la conciencia humana en la conciencia de un ser divino ha mermado por los varios siglos de crítica filosófica y científica, y en especial por la resistencia a la posibilidad de un ser divino amoroso, amable, comunicativo y susceptible de ser comprendido. Así como Occidente tiende a considerar imposible una relación de conocimiento entre un representante de la humanidad y un ser supuestamente divino, una relación amorosa entre esas mismas partes sería igualmente sospechosa.

Sri Aurobindo considera el camino de la meditación un cuarto yoga. En la *Gita*, como en los escritos de Sri Aurobino y de Steiner, y particularmente en la interpretación que estos hacen de la *Gita*, la meditación no está nunca separada de los otros yogas. Conocimiento, acción y amor deben ser necesariamente meditativos, y la meditación está destinada a ayudar en la transformación. En el Occidente contemporáneo, la meditación, sobre todo en las prácticas hindúes y budistas, tiende a tener una estrecha relación con la acción y el amor, pero tiende también a separarse del conocimiento. De todo esto se deriva que ninguno de los tres o cuatro yogas de la *Gita* –ni *bhakti* ni *karma* ni *jñana* ni tampoco el camino de la meditación– resultan fácilmente accesibles al lector contemporáneo. Sólo podemos atravesar esta distancia hermenéutica y cronológica con un gran esfuerzo, o, como dice Barfield, con «bondad de corazón y un horno constante en la voluntad».[18]

Gandhi, Sri Aurobindo y Steiner, sobre la 'Gita'

M.K. (Mahatma) Gandhi

En 1925, Gandhi escribió respecto su devoción por la *Gita*:

> Encuentro un solaz en la *Bhagavad-gita* que ni siquiera encuentro en el Sermón de la Montaña. Cuando la decepción me mira fijamente a la cara y, completamente solo, no veo ni siquiera un rayo de esperanza, vuelvo a la Bhagavad *Gita*. Encuentro un verso aquí y otro allá, e inmediatamente empiezo a sonreír en medio de tragedias abrumadoras; mi vida ha estado llena de tragedias externas; si no han dejado ninguna cicatriz visible ni indeleble en mí, se lo debo íntegramente a las enseñanzas de la Bhagavad *Gita*.[19]

La *Bhagavad-gita* dio a Gandhi su comprensión más profunda y definitiva de la inseparabilidad, y tal vez la identidad, de la acción política, moral y religiosa. El concepto fundamental de Gandhi, el *satyagraha* ("verdad-fuerza"), que practicó y enseñó durante veinte años en Sudáfrica y cuarenta años en la India, tiene como su núcleo el *karma-yoga* tal como se enseña en la *Bhagavad-gita*. Así como *karma-yoga* significa no apego a los frutos de la acción, *satyagraha* significa esencialmente no buscar la posesión, ni el control ni el placer, o, en pocas palabras, no apego a los frutos, beneficios y placeres derivados de la acción.[20]

Si el *karma-yoga* es la base de la interpretación que hace Gandhi de la *Gita*, la no violencia es su expresión más plena. No hay ninguna duda de la importancia del *karma-yoga* en la *Gita*, pero no es en modo alguno evidente que este texto enseñe la no violencia en el sentido usual del término (es decir, no infligir daño). Al final de la *Gita*, la única instrucción de Krishna con respecto a la guerra es que Arjuna debe luchar. Después de todo, los enemigos de Arjuna están en realidad ya muertos. Según la interpretación de Gandhi, Krishna ordena a Arjuna que vaya a luchar contra todos sus impulsos inferiores, que vaya a luchar de tal manera que no se aferre a las recompensas de su acción. Debería tener la misma disposición hacia su enemigo que hacia sí mismo.

Para Gandhi, la *Gita* habla de un combate que no se desarrolla en el campo de batalla, sino más bien dentro del corazón humano, dentro de la humanidad, entre las fuerzas del bien y las fuerzas del mal. Gandhi enseñaba que la mejor garantía de la conciencia no violenta sería abstenerse del pensamiento violento y de la acción violenta. No cree, como un intérprete pacifista de la *Gita* podría pensar, que sería posible luchar, cuando fuera necesario hacerlo, sin una emoción o un motivo violentos, sin deseo de dañar al enemigo. Esa acción en apariencia violenta pero perfectamente ecuánime sería como impedir físicamente –y cariñosamente– que un niño haga daño o que una persona violenta cometa una acción violenta. Esa postura afirma una quietud interior y una conciencia tranquila a pesar de la acción que podría parecer violenta. Pero Gandhi no adopta esa postura con respecto a la *Gita*; no piensa que Krishna le diga a Arjuna que luche, pero que lo haga pacíficamente, es decir, con esa posible calma interior debida al hecho de centrarse de forma meditativa en el Krishna infinita y eternamente calmo. En lugar de ello, Gandhi ofrece una interpretación analógica: la *Gita* enseña que la metáfora de la guerra en el campo de batalla es como la guerra en el corazón humano entre las fuerzas positivas y las negativas, entre las fuerzas superiores y las inferiores.

Contra Gandhi se podría argumentar que Krishna dice realmente a Arjuna que luche, y que da razones de por qué esa es la enseñanza más elevada. Gandhi, sin embargo, difícilmente se dejaría convencer por tal argumento. La interpretación de Gandhi contempla la orden de Krishna a Arjuna de que cumpla su deber histórico y biográfico, su *dharma* y su *karma*, con la intención de discernir algo que Gandhi consideraba más esencial en la *Gita*. Estaba seguro de que la *Gita* enseñaba la no violencia en el pensamiento y la acción, en la motivación y el resultado físico, y que no podía enseñar la violencia. Remitiéndose al texto, esta parecería una interpretación difícil de sostener. La violencia, como la esclavitud y el *dharma* vocacional fijo, son componentes incuestionados de la cultura india clásica. Al rechazar estos componentes, Gandhi los ignora sobre todo buscando su propia interpretación original. No consideró necesario, o particularmente productivo, tratar de determinar y considerar las enseñanzas de la *Gita* en su escenario histórico, sino que *reinterpretó creativamente* la *Gita*, creando casi un texto enteramente nuevo a través de su original compromiso con el relato escriturario antiguo.

El planteamiento de Gandhi es inflexiblemente subjetivo y, de este modo, claramente moderno. Él dice, en efecto, esto es lo que este gran texto significa para mí, y lo que significa para mí es verdadero porque no hay ninguna otra perspectiva que pueda ser más verdadera. Hay una teoría del significado implícita en todo esto. Lo que la *Gita* significa para mí es exacta y necesariamente lo que significa –no existe ningún otro significado, sino lo que significa para mí, o para ti, o para alguien–, no hay texto fuera de su interpretación. La revelación de Krishna a Arjuna sucede en la experiencia personal de cada intérprete.

Sri Aurobindo

Sri Aurobindo ecribió sus *Ensayos sobre la Gita* de 1914 a 1921, al principio de su vida en Pondicherry, en el sur de la India, bajo el gobierno colonial de Francia. Como Aurovind Ghose –su nombre antes de que sus experiencias espirituales le llevaran a ser llamado Sri Aurobindo– estuvo en 1908 y 1909 en la cárcel de Alipure, en Calcuta, bajo la acusación de sedición contra el gobierno británico de la India. En la segunda página de su comentario de seiscientas páginas sobre la *Gita*, Sri Aurobindo deja clara la medida de su interpretación subjetiva, y el carácter subjetivo de toda interpretación, de la *Gita*:

> Consideramos, por lo tanto, de escasa importancia extraer de la *Gita* su connotación metafísica exacta tal como fue comprendida por los hombres de la época, aun suponiendo que eso fuera realmente posible. Que no lo es queda patente en las divergencias de los comentarios originales que se han redactado, y se siguen redactando, sobre ella; pues si en algo coinciden es en que ninguno de ellos está de acuerdo con los demás, cada uno encuentra en la *Gita* su propio sistema de metafísica y su particular tendencia religiosa. Ni siquiera la erudición más minuciosa y desinteresada y las teorías más clarificadoras sobre el desarrollo histórico de la filosofía india nos salvarán del error inevitable. Pero lo que podemos hacer con provecho es buscar en la *Gita* las verdades vivas reales que contiene, aparte de su forma metafísica, para extraer de ella lo que pueda ayudarnos a nosotros, o al mundo en general, y ponerlo en la forma y expresión más natural y vital que podamos encontrar, de manera que se adecue a la mentalidad actual y sea útil a las necesidades espirituales de la humanidad de nuestro tiempo. Sin duda, en este intento podemos mezclar gran parte de error, nacido de nuestra propia individualidad y de las ideas en las que vivimos, como hicieron hombres más grandes antes que nosotros; pero si nos empapamos en el espíritu de esta gran Escritura, y, sobre todo, si tratamos de vivir en ese espíritu, podemos estar seguros de encontrar en ella tanta verdad real como seamos capaces de recibir, así como la influencia espiritual y la ayuda real que, personalmente, tengamos la intención de sacar de ella. Y eso es, después de todo, para lo que se escribieron las Escrituras; el resto es debate académico [*sic*] o dogma teológi-

> co. Sólo aquellas Escrituras, religiones, filosofías que pueden ser así constantemente renovadas, revividas, con su permanente tejido de verdad constantemente reconfigurado y desarrollado como pensamiento interior y experiencia espiritual de una humanidad en desarrollo, siguen siendo de viva importancia para la humanidad. El resto permanece como monumentos del pasado, pero carece de toda fuerza real y de todo impulso vital para el futuro.[21]

En su *Ensayos sobre la Gita*, Sri Aurobindo explica alguna de las maneras en que cada uno de los yogas puede ser comprendido y practicado en nuestro tiempo. Su *Síntesis del yoga* es un estudio en dos volúmenes de los yogas del conocimiento, la acción y el amor, más un tercero con varios centenares más de páginas sobre el *purna-yoga* (yoga integral), una disciplina para fortalecer el compromiso de cooperación con la evolución de la conciencia, entendida a la vez como una fuerza divina detrás de la historia y el desarrollo humano, y como un objetivo que debe ser alcanzado por la humanidad. De las críticas de la evolución de la conciencia se deriva a menudo una visión degradante de las gentes y los textos de épocas pasadas, pero tratándose de alguien como Sri Aurobindo o Barfield esto está lejos de ser así. Por el contrario, al colocar la *Gita* en un contexto evolutivo, Sri Aurobindo podía reconocer su integridad histórica aunque, al mismo tiempo, sobrepasar sus enseñanzas según las exigencias de su época. A diferencia de Gandhi, Sri Aurobindo no amolda la *Gita* a su propia enseñanza, sino que más bien trata de escuchar las palabras y ver las imágenes en la *Gita*, para afirmar lo que puede de ellas, y luego ir más allá de sus yogas, hasta su concepto personal del yoga en el contexto transformador de la evolución de la conciencia.

Escribiendo hace casi un siglo, Sri Aurobindo deja muy claro que la *Gita* es una enseñanza incompleta para el mundo contemporáneo porque no incluye –ni podía haberlo incluido cuando fue redactada– unos conocimientos sobre la evolución de la conciencia y la tarea de la época actual, a saber, trabajar por la transformación de los cuatro niveles del ser humano: primero, la transformación del cuerpo y con él la transformación del mundo material del que el cuerpo es una parte; segundo, la transformación de lo vital, o principio de vida, la vida emocional o del sentimiento, la estética y la cultura; tercero, la transformación de la mente, y la realización de los estados mentales superiores, incluida la mente iluminada y lo que él llama Sobremente; y luego, cuarto, el gran logro para el que él y su colaboradora espiritual, la Madre (cuyo nombre de nacimiento era Mira Richard), fueron, según se afirma, instrumentos, a saber, el descenso y la difusión de la Supermente.

Volvamos ahora al acercamiento de Sri Aurobindo a la *Gita*, a los elementos clave de su interpretación, y al lugar de la *Gita* en el Yoga integral de Sri Aurobindo. Sri Aurobindo ve la *Gita* como un documento vivo, cuyo pleno significado requiere una activa lectura participativa o meditativa. La recitó y memorizó durante el año que pasó en la cárcel de Alipure. Fue en ese tiempo cuando vio a los carceleros y a los presos, algunos de los cuales eran probablemente asesinos y ladrones, y otras víctimas inocentes de un sistema penal injusto y politizado, todos incluidos por igual en el abrazo sabio y amoroso de Krishna. En aquel tiempo, en su desarrollo como gran maestro espiritual parece que Sri Aurobindo entró en una relación profunda e intensamente individualizada con el Krishna de la *Gita*, y que se entregó a Krishna como presencia y fuerza espiritual, con la *Gita* como su manifestación exterior. Sri Aurobindo explicaba su experiencia de la Sobremente como «el descenso de Krishna al plano físico».[22]

Criminales y carceleros, como los dos bandos de la guerra civil en la que Arjuna estaba atrapado por su *dharma* y su *karma*, son igualmente expresiones de un *lila*, juego, o drama divino, de la historia. Interpretada en el contexto de sus propias enseñanzas y su propia lectura de la *Gita*, la misión espiritual de Sri Aurobindo lo colocaba en medio de una gran narración que tal vez comenzó en encarnaciones anteriores y, sin duda, incluía sus catorce años de escuela primaria, instituto y universidad en Inglaterra, sus años como adversario radical del gobierno británico de la India, y su año en la cárcel de Alipure. En este contexto, todas estas experiencias se convertían en un proyecto del Krishna de la *Gita*. La lectura que Sri Aurobindo hizo de la *Gita* fue mucho más que el simple registro de las palabras de cada página, o incluso de la elaboración de una interpretación del texto. Toda su vida se convirtió en una exégesis participativa de la *Bhagavad-gita*. Después de su experiencia de Krishna, y de su texto *Ensayos sobre la Gita*, parecería que todo el esfuerzo espiritual de Sri Aurobindo tenía una cualidad de Arjuna-Krishna, una combinación de estar en la línea de fuego y, al mismo tiempo, ver las batallas de la vida desde una perspectiva divina.

Los componentes clave de la interpretación de Sri Aurobindo de la *Gita* son los yogas –conocimiento, acción, amor, meditación–, la realidad de Krishna como avatara, y la tarea de maximizar *sattva* (luz) a costa de *tamas* (pesadez), particularmente en relación con el reino material. Sri Aurobindo amplía, eleva y ahonda todos estos componentes a la luz de la evolución de la conciencia. En concreto, explica los yogas teniendo en cuenta el mayor grado de individualidad derivado de la evolución de la humanidad durante los dos milenios y medio que separan la *Gita* de sus *Ensayos*. Incluye, por ejemplo, en su exposición del *karma-yoga* el hecho de que en el siglo XX una persona no se convierte en guerrero por la sola razón de su nacimiento, sino que tiene la posibilidad de elegir libremente, o más o menos libremente, su modo de vida. En su tratamiento del *jñana-yoga* (yoga del conocimiento) y del *bhakti-yoga* (de la devoción) tiene presente que Krishna no es el único dios aceptado por la humanidad y que la tradición espiritual hindú es una entre muchas.[23]

En la visión y la enseñanza integrales de Sri Aurobindo, la *Gita* es fundacional pero no final; es básica pero insuficiente. La clave de la misión de Aurobindo, tal como él mismo la entendió, es su obra a favor de la evolución espiritual de la humanidad. Esta obra incluye su interpretación y enseñanza, pero también sus batallas espirituales y esotéricas con fuerzas antihumanas y antievolutivas. En estas batallas, la *Gita* era una inspiración para Sri Aurobindo y un texto que él recomienda a los aliados que mantienen un combate espiritual, pero insiste en que la *Gita* como texto está limitado por su tiempo y su conciencia, y tiene que ser actualizado mediante una interpretación más progresiva de la relación divino-humana. Parece lógico suponer que Sri Aurobindo estaba alerta a la revelación continuada de Krishna, a través del propio Sri Aurobindo y de su colaboración con la Madre, así como a través de sus discípulos y, sin duda, de legiones de buscadores espirituales que practican los yogas y luchan en el lado de la luz. La *Gita* se completa a sí misma de edad en edad a través del compromiso creativo de quienes la leen y la meditan. En otras palabras, se podría decir que, para Sri Aurobindo, el tesoro espiritual de la *Gita* es como un regalo que sólo se puede abrir mediante la relación ahondada con Krishna, la presencia divina que inspiró inicialmente el texto.

Rudolf Steiner

Consideraremos ahora la interpretación que hace Steiner de la *Gita* y el proceso que resume su epistemología participativa en relación con este texto. Dado el énfasis de Steiner en la evolución de la conciencia podemos plantear las preguntas siguientes: ¿Cómo es su acercamiento a la *Gita*? ¿Cuáles son los elementos clave de su interpretación? ¿Cuál es el lugar de la *Gita* en la antroposofía de Steiner?

Steiner hace dos afirmaciones con respecto a la *Gita*, relativas en particular a la revelación de Krishna, que a primera vista pueden parecer contradictorias. Por una parte afirma que la enseñanza de los yogas de Krishna no sólo fue, sino que es la enseñanza más avanzada respecto de las posibilidades de transformación espiritual del ser humano. En una declaración posterior, por el contrario, parece claro que considera que las contribuciones singularmente importantes de Krishna fueron superadas por las del Buddha y Cristo. Dice que el Buddha hizo una mayor contribución de compasión que Krishna, y que Cristo se ofreció a sí mismo como presencia y fuerza que transformaron la humanidad y la Tierra. La clave para resolver esta contradicción aparente es la distinción entre la importancia de Krishna para la transformación del individuo y el poder del Buddha y de Cristo para transformar al género humano, por insignificantes que parezcan estas transformaciones cuando se observan los asuntos de la humanidad.

Los elementos clave de la interpretación de Steiner son muy similares a los elementos de la interpretación de Sri Aurobindo: los yogas, la condición de avatara de Krishna, y la lucha en pos de la evolución de la conciencia hacia una luz mayor; luz que él interpreta la mayoría de las veces en función de Cristo, el Logos, al que se refiere como el Ser Sol.[24]

La *Gita* tiene un lugar muy importante, pero no central, en los escritos y conferencias de Steiner. Fue mientras estaba en una batalla espiritual y esotérica dentro de la Sociedad Teosófica, o en relación con ella, cuando Steiner se centró más intensamente en Krishna y el Buddha, y en las tradiciones espirituales de las que les consideraba maestros paradigmáticos. En 1912, cuando la ruptura completa y definitiva entre la Sociedad Teosófica y lo que entonces se estaba formando como Sociedad Antroposófica parecía inevitable, Steiner dio dos series de conferencias sobre la *Gita*: la primera, «La Bhagavad-gita y las Cartas de Pablo», que pronunció en diciembre de 1912, fueron las primeras conferencias impartidas a los miembros de la recién creada Sociedad

Antroposófica. En mayo de 1913 profundizó mucho más en el texto en una serie de nueve conferencias tituladas «El significado esotérico de la Bhagavad Gita». En la primera serie acentúa la contribución particular de Krishna y la *Gita*, así como la contribución única, y según Steiner mayor, de Cristo. En la segunda serie, en la que ahondó en el texto de la *Gita*, subrayaba la importancia de la filosofía samkhya, los *gunas* (*sattva*, luz; *rajas*, energía; *tamas*, pesadez), y la importancia transcendente de Krishna como avatara.

Sería difícil encontrar una caracterización más apropiada de la relación de Steiner con la *Gita* que la participación. Sus afirmaciones sobre las enseñanzas de la *Gita* y su importancia contemporánea derivan directamente de su participación personal en la disposición anímica de su tiempo, en la realidad de Krishna en el mundo espiritual, en el hecho histórico de la revelación de Krishna a Arjuna en la India del siglo VI a. de C., y en el carácter espiritual de esa revelación tal como se expresa, aunque de manera incompleta, en las palabras de la *Bhagavad-gita*. Queda claro que Steiner llegó a realizar su interpretación y a sentir un profundo aprecio por la *Gita* gracias a un intenso esfuerzo esotérico participativo; es evidente también que considera necesario que quien quiera experimentar las enseñanzas de la *Gita* y la realidad de Krishna debe realizar un esfuerzo extenuante y sostenido, presidido por el pensamiento o el amor, o la unión de los dos.

CONCLUSIÓN

Este capítulo concluye con un resumen de la manera de abordar la *Bhagavad-gita* de los tres intérpretes estudiados, y con algunas reflexiones personales sobre las diversas modalidades participativas de cada uno de esos planteamientos.

Parece justo decir que el enfoque de Gandhi es, en general, más subjetivo que participativo: la *Gita* significa lo que él piensa que debe significar para la obra de su vida y para la tarea de la época. Al contrastar lo subjetivo y lo participativo, sólo quiero decir que lo participativo afirma un grado de objetividad de un texto (o de cualquier fenómeno) que el intérprete debe encontrar; la subjetividad en este contexto limita el significado del texto al marco del intérprete, con poca atención a lo que el texto (o cualquier fenómeno) pudiera significar por derecho propio. La interpretación de Gandhi de la *Gita* parecería ser un ejemplo de uno de los hechos profundos, misteriosos y fastidiosos de la filosofía y la religión, a saber, el desfase entre la "visión correcta" y la "acción correcta". La visión de Gandhi parece, como mínimo, históricamente equivocada, pero su uso de la *Gita*, incluido el uso de su interpretación posiblemente equivocada, produjo resultados manifiestamente positivos en su propio terreno de batalla contra el gobierno británico de la India y contra una amplia gama de injusticias a las que él se opuso, primero en Sudáfrica y más tarde en la India. Muchas interpretaciones profundas, eruditas y posiblemente correctas de la *Gita* realizadas por otros, incluidos Sri Aurobindo y Steiner, parecen haber ejercido un efecto menos importante para el bien común que el uso y la interpretación, probablemente ingenua, que Gandhi hizo de ella. Para Gandhi, la interpretación más eficaz tenía que ser la que apoyara lo que para él era la verdad más elevada posible, la verdad de la no violencia.

En este tema mayor, el concepto y la práctica de la no violencia, Gandhi es profundamente participativo: es un empirista, un experimentador constante y ferviente, dispuesto a aprender de los conflictos personales, sociales y morales en los que participa. En el contexto de esos encuentros, lo importante para Gandhi no es la *Gita*, sino más bien el uso pragmático de ella, con su interpretación inusual, en la causa mayor de la no violencia. No parece que Gandhi preguntara a la *Gita* su significado, ni tampoco a Krishna. La epistemología de Gandhi es una racionalidad del sentido común, un realismo ingenuo, pero completamente subjetivo, que permite hacer que la *Gita* signifique lo que él, o, llegado el caso, cualquier otra persona, piensa que significa, con tal de que sirva a la causa de la no violencia. Afortunadamente para el mundo, y en especial para la India en la primera mitad del siglo XX, Gandhi participó brillante, generosa y consecuentemente en nombre de la paz y la justicia, tal vez las dos necesidades más urgentes durante el tiempo de vida de Gandhi y en la actualidad.

Con respecto a la *Gita* –aunque no con respecto a la causa de la no violencia–, Gandhi representa el problema de la pérdida de participación sin solución, en realidad, sin ni siquiera reconocer el problema o la necesidad de una solución. Humanista consecuente, siempre horrorizado por el conflicto entre las religiones, sobre todo entre el hinduismo y el islam en la India, y justamente temeroso del dogmatismo religioso, Gandhi es metodológicamente complicado, pero epistemológicamente ingenuo. Muy pragmático con respecto a una Escritura como la *Gita*, fue un genio de la moral, y en particular de la moral de la no violencia. Esta aparente polaridad en su vida-obra parece deberse a su atención a la naturaleza y el comportamiento humanos, en particular respecto de la injusticia humana –y la participación en las causas y soluciones del sufrimiento humano–, combinada con su falta de atención a las afirmaciones contrapuestas interminablemente generadas por la teología y la filosofía. Se opone a la crueldad y la injusticia, pero no a las afirmaciones contrapuestas sobre Dios o los dioses, o a la competencia entre rituales u otras prácticas religiosas.

Sri Aurobindo interpreta la *Gita* en el marco de la evolución de la conciencia, pero su centro de atención es más metafísico que epistemológico. Se centra particularmente en la necesidad de seguir los yogas que se enseñan en la *Gita*, y sólo secundariamente en el reto que afronta el hombre moderno que busca experimentar a Krishna. Incluso sus extensos escritos sobre el *jñana-yoga* ("el yoga del conocimiento divino") se centran en la naturaleza y función de lo Divino, sea como Brahman, sea como Sat-Chit-Ananda (Ser-Conciencia-Bienaventuranza), y muy poco en el problema del conocimiento en el momento presente. No ofrece una epistemología espiritual, sea mediante análisis o mediante argumento, sino que más bien se ofrece él mismo como guía a la *noesis* mística. Una fuente probable de la epistemología participativa de Sri Aurobindo fueron los idealistas hegelianos británicos cuya obra estudió en el King's College, en la Universidad de Cambridge, de 1889 a 1893. Estos autores sirven claramente de apoyo a su ontología explícita y su epistemología implícita, pero él apenas menciona a estos filósofos y nunca recoge ninguna cita de ellos, dejando así la relación entre su filosofía integral y el idealismo hegeliano como tema de especulación.

Sri Aurobindo, como Steiner, afirma ser una fuente original; conoce por y desde su experiencia propia. A diferencia de Steiner, Sri Aurobindo no afronta el reto epistemológico moderno, el guante lanzado primero por Hume y luego por Kant. Sri Aurobindo procede simplemente a escribir desde su experiencia, ajeno a la máxima de los siglos XIX y XX de que no es posible ignorar a Kant. Sri Aurobindo desarrolla una metafísica, incluida una visión de lo divino, lo humano y lo terrenal, y de la relación entre ellos. Sin embargo, no se enfrenta directamente a Hume y a Kant, y, por consiguiente, sus escritos no ayudan a su lector en cuanto a la exclusión kantiana sobre el conocimiento cierto. Según los estrictos criterios epistemológicos de Kant, se puede afirmar la realidad y la eficacia de un ser como Krishna, e incluso la visión mística de los capítulos centrales de la *Gita*, pero no se puede saber si esa realidad y esa eficacia son realmente tales. Asimilando una visión del mundo hegeliana y usándola para sistematizar la transmisión directa de las verdades espirituales a los *rishis*, los maestros espirituales de la época de las *Upanishads*, 1000-500 a. de C., Sri Aurobindo ofrece una síntesis de los idealismos upanishádico y hegeliano, pero sin la justificación lógica y epistemológica que Hegel y los posthegelianos tanto se afanaron por establecer.

Como no se centra ni en el concepto de alienación (que se investiga, por ejemplo, en el corpus hegeliano) ni en la pérdida de participación (tal como la describen Steiner y Barfield), Sri Aurobindo no ofrece ninguna directriz importante al estudiante occidental contemporáneo de la *Gita* –y sin duda hay cada vez más intérpretes indios en esta misma situación– cuyos supuestos (explícitos o implícitos) están bloqueados por las limitaciones impuestas por Hume o Kant. Sri Aurobindo escribe como si sus lectores pudieran simplemente hacer lo que él puede hacer: entrar en lo que él entiende como "el núcleo" y "lo esencial" del mensaje de la *Gita* y de la realidad de Krishna como avatara. Aunque parece aceptar algo así como la pérdida de participación a lo largo de la evolución de la conciencia humana, se muestra, sin embargo, completamente optimista respecto de la evolución de la humanidad hacia estados cada vez más elevados de conciencia, desde la etapa mental corriente (el intelecto ordinario), a la mente superior o iluminada, a la Sobremente (el nivel de conciencia realizado por los grandes maestros espirituales del pasado, incluido en particular el nivel puesto de manifiesto en la *Gita*) y la Supermente (posible, según se afirma, desde mediados del siglo XX gracias a Sri Aurobindo y la Madre).

Al instruir a muchos cientos de discípulos, Sri Aurobindo se hizo consciente de las dificultades, que no existían en su caso, que los buscadores del siglo XX experimentan en su intento de conocer las realidades espirituales. Parece que si alguien conoció la *Gita* desde dentro fue Sri Aurobindo, y esta intimidad participativa sostenía su convicción de que Krishna como avatara, y el significado interior de la enseñanza de la *Gita*, en especial sobre los yogas, eran perfectamente accesibles a los buscadores de la época actual. Es difícil imaginar un texto más seguro de sí que los *Ensayos sobre la Gita* de Sri Aurobindo, pero, al mismo tiempo, la obra contiene pocas o ninguna idea acerca de cómo el autor sabe lo que sabe, ni sobre la *Gita* ni sobre cualquier otra cosa. Este trabajo es completamente participativo pero no epistemológicamente crítico. Como él mismo decía de manera rotunda, no era un filósofo; era un yogui, un místico, un poeta y un maestro espiritual.[25]

Así como Gandhi desarrolló una interpretación que promovía sus argumentos a favor de la práctica de la no violencia, Sri Aurobindo desarrolló una interpretación que pretendía favorecer la síntesis de los yogas en el núcleo de su enseñanza. Sin embargo, a diferencia del planteamiento de Gandhi, Sri Aurobindo memorizó primero la *Gita* y, luego, la estudió en su lengua original y meditó su significado. Por consiguiente, su enfoque, a diferencia del de Gandhi, no es meramente subjetivo, sino que se debe considerar intersubjetivo y participativo: Krishna y la *Gita* son fuentes activas de revelación, pero requieren de un oyente activo, un Arjuna que pide ayuda y que sigue cada paso, desde el *karma-yoga* al *jñana-yoga*, al *bhakti-yoga*, a la comprensión de que en la época presente estos yogas deben tener en cuenta la evolución de la conciencia. Como Sri Aurobindo establece mediante el precepto y el ejemplo, la *Gita* necesita de alguien como él mismo que conozca toda la tradición espiritual india y las necesidades espirituales del mundo contemporánea.

La obra de Sri Aurobindo como gurú, y tal vez como (co-) avatara, es muy diferente del compromiso de cuarenta años de Gandhi por "experimentar con la verdad". Gandhi no es ni un poeta ni un místico, sino un reformador moral y un activista. Con respecto a la *Gita*, y prácticamente a cada etapa de sus respectivas trayectorias, incluidos los años que trabajaron en el movimiento nacionalista indio, Sri Aurobindo y Gandhi se ignoraron entre sí completamente. La interpretación de Gandhi es modesta, humanista, no académica, y está al servicio de su trabajo diario en pos de *satyagraha* (verdad-fuerza), mientras que el enfoque de Sri Aurobindo es elegante, brillante, erudito, seguro de sí e inmenso. Gandhi se presenta como un Arjuna en la línea de fuego luchando de forma modesta, valiente e infatigablemente, contra las innumerables fuerzas de la violencia y la injusticia. Sri Aurobindo se presenta como un Krishna, participando y explicando a una humanidad confusa la revelación continuada de lo divino en la forma de Krishna y en muchas otras manifestaciones, tanto personales como impersonales.

Mientras Sri Aurobindo es justamente apreciado como gurú y como fuerza espiritual, se entiende mejor a Steiner como un iniciado, término que él mismo utiliza. Steiner vio que su iniciación implicaba para él la misión de denunciar la visión predominante del mundo occidental, pensamiento muerto dominado por el materialismo, y oponerse a ella. La misión de Steiner era enseñar y ejemplificar un camino nuevo de conocimiento, camino que permitiría al occidental moderno alcanzar con seguridad el tipo de conocimiento que merece ser llamado espiritual, a cuya misma posibilidad se opusieron de manera decisiva Kant y los filósofos más influyentes de los siglos XIX y XX. Es lógico, pues, que, en su interpretación de la *Gita*, Steiner desee vivamente establecer que este gran texto es una revelación verdadera, aunque debido a su fecha y a su cultura de origen no sea, y no pueda ser, la revelación más importante para el pensamiento y la cultura occidental contemporáneos.

Dado que está informado por la moderna revolución científica y filosófica occidental, el análisis de Steiner del desafío epistemológico al que se enfrenta quien intente conocer a Krishna, el Buddha o Cristo –un santo, un avatara, un *bodhisattva*, o algún ser querido muerto recientemente– es mucho más riguroso, detallado y estimulante que el de Sri Aurobindo. Insiste en que sin una autodisciplina rigurosa, en oposición radical al pensamiento ordinario, ningún ser superior concederá al buscador lo que Krishna le concedió a Arjuna. Para que un occidental moderno alcance la conciencia de Krishna, o la conciencia del Buddha, o la conciencia de Cristo, se requiere un esfuerzo multidisciplinar. La antroposofía de Steiner, o ciencia espiritual, es precisamente ese esfuerzo multidisciplinar por alcanzar el mundo espiritual. Como se deduce claramente de su definición de la antroposofía –«un camino de conocimiento para llevar lo espiritual en el ser humano a lo espiritual en el universo»[26]– es la esencia misma de la participación. Krishna es precisamente uno de los vínculos más elevados y eficaces entre lo espiritual en el ser humano y lo espiritual en el universo. En la investigación esotérica ecuménica de Steiner, el Buddha y Cristo son también vínculos sublimes accesibles a cualquiera que se oponga al predominio de *tamas* mediante un pensamiento caracterizado por la voluntad y el afecto. Así como la *Gita* recomienda conocimiento, acción y amor, Steiner recomienda el cultivo del pensamiento, la voluntad y el sentimiento, y, como la *Gita*, recomienda también el fortalecimiento mutuo de cada uno de ellos por los otros dos.

Los intérpretes occidentales modernos de la *Gita*, y un número cada vez mayor de intérpretes indios influidos por la forma de pensar occidental, pueden experimentar a Krishna y su mensaje de manera intelectual, como observadores o espectadores, pero, a diferencia de Arjuna, no pueden ver ni oír fácilmente dentro de la mente de Krishna, allí donde Krishna mantiene y despliega las civilizaciones y los mundos. No es fácil para un intérprete con la conciencia occidental típica experimentar con la profundidad suficiente a Krishna como fuente de conocimiento, amor y acción desinteresada. Precisamente porque Steiner sobresalió en conocimiento, amor y acción eficaz fue capaz de extraer de la *Gita* –y de Krishna, aunque sea difícil para nosotros saber lo que eso significa exactamente– sus secretos más profundos.

En la medida en que aceptemos la descripción de Barfield de la evolución de la conciencia, y las implicaciones que de ahí se derivan para la cultura y el pensamiento contemporáneos, habremos dado un pequeño paso para comprobar que la *Bha-*

gavad-gita, y otros textos de revelación –es decir, textos con alguna capacidad para revelar el espíritu y la divinidad tal como alguna vez fueron conocidos por esa sensibilidad que Barfield denomina "participación original", ahora desaparecida o incluso prohibida–, exigen intérpretes que se acerquen a sus secretos interiores con una conciencia de resolución y amor. Ese pensamiento incluye la conciencia de sí del pensamiento occidental moderno, pero también se abrirá paso a través de las estructuras rígidas de la conciencia moderna hacia el tipo de contacto con las realidades espirituales típico de las tradiciones y los textos religiosos antiguos. El carácter extraordinariamente diferente de lo que Barfield denomina participación original y final, y los grados de pérdida de participación desde la participación original a la final, proporcionan «el "enfoque" diferente», el «reajuste comparativamente ligero de nuestra *manera* de mirar las cosas y las ideas» que establecerá la diferencia entre la *Bhagavad-gita* como conjunto de ideas y prácticas y la *Bhagavad-gita* como revelación de un Dios o un avatara que enseña la forma de transformar el pensamiento, el amor y la acción.

10. CONECTAR LA TRANSFORMACIÓN INTERIOR Y LA EXTERIOR. HACIA UN MODELO AMPLIADO DE LA PRÁCTICA BUDISTA

Donald Rothberg

> En el zen, hay sólo dos cosas: te sientas y barres el jardín. No importa lo grande que éste sea.
>
> ODO SESSO ROSHI

¿Qué formas de espiritualidad son "invocadas" por nuestros tiempos tan rápidamente cambiantes? Aunque muchos se contenten con creer y practicar de maneras muy tradicionales, y otros ni siquiera recurran a la religión o la espiritualidad en absoluto (y pueden incluso sorprenderse de su supervivencia moderna y postmoderna), algunos pueden sentirse profundamente atraídos por la idea de modificar las formas espirituales tradicionales o por crear formas nuevas. Esas formas emergentes podrían responder a uno o a varios de los siguientes criterios interrelacionados:

1. Mantendrían e integrarían, tan sabiamente como fuera posible, los *logros* principales de la modernidad, que se pueden expresar brevemente, según la obra de Weber y Habermas,

como: la crítica de las afirmaciones religiosas dogmáticas y la diferenciación relacionada de los mundos "objetivo", "intersubjetivo" y "subjetivo" (ahora liberados de la hegemonía de la religión dogmática), y el desarrollo subsiguiente de, respectivamente, diversas formas de racionalidad, ciencia e innovación tecnológica (ligadas a la exploración del mundo objetivo), de la democracia y la comunidad (en relación con el mundo intersubjetivo), y del yo autónomo y el arte moderno (en relación con el mundo subjetivo).[1]

2. Abordarían muchos de los *problemas sistémicos* nucleares de la modernidad, como su falta de integración: la fragmentación de la vida moderna en tres mundos distanciados entre sí (por ejemplo, la separación de la ciencia y gran parte de la aplicación de la tecnología respecto de las normas y los valores intersubjetivos, o la separación del mundo subjetivo o privado de los dos mundos "públicos"); el desigual desarrollo de los tres mundos, por ejemplo, la falta de un desarrollo pleno de la democracia (y el dominio intersubjetivo), por varias razones, relacionadas con el capitalismo, el racismo, el sexismo, etcétera; y el hiperindividualismo, la decadencia de la comunidad, y el predominio del yo racional autónomo sobre el cuerpo, las emociones y el espíritu.[2]
3. Nos ayudarían también a responder con profundidad a muchas de las principales *preocupaciones prácticas globales* de nuestro tiempo –relacionadas en gran medida con los problemas sistémicos de la modernidad–, como: la crisis ecológica, en particular el calentamiento global; el elevado índice de conflictos violentos; el desfase cada vez mayor entre ricos y pobres en medio de la globalización; las ambiciones imperiales de los militarmente poderosos, en especial los Estados Unidos, con las consiguientes reacciones de los "terrorismos no estatales", y la débil situación del gobierno global (con la necesidad de un mayor desarrollo de la justicia global y de la sociedad civil global).

4. Nos proporcionarían una manera de entender la diversidad de planteamientos religiosos y espirituales, y de apoyar el "diálogo interreligioso" e incluso el desarrollo de formas religiosas y espirituales innovadoras.

Esa es una forma de comprender el horizonte visionario de la espiritualidad contemporánea, repetida por muchos que han empezado a elaborar respuestas espirituales a los desafíos de nuestro tiempo.[3] Sugiero que esa forma de comprensión puede asumir el poder y la profundidad de la espiritualidad –en lo mejor, lo más maduro y más conectado de las diversas tradiciones y planteamientos– para responder a esos desafíos. Sin duda, expresar tal poder y profundidad puede parece mucho pedir, sobre todo a muchos contemporáneos para quienes la espiritualidad significa principalmente encontrar la manera de tener algo de paz y buen corazón en un mundo complejo y a veces abrumador.

En este capítulo quiero articular una manera de comenzar a imaginar esa espiritualidad contemporánea más madura, mediante la presentación de un marco integrador para la práctica budista contemporánea. Ofrezco primero algo de mi trasfondo personal, centrado especialmente en los esfuerzos por conectar la transformación interior y la exterior. En segundo lugar doy un análisis más histórico, interpretando el sentido de algunas de las tendencias antiguas de separar el trabajo de transformación interior y exterior y de la interpretación moderna de la espiritualidad como algo subjetivo, así como identificando algunos de los recursos disponibles que nos ayudan a conectar lo interior y lo exterior. Bosquejo, luego, la génesis personal y los esquemas conceptuales de un marco espiritual general integrador, centrándome de forma particular en la práctica budista, como medio para realizar tal conexión. En la última parte identifico algunas otras consecuencias de ese marco para la práctica espiritual contemporánea.

Desarrollar esas formas supone exponer al menos dos aspectos de una *espiritualidad participativa*, tal como se entiende la expresión en este volumen. Primero está la intuición y la intención contemporánea (y antigua) de que la espiritualidad sea integradora, de que los principios y las prácticas espirituales puedan guiar al practicante en todos los dominios de su vida, tanto internos como externos, y en todos los aspectos de su ser, conduciendo a un sentido de totalidad. Esta intuición está en tensión con algunas formas tradicionales, incluidas muchas derivadas del budismo primitivo, en las que algunos dominios y aspectos de la vida (por ejemplo, la vida política, gran parte del trabajo ordinario, o el matrimonio, las relaciones íntimas y la sexualidad en la vida monástica) no forman parte normalmente de la vida espiritual superior. En segundo lugar está la interpretación de la espiritualidad contemporánea como, en parte, una *respuesta creativa* a las particulares exigencias de nuestro tiempo, de nuestra fase actual del viaje evolutivo. Hay que ver nuestra época contemporánea como una época de grandes retos y de transición, que demanda una participación, cooperación y diálogo generales relacionados con el desarrollo de tal respuesta.

EL DESAFÍO DE CONECTAR LO ESPIRITUAL Y LO SOCIAL: UN RELATO PERSONAL

Cuando andaba por los veinte años comprendí que tenía una doble vocación, que estaba entregado a la transformación espiritual y social, interior y exterior. Mi primera iniciación, en una vida sensible a la transformación social, comenzó mientras crecía en Maryland durante los turbulentos y reveladores años sesenta. Había visto por mí mismo la pobreza de los americanos africanos, las calles sin pavimentar, las viviendas ruinosas y las chabolas a una milla de mi casa. También fui más consciente de las estructuras sociales y las actitudes culturales que sostenían el racismo, así como de las actuaciones de nuestra política exterior, con frecuencia imperialista y militarista. En la universidad estudié política, filosofía, historia y teoría social, participé en muchas manifestaciones locales y nacionales, trabajé en el Congreso de los Estados Unidos, viví en París, estudié los movimientos de estudiantes y trabajadores franceses, y ayudé a formar un grupo político en el campus universitario cuyo objetivo era el cambio social. Sentía que mi intención de dedicar mi vida a ayudar a desarrollar una sociedad más justa era clara e inquebrantable.

Sin embargo, pasada mi adolescencia y cuando tenía poco más de veinte años se abrió ante mí un segundo camino asimismo convincente. Me interesé intensamente por comprender las raíces profundas de la injusticia, la naturaleza humana y el potencial humano, y me sentí particularmente atraído, primero, por la filosofía y la psicología y, luego, por el estudio de la conciencia, la meditación, el misticismo occidental y las tradiciones espirituales asiáticas. Comencé una práctica diaria de meditación budista de plena atención que se ha prolongado hasta hoy, y comencé a asistir a retiros de meditación que duraban una o dos semanas. Estos retiros tocaron profundamente mi corazón y la motivación misma de mi vida, pues contacté con las fuentes del sufrimiento, el miedo y la codicia, y también de la paz, la comprensión y la compasión.

El escritor francés Albert Camus dijo en una ocasión que el propósito de la vida de un individuo es «simplemente redescubrir [...] esas una o dos imágenes en presencia de las cuales [...] el corazón se abrió por vez primera».[4] Para mí fue un desafío importante poner en conexión esas dos imágenes, en palabras de Camus, relacionadas con las dos vocaciones de transformación social y espiritual. A menudo parecía como si, por alguna razón, hubiera escogido una o la otra. Unificar las dos ha supuesto realizar un largo, y a veces solitario, viaje.

Debo ir a mis brotes de justicia social y hablar de la vida interior y la meditación. Los demás me veían con frecuencia con la mirada algo vacía y me decían o me daban a entender con sus comentarios sarcásticos que yo era básicamente un escapista, y que debería ser más activo. Sin embargo, cuando estaba en mis círculos de meditación a menudo me preguntaba por qué no prestábamos más atención a la práctica de la vida diaria, a nuestras relaciones interpersonales, a las cuestiones del poder y la autoridad en nuestras comunidades espirituales, a asuntos sociales más generales. A veces daba la impresión de que sólo "vivíamos realmente" cuando estábamos en un retiro o meditando en silencio, y que el resto de nuestra vida era de algún modo secundario y superficial. Y, sin embargo, no era difícil darse cuenta de que la vida y las relaciones externas de muchos de mis amigos, e incluso de mis maestros, así como la mía propia, parecían a veces bastante caóticas, y a menudo sin la paz y la sabiduría experimentadas en la meditación.

PERSPECTIVAS HISTÓRICAS SOBRE LA RELACIÓN ENTRE LO ESPIRITUAL Y LO SOCIAL

Mis experiencias de la escisión entre lo espiritual y lo social, reiteradas por muchos informes de experiencias similares de amigos y colegas de varias generaciones y continentes, sugieren que, probablemente, hay una base estructural dominante para la escisión. En efecto, como veremos, muchas de las formas occidentales fundamentales de clasificar y comprendernos a nosotros mismos y al mundo durante los últimos dos mil quinientos años aproximadamente, y en particular los últimos siglos, descansan en esa escisión, que ha sido también importante de maneras diferentes en la historia de las tradiciones asiáticas, incluido el budismo.

Sin embargo, la escisión entre lo espiritual y lo social, globalmente y en Occidente, no siempre ha estado vigente. En las culturas indígenas de cualquier continente, por ejemplo, la espiritualidad ha estado profundamente arraigada en todos los aspectos de la vida diaria, en el núcleo de todas las estructuras y actividades sociales. En las tradiciones de la India y China ha habido corrientes muy importantes que basaban la vida espiritual precisamente en las responsabilidades para con la familia y la sociedad (aunque otros planteamientos, como veremos después, apuntaban a la necesidad de abandonar familia y sociedad para alcanzar una mayor profundidad espiritual). Muchos de los ejemplos modernos de una espiritualidad comprometida socialmente, como en el caso de Gandhi o los movimientos de resistencia indígena contemporáneos, se alimentan de estos planteamientos antiguos.

En el amanecer de la historia occidental registrada descubrimos también la unidad de lo espiritual y lo social en la vida de los profetas judíos. Los profetas proclamaron su mensaje durante aproximadamente doscientos años, a partir de mediados del siglo VIII a. de C., llamando a la sociedad a realizar la voluntad de Dios. Hablaban de manera clara y enérgica contra lo que ellos veían como la transgresión de los principios éticos básicos, el egocentrismo, la ambición, la falta de compasión por los que sufrían y la hipocresía moral y espiritual. Su vida y sus acciones informaron profundamente la vida de Jesús y más tarde del cristianismo, al igual que la del islam. La "tradición profética" influyó también enormemente en los movimientos sociales y políticos modernos, seculares y religiosos, incluida la obra contemporánea de figuras como Dorothy Day, Martin Luther King Jr., Abraham Joshua Heschel, Michael Lerner, Cornel West, Rosemary Ruether, Gustavo Gutiérrez y Enrique Dussel.

Sin embargo, ha existido también la tradición tal vez más dominante, derivada especialmente de las tradiciones griegas antiguas, de separar lo espiritual (o "contemplativo") de lo político o práctico (la actividad de la *praxis* en la *polis*). Esta manera de entender las dos perspectivas ha descansado a menudo en la oposición entre la cualidad espiritual supuestamente eterna, absoluta y alejada del mundo (especialmente en sus formas místicas), y la cualidad supuestamente ligada al tiempo, histórica, contingente y terrenal de la acción social y política.[5]

La oposición entre las dos se remonta, al menos, al siglo IV a. de C. En esa época, Aristóteles sistematizó la distinción, en el contexto de la sociedad griega, entre la "teoría" (*theōria*) y la "práctica" (*praxis*); la última se refiere particularmente a la vida de la discusión "política" y la toma de decisiones. La vida contemplativa superior de la *theōria*, en la que llegamos a conocer las verdades eternas conceptual y experimentalmente, requiere la suspensión de los deberes y limitaciones de la vida práctica o activa. El filósofo Plotino, que proporcionaría gran parte del marco intelectual para el misticismo judío y cristiano posteriores a lo largo del período moderno, explicaba la necesidad de esta separación unos siglos después: «Lo fundamental de la acción es la contemplación [...] La contemplación es, por lo tanto, el fin de la acción».[6] Para Plotino, además, el contemplativo conoce lo eterno separado de la vida humana ordinaria: «Tal es la vida de la divinidad y de los hombres divinos y benditos: distanciamiento de todas las cosas de este mundo, desprecio de todos los placeres terrenales, el vuelo del solitario al Solo».[7]

Esta distinción de *theōria* y *praxis* ha sido también fundamental para el movimiento de la modernidad que surgió en los siglos XVI y XVII, conectado con el auge de las ciencias, el capitalismo y el industrialismo, la democracia, el individualismo y la secularización. Encontramos formas seculares contemporáneas de la distinción entre teoría y práctica en la separación entre ciencia y ética, conocimiento y valores, objetivo y subjetivo, intelectual y activista, contemplación y acción. Esas polaridades estructuran e influyen profundamente en nuestra forma de entender la espiritualidad, la acción social y la relación entre ellas.

Con la modernidad, la escisión entre lo espiritual y lo social se ha exacerbado a causa de los orígenes "antirreligiosos" de esta época. Uno de los puntos de partida básicos del auge de la visión moderna del mundo es una crítica fundamental y de amplio alcance de toda religión y espiritualidad. Esa crítica despejó de múltiples formas el espacio para que los científicos pudieran estudiar el mundo "objetivo", y las revoluciones políticas pudieran centrarse en la democracia y los derechos, sin las limitaciones de las autoridades religiosas y el dogma, sin que, por ejemplo, teólogos y funcionarios de la Iglesia sirvieran como árbitros del conocimiento sobre el mundo exterior, el derecho "divino" de los reyes, o la identidad de la Iglesia y el gobierno político.

Los críticos modernos de la religión han sido muchos y ruidosos; su mirada se centró principalmente en las formas de cristianismo que veían a su alrededor en los siglos XVIII, XIX y principios del XX. Algunos, como los filósofos franceses de la Ilustración del siglo XVIII, criticaron la religión como algo inherentemente dogmático y supersticioso. Otros filósofos y críticos, inspirados por las ciencias, la consideraron irracional y no fundada en pruebas. Sobre esa base vapulearon muchas afirmaciones religiosas, por ejemplo, sobre los relatos de la Creación o sobre acontecimientos históricos particulares recogidos en la Biblia. Críticos como Freud veían la religiosidad como una expresión de inmadurez psicológica, mientras que otros, como Nietzsche, consideraban que la religión era resultado y causa de la debilidad de la personalidad y la falta de autonomía.

Otros, además, criticaron la religión como socialmente opresiva, ligada a siglos de violencia y guerras inspiradas por la propia religión; en connivencia crónica con déspotas, dictadores y ricos; y con ideas perniciosas que justificaban la injusticia e ignoraban o legitimaban el sufrimiento de la mayoría. Otra razón principal, por tanto, de la escisión contemporánea entre lo espiritual y lo social es el hecho de que muchas de las tradiciones modernas de justicia social se originaron como movimientos explícitamente antirreligiosos. «Ni Dieu ni maître» ("ni Dios ni amo") fue el eslogan de la clase obrera francesa y de los movimientos anarquistas del siglo XIX.

En los años 1840, Karl Marx elaboraba su célebre análisis de la religión como fundamentalmente escapista, como el "opio del pueblo". Invirtió la primacía de la *theōria* a favor de la *razón práctica*, rechazando la vida contemplativa:

> Toda la vida social es esencialmente *práctica*. Todos los misterios que condujeron la teoría al misticismo encuentran su solución racional en la práctica humana y en la comprensión de esta práctica [...] Los filósofos [contemplativos en el sentido tradicional] se han limitado a *interpretar* el mundo [...] lo que hace falta es *transformarlo*.[8]

Esta serie de críticas llevaron normalmente al rechazo categórico de la religión y la espiritualidad en el mundo moderno, o a su marginación como algo meramente *subjetivo*. No había ningún espacio, o muy poco, para la religión en los *mundos públicos* característicamente *modernos*, ni en la búsqueda colectiva de un conocimiento objetivo sobre el mundo fundamentado en las ciencias, ni en la persecución intersubjetiva de la democracia y la justicia social. Por supuesto, se podían expresar ideas religiosas. Pero no podía existir una base *religiosa* públicamente aceptable para las políticas públicas, según la interpretación dominante de la separación entre la Iglesia y el Estado.

De este modo, las búsquedas religiosas y espirituales tuvieron que encontrar, cada vez más, una especie de hogar fuera de los mundos públicos de la ciencia y la tecnología, por una parte, y de la acción social y política, por la otra. Tendieron de este modo a volverse principalmente "privadas" y "subjetivas", incluso aunque la inmensa mayoría de la población se atribuyera creencias religiosas, como en los Estados Unidos. Y así, la mayoría vive en un mundo privado durante las noches y los fines de semana, mientras se vive normalmente en el mundo público los días laborables de nueve a cinco. En la medida en que el mundo moderno domina (y está perdiendo poder claramente con la actual administración de los Estados Unidos),* el derecho a escoger y explorar la fe y la religión de forma privada va a la par con su cada vez mayor irrelevancia pública.

En este contexto, no es sorprendente que la reactivación de la espiritualidad en el mundo moderno se produjera, en un principio, especialmente a través del énfasis en las dimensiones *subjetivas* de la espiritualidad. Kierkegaard, que escribió a mediados del siglo XIX y proporcionó un faro a muchos buscadores modernos, subrayaba la profundización de la subjetividad, en particular mediante la reflexión, el arte y la religión. Dirigía al aspirante espiritual lejos de los reinos públicos de la ciencia, la ética y el discurso público: «La subjetividad [es decir, el mundo privado] se convierte en la verdad [...]. Buscar la objetividad es estar en el error».[9] No es posible la autenticidad en el mundo social: «Lo público es una nada monstruosa».[10]

Kierkegaard presenta así la principal opción espiritual *moderna*. En cierta manera acepta la distinción de Marx entre lo espiritual y lo social, aunque invirtiendo sus conclusiones en cuanto a lo que es importante. Sí, lo espiritual y lo social están y deben estar separados. Pero, en contra de Marx, lo espiritual como privado y subjetivo es lo único que importa realmente. Max Weber resume el proceso de secularización y privatización de la espiritualidad:

> El destino de nuestro tiempo se caracteriza por la racionalización y la intelectualización y, sobre todo, por el «desencantamiento del mundo». Precisamente los valores últimos y más sublimes se han retirado de la vida pública al reino transcendental de la vida mística o a [...] las relaciones humanas directas y personales.[11]

* La edición original de este volumen apareció en 2008. Se refiere, pues, a la administración Bush. *(N. de los T.)*

Gran parte de la reciente renovación occidental de la espiritualidad en América del Norte y Europa occidental ha adoptado también formas marcadamente subjetivas, en especial la de una intensa búsqueda espiritual hacia experiencias de ruptura y autorrealización. Esto hundía sus raíces en fuentes diferentes, incluida la psicología humanista y transpersonal, el movimiento del potencial humano y los psicodélicos. Las tradiciones asiáticas se han presentado habitualmente en Occidente como vías de inducir experiencias subjetivas profundas.

Así es, esa interpretación de las tradiciones asiáticas tiene cierta base en esas mismas tradiciones, donde a veces ha existido una marcada tensión entre las interpretaciones de la vida espiritual en la medida en que exigían el abandono de la sociedad, por una parte, o que se mostraban socialmente comprometidas, por otra. Patrick Olivelle escribe sobre los cambios extraordinarios acaecidos en la India aproximadamente en la época del Buddha (siglo VI a. de C.), que llevaron a un nuevo énfasis en la liberación del sufrimiento de la vida ordinaria:

> Las religiones que compartían esta visión del mundo desafiaban a la religión del ritual centrado en la sociedad del período védico anterior. El resultado de esta confluencia de dos mundos opuestos fue un conflicto profundo y duradero en las religiones de la India entre el valor del compromiso social responsable, en el contexto del matrimonio y la familia, y la retirada ascética de la sociedad, considerada como condición necesaria para alcanzar la liberación.[12]

Se puede descubrir esta tensión en el budismo. El Buddha sugirió esa retirada, aconsejando a los practicantes espirituales serios que abandonasen el mundo cotidiano de la familia y la sociedad, lo que a veces llamaba el mundo de la "muchedumbre polvorienta", para convertirse en monjes o monjas y centrarse en la transformación individual. Y, sin embargo, el Buddha también expresó a veces preocupaciones por el cultivo de las condiciones para la armonía social, e intervino en varias ocasiones para impedir guerras. Los cinco preceptos éticos propuestos por el Buddha –abstenerse de matar, de robar, de mentir, de la mala conducta sexual y del uso nocivo de substancias tóxicas– han sido interpretados a menudo como directrices para la sociedad; el gran rey indio Asoka (siglo III a. de C.) promulgó edictos basados en esos preceptos, incluyendo el buen trato de los animales y la eliminación de la pena de muerte. El movimiento budista Mahayana ("gran vehículo"), que surgió en tiempos de Jesús, popularizó la figura inspiradora del *bodhisattva*, consagrado tanto al despertar de sí mismo *como* de los otros, y basado en la compasión por el sufrimiento de los demás.

Así pues, cuando los occidentales empezaron a meditar en mayor número, al principio de los setenta, se estableció una especie de conflicto. Se les proponía acercarse a la meditación como una exploración principalmente subjetiva que conducía a maravillosas experiencias e impresiones transformadoras de la vida. Sin embargo, muchos, y entre ellos yo mismo, acabábamos de pasar por un período sumamente volátil de grandes perturbaciones sociales, profunda conciencia de muchos problemas sociales y compromiso con el cambio social. Parecía que teníamos que escoger entre los dos. O podíamos rechazar tal disyuntiva como falsa, como yo hice, siguiendo la llamada que muchos seguíamos oyendo a integrar la transformación interna y la externa, cada vez más conscientes de algunos de los recursos, occidentales, asiáticos e indígenas, para tal integración.

DESARROLLAR UN MARCO PARA UNA PRÁCTICA ESPIRITUAL SOCIALMENTE COMPROMETIDA

Después de trasladarme a California, en 1988, empecé a descubrir una masa crítica de personas interesadas en relacionar lo espiritual y lo social. Algunos de ellos participaron en el trabajo de la Buddhist Peace Fellowship (BPF), emplazada en Berkeley, organización sin fines lucrativos fundada en 1978 con unos cuatro mil miembros, la mayor parte en Norteamérica pero también en Asia, Australia y Europa. En pocos años empecé a sentir como si hubiera encontrado una especie de *hogar* en la amplia comunidad de BPF y otros budistas socialmente comprometidos, así como entre los miembros de otras tradiciones y planteamientos –judíos, cristianos, islámicos, hindúes, paganos e indígenas– donde lo espiritual y lo social eran igualmente acogidos, y donde el propósito fundamental era conectar ambos objetivos.

Me convertí en miembro activo del BPF, organizando y a menudo enseñando en talleres, clases e institutos de verano, y también empecé a publicar artículos y guías de formación. Comencé igualmente a asistir a algunos de los encuentros anuales en Tailandia de la International Network of Engaged Buddhists (INEB), fundada en 1989, en la que llegué a conocer mejor a algunos budistas asiáticos que habían conectado hacía tiempo lo espiritual y lo social, incluido el activista y escritor tailandés Sulak Sivaraksa, el maestro espiritual, monje y activista camboyano Mahaghosanada, y muchos otros.

En 1995 empecé a trabajar como uno de los dos mentores para un nuevo programa del BPF fundado por Diana Winston: el programa de la Buddhist Alliance for Social Engagement (BASE), inspirado por el Catholic Worker y el movimiento –principalmente latinoamericano–, de las "comunidades de base", ligado a la teología católica de la liberación. Hemos tenido más de veinticinco programas de BASE en los últimos doce años, cada uno de los cuales reunía a pequeños grupos de doce miembros, o poco más, todos ellos centrados en la práctica espiritual y comprometidos en el mundo a través de algún tipo de servicio social o trabajo de cambio social, o bien a través del empleo o el trabajo voluntario. Algunos grupos posteriores de BASE se organizarían alrededor de centros específicos, formando grupos separados con los que se dedican a la educación, los que trabajaban en prisiones, los jóvenes, los que hacen trabajos diversos, y quienes trabajan con los sin hogar; el último se convirtió, por supuesto, en el Home BASE.

Hubo una reunión en el primer grupo de BASE en la que experimenté más claramente que antes un sentido incrementado de integración de lo espiritual y lo social. Una noche, una de los miembros de nuestro grupo, que trabajaba a tiempo parcial en un refugio para los sin techo, me contó cómo esa semana había sentido que allí el sufrimiento era para ella emocionalmente abrumador. Era demasiado; estaba saturada y apenas podía funcionar. En la exploración de esta experiencia con el grupo pudo, en primer lugar, observar sus emociones y examinar las dimensiones personal y psicológica de sus respuestas y reacciones, de qué forma se había relacionado históricamente con el sufrimiento de los menos favorecidos, de qué modo esto desencadenaba su propio sufrimiento y cómo podría trabajar con algunas de las cuestiones subyacentes más personales.

También aquella noche, como grupo, examinamos en segundo lugar nuestra interpretación y práctica de las enseñanzas budistas básicas sobre la naturaleza del sufrimiento, basadas en las Cuatro Nobles Verdades proclamadas por el Buddha al principio de su vida de maestro. Estas enseñanzas afirman la posibilidad de abrirse al dolor y al sufrimiento de una situación dada, y de encontrar caminos, a través de la práctica, para transformar nuestra reactividad en relación con los acontecimientos dolorosos, lo que lleva a la curación y a una libertad adicional.

En tercer lugar abordamos algunas de las dimensiones sociales e institucionales del problema de la carencia de hogar: la "desinstitucionalización" de principios de los ochenta que llevó a tantas personas a la calle, incluidos muchos del casi un tercio de los sin hogar que están mentalmente enfermos; la culpabilización e incluso demonización de los sin techo en el discurso público, y la cuestión de quién es responsable de las personas que carecen de hogar.

Aquella noche me sentí como si regresara a casa. Vi que el grupo era un lugar en el que podíamos examinar abiertamente *cualquier* aspecto de la experiencia personal, de grupo o colectiva, cuando hubiera un tema o una preocupación, usando los recursos de la psicología, las enseñanzas y la práctica espirituales, y la historia o teoría social. Todos estos ámbitos o perspectivas eran bien recibidos; ninguno estaba prohibido. Además, pude ver también que estos aspectos estaban relacionados. No tenía que separar lo interior de lo exterior, lo espiritual de lo social.

En torno al 2000, mis colegas y yo empezamos a desarrollar aproximaciones más sistemáticas a la formación espiritual integradora para el compromiso social. Junto con Ann Masai y Jürgen Kremer inicié un programa interreligioso de dos años sobre «Espiritualidad comprometida socialmente» en la Saybrook Graduate School, en San Francisco. Estaba modelado en alguna medida según el programa de BASE y combinaba ocho retiros de cuatro días, el estudio de muchas tradiciones del mundo de espiritualidad socialmente comprometida, el trabajo conjunto *on line* entre retiros, el compromiso de cada uno de continuar con la práctica espiritual y la implicación en el mundo, y una visión del grupo como microcosmos para conectar la transformación interna y externa.[13]

Seguí también, junto con Diana Winston, tratando los elementos de una formación budista comprometida socialmente, en escritos así como en clases, talleres y retiros. Basados en las enseñanzas y prácticas tradicionales, en particular en el énfasis budista tradicional sobre los tres aspectos generales de la formación –ética, meditación y sabiduría– elaboramos durante varios años algunos *principios guía* que tienden un puente entre el trabajo interior y el exterior; y desarrollamos finalmente una lista (no exhaustiva) de diez principios centrales:

1. *Establecer las condiciones para la seguridad*: seguir las guías éticas básicas, que proporcionan el "receptáculo" para todo trabajo transformador, interior y exterior.[14]
2. *Atención en acción*: cultivar una presencia abierta, atenta, en el ejercicio de las actividades, cortando por lo sano nuestra tendencia a ser distraídos y reactivos.
3. *Aclarar la motivación, determinar la intención*: discriminar entre intenciones correctas e incorrectas, alineando nuestras acciones con nuestros valores más profundos.
4. *Abrirse al dolor y al sufrimiento, abrirse a la compasión*: aprender a estar presentes y no reactivos ante el dolor y el sufrimiento, lo que lleva a la acción compasiva.
5. *Cuidar de mí mismo, cuidar del mundo*: equilibrar el cuidado de uno mismo y de los otros.
6. *No saber, pero seguir avanzando*: permanecer abiertos a lo que es desconocido, misterioso y confuso, escuchando atentamente y evitando ideas dogmáticas.
7. *Ser-con-los-demás*: cultivar un sentido de la interdependencia de uno mismo y los otros, estudiando nuestra tendencia a separar rígidamente "uno mismo" y "el otro", "nosotros" y "ellos".
8. *Actuar desde la ecuanimidad*: aportar cada vez más equilibrio, no actuar de forma reactiva, comprendiendo nuestras acciones, aunque evitando la complacencia y la resignación.
9. *Transformar la ira*: trabajar hábilmente con la energía poderosa y a veces destructiva de la ira, conservando la conciencia de la injusticia, pero transformando la reactividad.
10. *Acción comprometida, no apego al resultado*: mantener un compromiso profundo con la acción compasiva, la libertad y la justicia, suceda lo que suceda.[15]

También identificamos *prácticas* vinculadas con estos principios, y tres *dominios* básicos (los cuales, por supuesto, pueden subdividirse) en los que llevamos a cabo el trabajo transformador: *el individual, el relacional y el colectivo*. Así, por ejemplo, podemos practicar en el dominio individual, trabajando con las dimensiones personal, experiencial, psicológica y conductual de una situación dada. Podemos examinar también el dominio *relacional*, en nuestra interacción en díadas, parejas, familias, grupos, organizaciones, o comunidades. Por último, podemos examinar nuestra participación en el dominio *colectivo*, en más amplios sistemas sociales, culturales, políticos, económicos y ecológicos, comprendiendo la influencia de las actitudes culturales poderosas, así como las políticas y las estructuras institucionales.

UN MODELO INTEGRADO DE PRÁCTICA SOCIALMENTE COMPROMETIDA

Tenemos ahora un marco de formación. Es simple y, esperemos, lo bastante atractivo para que pueda ser asequible a muchas personas, pero también lo bastante abarcador y complejo para hacer posible una creatividad considerable y descubrimientos e ideas inesperados. Los diez principios pueden proporcionar lentes poderosas a través de las cuales comprender y transformar nuestra experiencia, cada uno de ellos ligado con prácticas específicas en cada uno de los tres dominios. Podemos desarrollar un mapa general de un programa de trabajo, que podríamos leer de diversas maneras. Podemos centrarnos en trabajar con un principio dado en los citados dominios, o examinar un dominio particular a través de principios diversos.

Podemos observar, además, que un principio dado será normalmente interpretado de manera, en alguna medida, diferente, y generará prácticas más o menos diferentes en cada dominio. Por eso podríamos hablar de no hacer daño, una de las cinco directrices éticas básicas del budismo, en relación a cómo nos tratamos a nosotros mismos (dominio individual), a cómo nos relacionamos interpersonalmente con los otros (dominio relacional), y, por ejemplo, a cómo participamos como ciudadanos con respecto a un gobierno que a menudo hace daño o mata en nuestro nombre (dominio colectivo). Podríamos explorar aclarando y estableciendo intenciones a nivel personal (dominio individual); en un grupo u organización (dominio relacional), por ejemplo, articulando la visión de la situación y los objetivos; o ayudando a desarrollar prioridades sociales más claras (dominio colectivo). Podríamos examinar cómo se ve el proceso de abrirse al sufrimiento, cuando estamos considerando la pena personal (dominio individual), analizando conflictos importantes –referentes a cuestiones interpersonales o de poder– en una comunidad (dominio relacional), o dirigiendo la atención al sufrimiento a menudo oculto del racismo institucional o la pobreza, mediante la presencia personal, el estudio, los escritos y la acción no violenta (dominio colectivo).

También se ha manifestado claramente que *cada uno de los tres dominios se interpenetra con cada uno de los otros*. Esta sensación de interpenetración de dominios sugiere algunas formas diferentes en las que podríamos aprender algunos modos posibles de práctica espiritual. Podemos hablar, por ejemplo, de cómo un practicante *individual* explora la naturaleza básica de ser un ser humano *individual*. Y también en la meditación de plena atención (o en alguna otra práctica contemplativa) investigamos la verdadera naturaleza de las sensaciones corporales, la gama y los patrones de nuestras emociones y maneras de pensar, y las estructuras generales de la experiencia humana como tal. Por supuesto, podríamos centrarnos a veces en prácticas específicas en una de estas áreas (somática, emocional, cognitiva, y general) durante un período sostenido. Podemos, en segundo lugar, trabajar también *individualmente* con aspectos de nuestra experiencia *relacional*, en la meditación o en la reflexión, como cuando consideramos modelos de familia condicionantes, o nuestra forma de trabajar con el conflicto en el contexto de una relación íntima. Igualmente podemos, en tercer lugar, investigar *individualmente*, por uno mismo o a veces en un grupo, taller o retiro, en qué medida hemos interiorizado el condicionamiento *colectivo*, como cuando contemplamos nuestro propio racismo, sexismo, homofobia, o consumismo, por lo que se refiere a nuestra experiencia interior o a nuestro comportamiento. O podríamos trabajar individualmente investigando nuestras reacciones y respuestas a acontecimientos colectivos como la violencia, la guerra, o la crisis ecológica, como se nos enseña a hacer, por ejemplo, en muchas de las prácticas de Joanna Macy.[16]

De manera semejante podríamos entender *el practicante y el campo de la práctica no ya sólo como un individuo, sino como una unidad relacional* que puede centrarse en el dominio individual, relacional o colectivo. Podemos trabajar *relacionalmente*, en pareja, grupo, o comunidad, por ejemplo, aunque centrándonos en un *individuo*, como a menudo ocurre en psicoterapia o en el trabajo con un maestro espiritual o en un grupo. Podemos trabajar *relacionalmente* explorando la unidad *relacional* misma, sea considerando una dinámica de grupo, o las relaciones interpersonales, o en una toma de decisión a escala comunitaria. Por último, podemos trabajar *relacionalmente* pero interesados en asuntos *colectivos*, como cuando vemos que actitudes culturales tales como el racismo o el sexismo se manifiestan en la vida relacional, o cuando consideramos la respuesta que podemos dar como grupo u organización a un problema colectivo como el calentamiento global o una determinada política gubernamental.

Finalmente podemos hablar del *colectivo como practicante*, aunque algo más provisionalmente, puesto que esta área de práctica está menos desarrollada. Sin embargo, podríamos interpretar la Comisión de la Verdad y la Reconciliación de Sudáfrica (TRC), dirigida por Desmond Tutu, como ejemplo de un cuerpo *colectivo*, representando a una nación, que a veces trabajaba *individualmente*. Cuando el TRC invitó a que se contaran públicamente historias de algunos de los horrores de la época del *apartheid*, muchos experimentaron una considerable curación *individual*.[17] Podríamos interpretar también la no violencia pionera de Gandhi, y otros, como elemento impulsor de un tipo de práctica espiritual *colectiva*, con los movimientos sociales como "practicantes", en relación con las preocupaciones más *relacionales*, tal vez de una comunidad dada, y también con cuestiones *colectivas* como la independencia (por ejemplo, de la India respecto de Gran Bretaña), los derechos civiles, o la política exterior. En este último contexto podemos pensar en la formación no violenta de masas y la subsiguiente práctica de manifestaciones no violentas o la desobediencia civil como una especie de práctica colectiva orientada a influir en toda la sociedad.[18]

La interpenetración de los dominios da lugar a un modelo de nueve campos o modos de práctica espiritual, que se muestran en la siguiente tabla:

Dominio *Practicante*	**Individual**	**Relacional**	**Colectivo**
Individual			
Relacional			
Colectivo			

Matriz de los nueve modos de la práctica espiritual.

CONSECUENCIAS DE ESTE MODELO AMPLIADO DE PRÁCTICA BUDISTA

La reflexión sobre esta matriz sugiere algunas consecuencias sobre nuestra forma de entender la práctica espiritual en general, sobre cómo lo espiritual y lo social se separan, y sobre cómo podemos ampliar nuestra práctica espiritual para que pueda extenderse a todos los ámbitos de nuestra vida. En el resto de este capítulo me gustaría considerar algunas de estas consecuencias.

Nuestro trabajo espiritual es el mismo en cualquier dominio

En este modelo, nuestra intención central es transformarnos a nosotros mismos y a los otros –y transformar también el espacio y las estructuras sociales en y a través de las que nos manifestamos–, según los modos sugeridos por los principios centrales. Establecemos las condiciones para la seguridad, o para aprender mejor a ser plenamente conscientes, o abrirnos al dolor y al sufrimiento, o cultivar la ecuanimidad, en cada uno de los dominios interpenetrantes.

En otras palabras, nuestra práctica espiritual es cada vez más *de una pieza*. Dondequiera que estemos, la intención es la misma. La práctica espiritual está en todas partes, estemos en el cojín de meditación, en una reunión o discutiendo de política exterior. Los principios transformadores centrales se aplican en todos los dominios. Comprender esto puede producir una sensación de totalidad e integración en nuestra vida (así como, a veces, la de que no hay forma de escapar de la práctica espiritual).

El hecho de que recurramos a los mismos principios en diferentes ámbitos de nuestra vida sugiere también que es posible "transferir" nuestro saber de un ámbito a otro. Lo que aprendemos sobre la forma de trabajar individualmente con la ira puede ser muy beneficioso para mi capacidad de manejar la ira en un grupo o en un marco colectivo, tanto por lo que se refiere a las capacidades individuales como a la comprensión general. Lo que aprendo en escenarios ulteriores puede prolongar un proceso de aprendizaje sobre la ira que puede entonces informar mi práctica con mi ira personal.

Muchos planteamientos espirituales se basan en una concepción muy limitada de la práctica espiritual

Si observamos la tabla, resulta evidente que muchos modelos tradicionales, maravillosos y productivos, de práctica espiritual, incluidos muchos modelos derivados del budismo, se centran principalmente en el bloque superior izquierdo de la matriz: el de la exploración individual, podríamos decir, de la naturaleza básica de la existencia como humano y el adicional desarrollo de cualidades individuales virtuosas. Este es, sin duda, el caso de la meditación budista clásica de la atención plena, aunque podamos extender esa atención a cualquier actividad, incluidas las de nuestra vida relacional y colectiva, y aunque esa meditación sea a menudo complementada con prácticas que abren el corazón (desarrollando la amabilidad afectuosa, la compasión, la alegría y la ecuanimidad), en las que el individuo realiza el trabajo transformador relacional y colectivamente. Además, en la práctica monástica budista tradicional, hay también con frecuencia un fuerte énfasis en la dimensión comunitaria de la práctica (lo que a menudo está menos acentuado, o incluso ausente, en el contexto occidental secular).

Esa forma general de práctica contemplativa, que nos procura consciencia individual sobre los fundamentos de la experiencia humana individual, desempeña un papel fundamental en la vida espiritual. Sin embargo, si se considera que esa práctica constituye la *totalidad* de la práctica espiritual, como ocurre especialmente en contextos occidentales, entonces podemos encontrarnos dejando las partes relacional y colectiva de nuestra vida *como tal* relativamente desinformadas de nuestras intenciones espirituales centrales, salvo en la medida en que esas áreas salgan a la superficie en nuestra práctica individual. Puedo ser consciente de cómo estoy comprendiendo este aspecto de nuestra relación o de mi miedo en relación a una situación colectiva particular, pero en estos casos mi práctica está limitada a mi propia repuesta individual e "interior" a lo que es "exterior", en vez de explorarlo a través de una práctica relacional diádica o una manera colectiva de responder a un acontecimiento dado.

En última instancia, nuestra comunidad o sociedad se convierte en una suma de individuos "que trabajan sobre sí mismos" sin ninguna práctica relacional o colectiva compartida. Esto puede ocurrir porque hemos asumido (habitualmente, sólo de manera implícita) que *una de las nueve* formas posibles de práctica espiritual (el individuo trabajando sobre el individuo) es la forma única, o la principal, o la más importante. Quienes suponen esto, con frecuencia llegan a la conclusión, de manera bastante natural, de que «todo lo que podemos hacer es trabajar sobre nosotros mismos». Pueden afirmar también que la sociedad es simplemente, de un modo u otro, la manifestación de todos los individuos; la mejor forma de contribuir a la sociedad, si es que tenemos interés en ello, será, pues, haciendo nuestro propio trabajo espiritual individual. El polo opuesto a esta idea es la mantenida por muchos activistas seculares, que creen que el individuo es simplemente una especie de "producto" del condicionamiento social, y que «todo lo que podemos hacer es trabajar sobre la sociedad». En ambos casos, la práctica espiritual individual y la acción social colectiva están separadas.

La mayor parte de los modos posibles de práctica espiritual están relativamente inexplorados y subdesarrollados

En los planteamientos en los que la espiritualidad y la madurez espiritual se han limitado prioritariamente al bloque superior izquierdo, el del individuo trabajando sobre el individuo, no resulta sorprendente que, en general, haya pocas o ninguna forma de práctica espiritual asociada a los otros ocho bloques. A quienes preguntan sobre la posibilidad de llevar las intenciones espirituales a la política, por ejemplo, se les puede decir que la práctica espiritual no entra en ese dominio; el "mapa" de las prácticas espirituales no incluye la participación en la actividad política como posible modo de práctica.

Me encontré con esta idea, en 1980, cuando estuve con el conocido maestro zen coreano Kusan Sunim. Le pregunté si la práctica budista había ayudado a responder a la crisis de la ley marcial y a la enorme represión política que se produjo en aquel momento en Corea; acababa de haber una matanza de dos mil manifestantes en Kwangju que pedían "democracia". Kusan Sunim, a través de un traductor, respondió: «Eso es política. Nosotros nos ocupamos de la religión. Las dos cosas están separadas».

Sin embargo, hay en otros ámbitos una creciente apertura para explorar nuevas formas de práctica espiritual, como en el interés general por conectar psicología y espiritualidad, por comprender las relaciones íntimas como práctica espiritual, o por desarrollar una espiritualidad comprometida socialmente. Ahora bien, esta matriz puede ayudar a aclarar por qué es importante el desarrollo de toda la gama de modos de práctica, y merece una prioridad considerable hoy en día, a fin de que más áreas de nuestra vida puedan ser espacios de saber y desarrollo vinculados con nuestras aspiraciones más profundas.

La matriz puede ayudarnos también a comprender por qué es importante destacar la dimensión *socialmente* comprometida de la espiritualidad. En las sociedades occidentales modernas, como hemos visto, es muy habitual negar o ignorar las dimensiones más colectivas (e incluso relacionales) de la espiritualidad, centrándose en cambio en la espiritualidad como algo privado, subjetivo y experiencial. Por consiguiente, es un paso importante identificar estos dominios *como localizaciones de práctica espiritual*, y esta es una razón para usar expresiones como *socialmente comprometida*. El peligro, sin embargo, es que estos términos reproducen implícitamente la misma escisión entre lo espiritual y lo social que supuestamente pretendían remediar. En algunos contextos, la expresión *socialmente comprometida* puede incluso evocar o transmitir la polarización entre dos formas de espiritualidad, sugiriendo que en esta *sólo* se trata de lo social y no se presta atención a lo personal. Por consiguiente, a la larga puede ser más preciso hablar de una espiritualidad *integradora*. Otros utilizan el término "integral" con intenciones similares, como en el nombre del Instituto de Estudios Integrales de California (CIIS), o en el desarrollo de "prácticas transformadoras integrales" de George Leonard, Michael Murphy y otros, o en el planteamiento *integral* de Ken Wilber.[19]

El trabajo de identificar otras formas de práctica espiritual, sin embargo, es mucho más que una mera cuestión de cartografía. También nos deja libres para *explorar* nuevos territorios e incluso nuevos fenómenos que no han sido investigados en profundidad. Por ejemplo, ¿cómo podría manifestar nuestro aprendizaje en grupos o colectividades estos (y otros) principios espirituales fundamentales? ¿Cómo se manifiesta la atención plena en un grupo transformativo? ¿Hay sólo una atención plena individual de cada miembro del grupo, o hay una atención plena de grupo "emergente"? ¿Cómo establecemos las intenciones o trabajamos de manera relacional con la ira? ¿Qué significa desarrollar un planteamiento ético fundamentado espiritualmente por lo que se refiere a nuestros sistemas ecológicos y económicos? Investigar en el territorio abierto por estas preguntas puede constituir una parte importante de nuestros esfuerzos por expresar una espiritualidad integradora.

Comprender la interpenetración de los dominios sugiere la inseparabilidad de las dimensiones individual y social de la práctica espiritual

Un americano de origen asiático cuenta la historia de que, en un largo retiro de meditación budista, comunicó a su maestro de meditación que estaban saliendo a la superficie cuestiones relacionadas con el racismo y la etnicidad. El maestro respondió: «No tratamos ese tipo de cuestiones aquí. Presta atención a tu experiencia individual, a lo básico de la experiencia».

Una afroamericana cuenta un relato similar: sacó a colación algo de la dinámica de grupo en un retiro silente, que para ella resultaba difícil dado el contexto de su educación en una iglesia negra. Después de que el maestro le dijera que esas cuestiones estaban fuera de lugar, encontró a otro maestro que supo integrar sus preocupaciones con el énfasis más tradicional del retiro.[20]

Estos ejemplos sugieren alguna de las innumerables maneras en las que la etnicidad desempeña un papel en nuestra vida espiritual. Podríamos añadir fácilmente ejemplos semejantes que tienen que ver con el género, la clase social, y otras cuestiones. Pero si el mapa de un camino espiritual no deja lugar para abordar este tipo de asuntos, ¿no estaremos dejando fuera áreas importantes de sufrimiento, de crecimiento y aprendizaje potenciales?

De manera más general podemos preguntar: ¿Qué significa centrarse en la práctica individual si (por usar el lenguaje budista) parte de la codicia, el odio y la mentira del discípulo espiritual está relacionada con su interiorización de condicionamientos sociales: racismo, sexismo, privilegios, consumismo, chauvinismo nacional, etcétera? ¿Cómo el reconocimiento de esta interpenetración de los dominios (que sólo recientemente ha sido explorada en el área de la psicoterapia) lleva a cambiar, si bien a veces sólo de manera sutil, la naturaleza de la práctica espiritual o de un maestro espiritual? ¿Cómo comprendemos las heridas que llevamos cada uno, que demandan atención y curación? ¿Qué tipo de conciencia o formación deberían tener en particular los maestros para poder ser conscientes de la naturaleza de estas heridas y de la manera en que interiorizamos las actitudes sociales dominantes?

Tener un modelo más amplio de los modos de práctica

espiritual puede empezar a facilitar una comprensión de los problemas que se plantean cuando esta interpenetración de dominios no se reconoce, cuando todos los dominios de posible investigación y práctica están «fuera del mapa [dominante]». Ese modelo puede ayudarnos también a explorar todas estas preguntas.

Esta matriz se puede usar como una guía para nuestra propia práctica espiritual integradora

Si queremos tener una vida espiritual integral, la mayoría de nosotros, que llevamos una vida activa en el mundo, necesitaremos formas de desarrollarnos espiritualmente en *todas* las áreas de nuestra vida. La matriz aquí expuesta puede ser una guía, que nos invita a plantear una serie de preguntas, sea como individuos, como grupo, o como cultura y sociedad más amplias: ¿En cuál de los nueve bloques me he (o nos hemos) centrado más? ¿Dónde estoy (o estamos) más desarrollado(s)? ¿Dónde están localizados mis (o nuestros) “dones”? ¿Dónde estoy (o estamos) menos desarrollado(s)? ¿Qué territorios tengo (o tenemos) menos explorados? ¿Dónde es importante para mí (o para nosotros) desarrollarme (desarrollarnos)? ¿En qué áreas puedo (o podemos) ser más útil(es) para el mundo? ¿Cómo veré la interpenetración de los diferentes dominios en mi vida?

Cuanto más conscientemente asumimos la intención de desarrollarnos espiritualmente en los diferentes dominios, más profundo es el sentimiento de integración y mayor la sensación de amplitud de la práctica espiritual. También podemos empezar a discernir mejor dónde estamos *particularmente* llamados a contribuir, y nos daremos cuenta de que no “tenemos que hacerlo todo” con igual profundidad, y que la mayor profundidad se alcanzará en las áreas de nuestros intereses, dones y vocaciones más fuertes. Con un entendimiento integrador podemos sentirnos más conectados con los otros, aunque no estemos poniendo demasiada energía en una o más áreas de la matriz; podemos ver más fácilmente que nuestras propias contribuciones están conectadas con las de los otros, lo que nos llevará a sentirnos menos aislados.

Los pequeños grupos de práctica transformadora pueden desempeñar un papel especial ayudándonos a integrar las diferentes áreas de la práctica espiritual

¿Cómo integrar nuestra práctica en estas áreas diferentes de la matriz? Muchos se las arreglarán por sí solos, descubriendo modos de trabajar de forma transformadora en las áreas más relacionales o colectivas, o tal vez sean guiados por maestros o mentores que trabajen con este sentido ampliado de la práctica.

Un papel importante lo pueden desempeñar pequeños grupos de práctica transformadora, de entre ocho y veinte personas, similares a los grupos de BASE descritos anteriormente y a las "comunidades de base" de América Latina. Pueden parecerse de algún modo a los "grupos de afinidad" de los activistas más seculares, a los grupos de "despertar de la conciencia" de las mujeres, a consejos y colectivos políticos, o a las pequeñas reuniones de ciudadanos de la tradición democrática americana. Esos grupos, funcionando en el dominio relacional "intermedio", pueden estar bien situados para abrirse a lo individual y a lo colectivo. Además, pueden funcionar como un microcosmos, ayudándonos a sacar a la luz problemas y virtudes que pueden no manifestarse tan claramente en la práctica individual, donde es factible "esconderlos" de formas que no son ya posibles en el marco de los grupos.

El trabajo transformador en un dominio reverbera en los otros dominios

Dada la interconexión y la interpenetración de los dominios sabemos que cuando nos desarrollamos individualmente, nuestro saber tiene efectos relacionales y colectivos. Esto ocurre de varias maneras. Primero, una fundamentación en la práctica contemplativa (como la meditación de la atención plena), por ejemplo, proporciona una especie de "laboratorio" en el que podemos estudiar en profundidad los principios y las dinámicas de transformación, que podemos luego aplicar en otros dominios. Nuestra formación individual se convierte en una especie de punto de referencia que nos orienta en los otros dos dominios, y puede ser influido por los conocimientos obtenidos en ellos.

Segundo, nuestra base de transformación individual puede darnos alguna perspectiva y alguna fe que apoye nuestro compromiso para el largo camino. Podemos aprender más claramente que ninguna práctica transformativa se malgasta, como dijo una vez el Buddha, que todo momento de atención importa. Todos los momentos transformadores en algún dominio importan. Todos los momentos tienen un efecto, con frecuencia difícil de discernir.

Tercero, sabemos por la vida del monje católico Thomas Merton (1915-1968), que vivió en un monasterio trapense en Kentucky, o el monje budista tailandés Buddhadasa (1906-1993), que vivió en un monasterio en el bosque cerca de la frontera malasia, en el sur de Tailandia, que la meditación relativamente solitaria puede tener un gran impacto en el cambio social. Ambos pasaron casi toda su vida en monasterios, dedicados principalmente a la contemplación y a la escritura, aunque en comunidad. Sin embargo, sus escritos llegaron y guiaron a miles de personas. Líderes de movimientos sociales hicieron peregrinaciones a sus monasterios, buscando tanto renovación espiritual como inspiración y consejo.

Daniel Ellsberg cuenta la historia de su encuentro con el poeta, activista y practicante zen Gary Snyder, ocurrido por causalidad en un bar cerca del monasterio zen de Ryoanji, en Kyoto, Japón, en 1960. Ellsberg estaba viviendo en Kyoto, y trabajaba en la política de armas nucleares para la Office of Naval Research, a través de la Rand Corporation. Snyder estaba entonces en la mitad de un período de casi diez años de práctica zen, permaneciendo en monasterios zen, o cerca de ellos, la mayor parte del tiempo. Ellsberg había ido a ver el jardín zen de Ryoanji porque había leído sobre él en *Los vagabundos del Dharma*, de Jack Kerouac, donde un Snyder ligeramente novelado era la figura principal. El impacto y el recuerdo de las conversaciones de Ellsberg con Snyder en el bar y al día siguiente en la casa de campo de Snyder, contaba Ellsberg más tarde, desempeñó un importante papel en su decisión, unos nueve años después del encuentro, de divulgar los *Papeles del Pentágono*, la historia secreta de la planificación de la guerra de Vietnam. La acción de Ellsberg fue una contribución importantísima al giro contra la guerra en la opinión pública de los Estados Unidos.[21]

Esa conciencia de la interpenetración de los dominios puede, así, fortalecer nuestra fe en la naturaleza más bien misteriosa del cambio, sea individual, relacional o colectivo. Puede recordarnos que el cambio es siempre posible, que las fuerzas están actuando de formas que no siempre conocemos, incluso cuando pensamos que las cosas están atascadas o que el cambio es imposible. Sólo tenemos que recordar los ejemplos recientes del fin del *apartheid* en Sudáfrica y la caída de la Unión Soviética, hechos que parecían inimaginables para la mayoría poco antes de suceder.

LOS LÍMITES DE ESTE MODELO

Aunque este modelo pueda fundamentar un sentido ampliado de la práctica espiritual es importante recordar que, no obstante, refleja una gran simplificación de la experiencia, como ocurre con todos los modelos. Como cualquier otro, este revela y oculta.

La "realidad" es mucho más compleja. Podríamos hablar fácilmente no de tres dominios sino de muchos más, en particular subdividiendo los dominios relacional y colectivo en relaciones primarias, grupos, organizaciones, comunidades, organizaciones regionales o biorregionales, ecosistemas, etcétera. Podríamos identificar de manera más precisa las diversas dimensiones de la experiencia individual (cognitiva, emocional, somática, sexual, energética, intuitiva, etcétera) y representar en un mapa cómo estas dimensiones se manifiestan relacional y colectivamente. Podríamos centrarnos en la medida en la que los dominios se organizan según *construcciones relacionadas con el género*, tal vez hablar de cómo algunos de los principios centrales tienen expresiones "masculina" y "femenina", o "activa" y "receptiva".

Podríamos también distinguir el lado *interior* y el *exterior* de cada dominio; por ejemplo, lo "colectivo" se manifiesta tanto en ideas y actitudes culturales como en las estructuras sociales, y podemos examinar tanto la experiencia individual "interior" como la conducta "exterior". Y podríamos prestar más atención a las dinámicas *de desarrollo* en cada uno de los dominios, incluyendo cómo algunas prácticas presuponen ciertas competencias o logros del desarrollo.

Además, es útil recordar que el modelo mismo no es sólo una simplificación, sino también una *abstracción*, lo que Weber llamó un "tipo ideal". En el mejor de los casos puede ayudar a iluminar la experiencia. Pero es también importante considerar que cada uno de los dominios y modos de práctica se interpenetran e interconectan, de manera que nunca tenemos realmente un solo modo de práctica, uno de los nueve bloques, aislado. Incluso la práctica más individual y aparentemente aislada se produce en una comunidad y en un contexto social, incluso en el caso del ermitaño que vive en situación de aislamiento durante diez años.

CONCLUSIÓN

El desarrollo más pleno de una espiritualidad integradora ofrece una respuesta directa a la fragmentación del mundo moderno y una base para abordar directamente las preocupaciones fundamentales de nuestro tiempo. Esa expansión de nuestro sentido de la práctica espiritual podría servir de base a un movimiento que transcienda el hiperindividualismo, que podría revitalizar la democracia y la comunidad, y proporcionar poderosos recursos que nos ayuden a responder a la violencia y la crisis.

En los énfasis sobre la integración, y a la vez sobre las respuestas que van surgiendo a los problemas contemporáneos, hay importantes dimensiones "participativas", empleando el término en el sentido en que se utiliza en este volumen. Cuando ampliamos nuestra comprensión de la práctica espiritual invitamos a participar, por decirlo así, a todas las dimensiones de la vida humana, incluidas aquellas que, en muchos casos, han estado anteriormente excluidas de la vida espiritual por razones diversas. Invitamos también a la colaboración y cooperación de los otros cuando exploramos territorios espirituales relativamente desconocidos y creamos juntos prácticas e interpretaciones espirituales innovadoras. En un mundo que se globaliza rápidamente podemos imaginar la vitalización de la participación creativa en este trabajo extendiéndose dentro y a través de tradiciones y planteamientos, cuando nos esforzamos por resolver y tratamos de responder a las cuestiones de la modernidad y la postmodernidad. Cuando descubrimos cada vez más que nuestras preocupaciones y retos son los mismos o similares podemos descubrir también que llevar amor, sabiduría y compasión a todas las partes de nuestra vida nos lleva igualmente a participar en un trabajo y una obra común, sean cuales sean nuestras diferencias.

NOTAS

Introducción

1. Una amplia presentación de la naturaleza y los primeros trabajos del giro lingüístico (término acuñado por Gustav Bergmann) en la filosofía anglo-americana se puede encontrar en la antología editada por Richard Rorty, *The Linguistic Turn: Essays in Philosophical Method*, Chicago: University of Chicago Press, 1967. Véase también el trabajo de Michael Dummet sobre los orígenes del giro lingüístico en la semántica lógica de Gottlob Frege, *Origins of Analytic Philosophy*, Cambridge: Harvard University Press, 1996, esp. págs. 4-14. Además, la expresión *giro lingüístico* ha sido asociada con la reconstrucción dialógica de la filosofía alemana de Jürgen Habermas; véase Richard J. Bernstein, «Introduction», en Bernstein, ed., *Habermas and Modernity,* Cambridge: The MIT Press, 1985, págs. 14 ss., y Cristina Lafont, *The Linguistic Turn in Hermeneutic Philosophy,* Cambridge: The MIT Press, 1999. En el prólogo de la edición inglesa de su libro (págs. IX-XVIII), Lafont clarifica las diferencias entre las versiones angloamericana y alemana del giro lingüístico. Sobre este punto, véase también Habermas, «Hermeneutic and Analytical Philosophy: Two Complementary Versions of the Linguistic Turn», en *Truth and Justification*, Cambridge: The MIT Press, 2003, págs. 51-81.
2. Rorty, «Introduction: Metaphilosophical Difficulties of Linguistic Philosophy», en *The Linguistic Turn,* págs. 1-39.
3. Habermas, *Postmetaphysical Thinking: Philosophical Essays.* Cambridge: The MIT Press, 1992, pág. 7
4. Además, en contraste con interpretaciones previas de los orígenes de la subjetividad humana, ya sea como divinamente determinada (es decir, como rasgo del alma) o como algo que emerge en relación con el mundo objetivo, la filosofía lingüística, siguiendo la obra de George H. Mead y otros, sitúa el nacimiento de la egoidad dentro de la estructura del lenguaje y la comunicación intersubjetiva (Habermas, «Individuation through Socialization: On George Herbert Mead's Theory of Subjectivity», en *Postmetaphysical Thinking,* págs. 149-204). Tim Murphy, por ejemplo, nos dice: «A diferencia del cartesianismo, el discurso [la teoría del discurso] considera que el sujeto está localizado en el lenguaje, no en la conciencia, y de este modo la estructura del lenguaje determina la naturaleza de la subjetividad» («Discourse», en *Guide to the Study of Religion,* ed. Willi Braun y Russell T. McCutcheon, Nueva York: Cassell, 2000, pág. 402). En sus numerosas obras, Jacques Derrida también argumenta en favor de los orí-

genes lingüísticos de la autoidentidad. Estas ideas, sin embargo, son puestas en cuestión por la investigación neurocientífica moderna sobre las fuentes encarnadas (no lingüísticas) de la conciencia subjetiva; véase, por ejemplo, Antonio Damasio, *The Feeling of What Happens: Body and Emotion in the Making of Consciousness*, Nueva York: Harcourt, 1999.

5. Fultner, «Do Social Philosophers Need a Theory of Meaning? Social Theory and Semantics after the Pragmatic Turn», en *Pluralism and the Pragmatic Turn: The Transformation of Critical Theory: Essays in Honor of Thomas McCarthy*, ed. William Rehg y James Bohman, Cambridge: The MIT Press, 2001, pág. 148. Cf. Sheila Benhabib: «En la filosofía analítica, o en la hermenéutica contemporánea, o en el postestructuralismo francés, *el paradigma del lenguaje ha reemplazado al paradigma de la conciencia*. Este cambio ha significado que el centro ya no está en el sujeto epistémico o en los contenidos privados de su conciencia, sino en las actividades públicas, significativas, de todo un conjunto de sujetos» (*Situating the Self: Gender, Community and Postmodernism in Contemporary Ethics*, Cambridge: Polity Press, 1992, pág. 208; la cursiva es del original). El pensador italiano Giorgio Agamben describe este cambio como la revolución copernicana de nuestro tiempo: «Así, finalmente, nos encontramos solos con nuestras palabras; por primera vez estamos verdaderamente solos con el lenguaje, abandonados sin ningún fundamento último. Ésta es la revolución copernicana que el pensamiento de nuestro tiempo hereda del nihilismo: somos los primeros seres humanos que hemos llegado a ser plenamente conscientes del lenguaje» (*Potentialities: Collected Essays in Philosophy*, ed. Daniel Heller-Roazen. Stanford: Stanford University Press, 1999, pág. 45). Véase también la propuesta inicial de Rorty para un cambio de la epistemología a la hermenéutica en su influyente *Philosophy and the Mirror of Nature*, Princeton: Princeton University Press, 1979, págs. 315-356. En contraste con Benhabib, Dummet y muchos otros, Rorty no ve la filosofía del lenguaje como una "filosofía primera" capaz de proporcionar fundamentos epistémicos.

6. Véase Wayne Proudfoot: «La vuelta hacia la experiencia religiosa fue motivada en gran parte por el interés en liberar la doctrina y la práctica religiosas de la dependencia de las creencias metafísicas y las instituciones eclesiásticas, para fundamentarla en la experiencia humana. Este era el objetivo explícito de *On Religion* de Schleiermacher, la más influyente afirmación y defensa de la autonomía de la experiencia religiosa» (*Religious Experience*, Berkeley: University of California Press, 1985, pág. XII). Para el "giro hacia el sujeto" de Schleiermacher en el estudio de la religión, véase Thomas M. Kelly, *Theology at the Void: The Retrieval of Experience*, Notre Dame: University of Notre Dame Press, 2002, págs. 11-49. Para las perspectivas críticas de la conceptualización de la religión y la espiritualidad en términos de experiencia interior, véanse Robert Sharf, «Experience», en *Critical Terms for Religious Studies*, ed. Mark C. Taylor, Chicago: University of Chicago Press, 1998, págs. 94-116, y Jorge N. Ferrer, *Revisioning Transpersonal Theory: A Participatory Vision of Human Spirituality*, Albany: State University of New York Press, 2002, págs. 15-39.

7. Véanse Jacques Waardenburg, *Classical Approaches to the Study of Religion:*

Aims, Methods, and Theories of Research, Nueva York y Berlín: Walter de Gruyter, 1999 (edición original: La Haya: Mouton, 1973); Eric J. Sharpe, *Comparative Religion: A History*, La Salle, IL: Open Court, 1986, 2ª ed.; Walter H. Cupps, *Religious Studies: The Making of a Discipline*, Minneapolis: Fortress Press, 1995. No es necesario estar de acuerdo con el punto de vista político o la metafísica naturalista de McCutcheon para apreciar su meticulosa deconstrucción de la idea de un *sine qua non* o un elemento *sui generis* en la religión en su *Manufacturing Religion: The Discourse of Sui Generis Religion and the Politics of Nostalgia*, Nueva York: Oxford University Press, 1997.

8. Habermas, *The Philosophical Discourse of Modernity: Twelve Lectures*, Cambridge: The MIT Press, 1987, esp. XI, págs. 294-326. Véase también Bernstein, «Introduction», en *Habermas and Modernity*, págs. 11-25.

9. Capps, *Religious Studies*, 6. Cf. Carl Olson: «El campo [del estudio de las religiones] es un producto del pensamiento de la Ilustración; concretamente, una combinación de las perspectivas cartesiana y kantiana» («Introduction», en Olson, ed., *Theory and Method in the Study of Religion: A Selection of Critical Readings*, Belmont, CA: Wadsworth/Thompson, 2003, pág. 5). Sobre los supuestos cartesiano-kantianos de la "filosofía de la conciencia" que subyacen en la fenomenología clásica de la religión, véase Gavin Flood, *Beyond Phenomenology: Rethinking the Study of Religion*, Nueva York: Cassell, 1999, págs. 9-10. Analizando la moderna conceptualización del misticismo, Grace M. Jantzen denuncia el androcentrismo de este planteamiento: «Las feministas [...] han demostrado en qué medida el "hombre de razón" cartesiano/kantiano es en realidad masculino» (*Power, Gender, and Christian Mysticism*, Nueva York: Cambridge University Press, 1995, págs. 343-344). Sobre el carácter masculinizado del pensamiento cartesiano, véase también Susan Bordo, *The Flight to Objectivity: Essays on Cartesianism and Culture*, Albany: State University of New York Press, 1987.

10. Véanse, por ejemplo, George A. Lindbeck, *The Nature of Doctrine. Religion and Theology in a Postliberal Age*, Filadelfia: The Westminster Press, 1984; George Kilcourse, ed., *The Linguistic Turn in Contemporary Theology*, Estados Unidos: The Catholic Theological Society of America, 1987; Dan R. Stiver, *The Philosophy of Religious Language: Sign, Symbol, and Story*, Cambridge, MA: Blackwell, 1996; Flood, *Beyond Phenomenology;* John Callaghan, *Thomist Realism and the Linguistic Turn: Towards a More Perfect Form of Existence*, Notre Dame: University of Notre Dame Press, 2003.

11. Flood, ibíd., 7. La metateoría narrativista de Flood es una de las propuestas lingüísticas más claras y convincentes para el estudio de la religión. Para una revisión crítica de la obra de Flood, véase Matthew Day, «Anything You Can Do, I Can Do Meta: High Theory and Low Blows in Contemporary Religious Studies», *Religious Studies Review* 27 (2001), págs. 333-336. En una obra posterior, Flood sugiere que su planteamiento narrativista puede ser visto como un «retorno al ideal de la fenomenología», que reemplaza la pretensión engañosa de la empatía desapegada de la fenomenología clásica por una relación dialógica de textos más social e históricamente localizada. Véase *The Ascetic Self:*

Subjectivity, Memory, Tradition, Cambridge: Cambridge University Press, 2004, págs. 20 ss.

12. Steven T. Katz, ed., *Mysticism and Language*, Nueva York: Oxford University Press, 1992; Michael A. Sells, *Mystical Languages of Unsaying*, Chicago: University of Chicago Press, 1994; Moshe Idel, «Universalization and Integration: Two Conceptions of Mystical Union in Jewish Mysticism», en *Mystical Union in Judaism, Christianity, and Islam: An Ecumenical Dialogue,* ed. Moshe Idel y Bernard McGinn, Nueva York: Continuum, 1996, págs. 25-57; Don Cupitt, *Mysticism after Modernity*, Maiden, MA: Blackwell, 1998, pág. 10. Cupitt está parafraseando aquí el título del famoso ensayo de Rorty sobre Derrida, «Philosophy as a Kind of Writing: An Essay on Derrida», *New Literary History* 10 (1978-79), págs. 141-160, donde sugiere que los filósofos deben abandonar su engañosa búsqueda de fundamentos epistémicos y verdades objetivas y contemplar la filosofía como un género literario. Para la naturaleza textual del misticismo, véase también Macario Ofilada Mina, «The Textuality of Mystical Experiences», *Studies in Spirituality* 11 (2001), págs. 28-46.
13. Taylor, «Introduction», en *Critical Terms for Religious Studies,* pág. 6.
14. Al lado de los modelos lingüísticos, el otro paradigma fundamental en pugna por la supremacía disciplinaria es el estudio sociocientífico de la religión, desarrollado teóricamente por autores como Robert Segal, Donald Wiebe, Ivan Strenski, J. Samuel Preus o McCutcheon. Aunque valoramos el conocimiento empírico obtenido por los planteamientos científicos (véase, por ejemplo, la serie *Volumes of Research in the Social Scientific Study of Religion: A Research Annual,* publicada por E.J. Brill, 1989-2002), su fidelidad a la explicación reduccionista causal, una epistemología naturalista y un agnosticismo metodológico hacen este paradigma filosófica e ideológicamente sospechoso. Primero, pretender que el reduccionismo causal proporciona la única o la mejor explicación de la religión supone –siguiendo una moda positivista agotada– la superioridad de la ciencia para dar cuenta de todo conocimiento humano. Merece señalarse aquí que las tendencias contemporáneas importantes en teoría de la complejidad, ciencia no lineal y neurociencia no sólo postulan diversas formas de causación descendente, sino que también ponen en cuestión la superioridad epistémica de las explicaciones reduccionistas. Véase, por ejemplo, Peter Bogh Andersen, Claus Emmeche, Niels Ole Finnemann y Peder Voechmann Christiansen, *Downward Causation: Minds, Bodies, and Matter*, Aarhus: Aarhus University Press, 2000. El científico no lineal Alwyn Scott plantea el meollo del asunto: «El reduccionismo no es una conclusión de la ciencia, sino una creencia de muchos científicos» («Reductionism Revisited», *Journal of Consciousness Studies* 11 [2004], pág. 66). Segundo, el carácter autoritativo de una epistemología naturalista depende de la validez de una metafísica naturalista cuyos razonamientos se basan en la misma clase de axiomas normativos inverificables que los planteamientos teológicos criticados por los pensadores naturalistas. Y tercero, el agnosticismo metodológico –o la puesta entre paréntesis de las pretensiones de verdad que no son empíricamente demostrables– presupone la validez exclusiva del empirismo sensorial y el método científico para establecer el valor epistémico de toda pre-

tensión de conocimiento. Además, como señala Timothy Fitzgerald, el agnosticismo metodológico refuerza la visión de la religión como algo *sui generis* porque su postura metodológica emerge precisamente de su escepticismo respecto de la existencia o la posibilidad de conocer un referente transcendente (por ejemplo, Dios, "lo sagrado", etcétera) por parte del lenguaje religioso *(The Ideology of Religious Studies*, Nueva York: Oxford University Press, 2000, pág. 56).

15. Véase Morton White, *The Age of Analysis*, Nueva York: Mentor Books, 1955, y Morris Weitz, *Twentieth-Century Philosophy: The Analytic Tradition*, Nueva York: Macmillan, 1966.
16. James Harris, *Analytic Philosophy of Religion*, Dordrecht: Kluwer Academic Press, 2002.
17. Véase, por ejemplo, Antony Flew y Alasdair MacIntyre, *New Essays in Philosophical Theology*, Londres: Student Christian Movement Press, 1955; Richard Swinburne, *The Existence of God*, Oxford: Clarendon Press, 1979; Michael Peterson, William Hasker, Bruce Reichenbach, y David Basinger, *Reason and Religious Belief: An Introduction to the Philosophy of Religion*, Nueva York: Oxford University Press, 1991; Paul van Buren, *The Secular Meaning of the Gospel*, Nueva York: Macmillan, 1961; D.Z. Phillips, *Faith after Foundationalism*, Londres: Routledge, 1988, y *Wittgenstein and Religion*, Houndmills: St. Martin's Press, 1993; Alvin Plantinga y Nicholas Wolterstorff, eds., *Faith and Rationality: Reason and Belief in God*, Notre Dame: University of Notre Dame Press, 1983; Joseph Runzo, *Reason, Relativism, and God*, Nueva York: St. Martin's Press, 1986. Para un análisis crítico exhaustivo del "modelo marco" en el estudio de la religión, véase Terry F. Godlove, *Religion, Interpretation, and the Diversity of Belief: The Framework Model from Kant to Durkheim to Davidson*, Macon, GA: Mercer University Press, 1997.
18. Caroline Frank Davis, *The Evidential Force of Religious Experience*, Oxford: Clarendon Press, 1989; William P. Alston, *Perceiving God: The Epistemology of Religious Experience*, Ithaca: Cornell University Press, 1991; Keith E. Yandell, *The Epistemology of Religious Experience*, Nueva York: Cambridge University Press, 1993.
19. Hick, *An Interpretation of Religion: Human Responses to the Transcendent*, New Haven: Yale University Press, 1992, Pailin, *God and the Process of Reality: Foundations of a Credible Theism*, Londres: Routledge, 1989.
20. Véanse, por ejemplo, Richard E. Palmer, *Hermeneutics*, Evanston: Northwestern University Press, 1969; Caputo, *Radical Hermeneutics: Repetition, Deconstruction, and the Hermeneutic Project*, Bloomington: Indiana University Press, 1987; David R. Hiley, James F. Bohman y Richard Shusterman, eds., *The Interpretive Turn: Philosophy, Science, Culture*, Ithaca: Cornell University Press, 1991; y Maurizio Ferraris, *Historia de la hermenéutica*, trad. Jorge Pérez de Tudela, Madrid: Akal, 2000.
21. Véanse, por ejemplo, Waardenburg, *Significados religiosos: Introducción sistemática a la Ciencia de las religiones,* trad. Tamara Murillo Llorente, Bilbao: Desclée De Brouwer, 2001; Philip Sheldrake, «Interpreting Spiritual Texts», en *Spirituality and History: Questions of Method and Interpretation*, Nueva

York: Crossroad, 1992; Katz, ed., *Mysticism and Sacred Scripture*, Nueva York: Oxford University Press, 2000; Jorge J.E. Gracia, *How Do We Know What God Means! The Interpretation of Revelation*, Nueva York: Palgrave, 2001; Andrew P. Tuck, *Comparative Philosophy and the Philosophy of Scholarship: On the Western Interpretation of Nagarjuna*, Nueva York: Oxford University Press, 1990; Murphy, «Discourse», en *Guide to the Study of Religion,* págs. 396-408; John Grimes, *Problems and Perspectives in Religious Discourse: Advaita Vedanta Implications*, Albany: State University of New York Press, 1994; Louis Dupré, «Unio Mystica: The State and the Experience», en *Mystical Union in Judaism, Christianity, and Islam*, págs. 3-23; Elliot Deutsch, ed., *Culture and Modernity: East-West Philosophical Perspectives*, Honolulu: University of Hawaii Press, 1991, y Gerald James Larson y Elliot Deutsch, eds., *Interpreting Across Boundaries: New Essays in Comparative Philosophy*, Princeton: Princeton University Press, 1998.

22. Proudfoot, *Religious Experience;* Barbara A. Holdrege, *Veda and Torah: Transcending the Textuality of Scripture*, Albany: State University of New York Press, 1996; Hendrik M. Vroom, *Religions and the Truth: Philosophical Reflections and Perspectives*, Grand Rapids: William B. Eerdmans, 1989; Lindbeck, *The Nature of Doctrine*.

23. Como Ursula King señaló en una ocasión: «Hay probablemente tantas hermenéuticas distintas como hermenutas conscientes» («Historical and Phenomenological Approaches to the Study of Religion», en *Theory and Method in Religious Studies: Contemporary Approaches to the Study of Religion,* ed. Frank Whaling, Nueva York: Mouton de Gruyer, 1995, pág. 120.

24. Para varios estudios de planteamientos interpretativos clásicos y modernos en el estudio de la religión, véanse Donald A. Crosby, *Interpretive Theories of Religion*, La Haya: Mouton, 1981; William E. Paden, *Interpreting the Sacred: Ways of Viewing Religion*, Boston: Beacon Press, 1992; King, «Historical and Phenomenological Approaches to the Study of Religion», y Daniel Gold, *Aesthetics and Analysis in Writing on Religion: Modern Fascinations*, Berkeley: University of California Press, 2003.

25. Eliade, *The Quest: History and Meaning in Religion*, Chicago y Londres: University of Chicago Press, 1969; Schussler Fiorenzza, «Method in Women's Studies in Religion: A Critical Feminist Hermeneutics», en *Methodology in Religious Studies: The Interface with Women's Studies,* ed. Arvind Sharma, Albany: State University of New York Press, 2002; Raimon Panikkar, *Myth, Faith, and Hermeneutics*, Nueva York: Paulist Press, 1979; Schneiders, «A Hermeneutical Approach to the Study of Christian Spirituality», en *Christian Spirituality Bulletin* 2 (1994), págs. 9-14; Tracy, *Plurality and Ambiguity: Hermeneutics, Religion, Hope*, San Francisco: Harper and Row, 1987; Kripal, *Roads of Excess, Palaces of Wisdom: Eroticism and Reflexibility in the Study of Mysticism*, Chicago: University of Chicago Press, 2001; Timm, *Texts in Context: Traditional Hermeneutics in South Asia*, Albany: State University of New York Press, 1992; Lopez, ed., *Buddhist Hermeneutics*, Honolulu: University of Hawaii Press, 1988.

26. Véanse, por ejemplo, Lisa McCullogh y Brian Schroeder, eds., *Thinking through the Death of God: A Critical Companion to Thomas Altizer*, Albany: State University of New York Press, 2004; Marion, *God Without Being*, Chicago: University of Chicago Press, 1991; Taylor, *Erring: A Postmodern A/theology*, Chicago: University of Chicago Press, 1984; Caputo, *On Religion*, Nueva York: Routledge, 2001; Cupitt, *Mysticism after Modernity;* Masuzawa, *In Search of Dreamtime: The Quest for the Origins of Religion*, Chicago: University of Chicago Press, 1993.
27. Jantzen, *Becoming Divine: Towards a Feminist Philosophy of Religion*, Manchester: Manchester University Press, 1998; Anderson, *A Feminist Philosophy of Religion*, Oxford: Blackwell, 1998; Coakley, *Powers and Submissions: Spirituality, Philosophy, and Gender*, Oxford: Blackwell, 2002; Hollywood, *Sensible Ecstasy: Mysticism, Sexual Difference, and the Demands of History*, Chicago: University of Chicago Press, 2002; Lanzetta, *Radical Wisdom: A Feminist Mystical Theology*, Minneapolis: Fortress Press, 2005; Sharma, *Methodology in Religious Studies*. Para dos estudios introductorios de la relación entre feminismo y religión, véase Rita Gross, *Feminism and Religion: An Introduction*, Boston: Beacon Press, 1996, y Majella Franzmann, *Women and Religion*, Nueva York: Oxford University Press, 2000.
28. King, *Orientalism and Religion: Postcolonial Theory, India, and "The Mystic East"*, Nueva York: Routledge, 1999; Lopez, ed., *Curators of the Buddha: The Study of Buddhism under Colonialism*, Chicago: University of Chicago Press, 1995; Chidester, *Savage Systems: Colonialism and Comparative Religion in Southern Africa*, Charlottesville: University Press of Virginia, 1996; Taussig, *Shamanism, Colonialism, and the Wild Man: A Study in Terror and Healing*, Chicago: University of Chicago Press, 1987; Donaldson y Pui-Lan, eds., *Postcolonialism, Feminism, and Religious Discourse*, Nueva York: Routledge, 2002.
29. Smith, *Imagining Religion: From Babylon to Jonestown*, Chicago: University of Chicago Press, 1982; Asad, *Genealogies of Religion: Discipline and Reasons of Power in Christianity and Islam*, Baltimore: The John Hopkins University Press, 1993; McCutcheon, *Manufacturing Religion;* Fitgerald, *The Ideology of Religious Studies;* Dubuisson, *The Western Construction of Religion: Myths, Knowledge, and Ideology*, Baltimore: The John Hopkins University Press, 2003, y Masuzawa, *The Invention of World Religions*, Chicago: University of Chicago Press, 2005. Para varios análisis acerca de la naturaleza ética del concepto "hinduismo", véase Gunther-Dietz Sontheimer y Hermann Kulke, eds., *Hinduism Reconsidered*, Nueva Delhi: Manohar, 2001. Véase también Brian K. Pennington *Was Hinduism Invented? Britons, Indians, and the Colonial Construction of Religion*, Nueva York: Oxford University Press, 2005, para una argumentación matizada respecto del valor heurístico de conceptos como "hinduismo" o "religión" en la medida en que evitamos su cosificación y afirmamos su carácter polivalente. Para una defensa reciente del término "religión", véase Segal, «Classification and Comparison in the Study of Religion: The Work of Jonathan Z. Smith», *Journal of the American Academy of Religion* 73 (2005), págs. 1 175-1 188.
30. Urban, *The Economics of Ecstasy: Tantra, Secrecy, and Power in Colonial Ben-*

gal, Nueva York: Oxford University Press, 2001, y *Tantra: Sex, Secrecy, Politics, and Power in the Study of Religion*, Berkeley: University of California Press, 2003; Faure, *The Red Thread: Buddhist Approaches to Sexuality*, Princeton: Princeton University Press, 1998, y *The Power of Denial: Buddhism, Purity, and Gender*, Princeton: Princeton University Press, 2003; Kripal, *Kali's Child: The Mystical and the Erotic in the Life and Teachings of Ramakrishna*, Chicago: University of Chicago Press, 1998.

31. Esta afirmación generalizada es problemática. Aunque el énfasis en el lenguaje impregna las obras analíticas, hermenéuticas y postestructuralistas resulta obvio que, como desarrollamos más adelante, importantes áreas de los estudios postcoloniales y feministas escapan de los calabozos lingüísticos y preparan el camino para comprensiones más encarnadas y participativas.

32. Véase Habermas, *The Theory of Communicative Action*, vol. II: *Lifeworld and System: A Critique of Functionalist Reason*, Boston: Beacon Press, 1987, págs. 77-111. Véase también Eduardo Mendieta, «Introduction», en Habermas, *Religion and Rationality: Essays on Reason, God, and Modernity*, ed. Mendieta, Cambridge: The MIT Press, esp. págs. 11-24.

33. Cupitt, *op. cit.*, pág. 74. En *After God: The Future of Religion,* Cupitt añade: «Se ha hecho obvio que el mundo sobrenatural de la religión no es sino una representación mítica del mundo verdaderamente mágico del lenguaje» (Nueva York: Basic Books, 1997, pág. 47).

34. Kuhn, *The Structure of Scientific Revolutions,* 2ª ed., Chicago: University of Chicago Press, 1970.

35. El juicio postmoderno del pensamiento occidental como ontoteológico está enraizado en los escritos de los dos profetas de la postmodernidad: Friedrich Nietzsche y Heidegger. Por una parte procede de la ecuación de Nietzsche de la "muerte de Dios" con el colapso de la posibilidad de la verdad objetiva, incluyendo la verdad científica; ¿qué es "verdad", después de todo, si no hay una completa y absoluta visión del mundo a los ojos de Dios? Por otra parte, la "ontoteología" está más explícitamente asociada con la crítica de Heidegger de la tradición occidental que confunde el pensamiento del ser como tal (*ontos*) con la noción entitativa del ser supremo (*theos*) e iguala a ambos con la racionalidad (*logos*). Como es sabido, Heidegger acusa a esa ontoteología no sólo de ser metafísicamente indigente, al ser incapaz de pensar realmente el ser, sino también religiosamente insolvente, pues nos propone un Dios ante el cual no es posible «ni danzar, ni cantar, ni rezar». Mientras que el trayecto nietzscheano puede conducir a formas postmodernas de nihilismo y a un relativismo perspectivista (aunque el relativismo no sea un corolario necesario del perspectivismo), el heideggeriano es la principal fuente de la reflexión teológica constructiva postmoderna en la actualidad, que intenta reimaginar a Dios sin el bagaje metafísico tradicional. Dos antologías claves sobre la teología postmetafísica son: Caputo, ed., *The Religious*, Maiden, MA: Blackwell, 2002, y Mark A. Wrathall, ed., *Religion after Metaphysics*, Nueva York: Cambridge University Press, 2003.

36. Vattimo, «The Trace of the Trace», en *Religion,* ed. Derrida y Vattimo, Stanford: Stanford University Press, 1996, pág. 84.

37. Flood, *Beyond Phenomenology,* págs. 139-142. Véase también el reciente alegato de Flood en favor de la inclusión del estudio de las tradiciones desde la perspectiva propia de cada una de ellas dentro del estudio escolar de la religión: «Reflections on Tradition and Inquiry in the Study of Religion», en *Journal of the American Academy of Religion* 74 (2006), págs. 47-58.
38. Véase, por ejemplo, Asad, *Genealogies of Religion;* King, *Orientalism and Religion,* y Morno Joy, «Postcolonial Reflections: Challenges for Religious Studies», *Method and Theory in the Study of Religion* 13 (2001), págs. 177-195.
39. King, ibíd., págs. 175-186.
40. Una de las argumentaciones más convincentes sobre la necesidad de una comprensión conceptual adecuada como fundamento del conocimiento espiritual directo se puede encontrar en el detallado estudio de Anne Klein de la orden Gelukba de budismo tibetano (*Knowledge and Liberation: Tibetan Buddhist Epistemology in Support of Transformative Religious Experience*, Ithaca, NY: Snow Lion Publications, 1986). Robert K.C. Forman llama a este camino mediado a la inmediatez "constructivismo catalítico"; véase su «Introduction: Mysticism, Constructivism, and Forgetting» en *The Problem of Pure Consciousness: Mysticism and Philosophy,* ed. Forman, Nueva York: Oxford University Press, 1990, pág. 10.
41. Forman, «Paramartha and Modern Constructivists on Mysticism: Epistemological Monomorphism versus Duomorphism», en *Philosophy East and West* 39 (1989), págs. 393-418.
42. King, pág. 183.
43. Saler, *Conceptualizing Religion: Immanent Anthropologies, Transcendent Natives, and Unbounded Categories,* con nuevo prólogo del autor, Nueva York: Berghahm Books, 2000, pág. 263 (originalmente publicado en Leiden: E.J. Brill, 1993). Para un argumento temprano sobre la importancia de una "modulación mutua" entre las categorías académicas occidentales y las categorías religiosas interculturales en el estudio de la religión, véase el ensayo clásico de Smith, «Sacred Persistence: Toward a Redescription of Canon», en su *Imagining Religion,* págs. 36-52.

    La propuesta de Saler ha sido duramente criticada por McCutcheon en «"We Are All Stuck Somewhere": Taming Ethnocentrism and Traditional Understandings», en *Critics Not Caretakers. Redescribing the Public Study of Religion,* Albany: State University of New York Press, 2001, págs. 73-83. Utilizando la obra de David Couzens Hoy, McCutcheon argumenta que el estudio de las religiones indígenas a través de las lentes occidentales es inevitable, y que lo que es verdaderamente etnocéntrico es esperar que los intereses y la autocomprensión indígena deban coincidir con los nuestros. Más adelante caracteriza el programa de investigación de Saler como etnocéntrico en la medida en que recomienda la apropiación de categorías indígenas para *nuestro* objetivo occidental de comprensión transcultural; un objetivo que puede no ser compartido por las tradiciones indígenas. La conclusión de McCutcheon es que debemos seguir utilizando exclusivamente categorías occidentales para nuestros propósitos occidentales, a saber, buscar generalizaciones interculturales, y que no debemos contemplar las nociones émicas como herramientas analíticas o descriptivas sino meramente como datos.

Formulado de esta forma, no hay solución para lo que podemos llamar un "callejón etnocéntrico sin salida", pues o bien utilizamos categorías occidentales para describir, analizar y valorar tradiciones no occidentales, o bien nos apropiamos de categorías no occidentales al servicio de nuestros programas occidentales de investigación. Aunque valoramos las preocupaciones de McCutcheon, el problema con esta articulación dicotomizadora es que no agota todas las posibilidades. Por ejemplo, ¿exige *necesariamente* el uso selectivo de categorías locales como herramientas metodológicas el violentarlas para que se adapten a los moldes de nuestros intereses de investigación? ¿No podemos esperar, por el contrario, que los propios objetivos de nuestros programas de investigación pudieran ser revisados en nuestro encuentro con las ideas y las categorías no occidentales? ¿No debe un estudioso verdaderamente postcolonial estar abierto a una transformación *en profundidad* por las interacciones metodológicas transculturales? El origen presumiblemente occidental de una investigación global en colaboración ¿hace que tales esfuerzos sean inevitablemente *etnocéntricos* en el sentido negativo del término?, etcétera.

44. Rothberg, «Spiritual Inquiry», en *Transpersonal Knowing: Exploring the Horizon of Consciousness,* ed. Tobin Hart, Peter Nelson y Kaisa Puhakka, Albany: State University of New York Press, 2000, págs. 175-176.
45. Ochs, «Comparative Religious Traditions», *Journal of the American Academy of Religion* 74 (2006), pág. 126.
46. Para una crítica del positivismo residual implícito en la importación de criterios empiristas a fin de evaluar el conocimiento religioso, véase Ferrer, «The Empiricist Colonization of Spirituality», en *Revisioning Transpersonal Theory,* págs. 41-70. Ferrer dice: «Además del reduccionismo sensorial, el positivismo sostiene que existe un método único para todo conocimiento válido (monismo metodológico), y que las ciencias naturales representan este ideal metodológico para todas las demás ciencias (cientifismo) [...]. El problema con el positivismo, pues, no es sólo la reducción del conocimiento válido a la evidencia sensorial, sino también la asimilación de toda investigación humana (estética, histórica, social, espiritual, etcétera) a los métodos y objetivos de las ciencias naturales (experimentación, replicación, prueba, verificación, falsación, etcétera)» (pág. 57). Por supuesto, la problemática importación de criterios empiristas a la investigación religiosa debe ser nítidamente diferenciada del estudio empírico de la religión, perfectamente válido y de importancia crucial.
47. Jose Ignacio Cabezón, «The Discipline and Its Other: The Dialectic of Alterity in the Study of Religion», *Journal of the American Academy of Religion* 74 (2006), págs. 32-34.
48. Para la más amplia compilación de ensayos sobre la distinción estar dentro/estar fuera, véase McCutcheon, ed., *The Insider/Outsider Problem in the Study of Religion.* Nueva York: Cassell, 1999, y para una útil tipología de las posiciones del que está dentro y el que está fuera basada en los papeles de "observador" y "participante" de las ciencias sociales, véase Kim Knott, «Insider/Outsider Perspectives», en *The Routledge Companion to the Study of Religion,* ed. John Hinnells. Nueva York: Routledge, 2005, págs. 243-258. Nuestra posición en esta

cuestión está relacionada con el "no dualismo metodológico" de Kripal, que pretende «desafiar la dicotomía entre dentro y fuera y no dar por supuesto que el historiador, el psicólogo o el antropólogo que parecen estar fuera... no conozcan también y aprecien en alguna medida las relucientes verdades de las que tan apasionadamente habla el que está dentro, o que éste, aunque consagrado a un ideal, no pueda ver de forma clara y resuelta algo de la realidad de la que el estudioso trata de hablar» *(Roads of Excess, Palaces of Wisdom,* pág. 323). Cf. McCarthy: «La clave para evitar a la vez el puro punto de vista del que está dentro, o participante, y el puro punto de vista del que está fuera, u observador, es adoptar la perspectiva de un participante crítico-reflexivo» (David Couzens Hoy y McCarthy, *Critical Theory*, Cambridge, MA: Blackwell, 1994, pág. 81). Estrechamente relacionada con el problema dentro/fuera está la cuestión de "participación frente a distancia" en el estudio de la religión. También aquí nos parece válido situarnos "a medio camino", actitud que se beneficia de los méritos de ambas orientaciones. A este respecto, véase la propuesta de Robert Cummings Neville de combinar las virtudes del *dao* (a saber, compromiso participativo y acceso existencial al fenómeno religioso) y el *daimon* (a saber, distancia crítica y vulnerabilidad a la corrección) (*The Tao and the Daimon: Segments of a Religious Inquiry*, Albany: State University of New York Press, 1982). Tal combinación, que para Neville configura una espiritualidad secular o erudita, puede evitar a la vez la «ceguera de la participación acrítica» y la «proyección de los supuestos metodológicos, teóricos y más ampliamente culturales de cada uno sobre el camino religioso que está siendo estudiado» («Religion and Scholarship», en *Religion in Late Modernity*, Albany: State University of New York Press, 2002, pág. 109). Análogamente, en su reciente ensayo «Detachment and Engagement in the Study of "Lived Experience"», Ann Taves dice: «Afirmaría que la erudición desapegada, como la erudición comprometida, nos permiten ver ciertas cosas, a la par que oscurecen otras» (*Spiritus* 3 [2003], pág. 198). Para un ejemplo de un "planteamiento participativo-crítico" en el estudio de los textos sagrados antiguos, véase Douglas Burton-Christie, «The Cost of Interpretation: Sacred Texts and Ascetic Practice in Desert Spirituality», *Christian Spirituality Bulletin* 2 (1994), págs. 21-24; y para importantes análisis de la naturaleza participativa del estudio de la espiritualidad, véanse los ensayos reunidos en la Segunda Parte: «The Self-Implicating Nature of the Study of Spirituality», en *Minding the Spirit: The Study of Christian Spirituality*, ed. Elisabeth A. Dreyer y Mark S. Burrows, Baltimore: The Johns Hopkins University Press, 2005, págs. 61-151.

49. Véase Ferrer (en este volumen), para una sugerencia de dos criterios pragmáticos. Este análisis plantea al menos dos cuestiones que requerirían un examen adicional. La primera concierne a la posibilidad de probar intersubjetivamente reivindicaciones profundamente experienciales o incluso sobrenaturales por medio de una epistemología empírica radical (siguiendo a William James) que cuestiona la asociación científica entre "validez empírica" y "evidencia sensorial". Después de todo, contemplativos de varias tradiciones siguiendo técnicas religiosas similares alcanzan generalmente acuerdos intersubjetivos acerca de intuiciones y realidades espirituales, incluso si la falsación de estas preten-

siones no es posible (sobre la no falsabilidad de las pretensiones contemplativas, véase Ferrer, *Revisioning Transpersonal Theory*, págs. 62-65). La segunda se relaciona con nuestra defensa del estatus cognitivo de la religión, que está reñida con las propuestas neopragmatistas contemporáneas para comprender la religión como una empresa no cognitiva que, como el arte, no requiere acuerdo intersubjetivo en contraste con empeños cognitivos como la ciencia o la ley. A este respecto, véase Rorty, «Pragmatism as Romantic Polytheism», en *The Revival of Pragmatism: New Essays on Social Thought, Law, and Culture*, ed. Morris Dickstein, Durham: Duke University Press, 1998.

50. Para dos antologías recientes sobre el feminismo y el estudio de la religión, véase Darlene M. Juschka, ed., *Feminism in the Study of Religion: A Reader*, Nueva York: Continuum, 2001, y Sharma, ed., *Methodology in Religious Studies.*
51. Véanse, por ejemplo, Carol Christ, «Toward a Paradigm Shift in the Academy and in Religious Studies», en *The Impact of Feminist Research in the Academy*, ed. Christie Farnham, Bloomington: Indiana University Press, 1987, págs. 53-76; Alice M. Jaggar y Susan R. Bordo, eds., *Gender/Body/Knowledge*: *Feminist Reconstructions of Being and Knowing*, New Brunswick: Rutgers University Press, 1989, y Gross, *Feminism and Religion.*
52. Richard Griggs, *Gods after God: An Introduction to Contemporary Radical Theologies*, Albany: State University of New York Press, 2006, pág. 128.
53. Taylor, *Erring*, pág. 104.
54. Caputo, «Introduction: Who Comes after the God of Metaphysics?», *The Religious* 15. Cf., Aldo Gargani: «La trascendencia religiosa culmina su sentido en el pliegue de una reflexión que reconstruye la inmanencia de sus términos. *La trascendencia se inmanentiza*» («Religious Experience as Event and Interpretation», en *Religion*, pág. 115; la cursiva es del original).

    Adviértase aquí que la confesión postmoderna de inmanencia sagrada y la negación de fuentes espirituales transcendentes mantiene la mismísima relación jerárquica entre oposiciones binarias (por ejemplo, inmanencia/transcendencia) que muchos de estos autores pretenden superar. En la deconstrucción, podemos recordar aquí, la inversión de la relación jerárquica entre oposiciones binarias es un paso importante pero provisional hacia el objetivo final (pero siempre diferido) de la total emancipación respecto de las jerarquías binarias. Aunque el rechazo de lo transcendente es una consecuencia natural del ataque a la metafísica de la presencia, sugerimos que un movimiento más coherente puede ser deconstruir la polaridad inmanencia/transcendencia de forma *no dualista*, esto es, superando su relación jerárquica sin anular apriorísticamente ninguno de los dos polos.
55. William R. LaFleur, «Body», en *Critical Terms for Religious Studies*, págs. 36-54. Véase también la reseña de Robert C. Fuller de diversas obras recientes que acentúan la importancia del cuerpo en el estudio de la religión: «Faith of the Flesh: Bodily Sources of Spirituality», *Religious Studies Review* 31 (2005), págs. 135-139.
56. Véanse Paula M. Coaley, *Religious Imagination and the Body: A Feminist Analysis*, Nueva York: Oxford University Press, 1994; Jane Marie Law, ed.,

Religious Reflections on the Human Body, Bloomington: Indiana University Press, 1995; Coakley, ed., *Religion and the Body*, Nueva York: Cambridge University Press, 1997; Meredith B. McGuire, «Why Bodies Matter: A Sociological Reflection on Spirituality and Materiality», *Spiritus* 3 (2003), págs. 1-18, y Ferrer, «Embodied Spirituality: Now and Then», *Tikkun* 21 (2006), págs. 41-45, 63-64. Véase también el artículo de Lawrence E. Sullivan, «Body Works: Knowledge of the Body in the Study of Religion», *History of Religions* 30 (1990), págs. 86-99.

57. Kripal, *The Serpent's Gift: Gnostic Reflections on the Study of Religion*, Chicago: University of Chicago Press, 2006, pág. 139.
58. Stoller, *Sensuous Scholarship*, Filadelfia: University of Pennsylvania Press, 1997; Hunt Overzee, *The Body Divine: The Symbol of the Body in the Works of Teilhard de Chardin and Rāmānuja*, Nueva York: Cambridge University Press, 1992.
59. Véanse, por ejemplo, Thomas P. Kasulis, Roger T. Ames y Wimal Dissanayake, eds., *Self as Body in Asian Theory and Practice*, Albany: State University of New York Press, 1993; Geoffrey Samuel, «The Body in Hindu and Buddhist Tantra», *Religion* 19 (1989), págs. 197-210; Kristofer Schipper, *The Taoist Body*, Berkeley: University of California Press, 1994; Holdrege, «Body Connections: Hindu Discourses on the Body and the Study of Religion», *International Journal of Hindu Studies* 2/3 (1998), págs. 341-386; Patrick Olivelle, «Deconstruction of the Body in Indian Asceticism», en *Asceticism*, ed. Vincent L. Wimbush y Richard Valantasis, Nueva York: Oxford University Press, 1995, págs. 188-210.
60. Yasuo, *The Body: Toward an Eastern Mind-Body Theory*, Albany: State University of New York Press, 1987 y *The Body, Self-Cultivation, and Ki-Energy*, Albany: State University of New York Press, 1993. Sobre la transformación existencial del dualismo mente-cuerpo en su unidad supuestamente original, véase también Shigenori Nagatomo, *Attunement through the Body*, Albany: State University of New York Press, 1992.
61. Kripal, *Roads of Excess*, págs. 22-23.
62. Virginia Burrus, *The Sex Lives of the Saints: An Erotics of Ancient Hagiography*, Filadelfia: University of Pennsylvania Press, 2004.
63. Jantzen, *Power, Gender, and Christian Mysticism;* Hollywood, *Sensible Ecstasy;* Lanzetta, «Women's Body as Mystical Text», en *Radical Wisdom*, págs. 155-173. Véase también Dorothee Sölle, «Eroticism», en *The Silent Cry: Mysticism and Resistance*, Minneapolis: Fortress Press, 2001, págs. 113-131.
64. Nelson, *Body Theology*, Louisville: Westminster/John Know Press, 1998, pág. 50. Véase también Lisa Isherwood y Elisabeth Stuart, *Introducing Body Theology*, Sheffield: Pilgrim Press, 1998.
65. Segal, *Explaining and Interpreting Religion*, Nueva York: Peter Lang, 1992; Wiebe, *The Politics of Religious Studies: The Continuing Conflict with Theology in the Academia*, Nueva York: St. Martin's Press, 1999; McCutcheon, *Manufacturing Religion*.

    Para dos presentaciones recientes del método fenomenológico que toman en consideración estas críticas, véase Douglas Allen, «Phenomenology of Religion», en *The Routledge Companion to the Study of Religion*, págs. 182-207, y Thomas Ryba, «Phenomenology of Religion», en *The Blackwell Companion to the Study of Religion*, ed. Segal, Maiden, MA: Blackwell, 2006, págs. 111-121. La tendencia dominante en la actualidad es contemplar los planteamientos fenomenológicos como un elemento de la explicación sociocientífica o la comprensión hermenéutica o como un complemento a estas. La tensión que existe entre los planteamientos hermenéutico/fenomenológico, naturalista y crítico de la religión es evidente en la reciente antología editada por René Gothóni, *How to Do Comparative Religion? Three Ways, Many Goals*, Berlín: Walter de Gruyter, pág. 2005.

66. La expresión «disolverse en el lenguaje» está tomada del ensayo de Caroline Walker Bynum, «Why All the Fuss About the Body?: A Medievalist's Perspective», *Critical Inquiry* 22 (1995), págs. 1-33.

67. Isherwood y Stuart, *Introducing Body Theology*, pág. 151.

68. Desarrollamos aquí una línea argumentativa adelantada por Fuller en «Faith of the Flesh». De forma interesante, Johann Georg Hamman, el primero y en muchos aspectos todavía el más vigoroso crítico de Kant, presagió no sólo el moderno reconocimiento de las bases lingüísticas de la razón, sino también los fundamentos encarnados (y sensuales) del lenguaje y el pensamiento humanos. Véase Garret Green, *Theology, Hermeneutics, and Imagination: The Crisis of Interpretation at the End of Modernity*, Nueva York: Cambridge University Press, 2000, págs. 62 ss. Véase también Terence J. German, *Hamman on Language and Religion*, Nueva York: Oxford University Press, 1981.

69. Johnson, *The Body in the Mind: The Bodily Basis of Meaning, Imagination, and Reason*, Chicago: University of Chicago Press, 1987. Véase también George Lakoff y Johnson, *Philosophy in the Flesh: The Embodied Mind and Its Challenge to Western Thought*, Nueva York: Basic Books, 1999, para una provocadora exploración de las consecuencias filosóficas de la idea de que el lenguaje, el pensamiento y la conceptualización metafórica de los seres humanos están conformados por las estructuras internas del cuerpo y las relaciones sensoriales con el mundo. Véase también Warren G. Frisina, *The Unity of Knowledge and Action: Toward a Nonrepresentational Theory of Knowledge*, Albany: State University of New York Press, 2002, y el compendio sobre "cuerpo y mente"recientemente publicado en *Daedalus* (verano 2006), que incluye ensayos de Damasio, Johnson, Carol Gilligan y Jerry Fodor, entre otros.

70. De lo que Johnson quizá no se da cuenta (comprensiblemente, puesto que es un científico cognitivo, no un estudioso de las religiones) es de que su visión cognitivista de la imaginación como puente epistémico entre lo corpóreo y lo mental es sorprendentemente similar a muchas visiones esotéricas y místicas sobre el papel de la imaginación. Para muchos místicos, la función epistémica de la facultad noética conocida como imaginación activa (que es nítidamente diferenciada de la "imaginación" o fantaseo meramente mental) consiste precisamente en elevar la experiencia perceptual/sensorial a un nivel imaginal en ese istmo entre los dominios físico y espiritual que Henry Corbin llama *mundus imaginalis*. Véase Corbin, «*Mundus Imaginalis* or the Imaginary and the Imaginal», en *Swedenborg and Esoteric Islam*, West Chester, PA: Swedenborg Foundation,

1995, págs. 1-33, y «A Theory of Visionary Knowledge», en *The Voyage and the Messenger: Iran and Philosophy*, Berkeley: North Atlantic Books, 1998, págs. 117-134. Véase también William C. Chittick, *Imaginal Worlds: Ibn al-'Arabi and the Problem of Religious Diversity*, Albany: State University of New York Press, 1994.

Francisco J. Varela y Natalie Depraz ofrecen una visión contemporánea de la imaginación como lo que está «en el centro de la vida y la mente» en «Imagining: Embodiment, Phenomenology, and Transformation», en *Buddhism and Science: Breaking New Ground*, ed. B. Alan Wallace, Nueva York: Columbia University Press, 2003, págs. 196-230. Tejiendo conjuntamente los hilos de la neurociencia moderna, la fenomenología y el budismo, Varela y Depraz proporcionan una visión no reductiva de la imaginación y exploran su papel central en la promoción de la transformación humana.

71. Adviértase aquí que las alas hermenéutica y postmoderna del giro lingüístico también cuestionan el paradigma representacional de la cognición. Para el cuestionamiento narrativista, véase Flood, *Beyond Phenomenology*, págs. 99-104; y para un informe general del antirrepresentacionalismo postmoderno, véase Pauline M. Rosenau, *Postmodernism and the Social Sciences: Insights, Inroads, and Intrusions*, Princeton: Princeton University Press, 1992, págs. 92-108.
72. Eggington y Sandbothe, eds., *The Pragmatic Turn in Philosophy: Contemporary Engagements between Analytic and Continental Thought*, Albany: State University of New York Press, 2004. Véase también Dickstein, *The Revival of Pragmatism*.
73. Habermas aprendió inicialmente su pragmatismo de Karl Otto-Appel, y la influencia de los pragmatistas americanos sobre el pensamiento de Habermas ha seguido siendo fuerte, como vemos, por ejemplo, en ensayos como «Peirce and Communication» (Habermas, *Post-metaphysical Thinking*, págs. 88-112). Para las simpatías pragmatistas de Wittgenstein, en tanto mediadas particularmente a través de *The Foundations of Mathematics* de Frank Ramsey, véase *Philosophical Investigations*, Nueva York: Macmillan, 1963.
74. Véase James, *Pragmatism: A New Name for Some Old Ways of Thinking*, en *William James: Writings 1902-1910*, ed. Bruce Kuklick, Nueva York: The Library of America, 1987, págs. 572-573.
75. Ibíd., pág. 573.
76. Ibíd., pág. 574.
77. Neville, *The Highroad around Modernism*, Albany: State University of New York Press, 1992.
78. Eggington y Sanbothe utilizan la expresión "pragmatismo deflacionario" para describir la estrategia discursiva de aquellos neopragmatistas que estrechan o rebajan el concepto de pragmatismo «a fin de distinguirlo de la autoimagen profesional de la filosofía académica de una forma marcada y siempre provocativa». Véase «Introduction», *The Pragmatic Turn in Philosophy*, págs. 1-2.
79. Rorty, sin embargo, ha comenzado a explorar las posibilidades del lenguaje religioso en una forma más abierta, reorientando su ira no tanto hacia la religión en general cuanto hacia el monoteísmo y el clericalismo en particular. La nue-

va apelación de Rorty a la retórica religiosa sigue siendo reductoramente humanista (incluso feuerbachiana), pero en ciertas ocasiones parece invitar a un diálogo con los practicantes religiosos y los estudiosos de la religión. Por ejemplo, cuando Rorty define a Dios como «todas las variadas sublimidades que los seres humanos llegan a ver a través de los ojos que ellos mismos crean», los teóricos participativos pueden querer corregir el reduccionismo de Rorty (él explícitamente prohíbe a Dios cualquier exceso más allá de lo que los seres humanos puedan ver), pero también pueden ver en esta fórmula una sugerente intuición acerca de la cocreatividad que es digna de posterior exploración. Véase Rorty, «Pragmatism and Romantic Polytheism», pág. 34.

80. Para la distinción entre el pragmatismo de Cambridge y el pragmatismo instrumentalista (o lo que a veces se llama el pragmatismo de Chicago), véase Oppenheim, *Reverence for the Relations of Life: Re-Imagining Pragmatism via Josiah Royce's Interactions with Peirce, James, and Dewey*, Notre Dame: University of Notre Dame Press, 2005, pág. 48. Para una distinción similar, véase Kuklick, A *History of Philosophy in America*, Oxford: Oxford University Press, 2001, pág. 95. El propio James es demasiado proteico para ser encajado, de una vez y para siempre, en cualquiera de estos dos pragmatismos, inclinándose algunos de sus escritos mucho más claramente que otros hacia el instrumentalismo de Dewey.

81. Bernstein, «Pragmatism's Common Faith» en *Pragmatism and Religion: Classical Sources and Original Essays*, ed. Stuart Rosenbaum, Chicago: University of Illinois Press, 2003, págs. 129-141.

82. Véase especialmente Kuklick, *Churchmen and Philosophers: From Jonathan Edwards to John Dewey*, New Haven: Yale University Press, 1985.

83. Véase West, *Prophesy Deliverance!: An Afro-American Revolutionary Christianity*, Filadelfia: Westminster Press, 1982, y *The American Evasion of Philosophy: A Genealogy of Pragmatism, Wisconsin Project on American Writers*, Madison: University of Wisconsin Press, 1989.

84. Para una introducción a la práctica de *Scriptural Reasoning*, véanse los artículos reunidos en *Modern Theology* 22, n.º 3 (2006). Nicholas Adams explora *Scriptural Reasoning* a través de un desarrollo de la pragmática de Habermas en Nicholas Adams, *Habermas and Theology*, Cambridge: Cambridge University Press, 2006, págs. 234-255.

85. Para una variedad de diferentes usos del pragmatismo en el planteamiento del fenómeno del misticismo y la experiencia religiosa, véanse G. William Barnard, *Exploring Unseen Worlds: William James and the Philosophy of Mysticism*, Albany: State University of New York Press, 1997; Nancy K. Frankenberry, ed., *Radical Interpretation in Religion*, Cambridge: Cambridge University Press, 2002; Proudfoot, *Religious Experience*; Sandra B. Rosenthal, «Spirituality and the Spirit of American Pragmatism: Beyond the Theism Atheism Split», en *Pragmatism and Religion*, págs. 229-243; Wainwright, *Reason and the Heart: A Prolegomenon to a Critique of Passional Reason*, Ithaca: Cornell University Press, 1995, y Robert Westbrook, «An Uncommon Faith: Pragmatism and Religious Experience», en *Pragmatism and Religion*, págs. 190-207.

86. Sandbothe, «The Pragmatic Twist», en *The Pragmatic Turn in Philosophy*, pág. 68.
87. Peirce, *Collected Papers of Charles Sanders Peirce*, ed. Charles Hartshorne y Paul Weiss, Cambridge: Harvard University Press, 1931-1958, vol. 5, pág. 448 nota.
88. Nuestro uso del término *misterio* no implica ningún tipo de cosificación esencialista de un fundamento del ser ontológicamente dado, como expresiones tales como "lo sagrado", "lo divino" o "lo eterno" transmiten a menudo en los estudios clásicos en religión. Tampoco está relacionado con la visión de Rudolf Otto de la experiencia humana de lo divino como *mysterium tremendum et fascinans*. Por el contrario, utilizamos deliberadamente este término conceptualmente vago, abierto y ambiguo para referirnos a la energía creativa o fuente no determinada de la realidad, el cosmos, la vida y la conciencia. Así entendido, el término *misterio* impide reivindicaciones o insinuaciones de certeza dogmática con los exclusivismos religiosos que puedan ir asociados; más positivamente, invita a una actitud de humildad y receptividad intelectual y existencial hacia el Gran Interrogante que es la fuente de nuestro ser.
89. Dejando a un lado los usos más teológicos de la categoría de "lo sagrado" utilizamos el término *sagrado* como adjetivo para referirnos al supremo valor, belleza y verosímilmente "bondad" inherentes a la realidad o el misterio. Para un análisis reciente de los problemas con el uso de la categoría de "lo sagrado" en el estudio de las religiones, véase Terence Thomas, «"The Sacred" as a Viable Concept in the Contemporary Study of Religions» en *Religion: Empirical Studies*, ed. Steven J. Sutcliffe, Burlington, VT: Ashgate, 2004, págs. 47-66.
90. Véase al respecto Josiah Royce, John J. McDermott e Ignas K. Skrupskelis, *The Basic Writings of Josiah Royce*, Chicago: University of Chicago Press, 1969.
91. Véase, por ejemplo, Timm, ed., *Texts in Context*.
92. Holdrege, *Veda and Torah*, pág. 5.
93. Idel, *Absorbing Perfections: Kabbalah and Interpretation*, New Haven y Londres: Yale University Press, 2002, pág. 13.
94. Habermas, *Legitimation Crisis*, Boston: Beacon Press, 1975, pág. 121.
95. Sobre los orígenes divinos del lenguaje humano, además de las bien conocidas formulaciones védicas, bíblicas, platónicas y cabalísticas, véase David Crystal, *Linguistics, Language, and Religion*, Nueva York: Hawthorn Books, 1965.
96. Griggs, *Gods after God*, págs. 31-32. Véase también Taylor, «Writing of God», en *Erring*, págs. 97-120.
97. Barfield, *Poetic Diction: A Study in Meaning*, 2ª ed., Middletown, CT: Wesleyan University Press, 1964, pág. 88.
98. Así, por ejemplo, Judith A. Berling, estudiosa de las religiones china y japonesa, argumenta que a los dos campos constitutivos de la espiritualidad generalmente aceptados (es decir, competencia en la historia y en las escrituras de la tradición particular en cuestión) deberíamos añadir las religiones comparadas como tercer campo constitutivo. Véase Berling, «Christian Spirituality: Intrinsically Interdisciplinary», en *Exploring Christian Spirituality: Essays in Honor of Sandra M. Schneiders, I.H.M.*, ed. Bruce H. Lescher y Elizabeth Liebert, Mahwah, NJ: Paulist Press, 2006, págs. 38-41.

99. Schneiders, «The Study of Christian Spirituality: Contours and Dynamics of a Discipline», págs. 5-6.
100. Cousins, «Spirituality in Today's World», en *Religion in Today's World*, ed. Whaling, Edimburgo: T and T Clark, 1987, págs. 323-324. Citado en Ursula King, «Is There a Future for Religious Studies as We Know It? Some Postmodern, Feminist, and Spiritual Challenges», *Journal of the American Academy of Religion* 70 (2002), págs. 380-381.
101. Tomamos la palabra "acontecimiental" [*evental*] de Peter Hallward, que la utiliza para traducir el *ivinementiel* de Alain Badiou. El término de Badiou se refiere a algo caracterizado por la novedad irruptiva radical, algo de lo que no se puede dar cuenta por medio de las categorías aceptadas y que, sin embargo, plantea exigencias universales sobre quienes se someten a ello. En realidad, Badiou argumenta que los sujetos son creados a través de la fidelidad a tales acontecimientos. Cf. Badiou, *Ethics: An Essay on the Understanding of Evil*, Londres: Verso, 2001; Hallward, *Badiou: A Subject to Truth*, Minneapolis: University of Minnesota Press, 2003.
102. Reeditado en Frohlich, «Spiritual Discipline, Discipline of Spirituality: Revisiting Questions of Definition and Method», en *Minding the Spirit*, pág. 73.
103. Orsi, *Between Heaven and Earth: The Religious Worlds People Make and the Scholars Who Study Them*, Princeton: Princeton University Press, 2005, pág. 14.
104. Ibíd.
105. Frohlich, «Spiritual Discipline, Discipline of Spirituality», pág. 70.
106. Sheldrake, «Spirituality and Its Critical Methodology», en *Exploring Christian Spirituality*, pág. 23.
107. Taves, «Detachment and Engagement in the Study of "Lived Experience"».
108. Braun, «On Religion», en *Guide to the Study of Religion*, pág. 11.
109. Para dos antologías recientes que exploran las implicaciones del pensamiento postmetafísico en el estudio de las religiones, véase Wrathall, ed., *Religion After Metaphysics*, y Jeffrey Bloechl, ed., *Religious Experience and the End of Metaphysics*, Bloomington: Indiana University Press, 2003. Primeros análisis aparecidos en *Religion, Ontotheology, and Deconstruction*, ed. Henry Ruf, Nueva York: Paragon House, 1989.

Puede ser importante distinguir aquí entre dos sentidos relacionados pero independientes del término "metafísica". Por una parte, la idea de metafísica en la filosofía occidental está generalmente basada en la distinción entre apariencia y realidad, siendo una afirmación metafísica aquella que pretende describir esa "Realidad" que presumiblemente yace tras el dominio de las apariencias (Peter van Inwagen, «The Nature of Metaphysics», en *Contemporary Readings in the Foundations of Metaphysics*, ed. Stephen Laurence y Cynthia Macdonald, Maiden, MA: Blackwell, 1998, págs. 12 ss.). Por otra parte, además de este uso, muchas tradiciones religiosas hablan también de "mundos metafísicos" para referirse a niveles o dimensiones de la realidad que existen más allá del mundo sensible o dentro de las sutiles profundidades ontológicas de la conciencia humana. El primer uso es el principal objetivo del ataque de Derrida a la metafísica de la presencia. En una lectura más fuerte, esta crítica conduce a la negación *a priori* del estatuto de cualquier realidad transcendente o metafísica. La lectura débil implica simplemente una declaración de agnosticismo metafísico. Como veremos a lo largo de este volumen, las comprensiones participativas de la religión no sólo evitan el dualismo de apariencia y realidad, sino que también respaldan las críticas modernas y postmodernas a la metafísica tradicional de la presencia. Es posible, creemos, liberarse del dualismo mentalista de apariencia y realidad, y mantener simultáneamente la plausibilidad de un cosmos multidimensional profundo y amplio en el que el mundo sensible no agote las posibilidades de lo Real.

110. Quizá nadie articule este *Zeitgeist* postmetafísico más convincentemente que Habermas en su *Postmetaphysical Thinking*. Aunque sin respaldar de ningún modo su sentido metafísico, vale la pena señalar que un adalid de la modernidad como Habermas cuestione la posibilidad de una plena asimilación de los sentidos religiosos al lenguaje secular: «La filosofía, incluso en sus formas postmetafísicas, no será capaz de reemplazar ni de reprimir la religión en la medida en que el lenguaje religioso es portador de un contenido semántico inspirador e incluso indispensable, pues este contenido elude (hoy por hoy) la fuerza explicativa del lenguaje filosófico y continúa resistiéndose a la traducción en discursos razonados» *(Postmetaphysical Thinking*, pág. 51). Para un análisis de esta frase intrigante, más bien anómala en el corpus de Habermas, véase «A Conversation about God and the World: Interview with Eduardo Mendieta», en *Religion and Rationality*, págs. 162 ss.
Una sorprendente paradoja de nuestro tiempo es que vivimos en un medio cultural que parece ser tan postmetafísico como crecientemente postsecular. Vattimo describe de forma sucinta los orígenes del resurgir contemporáneo de la religión: «Ahora todos estamos acostumbrados al hecho de que el desencantamiento del mundo ha generado un radical desencantamiento de la propia idea de desencantamiento. En otras palabras, la desmitificación se ha vuelto finalmente contra sí misma, reconociendo por consiguiente que el ideal de la eliminación del mito es mito» («After Onto-Theology: Philosophy between Science and Religion», en *Religion after Metaphysics*, pág. 30). Véase también John D. Caputo, «How the Secular World Became Post-Secular», en *On Religion*, págs. 37-66. Es probable que esta paradoja sea la fuente de muchas propuestas para una religión postmetafísica y de las espiritualidades inmanentes que se generan en la actualidad
111. Flood, *Beyond Phenomenology*, pág. 15.
112. Ibíd., pág. 171.
113. Ibíd., pág. 172.
114. Northcote, «Objectivity and the Supernormal: The Limitations of Bracketing Approaches in Providing Neutral Accounts of Supernormal Claims», *Journal of Contemporary Religion* 19 (2004), págs. 85-98.
115. Ibíd., pág. 89.
116. Adviértase cómo un estudioso de orientación naturalista, como es el caso de Strenski, reprocha a McCutcheon su compromiso con la metafísica naturalista: «Irónicamente, afirmaciones de fundamento naturalista para el estudio de la religión, tal como McCutcheon lo ve, reintroducen la metafísica en el terreno

de juego» (*Thinking about Religion: An Historical Introduction to Theories of Religion*, Malden, MA: Blackwell, 2006, págs. 339-340). Para las distinciones entre el naturalismo científico y el religioso, véanse los ensayos de David Ray Griffin y Jerome A. Stone en la sección «Naturalism: Scientific and Religious», *Zygon: Journal of Religion and Science* 37 (2002), pág. 361-394.

117. Smart, *The Science of Religion and the Sociology of Knowledge: Some Methodological Questions*, Princeton: Princeton University Press, 1973; Byrne, «The Study of Religión: Neutral, Scientific, or Neither?», *Method and Theory in the Study of Religion* 9 (1997), págs. 339-351. Como hemos visto, Fitgerald argumenta que el agnosticismo metodológico de Smart oculta programas teológicos en su planteamiento implícito de un referente transcendental acerca del cual los estudiosos deben mantener una postura agnóstica (*The Ideology of Religious Studies*, 56).

118. Caputo, *On Religion*, pág. 20.

119. Taylor, «Deconstruction: What's the Difference?», *Soundings* 66 (1983), págs. 397, 400. Cf. Cupitt, «El misticismo [postmoderno] secundario es misticismo menos metafísica, misticismo menos cualquier pretensión de conocimiento privilegiado o especial, y misticismo sin ningún otro mundo que éste» (*Mysticism after Modernity*, pág. 8). Es digno de señalar aquí que el kantismo lingüístico es también superado por el giro pragmático en filosofía. La pragmatización de Kant en la filosofía contemporánea, sin embargo, no busca ni supone la resurrección de referentes metafísicos, sino más bien una destranscendentalización de las circunstancias del conocimiento, que se convierten en estructuras inmanentes integradas en prácticas comunicativas. Véase Habermas, *Truth and Justification*, págs. 17 ss.

120. Evans, «Can Philosophers Limit What Mystics Can Do? A Critique of Steven Katz», *Religious Studies* 25 (1989), págs. 53-60.

121. Kripal, *The Serpent's Gift*, págs. 141-142. La expresión "verdades específicas de estado" deriva de la propuesta original de Charles Tart de "ciencias específicas de estado" en «States of Consciousness and State-Specific Sciences», *Science* 176 (1972), págs. 1 203-1 210.

122. Popper, «The Myth of the Framework» en *The Myth of the Framework: In Defense of Science and Rationality*, ed. M. A. Notturno, Nueva York: Routledge, 1994, págs. 33-64.

123. Katz, "On Mysticism", *Journal of the American Academy of Religion* 56 (1988), pág. 754.

124. Para varios documentos que cuestionan la pertinencia de la visión neokantiana de Katz sobre el conocimiento místico, véanse J. William Forgie, «Hyper-Kantianism in Recent Discussions of Mystical Experience», *Religious Studies* 21 (1985), págs. 205-218; Anthony Perovich, «Does the Philosophy of Mysticism Rest on a Mistake?», en *The Problem of Pure Consciousness*, págs. 237-253; James Robertson Price III, «Mysticism, Mediation, and Consciousness: The Innate Capacity in John Ruusbroec», en *The Innate Capacity: Mysticism, Psychology, and Philosophy*, Nueva York: Oxford University Press, 1998, págs. 111-120, y Martin T. Adam, «A Post-Kantian Perspective on Recent Debates

about Mystical Experience», *Journal of the American Academy of Religion* 70 (2002), págs. 801-817. En relación con este tema, es también de interés el ensayo de Larry Short, «Mysticism, Mediation, and the Non-Linguistic», *Journal of the American Academy of Religion* 63 (1996), págs. 659-675.
Adviértase que las visiones perennialistas también pueden ser neokantianas. En *An Interpretation of Religion*, por ejemplo, Hick defiende la tesis de que los diferentes fundamentos espirituales «representan conciencias fenoménicas diferentes de la misma realidad nouménica» (pág. 15). Para una crítica del neokantismo de Hick, véase P.R. Eddy, «Religious Pluralism and the Divine: Another Look at John Hick's Neo-Kantian Proposal», *Religious Studies* 30 (1994), págs. 467-478. Una más reciente defensa filokantiana del perennialismo es la de Paul O. Ingram in *Wrestling with the Ox: A Theology of Religious Experience*, Nueva York: Continuum, 1997.

125. Perovich, «Mysticism and the Philosophy of Science», *The Journal of Religion* 65 (1985), págs. 63-82; Forman, «Introduction: Mysticism, Constructivism, and Forgetting» en *The Problem of Pure Consciousness*, págs. 3-49; Michael Stoeber, «Constructivist Epistemologies of Mysticism: A Revision and Critique», *Religious Studies* 28 (1992), págs. 107-116.
126. Katz, «The "Conservative" Character of Mysticism», en *Mysticism and Religious Traditions*, ed. Katz, Nueva York: Oxford University Press, 1983, págs. 3-60.
127. Hick, *An Interpretation of Religion;* Lindbeck, *The Nature of Doctrine.*
128. Runzo, *Reason, Relativism, and God.*
129. Smith, *Map Is Not Territory: Studies in the History of Religions*, Leiden: Brill, 1978, pág. 309. Cf. Jean Baudrillard: «El territorio ya no precede al mapa ni sobrevive a él. Es por el contrario el mapa lo que precede al territorio *–precesión de simulacros–* lo que genera el territorio (*Simulacra and Simulation.* Ann Arbor: The University of Michigan Press, 1994, pág. 1). Por consiguiente, a todo lo que podemos tener acceso es a lo que son nuestras construcciones o, como dice Nelson Goodman, nuestras "versiones" de la realidad, y nunca a la realidad en sí (*Ways of Worldmaking*, Indianapolis: Hackett, 1978). Este movimiento postmoderno, sin embargo, lejos de disolver o transcender el dualismo de marco y realidad (o mapa y territorio), lo refuerza fatalmente anulando uno de los polos (realidad) e inflando ontológicamente el otro (marcos, mapas o versiones de la realidad). La consecuencia trágica de este movimiento es inequívoca: «The world well lost» [«El mundo irremisiblemente perdido»], como glosaba el título del ensayo clásico de Rorty (en *Journal of Philosophy* 69 [1972], págs. 649-665).
130. Gill, «Territory», en *Critical Terms for Religious Studies*, pág. 305.
131. Davidson, «On the Very Idea of a Conceptual Scheme», en *Inquiries into Truth and Interpretation*, Nueva York: Oxford University Press, 1984, págs. 183-198. En lo que sigue no queremos sugerir que Davidson hubiera estado de acuerdo con el argumento participativo que estamos derivando de su ensayo clásico. No obstante, creemos que una de las consecuencias de su desmantelamiento de la división esquema-contenido es abrir el espacio para tales implicaciones participativas.

132. En *Religion, Interpretation, and the Diversity of Belief,* Godlove propone que una vez que el dualismo de esquema y contenido se ha deconstruido (siguiendo a Davidson), deberemos abandonar la idea de las religiones como marcos conceptuales.
133. Para una crítica de diversos aspectos del ensayo de Davidson, véase Nicholas Rescher, «Conceptual Schemes», en *Midwest Studies in Philosophy*, vol. V: *Studies in Epistemology*, ed. P.A. French, T.E. Uehling Jr. y H. Wettstein, Minneapolis: University of Minnesota Press, 1980, págs. 323-345. Aunque rechazando el mito de lo dado, Rescher cuestiona que la posibilidad de traducción de las lenguas sea un fundamento adecuado para refutar la existencia de esquemas conceptuales alternativos. En particular sugiere que el juez adecuado de la presencia de esquemas conceptuales alternativos no es la posibilidad de traducción, sino la posibilidad de interpretación. El ensayo de Rescher es especialmente útil a la hora de mostrar cómo cualquier retención plausible de la idea de esquema conceptual necesita liberarse de sus originales amarras kantianas y de la noción de un mundo previamente dado. Liberado de estos espectros, continúa Rescher, esquemas conceptuales potencialmente diferentes ya no son contemplados como interpretaciones alternativas o *a priori* en competencia con un mundo ya hecho, sino simplemente como distintas innovaciones creativas *a posteriori* que surgen de nuestras investigaciones empíricas y de nuestros compromisos ontológicos. Véase también Quine, «On the Very Idea of a Third Dogma», en *Theories and Things*, Cambridge: The Belknap Press of Harvard University Press, 1981, págs. 38-42.
134. Davidson, pág. 198; la cursiva es nuestra.
135. Pensadores tan diversos como Bordo, Drew Leder (en *The Absent Body*. Chicago: University of Chicago Press, 1990), Nagatomo, Varela y Yasuo sugieren que el proceso de progresiva disociación entre los mundos mental y somático, que caracterizó a importantes corrientes de la trayectoria occidental postmoderna, fue una importante fuente para la postulación y el éxito de la doctrina cartesiana de mente y cuerpo. Por consiguiente, la superación definitiva del dualismo cartesiano puede ser una tarea no tanto filosófica cuanto práctica, existencial y transformadora. Con un espíritu similar proponemos que la doctrina kantiana de los dos mundos (y el escepticismo epistemológico que le está asociado) es parasitaria del extrañamiento de la mente humana respecto de una aprehensión encarnada de la realidad. Como nos dice la ciencia cognitiva contemporánea, «nuestro sentido de lo que es real comienza con nuestro cuerpo y depende crucialmente de él [...]. Como criaturas imaginativas, encarnadas, *nunca estuvimos separados o divorciados de la realidad inmediata*» (Lakoff y Johnson, *Philosophy in the Flesh*, págs. 17, 93; la cursiva es del original). Si esto es correcto, entonces resulta perfectamente comprensible que el declinar de la participación de la conciencia encarnada en la investigación humana, verosímilmente precipitada por la desconexión entre mente y cuerpo, pueda haber socavado el sentido del estar en contacto con lo real, engendrando el mentalismo dualista kantiano de un mundo tan solo fenoménico y una realidad siempre inaccesiblemente nouménica.
136. Estas "voces marginales" pertenecen al grupo de estudiosos conocidos como tradicionalistas o perennialistas –como Frithjof Schuon, Seyyed Hossein

Nasr, Huston Smith, o James Cutsinger– que afirman de varias formas la unidad transcendente o esotérica de las religiones. Para dos visiones recientes de este movimiento, véase el estudio realizado por Harry Oldmeadow, seguidor del movimiento, *Journeys East: 20th Century Western Encounters with Eastern Religious Traditions*, Bloomington, IN: World Wisdom, 2004, y el muy superior de Mark J. Sedgwick, *Against the Modern World: Traditionalism and the Secret Intellectual History of the Twentieth Century*, Nueva York: Oxford University Press, 2004. Además de no estar textualmente fundamentado, el universalismo esotérico ha sido intersubjetivamente puesto en cuestión (¿refutado?) en el diálogo intermonástico contemporáneo. Monjes budistas y cristianos, por ejemplo, reconocen importantes diferencias en sus interpretaciones y en sus experiencias de lo que sus respectivas tradiciones consideran lo supremo; véase, por ejemplo, Donald W. Mitchell y James Wiseman, eds., *The Gethsemani Encounter: A Dialogue on the Spiritual Life by Buddhist and Christian Monastics*, Nueva York: Continuum, 1997, y Susan Walker, ed., *Speaking of Silence: Christians and Buddhists on the Contemplative Path*, Nueva York: Paulist Press, 1987.
La defensa más matizada de una versión cualificada de la teoría del "núcleo común" se la debemos a Forman, que ofrece pruebas convincentes de la presencia de un "acontecimiento de conciencia pura" en muchas tradiciones contemplativas, aunque de ningún modo en todas; véase Forman, ed., *The Problem of Pure Consciousness and The Innate Capacity*. Para dos críticas generales de las variedades de perennialismo tradicional y moderno, véase Paul J. Griffiths, *An Apology for Apologetics: A Study in the Logic of Interreligious Dialogue*, Nueva York: Orbis Books, 1991, págs. 36-39, 46-59, y Ferrer, *Revisioning Transpersonal Theory*, págs. 71-111, 135-140.

137. Véase, por ejemplo, la obra de Wilhelm Halbfass para el inclusivismo neohindú (*India and Europe: An Essay in Understanding*, Albany: State University of New York Press, 1988, págs. 403-418); y Gavin D'Costa, *The Meeting of Religions and the Trinity*, Maryknoll, NY: Orbis Books, 2000, págs. 24-40, 72-95, para el pluralismo neokantiano de Hick y el budista tibetano del Dalai Lama.

138. Más autorreflexivo y más sensible contextualmente que la anterior erudición comparativa, el comparativismo posterior a Eliade enfatiza tanto la búsqueda de puntos en común como la búsqueda de diferencias, es crítico con los programas teológicos pasados y reconoce que los patrones interculturales no son necesariamente universales. Para algunos de estos análisis, véase Luther H. Martin, Paden, Marsha E. Hewitt, Wiebe y E. Thomas Lawson, "The New Comparativism in the Study of Religion: A Symposium", *Method and Theory in the Study of Religion* 8 (1996), págs. 1-49, y Kimberly C. Patton y Benjamin C. Ray, eds., *A Magic Still Dwells: Comparative Religion in the Postmodern Age*, Berkeley: The University of California Press, 2000. Para un elaborado proyecto comparativo reciente, véanse los tres volúmenes editados por Neville, *The Human Condition, Ultimate Realities* y *Religious Truth*, publicados por State University of New York Press en 2000.

139. Heim, *Salvations: Truth and Difference in Religion*, Maryknoll, NY: Orbis Books, 1995; Kaplan, *Different Paths, Different Summits: A Model for Religious Pluralism*, Lanham, MD: Rowman and Littlefield, 2002.

140. Una notable excepción a esta tendencia es el pluralismo metafísico abogado por los teólogos del proceso John B. Cobb Jr. y Griffin (siguiendo a Charles Hartshorne). Véanse Cobb, *Transforming Christianity and the World: A Way Beyond Absolutism and Relativism*, ed. Paul F. Knitter, Maryknoll, NY: Orbis, 1999; Griffin, *Reenchantment without Supernaturalism: A Process Philosophy of Religion*, Ithaca y Londres: Cornell University Press, 2001, y Griffin, ed., *Deep Religious Pluralism*, Louisville: Westminster John Knox Press, 2005. Desde algunos puntos de vista participativos, el "pluralismo profundo" dipolar de Cobb-Griffin no es *suficientemente* profundo. Además de operar dentro de una estructura teística contraria a muchas tradiciones, su bipolaridad fuerza a encajar los fines últimos religiosos en los lechos de Procusto de la "esencia abstracta" de Dios (Ser inmutable) y los "estados concretos" de Dios (Devenir cambiante). Sin embargo, el desafío de la teología del proceso al kantismo lingüístico y su postulado de que lo divino (al menos sus "estados concretos") puede ser influido por los asuntos humanos está en armonía con la epistemología participativa cocreativa asumida por muchos de los colaboradores en este volumen.

141. Preus, *Explaining Religion: Criticism and Theory from Bodin to Freud*, New Haven: Yale University Press, 1987, pág. XVIII; la cursiva es del original.

142. Hocking, *The Coming World Civilization*, Londres: Allen and Unwin, 1956. Las palabras citadas aquí proceden de John James Clarke, *Oriental Enlightenment: The Encounter between Asian and Western Thought*, Nueva York: Routledge, 1997, pág. 134.

143. Stoeber, *Theo-Monistic Mysticism: A Hindu-Christian Comparison*, Nueva York: St. Martin's Press, 1994.

144. Hollenback, *Mysticism: Experience, Response, and Empowerment*, University Park: Pennsylvania State University Press, 1996.

145. Wolfson, *Through a Speculum That Shines: Vision and Imagination in Medieval Jewish Mysticism*, Princeton: Princeton University Press, 1994, págs. 39 y 119.

146. De interés con relación a este punto es la preocupación creciente por las religiones politeístas, que constituyen un bastidor espiritual mucho más pluralista que el proporcionado por las religiones monoteístas. En las religiones politeístas, escribe Jordan Paper, «la gente con diferentes personalidades y experiencias encuentra diferentes deidades. Sin la imposición de un credo monoteísta, se está abierto a una abundancia de posibilidades numinosas» (*The Deities Are Many: A Polytheistic Theology*, Albany: State University of New York Press, 2005, pág. 13).

147. Grof, *Beyond the Brain: Birth, Death, and Transcendence in Psychotherapy*, Albany: State University of New York Press, 1985, y *The Adventure of Self-Discovery: Dimensions of Consciousness and New Perspectives in Psychotherapy and Inner Exploration*, Albany: State University of New York Press, 1988. Dan Merkur distingue veinticuatro tipos de estados unitivos psicodélicos, muchos de los cuales se relacionan claramente con tradiciones religiosas particulares y afirma que lo que caracteriza el estado psicodélico es que «proporciona acceso a todo», *The Ecstatic Imagination: Psychedelic Experiences and the Psychoanalysis of Self-Actualization*, Albany: State University of New York Press, 1988, pág. 155.

148. *The Adventure of Self-Discovery*, pág. 139.
149. Para un resumen actualizado de la visión contextualista de Katz, véase Katz, «Diversity and the Study of Mysticism», en *New Approaches to the Study of Religion*, vol. 2: *Textual, Comparative, Sociological, and Cognitive Approaches*, ed. Peter Antes, Armin W. Geertz y Randi R. Warne, Berlín: Walter de Gruyter, 2004, págs. 189-210.
150. Moore, «Mystical Experience, Mystical Doctrine, Mystical Technique» en Katz, ed., *Mysticism and Philosophical Analysis*, Nueva York: Oxford University Press, 1978, pág. 112.
151. Claro está, la mente moderna puede estar tentada de explicar el fenómeno del que da cuenta Grof en términos de criptoamnesia (es decir, los sujetos han olvidado su exposición previa a aquellos símbolos y el estado especial de conciencia simplemente trae esos recuerdos a la conciencia). En nuestra opinión, sin embargo, esta explicación debe ser descartada, porque los sujetos de Grof no sólo pueden ver la forma de estos símbolos mitológicos y religiosos, sino que también obtienen una visión detallada en su significado esotérico más profundo. Además, aunque la "hipótesis de la criptoamnesia" puede explicar algunos de los casos referidos por Grof (por ejemplo, la autoidentificación de algunos japoneses con la figura de Cristo en la Cruz), sería muy difícil explicar en estos términos los informes de sujetos que acceden a un conocimiento detallado de motivos religiosos o mitológicos de culturas escasamente conocidas, como la malekula de Nueva Guinea (*The Adventure of Self-Discovery*, págs. 19-21). En estos casos, la posibilidad de exposición intelectual previa a tan detallada información de una cultura escasamente conocida es lo bastante remota, creemos, para descartar la hipótesis de la criptoamnesia como explicación general plausible de estos fenómenos. La otra alternativa es interpretar los datos de Grof como soporte de la existencia de algo así como el inconsciente colectivo de C.G. Jung, pero, desde nuestro punto de vista, tal opción no sería necesariamente incompatible con explicaciones ontológicas, por ejemplo, si se concediera un estatus "psicoide" a los mundos religiosos metafísicos. Para un análisis ampliado, véase Ferrer, «The Consciousness Research of Stanislav Grof and the Study of Mysticism», en *Festschrift for Stanislav Grof*, ed. Richard Tarnas, Albany: State University of New York Press (de próxima aparición).
152. Larry Laudan, *Progress and Its Problems: Towards a Theory of Scientific Growth*, Berkeley: University of California Press, 1977, págs. 26-31.
153. «El dogma más profundo del giro lingüístico en la hermenéutica analítica y continental –dice Richard Shusterman– es la premisa de que toda comprensión y experiencia significativa es en realidad lingüística» («Beneath Interpretation», en *The Interpretive Turn*, pág. 117). En este importante ensayo, Shusterman proporciona una variedad de ejemplos de comprehensión no lingüística y prerreflexiva, como la forma en que los danzantes comprenden «el sentido y la exactitud de un movimiento o postura, al sentirla en su columna y en sus músculos, sin traducirla a términos lingüísticos conceptuales» (ibíd.) Shusterman distingue entre "interpretación", que necesariamente implica lenguaje, y "comprensión" que no requiere articulación lingüística, y argumenta que el no reconocimiento de fuentes

no lingüísticas de significado procede de la naturaleza desencarnada de la práctica filosófica occidental.

154. Nuestro uso del término enactivo está inspirado por Varela, Evan Thompson y Eleanor Rosch y su articulación pionera de un paradigma no representacional de la cognición en *The Embodied Mind: Cognitive Science and Human Experience*, Cambridge: The MIT Press, 1991. Adviértase, sin embargo, que Varela *et al.* comprenden la enacción como una acción encarnada que produce un dominio de distinciones como resultado de la mutua especificación de organismo y entorno, limitando por consiguiente el alcance de su propuesta a la cognición del mundo natural o sensoriomotor. Nuestra formulación participativa adapta y extiende el paradigma enactivo para dar cuenta de la emergencia de dominios religiosos ontológicamente reales (o dominios sutiles de distinciones) cocreados por la cognición humana multidimensional y la fuerza generadora de vida o espíritu. Para un análisis más amplio del carácter enactivo del conocimiento espiritual, véanse los ensayos de Sean Kelly, Ferrer y Lee Irwin en este volumen. Véase también Caputo, *On Religion* (págs. 139-140), para un uso lingüístico del término "enactivo" como realización del *significado* de Dios.

155. En su convicción de que el giro participativo puede reforzar la asociación creativa entre seres humanos y espíritu, muchos de los colaboradores en esta antología pueden ser razonablemente vistos, y quizá rechazados por algunos, como religionistas. Es importante enfatizar, sin embargo, que abrazar una comprensión participativa del conocimiento religioso no está necesariamente vinculado a premisas o puntos de vista confesionales, religionistas o sobrenaturalistas. Por un lado, como muestran muchas de las aportaciones a este volumen, los acercamientos participativos conducen con frecuencia a valoraciones críticas e incluso a revisiones radicales de las creencias, prácticas y comprensiones religiosas tradicionales. Más fundamentalmente, por otra parte, implicaciones participativas virtualmente idénticas para el estudio de la religión pueden deducirse prácticamente si concebimos o traducimos el término espíritu de una forma naturalista como un potencial emergente creativo de la vida, la naturaleza o la realidad. Metodológicamente, el desafío que hay que afrontar es dar cuenta de un proceso o dinamismo que subyace en los elementos creativos de la imaginación visionaria religiosa que no puede ser enteramente explicado apelando a factores biológicos o lingüístico-culturales (al menos como estrechamente lo entienden quienes proponen planteamientos reduccionistas). Si tal fuente creativa es un espíritu transcendente o una vida inmanente será probablemente siempre una cuestión debatida, pero una cuestión, creemos, que no daña las pretensiones generales del giro participativo.

156. Véase John Heron, *Participatory Spirituality: A Farewell to Authoritarian Religion*, Morrisville, NC: Lulu Press, 2006, para un estudio de la espiritualidad humana en términos de cocreación participativa con fuentes espirituales transcendentes e inmanentes. El subtítulo del libro de Heron [«Adiós a la religión autoritaria»] pretende transmitir una "distancia respetuosa" de las tendencias autoritarias que él percibe en la mayor parte de las escuelas e instituciones religiosas del pasado y el presente. Una visión poderosa de lo humano, lo divino y el cos-

mos participando cocreativamente en el despliegue de la realidad es la articulada por R. Panikkar in *The Cosmotheantric Experience: Emerging Religious Consciousness*, ed. con introd. Scott Eastham, Maryknoll, NY: Orbis, 1993. Para una visión cristiana de los seres humanos «como participantes y cocreadores en la obra continua de la actividad creadora de Dios», véase también Philip Hefner, «The Evolution of the Created Cocreator», en *Cosmos as Creation: Theology and Science in Consonance*, ed. Ted Peters, Nashville: Nashville, 1990, pág. 232.

157. Véase, por ejemplo, Rorty, «A Pragmatist View of Contemporary Analytical Philosophy», en *The Pragmatic Turn in Philosophy*, págs. 131-144.
158. Engler, «Constructionism versus What?», *Religion* 34 (2004), págs. 291-313.
159. En filosofía contemporánea, una sólida postura "realista constructiva" ha sido elocuentemente articulada por Joseph Margolis. Aunque Margolis sostiene que las posturas realistas son construcciones simbólicas humanas (acabando con la disyunción entre epistemología y metafísica), el poder integrador de su propuesta está socavado por gestos kantianos: «No podemos conocer el mundo independiente como es "absolutamente" independiente de toda conjetura cognitiva, pero podemos construir un sentido razonable de lo que podemos caracterizar como el mundo-independiente-como-es-conocido-(y cognoscible)-para-nosotros» («Cartesian Realism and the Revival of Pragmatism», en *The Pragmatic Turn in Philosophy*, pág. 238). Más en sintonía con los puntos de vista participativos, Robert Minner ofrece una visión del conocimiento como "construcción verdadera" que sostiene que los propósitos creativos humanos participan en la creación y el conocimiento divinos; véase *Truth in the Making: Creative Knowledge in Theology and Philosophy*, Nueva York: Routledge, 2004.
160. Capps, *Religious Studies*, págs. 2-12.
161. Tarnas, *The Passion of the Western Mind: Understanding the Ideas that Have Shaped Our World View*, Nueva York: Ballantine Books, 1991, págs. 434-435.
162. Para otros contrastes entre los modos de participación premoderno, moderno y postmoderno, véanse los capítulos de Jacob H. Sherman, Kelly y Robert McDermott en este volumen.
163. Lévy-Bruhl, *How Natives Think*, Londres: George Allen and Unwin, 1926; *Primitive Mentality*, Oxford: Clarendon Press, 1923. Para una crítica clásica de la participación de Lévy-Bruhl, véase Smith, «I Am a Parrot (Red)», *History of Religion* 11 (1972), págs. 391-413. Para un elaborado análisis de la participación de Lévy-Bruhl en el contexto del "debate de la racionalidad" en el estudio de la religión, véase Saler, «Lévy-Bruhl, Participation, and Rationality», en *Rationality and the Study of Religion*, ed. Jeppe S. Jensen y Luther H. Martin. Acta Jutlandica LXXII: 1, Theology Series, 19, Aahars C.: AARHUS University Press, 1997, págs. 44-64. Véase también Segal, «Relativism and Rationality in the Social Sciences: A Review Essay of Lucien Lévy-Bruhl *How Natives Think*», en *Religion and the Social Sciences: Essays on the Confrontation*, Atlanta: Scholars Press, 1989, págs. 167-180.
164. Lévy-Bruhl, *The Notebooks on Primitive Mentality*, prólogo de Maurice Leenhardt, Oxford: Basil Blackwell, 1975.

165. Tambiah, *Magic, Science, Religion, and the Scope of Rationality*, Cambridge: Cambridge University Press, 1990, págs. 84-110. Consúltese también la matizada identificación de Kasulis de dos orientaciones culturales diferentes: "intimidad" –es decir, una dimension afectiva de conocimiento caracterizada por la objetividad personal, la no marcada distinción entre uno mismo y lo otro, y la integración psicosomática–, e "integridad" –es decir, una dimensión de conocimiento cognitivo/mental caracterizada por la objetividad pública, la diferenciación estricta entre uno mismo y lo otro, y la desconexión entre lo somático y lo psicológico–. Véase *Intimacy and Integrity: Philosophy and Cultural Difference*, Honolulu: University of Hawaii Press, 2002.
166. Hanegraaff, «How Magic Survived the Disenchantment of the World» *Religion* 33 (2003), págs. 357-380.
167. Para dos análisis bien informados del movimiento *new age*, véase Hanegraaff, *New Age Religion and Western Culture: Esotericism in the Mirror of Secular Thought*, Albany: State University of New York Press, 1998, y Paul Heelas, *The New Age Movement*, Oxford: Blackwell, 1996.
168. M.H. Abrams, *Natural Supernaturalism: Tradition and Revolution in Romantic Literature*, Nueva York: W.W. Norton, 1973; Isaiah Berlin, «The Counter-Enlightenment», en *The Proper Study of Mankind: An Anthology of Essays*, ed. Henry Hardy y Roger Hausheer, Nueva York: Farrar, Straus, and Giroux, 1998, págs. 243-268; Tarnas, *The Passion of the Western Mind*, págs. 366-396.
169. El pluralismo romántico recibió su expresión más poderosa y convincente en manos de Herder. Véase, por ejemplo, el inspirado ensayo de Berlin «Herder and the Enlightenment», en *The Proper Study of Mankind*, págs. 359-435.
170. En un conocido pasaje, Eliade escribe: «Basta decir que lo "sagrado" es un elemento en la estructura de la conciencia, no una etapa en la historia de la conciencia» (*The Quest*, I).

En cierta manera, la visión de Eliade de lo sagrado debe tanto a Otto como a Kant. Para la influencia de Otto, véase Eliade, *The Sacred and the Profane: The Nature of Religion*, Nueva York: Harcourt Brace Jovanovich, 1959, págs. 8-10. Para un intento contemporáneo de repensar lo sagrado en un marco kantiano (no eliadiano), véase *The Sacred and the Profane: Contemporary Demands on Hermeneutics*, ed. Jeffrey F Keuss. Burlington, VT: Ashgate, 2003, especialmente la «Introduction: The Sacred and the Profane in Hermeneutics after Kant» de Keuss, págs. 1-8.
171. El uso de la expresión fenomenológica "lo constituido dado" para definir la visión de Eliade de lo sagrado procede del soberbio *Myth and Religion in Mircea Eliade*, de Allen, Nueva York: Garland, 1998, págs. 75-76. Para una visión del estructuralismo morfológico de Eliade, véase Norman J. Girardot, «Introduction. Imagining Eliade: A Fondness for Squirrels», en Girardot y Mac Linscott Ricketts, *Imagination and Meaning: The Scholarly and Literary Works of Mircea Eliade*, Nueva York: The Seabury Press, 1982, págs. 3-5. A diferencia del estructuralismo racionalista de oposiciones binarias de Lévi-Strauss, el "estructuralismo romántico" de Eliade incorpora supuestos universalistas del proyecto de la Ilustración en la reconstrucción imaginal goethiana de las esen-

cias primordiales. Sobre la influencia de los románticos en Eliade, véase también Rachela Permenter, «Romantic Postmodernism and the Literary Eliade», en *Changing Religious Worlds: The Meaning and End of Mircea Eliade*, ed. Bryan Rennie, Albany: State University of New York Press, 2001, págs. 95-116.

172. En *Reconstructing Eliade: Making Sense of Religion*, Albany: State University of New York Press, 1996, Rennie interpreta creativamente a Eliade como un constructivista postmoderno que consideraba lo sagrado de manera fenomenológica (es decir, como el objeto intencional de la experiencia humana de lo sagrado), y cuya obra está, por lo tanto, básicamente libre de supuestos ontológicos y metafísicos. Sobre el supuesto postmodernismo de Eliade, véase la crítica de Olson de la tesis de Rennie en «Mircea Eliade, Postmodernism, and the Problematic Nature of Representational Thinking», *Method and Theory in the Study of Religion* 11 (1999), págs. 357-385; y la respuesta de Rennie en *Method and Theory in the Study of Religion* 12 (2000), págs. 416-421. En nuestra opinion, Allen logra un sutil equilibrio cuando sugiere que el corpus eliadiano contiene tanto supuestos ontológicos y metafísicos (por ejemplo, sobre la estructura universal de lo sagrado), como temas postmodernos, tales como el rechazo (sin duda ambiguo) del mito de lo dado en la investigación religiosa y el avance de la "hermenéutica creativa" transformadora que está cada vez más vigente en la actualidad. En un pasaje de tono altamente participativo escribe Allen: «Las estructuras míticas y simbólicas son "dadas", pero de manera "inacabada" y "abierta"; nos son dadas de tal modo que requieren nuestra participación activa como sujetos constituyentes», *Myth and Religion in Mircea Eliade*, págs. 299-300. Desgraciadamente, las limitaciones de espacio no nos permiten establecer aquí paralelismos y diferencias entre la presentación que hace Allen de Eliade y el giro participativo.

173. Véase especialmente los «Epilegomena» de Van der Leew, *Religion in Essence and Manifestation. A Study in Phenomenology*, vol. 2, Nueva York: Harper and Row, 1963, págs. 669-695.

174. McCalla, «Romanticism», en *Guide to the Study of Religion*, pág. 378.

175. Véase Wiebe, «Phenomenology of Religion as Religio-Cultural Quest: Gerardus van der Leew and the Subversion of the Scientific Study of Religion», en *The Politics of Religious Studies*, págs. 173-190, donde desvela el programa criptoteológico de la fenomenología clásica de la religión. Según Wiebe, este programa es más evidente en la búsqueda de los fenomenólogos –a menudo moldeada por categorías cristianas– de una esencia de la religión indicativa de una única realidad divina, fundamento del ser o "lo sagrado". Cf., Dubuisson: «Las diversas esencias que estos fenomenólogos descubrieron nunca representaron más que las expresiones sublimadas, desencarnadas, de una espiritualidad del Norte de Europa [luterana], reconocidamente local, en busca de lo absoluto y lo universal», *The Western Construction of Religion*, pág. 172. Para planteamientos críticos relacionados, véase McCutcheon, *Manufacturing Religion*, y Fitzgerald, *The Ideology of Religious Studies*. Refiriéndose a estas críticas, Allen propone una fenomenología de la religión más blanda que afirma el «valor de descubrir las esencias y estructuras religiosas, pero encarnadas y contextualizadas, no como

verdades y sentidos fijos, absolutos, ahistóricos y eternos» («Phenomenology of Religion», en *The Routledge Companion to the Study of Religion*, pág. 206).

176. Barfield, *Saving the Appearances: A Study in Idolatry*, Londres: Faber and Faber, 1957, pág. 132. Ni Lévy-Bruhl ni los románticos ofrecieron análisis sistemáticos de los diversos grados de voluntad consciente, creatividad y autorreflexibilidad disponibles en el conocimiento participativo. En cambio, aunque en términos evolutivos unilineales probablemente problemáticos, Barfield postula tres niveles diferentes de participación: participación "original" (*participation mystique* arcaica o inconsciente), pérdida de participación (característica del yo moderno), y participación "final" (autorreflexiva y volitiva). Para una reformulación de la propuesta de Barfield en el contexto de los estudios indígenas, véase Jürgen Kremer, «The Dark Night of the Scholar: Reflections on Culture and Ways of Knowing», *ReVision* 14 (1992), págs. 169-178. Véase también el uso de Peter Reason de la propuesta de Barfield en su presentación de una cosmovisión participativa como marco para los métodos de investigación participativa en las ciencias humanas. «Participation and the Evolution of Consciousness» y «Future Participation», en *Participation in Human Inquiry*, ed. Reason, Londres: SAGE Publications, 1994, págs. 16–39, y la aplicación de McDermott del esquema participativo de Barfield para situar y abordar críticamente los estudios antroposóficos y neohindúes de la *Gita* (en este volumen).

177. Tarnas, «A Divided World View», en *The Passion of the Western Mind*, págs. 432-435.

178. Flood, *Beyond Phenomenology*, págs. 104-105.

179. Gold, *Aesthetics and Analysis in Writing on Religion*, pág. 5.

180. Ibíd., págs. 236–238. Resaltando sus dimensiones espirituales y transformadoras, Kripal sugiere que ese planteamiento académico integrado –un planteamiento «capaz de forjar una práctica místico-crítica tensora a partir de la herencia dual romántico-ilustrada de la disciplina»– se puede considerar una tradición mística moderna (*The Serpent's Gift*, pág. 108).

181. Ibíd., págs. 117-120, 136-142. Siguiendo la antropologización de la teología de Ludwig Feuerbach, Kripal apoya un "humanismo místico" que, agnóstico sobre el estatuto epistemológico de las afirmaciones del conocimiento místico, «prefiere un referente humano para estas afirmaciones ónticas» (*Roads of Excess*, pág. 338, n. 71). Evidentemente, hay un kantismo residual rondando por detrás del agnosticismo metafísico de Kripal; un motivo kantiano que debería ser transcendido según los diversos planteamientos participativos presentados en este volumen. Sin embargo, el agnosticismo modernista de Kripal queda equilibrado (¿cuestionado?) por su apertura a aceptar la consubstancialidad del cuerpo humano y el cosmos. A este respecto, nos dice que «aunque debemos insistir en la naturaleza intrahumana, e incluso biológica, de las experiencias místicas, esto no significa necesariamente que esos patrones o estructuras experienciales no pueden reflejar realmente algo del universo objetivo, no humano» («Debating the Mystical as the Ethical: An Indological Map», en *Crossing Boundaries: Essays on the Ethical Status of Mysticism*, ed. Barnard y Kripal, Nueva York: Seven Bridges Press, 2002, pág. 57).

182. Benavides, «Postmodern Disseminations and Cognitive Constraints», *Religion*

27 (1997), págs. 129-138. El entronizamiento ilustrado de la lógica y la razón determina claramente el énfasis que la educación superior moderna pone en el desarrollo de la mente racional y los poderes intelectuales, con poca atención a la maduración de otras dimensiones de la persona. Como señalan muchos psicólogos del desarrollo, la mayoría de los individuos de nuestra cultura llegan a la edad adulta con un funcionamiento mental convencionalmente maduro, pero con una inteligencia somática, emocional, estética, intuitiva y espiritual pobre o irregularmente desarrollada. La mayor tragedia del cognicentrismo, sin embargo, es que genera un círculo vicioso que se justifica a sí mismo. Como la educación moderna no crea espacios para la maduración autónoma del cuerpo, los instintos y el corazón, estos mundos no pueden participar en un proceso de investigación a menos que estén guiados mental o exteriormente. Sin embargo, en la medida en que están guiados mental o exteriormente, estas dimensiones humanas no se pueden desarrollar de manera autónoma, y de este modo se justifica permanentemente la necesidad de una dirección mental o exterior. Para un análisis más amplio, véase Ferrer, Marina T. Romero y Ramon V. Albareda, «Integral Transformative Education: A Participatory Proposal» *The Journal of Transformative Education* 3 (2005), págs. 306-330.

183. Stoller, *Sensuous Scholarship*, pág. xv.

184. El término *cosmoteándrico* está tomado de Panikkar, *The Cosmotheandric Experience: Emerging Religious Consciousness*, ed. con introd. de Scott Eastham, Maryknoll, NY: Orbis Books, 1993.

185. Véanse, por ejemplo, Bruce Lincoln, *Myth, Cosmos, and Society: Indo-European Themes of Creation and Destruction*, Cambridge: Harvard University Press, 1986; Alex Wayman, «The Human Body as Microcosm in India, Greek Cosmology, and Sixteenth-Century Europe», *History of Religions* 22 (1982), págs. 172-190; Antoine Faivre, *Access to Western Esotericism*, Albany: State University of New York Press, 1994; Chittick, «Microcosm, Macrocosm, and Perfect Man», en *Imaginal Worlds: Ibn al-'Arabi and the Problem of Religious Diversity*, Albany: State University of New York Press, 1994, págs. 31-38; Overzee, *The Body Divine*, págs. 112-114, 146-50; Michael Saso, «The Taoist Body and Cosmic Prayer», en *Religion and the Body*, págs. 230-247; Shimon Shokek, *Kabbalah and the Art of Being*, Londres: Routledge, 2001, pág. 6; Cunnlaugur A. Jónsson, *The Image of God: Genesis 1:26-28 in a Century of Old Testament Research*, Lund: Almqvist and Wiskell, 1988.

186. June McDaniel, «The Embodiment of God among the Bauls of Bengal», *Journal of Feminist Studies in Religion* 8 (1992), págs. 27-39.

187. Se podría afirmar que la sexualidad humana es una encarnación del poder creativo del misterio. En cualquier caso, con Orígenes, no reducimos lo erótico a lo sexual, sino que más bien proponemos que las energías eróticas o vitales pueden funcionar como fuente y canal para los impulsos generativos de la vida o el espíritu en la realidad humana encarnada.

188. *Virginae subintroductae* (conocidas también como las *agapetae*) se refiere a aquellas mujeres que entablaban acuerdos de compromiso, pero célibes (como "hermana y hermano"), con una pareja masculina en la iglesia primitiva, con un

propósito de "consuelo espiritual" (como dice Jerónimo, que no se muestra entusiasta de tales acuerdos). Este episodio fascinante, que con frecuencia incluía compartir el mismo lecho, está rodeado de un gran misterio. Algunos piensan que estos acuerdos estaban ya presentes en las iglesias más antiguas y que están detrás de los comentarios de Pablo en 1 Cor 7, 36. Hacia mediados del siglo III, la práctica estaba extendida y empezó a provocar la ira de algunos Padres de la Iglesia, incluidos Cipriano, Jerónimo y Juan Crisóstomo, que sentían que esos acuerdos eran demasiado peligrosos y abrían la puerta al pecado. Charles Williams sostiene que la práctica era algo más que meramente social, pues pretendía suscitar, y posteriormente sublimar, las energías eróticas a fin de hacerlas disponibles para propósitos y procesos espirituales. Véase Williams, *Descent of the Dove: A History of the Holy Spirit in the Church*, Vancouver: Regent College Publishing, 1987, pág. 11.

189. Anthony Storr, *Feet of Clay. Saints, Sinners, and Madmen: A Study of Gurus*, Nueva York: Free Press, 1996; Kripal, «Debating the Mystical as Ethical», in *Crossing Boundaries*, págs. 15-69; Thomas A. Forsthoefel y Cynthia Ann Humes, eds., *Gurus in America*, Albany: State University of New York Press, 2005; Georg Feuerstein, *Holy Madness: Spirituality, Crazy-Wise Teachers, and Enlightenment*, ed. rev., Prescott, AZ: Hohm Press, 2006.

190. Eliade, *Cosmos and History: The Myth of the Eternal Return*, ed. Robin Winks, Nueva York: Garland Publishers, 1982.

191. Gill, «Territory», en *Critical Terms for Religious Studies*, pág. 302.

192. Véanse, por ejemplo, los ensayos de Brian L. Lancaster, Lanzetta, Bruno Barnhart y Rothberg en este volumen.

193. No podemos concluir esta introducción a *El giro participativo* sin mencionar la obra de diversos pensadores que han iniciado la recuperación del pensamiento participativo en la época moderna. Recordamos especialmente aquí la fenomenología ecológica de David Abram en *The Spell of the Sensuous: Perception and Language in a More-Than-Human World*, Nueva York: Vintage Books, 1996; la vision participativa del mundo de Morris Berman en *The Reenchantment of the World*, Ithaca: Cornell University Press, 1981; la articulación de Martin Buber de la relación participativa con los otros, el mundo y lo divino en *I and Thou*, Nueva York: Simon and Schuster, 1970; la cristología participativa de Charlene P.E. Burns en *Divine Becoming: Rethinking Jesus and Incarnation*, Minneapolis: Fortress Press, 2002; las reflexiones de Evans sobre la apertura humana en términos de participación en las energías de vida en *Spirituality and Human Nature*, Albany: State University of New York Press, 1993; el estudio de la comprensión de Gadamer desde el punto de vista de la participación humana situada en significados codeterminados en *Truth and Method*, 2ª ed. rev., Nueva York: Crossroads, 1990; la propuesta de Heron de una espiritualidad participativa cooperativa en *Sacred Science: Person-Centred Inquiry into the Spiritual and the Subtle*, Ross-on-Wye: PCCS Books, 1998 y *Participatory Spirituality*; la aproximación de Kremer a los estudios indígenas en *Looking for Dame Yggdrasil*, Red Bluff, CA: Falkenflug Press, 1994; la revision teológica participativa del constructivismo de Miner en *Truth in the Making;* la vi-

sión de Panikkar de la participación interrelacionada humana, divina y cósmica en *The Cosmotheandric Experience*; los métodos de investigación participativa de Reason en su edición de *Participation in Human Inquiry*; las teorías participativas del conocimiento de Henryk Skolimowski y Tarnas en *The Participatory Mind: A New Theory of Knowledge and of the Universe*, Nueva York: Penguin Books, 1994 y *The Passion of the Western Mind*, respectivamente, y la antropología de la religión de Tambiah en *Magic, Science, Religion, and the Scope of Rationality*, entre otros.
Véanse también las dos monografías recientes sobre «The Participatory Turn, Part 1 and 2», editadas por Gregg Lahood (2007) en *ReVision: A Journal of Consciousness and Transformation* 29, págs. 3-4, que abordan las implicaciones del giro participativo para las cartografías espirituales, los estudios indígenas, la religión americana nativa, la antropología de la conciencia y los modelos relacionales del desarrollo espiritual.

194. Orsi, *Between Heaven and Earth.*

1. Una genealogía de la participación

1. Citado en Platón, *Leyes* 899*b*, y Aristóteles, *De Anima*, 405*a* 19.
2. Recogida por Diógenes Laercio, *Vidas de filósofos*, IX, 5-12.
3. La referencia al "segundo viaje" (*ton deuteron pluon*) llega al final de un notable pasaje, la primera descripción en lengua europea del desarrollo mental/intelectual de un individuo. Sócrates está hablando de la dificultad de pensar la *transcendencia suprasensible*, sugiriendo su metáfora que la facilidad de navegar es como el uso de los sentidos, mientras que el esfuerzo del remo es afín al hecho de razonar. Sobre ello, cf. Platón, *Fedón*, 99*c*; Giovanni Reale, *Toward a New Interpretation of Plato*, Washington D.C.: Catholic University of America Press, 1997, y C.J. Rowe, ed., *Phaedo, Cambridge Greek and Latin Classics*, Cambridge: Cambridge University Press, 1993, pág. 238.
4. En realidad, el gran problema del mundo antiguo (unir los dos reinos) y el gran problema del mundo actual (el problema de la conciencia, según David Chalmers) están en continuidad. Los dos se esfuerzan por relacionar un dualismo aporético que, no obstante, parece indispensable, con el pensamiento. Para un ensayo provocativo sobre la continuidad y la diferencia entre estos dos problemas, véase «Man, Thought, and Nature», en Bartfield, *Romanticism Comes of Age*, Middletown, CT: Wesleyan University Press, 1966, págs. 223-240.
5. Platón, *La república*, *passim.*
6. Cuando el propio Platón plantea objeciones a la teoría de la participación en el *Parménides*, los problemas proceden siempre de personajes que suponen que el reino de las Formas está relacionado de algún modo, de una manera unívoca, con el reino del devenir. Esto colapsa las Formas en un modo corporal y así elide la distinción entre realidad formal y realidad encarnada. Los problemas con la teoría de la participación, parece, se suscitan no porque las Formas se traten como transcendentes, sino precisamente porque no se logra reconocer su transcendencia propia y, de ese modo, se las somete a la lógica de los cuerpos sólidos.

7. Como mínimo en el *Fedón*, Platón emplea lo que la escolástica llamará más tarde analogía de atribución. Por eso, explica Platón, «cada una de las Formas existe, y las otras cosas que vienen a tener una participación en ellas son *nombradas según* ellas (*Fedón*, 102*b*2). Comprender esta nominación pone fin de forma inmediata a cualquier confusión que Aristóteles, el joven Sócrates (en el *Parménides*) y los comentadores contemporáneos puedan tener sobre el argumento del "tercer hombre". Los supuestos casos de autopredicación son realmente afirmaciones de *identidad*: La Belleza no es bella, simplemente *es* Belleza, así como una libra no pesa una libra, sino que la libra *es* aquello por lo que se pueden pesar otras cosas.
8. *Fedón* 78*c*.
9. *Fedón* 79*d*.
10. *Fedón* 79*a*.
11. *Fedón* 80*a-b*.
12. *Fedón* 100*c*.
13. Cf. R.E. Allen, «Participation and Predication in Plato's Middle Dialogues», en *Plato I*, ed. Gregory Vlastos, Notre Dame: University of Notre Dame Press, 1978.
14. *Menón* 85 y *Fedón* 75*e*.
15. Nicholas Sagovsky, *Ecumenism: Christian Origins and the Practice of Communion*, Cambridge: Cambridge University Press, 2000, pág. 59.
16. *Fedón* 80*b*.
17. Al revisar a Platón hacemos algo más que jugar a hacer sutilezas con los clásicos, pues estas son materias importantes que siguen desempeñando un papel en las preocupaciones más amplias de los medios académicos contemporáneos. Por ejemplo, la discusión de Alain Badiou con Deleuze va más allá de la interpretación del concepto de participación de Platón. Badiou argumenta que Deleuze no consigue ver que, para Platón, la participación confiere a todos los seres, aún a los seres *sensibles*, un valor positivo como diferenciaciones inmanentes de lo inteligible. Además, dice Badiou, lo que Deleuze plantea en *La lógica del sentido* y *Diferencia y repetición* como inversión del platonismo (rechazando la supuesta superioridad platónica del original sobre la copia) está mucho más cerca de la visión del ateniense que el malentendido histórico que Deleuze ataca en todas partes. Precisamente cuando piensa que está demoliendo a Platón, Deleuze se convierte en apóstol de Platón. La visión de Deleuze, concluye Badiou, es un «platonismo con un acento diferente». En sus momentos más sinceros, Deleuze casi lo admite. En *La lógica del sentido*, por ejemplo, pregunta Deleuze: «¿No fue el propio Platón quien indicó la dirección para la inversión del platonismo?» (*The Logic of Sense*, pág. 256). Cf. Badiou, *Deleuze: The Clamor of Being*, Minneapolis: University of Minnesota Press, 2000, págs. 25-28.
18. Cf. Catherine Pickstock, *After Writing: On the Liturgical Consummation of Philosophy*, Oxford: Blackwell, 1988. Pickstock centra su atención en el *Fedro* de Platón, aunque uno de sus alumnos, Simon Oliver, ha realizado un análisis similar con respecto al *Timeo*. Cf. Simon Oliver, *Philosophy, God, and Motion*, Londres: Routledge, 2005.
19. *El banquete* 202*e*-203*a*.

20. Cf. el relato de *gigantomaquia* en Platón, *El sofista*.
21. Ross, *Plato's Theory of Ideas*, Oxford: Oxford University Press, 1951, págs. 228-230. R.G. Collingwood llama también la atención sobre el carácter inmanente y transcendente de estas diversas palabras. Collingwood concluye que ambas series de símbolos son necesarias para no perder de vista ni la inmanencia ni la transcendencia: «Los argumentos de Parménides son concluyentes en contra de la teoría de la inmanencia y la de la transcendencia tomadas separadamente, como teorías unilaterales y mutuamente excluyentes. No tendrían ningún peso contra una teoría en la que inmanencia y transcendencia fueran consideradas correlativas y se implicasen mutuamente una a otra». Cf. R.G. Collingwood, *The Idea of Nature*, London: Oxford University Press, 1945, pág. 64.
22. *El banquete* 206*b*-207*a*.
23. Véase Aristóteles, *Metafísica* I, c.6 (987*b*11-14).
24. Clark, *The Political Animal: Biology, Ethics, and Politics*, Londres: Routledge, 1999.
25. Véase *El político* 276*e*.
26. Ibíd.
27. Véase Dombrowski, *A Platonic Philosophy of Religion*, Albany: State University of New York Press, 2005, y Dombrowski, *Analytic Theism, Hartshorne, and the Concept of God*, Albany: State University of New York Press, 1998, pág. 81.
28. Para un estudio de este proyecto, véase Lloyd Gerson, *Aristotle and Other Platonists*, Ithaca: Cornell University Press, 2005.
29. Sólo prestando atención a ambas posibilidades del platonismo podemos encontrar algún sentido histórico al hecho de que, con frecuencia, los platónicos estuvieran en la vanguardia del abandono ascético del mundo y también de las celebraciones humanistas y románticas del arte, la naturaleza y la sociedad. Sobre estas diversas formas de platonismo, cf. M.-D. Chenu, «The Platonisms of the Twelfth Century», en *Nature, Man, and Society in the Twelfth Century: Essays on New Theological Perspectives in the Latin West*, Toronto: University of Toronto Press, 1997, págs. 49-98. Cf. Gregory Shaw, *Theurgy and the Soul: The Neoplatonism of Iamblichus*, University Park: Pennsylvania State University Press, 1995. Para una introducción al papel del platonismo en el Romanticismo, véase Beiser, «Früromantik and the Platonic Tradition», en *The Romantic Imperative: The Concept of Early German Romanticism*, Cambridge: Harvard University Press, 2003, págs. 56-72.
30. G.K. Chesterton, *St. Thomas Aquinas: «The Dumb Ox»*, Nueva York: Doubleday, 1933, pág. 138.
31. Mary T. Clark, *An Aquinas Reader*, Nueva York: Fordham University Press, 2000, pág. 23.
32. Sobre este punto, véase especialmente Etienne Gilson, *Being and Some Philosophers*, 2ª ed., Toronto: Pontifical Institute of Medieval Studies, 1952.
33. *De Veritate*, q. 1, art. 1, ad 3.
34. En realidad, si tuviéramos que seguir aquí a Kant, tendríamos que decir que no se puede considerar el *Esse ipsum* (el Ser mismo) como un concepto, pues todo concepto necesita determinabilidad como condición *a priori* (como exige la ley

del medio excluido). *Esse*, sin embargo, no es como esos conceptos, pues no puede ser caracterizado por uno de dos predicados opuestos. La diferencia ontológica entre *Esse* y *essendi* sitúa propiamente al *Esse* más allá de la oposición y, por consiguiente, más allá de la conceptualidad. Sobre la determinabilidad, véase Emmanuel Kant, *Critique of Pure Reason*, Cambridge: Cambridge University Press, 1998, págs. 553-554, A72-74, B600-02.

35. Clark, *An Aquinas Reader*, pág. 25. La recuperación de este sentimiento por los tomistas del siglo XX se debe, en parte, a la recuperación radical de la intuición por parte de Henri Bergson. Es conocida la tempestuosa pero auténtica deuda de Jacques Maritain con Bergson. Sobre la relación de Gilson con Bergson, véase Helen James John, S.N.D., *The Thomist Spectrum*, Nueva York: Fordham University Press, 1966, pág. 44.
36. Cf. «The Hidden Key: Creation», en el capítulo 2 de Josef Pieper, *The Silence of St. Thomas: Three Essays*, South Bend: St. Augustine'Press, 1957, págs. 47 ss.
37. *Summa contra Gentiles* II, 18.
38. Barfield, *Saving the Appearances: A Study in Idolatry*, Middletown, CT: Wesleyan University Press, 1988, pág. 89.
39. Sobre la participación en el comentario de santo Tomás sobre *De Hebdomadibus*, véase especialmente «Participation and the Problem of the One and the Many», cap. IV, en John F. Wippel, *The Metaphysical Thought of Thomas Aquinas: From Finite Being to Uncreated Being*, Washington DC: The Catholic University of America Press, 2000, págs. 94-131. Véanse también el primer capítulo de Rudi A. te Velde, *Participation and Substantiality in Thomas Aquinas*, Nueva York: E. J. Brill, 1995; L.-B. Geiger, *La participation dans la philosophie de S. Thomas d'Aquin*, 2ª ed., París: J. Vrin, 1953, y Cornelio Fabro, *Participation et causalité selon S. Thomas d'Aquin*, Lovaina: Publications Universitaires de Louvain, 1961. Fabro presenta una versión resumida de su obra en inglés en Fabro, «The Intensive Hermeneutics of Thomistic Philosophy. The Notion of Participation», *The Review of Metaphysics* 27 (1974).
40. Los dos primeros tipos no son posibles porque, al tratar de hablar de existencia, no hablamos idealmente, de forma declarada, sino realmente, y, por tanto, no es posible basarse en la estructura de la participación lógica. Tampoco se puede describir la participación en el acto de la existencia como una substancia que recibe un accidente, pues, sin haber recibido ya la existencia, no hay ninguna substancia para recibir un accidente, *quod impossibile est!*
41. *Cuestiones disputatae de spiritualibus creaturis* I. 1.
42. En *El sofista* 256*e*, Platón dice: «En toda idea hay una cantidad definida de ser [...] y una infinidad de no ser». Cf. *Filebo* 16*c*.
43. Clarke, *Explorations in Metaphysics: Being-God-Person*, Notre Dame: University of Notre Dame Press, 1994, pág. 74. Aquí mi análisis está muy en deuda con el ensayo seminal, reimpreso en el volumen antes mencionado, «The Limitation of Act by Potency in St. Thomas: Aristotelianism or Neoplatonism?».
44. Simplicius, *In Physicorum* 24. 13, citado en Philip Clayton, *The Problem of God in Modern Thought*, Grand Rapids: Wm. B. Eerdmans, 2000, pág. 139.
45. Clarke, *Explorations in Metaphysics: Being-God-Person*, pág. 76.

46. Ibíd., pág. 77.
47. *Enéadas*, VI, 7, 32.
48. Clarke, *Explorations in Metaphysics: Being-God-Person*, pág. 78.
49. Cf. David Burrell, *Knowing the Unknowable God: Ibn-Sina, Maimonides, Aquinas*, Notre Dame: University of Notre Dame Press, 1986; Kevin Corrigan, «Essence and Existence in the Enneads», en *The Cambridge Companion to Plotinus*, ed. Lloyd P. Gerson, Cambridge: Cambridge University Press, 1996.
50. Clarke, *Explorations in Metaphysics: Being-God-Person*, pág. 79.
51. Véase, por ejemplo, *SCG* I. 22. «En Dios, esencia y existencia no son diferentes.» Por supuesto, propiamente hablando se debería vacilar en llamar 'ser' al Dios de Tomás de Aquino, puesto que el ser de Dios, en tanto infinito, es también infinitamente diferente de los seres que conocemos en la creación. Decir que la esencia de Dios es la existencia de Dios no es, por consiguiente, decir lo que Dios es, sino más bien lo que Dios no es. Dios no es, como las criaturas, un ser cuya esencia difiera de su existencia. Podemos decir que Dios es, pero cuando lo hacemos hablamos analógicamente. El ser, como todas las perfecciones, sólo puede ser predicado de Dios de manera eminente, es decir, en la conciencia de que entre el ser de Dios –como causa de nuestra existencia– y nuestro ser existe alguna semejanza analógica. Santo Tomás sigue aquí la senda apofática iniciada por Dionisio en su obra *De los nombres divinos*. Sobre la aproximación gramatical de Tomás de Aquino a la inefabilidad de Dios, véase Burrell, *Aquinas: God and Action*, Notre Dame: Notre Dame University Press, 1973.
52. *Cuestiones disputates de veritate*, qu. 12, art. 6.
53. Se debe distinguir claramente esto del uso kantiano y postkantiano de *transcendental*, que invierte su significado, de manera que los transcendentales, lejos de ser ontológicamente ubicuos, son ahora concebidos como ubicuos desde un punto de vista meramente epistemológico, derivados únicamente de la constitución del sujeto. Sobre la convertibilidad de los transcendentales, véase Clarke, *The One and the Many: A Contemporary Thomistic Metaphysics*, Notre Dame: University of Notre Dame Press, 2001, pág. 43.
54. Ibíd., pág. 291.
55. Gilson, *The Christian Philosophy of St. Thomas Aquinas*, Notre Dame: University of Notre Dame Press, 1956, pág. 83.
56. *S. T.* I, q. 8, ad. 1.
57. Como señalan Pickstock y Milbank, «si el Ser mide el conocimiento, el conocimiento mide igualmente el Ser. Podríamos llamar a esto "realismo ideal"». Pickstock y Milbank, *Truth in Aquinas*, Londres y Nueva York: Routledge, 2001, pág. 8.
58. Cf. ibíd., pág. 37. Tomás cita a Dionisio en *S. T.* 1. q. 2 ad. 1.
59. El ensayo, «To Be Is to Be Substance-in-Relation», se ha reeditado en Clarke, *Explorations in Metaphysics: Being-God-Person*, págs. 102-122.
60. *S. C. G.* III, cap. 113.
61. *S. T.* I, q. 19, art. 2.
62. Rosemann, *Omne Agens Agit Sibi Simile: A «Repetition» of Scholastic Metaphysics*, Lovaina: Leuven University Press, 1996, págs. 317-318.

63. Clarke, *Explorations in Metaphysics: Being-God-Person*, pág. 198.
64. Rosemann, *Omne Agens Agit Sibi Smile: A «Repetition» Of Scholastic Metaphysics*, pág. 295.
65. Lewis, *English Literature in the Sixteenth Century Excluding Drama*, pág. 320.
66. Barfield, *Saving the Appearances*, pág. 132.
67. Véase especialmente el libro IV en Juan Scoto Erígena, *Periphyseon: Sobre las naturalezas*. Para una introducción al pensamiento de Erígena, véase Deirdre Carabine, *John Scottus Eriugena*, ed. Brian Davies, *Great Medieval Thinkers*, Oxford: Oxford University Press, 2000; y John J. O'Meara, *Eriugena*, Oxford: Oxford University Press, 1988. Para más información sobre esta antropología en particular, véase Willemien Otten, *The Antropology of Johannes Scottus Eriugena*, Leiden: E. J. Brill, 1991.
68. U. Eco, *Art and Beauty in the Middle Ages*, New Haven: Yale University Press, 1986, pág. 113.
69. Sobre la noción dinámica de ejemplarismo en Eckhart, véase Ananda K. Coomaraswamy, «Meister Eckhart's View of Art», en *The Transformation of Nature in Art*, Cambridge: Harvard University Press, 1934.
70. Citado en U. Eco, *Art and Beauty in the Middle Ages*, pág. 113.
71. Véase Bernardino M. Bonansea, *Tommaso Campanella: Renaissance Pioneer of Modern Thought*, Washington, DC: Catholic University of America Press, 1969, pág. 147.
72. Eco, *Art and Beauty in the Middle Ages*, pág. 113.
73. Realmente, Deleuze considera que la participación es la clave para comprender la obra de Spinoza. Sobre este asunto, véase Deleuze, *Expressionism in Philosophy: Spinoza*, Brooklyn: Zone Books, 1990.
74. Sobre la modernidad y postmodernidad de Spinoza, véase Yirmiyahu Novel, *Spinoza and Other Heretics: The Adventures of Immanence*, Princeton: Princeton University Press, 1989.
75. El expresivismo ve un agente o substancia dándo*se* en sus dones, en vez de permanecer imperturbable y distante a pesar de sus emanaciones. La diferencia entre expresivismo y emanación se puede concebir, por consiguiente, como la diferencia entre un mito pragmático del don y un mito representacionalista de lo dado.
76. Deleuze, *Expressionism*, pág. 172.
77. Spinoza, *A Spinoza Reader: The Ethics and Other Works*, Princeton, N.J.: Princeton University Press, 1994, pág. 93.
78. Como tales, estas diferencias en la percepción son formales más que reales. Es útil considerar la semejanza entre la doctrina de Spinoza en este punto y la distinción de Galileo entre cualidades primarias y secundarias, de las que sólo las primeras son reales y pueden ser tratadas cuantitativamente.
79. Sobre la substancia "que se expresa" en atributos, véase *Ética* I, 10, escolio 1. Sobre la percepción de dos únicos atributos, aunque se sepa que existe una infinidad de ellos, véase *Ética* II, 1-2.
80. *Ética* I, 25, cor. en Spinoza, *Spinoza Reader*, pág. 103.
81. «Me parece que la importancia del spinozismo es ésta: afirma la inmanencia

como principio y libera la expresión de cualquier subordinación a la causalidad emanativa o ejemplar [...]. Y ese resultado sólo se puede obtener dentro de una perspectiva de univocidad» (Deleuze, *Expressionism*, pág. 180).

82. Ibíd., pág. 183.
83. Esto tiene como resultado una doctrina de inmanencia y univocidad puras que socava radicalmente la tajante distinción cartesiana entre el pensamiento y las substancias extensas. En lugar de bifurcar el universo en estos dos tipos de ser aparentemente irreconciliables, Spinoza considera que el orden de las ideas y el orden de las cosas son convertibles (cf. *Ética* II, 7). Consecuentemente, escribe: «La substancia pensante y la substancia extensa son una y la misma substancia, que ora está comprendida bajo este atributo, ora bajo aquél. Así también, un modo de extensión y la idea de ese modo son una sola cosa, pero expresada de dos maneras». Véase *Ética* II, 7, escol., en Spinoza, *Spinoza Reader*, pág. 119.
84. Beiser, «The Enligtenment and Idealism», en *The Cambridge Companion to German Idealism*, ed. Karl Ameriks, Cambridge: Cambridge University Press, 2000, pág. 26. Para un tratamiento exhaustivo, atractivo y documentado de la controversia del panteísmo y sus repercusiones, véase Beiser, *The Fate of Reason: German Philosophy from Kant to Fichte*, Cambridge: Harvard University Press, 1993.
85. Vemos, pues, ya en la última década del siglo XVIII, la problemática del fideísmo (Jacobi) en oposición al racionalismo inmanente (Spinoza) que continúa actualmente en el estudio de las religiones; en la disputa, por ejemplo, entre las confesiones perennialistas o teológicamente fideístas, y la lingüistificación post-saussuriana de la realidad y lo sagrado (en la que el significado es diferido perpetuamente y la realidad se ve confinada por una cadena sin fin de significantes).
86. Véase Slavoj Zizek, *The Parallax View*, Cambridge: MIT Press, 2006, pág. 7. Apelar a la idea del paralaje en este contexto puede parecer una mistificación, pero el concepto de Schelling resulta esclarecedor para algo más que *sólo* la metafísica. En efecto, el paralaje (que no es un término de Schelling, pero es una descripción acertada de su visión) descubre una tensión que está presente en muchos de los apremiantes problemas contemporáneos. Zizek, por ejemplo, descubre el problema del paralaje presente, al menos, en cuestiones de física cuántica, neurobiología, diferencia ontológica, en el problema lacaniano de lo Real, en la tensión entre deseo e instinto, en las aporías del inconsciente, y en lo que Zizek denomina el problema de la vagina (como icono de la sexualidad más obsesiva, pero también en el imaginado ideal no sexual de la maternidad).
87. Si lo infinito está en el mismo plano que lo finito, sólo puede ser una infinitud serial, un mal infinito, un infinito que nunca puede ser alcanzado salvo anulando completamente la finitud, y esta es precisamente la razón de que Spinoza no consiguiera valorar adecuadamente finitud y materialidad.
88. Schelling, *On the History of Modern Philosophy*, Cambridge: Cambridge University Press, 1994, pág. 173.
89. Así, Schelling se imaginaba a sí mismo completando el impulso spinozista, añadiendo aliento y vida al sistema de objetos de Spinoza. «El capullo cerrado puede todavía desplegarse en una flor. Se podría decir que la filosofía de Spinoza

[...] es, como el hebreo, una escritura sin vocales, las vocales fueron añadidas y explicitadas únicamente en una época posterior.» Ibíd., pág. 69.

90. Fichte ya descubrió que la subjetividad (el "yo"de Fichte) postula necesariamente un "no-yo" por el que definirse a sí misma. Schelling va más allá y muestra no sólo por qué, sino cómo se genera ese no-yo. Introduce de este modo un aspecto genético, incluso una historicidad, en su visión del Absoluto.

91. En *Investigaciones filosóficas sobre la esencia de la libertad humana*, de Schelling, estas fuerzas son concebidas de forma problemática como personalidades contrapuestas dentro de Dios –una buena, otra mala– llevando a Schelling a repetir el error de las sectas gnósticas dualistas y también de Jakob Boehme, posición en la que el propio Schelling permanecía inseguro. Véase Schelling, «Philosophical Investigations into the Essence of Human Freedom and Related Matters», en *Philosophy of German Idealism*, ed. Ernst Behler, *The German Library*, Nueva York: Continuum, 2003. Sobre la relación de Schelling con Boehme, véase Robert F. Brown, *The Later Philosophy of Schelling: The Influence of Boehme on the Works of 1809-1815*, Cranbury, NJ: Bucknell University Press, 1977.

92. La relación con el pensamiento participativo es explícita. Por ejemplo, en su comentario temprano sobre el *Timeo*, Schelling identifica este tercer término en el Absoluto con el *koinonon* de Platón, análogo platónico para *methexis* o participación. Véase Friedrich Wilhelm Joseph von Schelling, Hartmut Buchner y Hermann Krings, «*Timeus*» (1794), *Schellingiana*, vol. 4, Stuttgart-Bad Cannstsatt: Frommann-Holzboog, 1994.

93. Es realmente aquí donde Schelling me parece menos satisfactorio, pues su visión de Dios corre a veces el riesgo (no siempre) de llegar a ser demasiado voluntarista, como si la voluntad excediera de manera discordante a la verdad y el bien dentro de lo divino. En realidad, hay una línea de voluntarismo que va de Schelling a Schopenhauer y Nietzsche con su concepto de "voluntad de poder".

94. Schelling, «Philosophical Investigations into the Essence of Human Freedom and Related Matters», págs. 238-239.

95. La idea de Schelling del pliegue o "cisión" está en deuda con la idea de *zimsum* de la Cábala luriana como el repliegue en Dios por medio del cual nace la creación. Para Schelling, es la tercera potencia la que crea el pliegue, permitiendo así el nacimiento de un otro no-divino como cuarto. Mientras Plotino consideraba que el primer número es el dos (puesto que Uno no es propiamente un número, ya que carece de multiplicidad), Schelling argumenta que el Uno es ya múltiple –manifiesta la unidad, la dualidad y la triplicidad– y que, por consiguiente, la cuaternidad es el primer número (cf. Schelling, *The Ages of the World. Fragment, from the Handwritten Remains*, pág. 52). El cuatro es, por tanto, el primer principio no divino de otredad (alteridad), una intuición alquímica que reaparece en la sofiología rusa, pero también en las preferencias de Carl Jung, y otros. Estoy agradecido a la disertación de Anthony Baker sobre teología y *poiesis* para esta idea, y algunos otros *aperçus* respecto de Schelling. Véase Anthony Baker, «Making Perfect: An Experiment in Theological Ontology», Charlottesville: University of Virginia, 2004, págs. 153-204.

96. Schelling, *The Ages of the World. Fragment, from the Handwritten Remains*, pág. 37, § 252.
97. Schelling describe la imaginación productiva como aquello que «oscila entre el infinito y la finitud», Friedrich Schelling, *System of Transcendental Idealism* (1993), pág. 176. El *Sistema* comienza con la defensa de Schelling de la *intuición intelectual*, algo de lo que Kant privaba a todos salvo a Dios. Esta intuición es prerreflexiva y no basa la identidad en el sujeto pensante o en la idea abstracta de conciencia pura, sino en la condición de posibilidad que permite surgir a cualquiera de estos dos. Para Kant, toda la intuición humana es empírica o intuición pura. La intuición pura abstrae a partir de lo material para descubrir la forma de aparición como tal; el espacio y el tiempo son intuiciones formales o puras. Una intuición intelectual es enteramente activa y carece de contenido empírico; crea lo que percibe y de este modo, para Kant, sólo Dios puede tener intuición intelectual. Schelling, sin embargo, argumenta que el genio artístico es claramente activo y pasivo y que, por lo tanto, debemos de tener aquí al menos un acontecimiento humano menor de intuición intelectual. Véase Schelling, *System of Transcendental Idealism*, pág. 223. Sobre Kant, véase Kant, *Crítica de la razón pura*, B307.
98. Schelling, «Philosophical Investigations into the Essence of Human Freedom and Related Matters», pág. 222.
99. Schelling dice: «La mitología surge justo como es, y en ningún otro sentido que aquél en el que se expresa [...] es decir, todo en ella debe ser comprendido tal como se expresa, y no como cuando se concibe una cosa pero se dice otra. La mitología no es alegórica, sino tautegórica. En ella, los dioses son realmente seres existentes, cuya existencia no es algo diferente de su significado, pues significan sólo lo que son». Véase Schelling, *Sammtliche Werke* 11, pág. 196; citado en Nicholas Halmi, «Greek Myths, Christian Mysteries, and the Tautegorical Symbol», *Wordsworth Circle* 36, n.º 1 (2005), pág. 7. Schelling tomó el concepto de "tautegórico" de *Aids to Reflection* de Coleridge, donde éste habla acerca de «la base de los símbolos y las expresiones simbólicas; cuya naturaleza es siempre tautegórica (es decir, que expresan el mismo tema pero con una diferencia), en contraposición a metáforas y similitudes, que son siempre alegóricas (es decir, que expresan un tema diferente pero con una semejanza)». Samuel Taylor Coleridge, *Aids to Reflection*, ed. James Engell y W. Jackson Bate, Londres: Routledge and Kegan Paul, 1994, pág. 206.
100. Véanse los ensayos de este volumen.

2. PARTICIPACIÓN Y COMPLEJIDAD EN EL ESTUDIO DE LA RELIGIÓN

1. Véase Spretnack, *The Resurgence of the Real: Body, Nature, and Place in a Hypermodern World*, Reading, MA: Addison-Wesley, 1997/1999.
2. Véase Taylor, *Sources of the Self: The Making of the Modern Identity*, Cambridge: Harvard University Press, 1992. Probablemente este paradigma tiene fuentes más profundas en una fase inevitable, si no necesaria, de la evolución de la conciencia donde la diferenciación de la conciencia autorreflexiva lleva a su di-

sociación de lo divino, del cosmos y de sí misma. Véase Richard Tarnas, *The Passion of the Western Mind: Understanding the Ideas that Have Shaped Our World View*, Nueva York: Harmony Books, 1991, y Sean Kelly, «Re-visioning the Mandala of Consciousness», en *Ken Wilber in Dialogue: Conversations with Leading Transpersonal Thinkers*, ed. Donald Rothberg y Sean Kelly, Wheaton, IL: Quest Books, 1998, págs. 117-130.

3. Véase Varela, Evan Thompson y Eleanor Rosch, *The Embodied Mind: Cognitive Science and Human Experience*, Cambridge: The MIT Press, 1991, y Ferrer, *Revisioning Transpersonal Theory: A Participatory Vision of Human Spirituality*, Albany: State University of New York Press, 2002.
4. Ferrer, pág. 123.
5. Citado de David Abram, *The Spell of the Sensuous: Perception and Language in a More Than Human World*, Nueva York: Vintage Books, 1996, pág. 230.
6. Ibíd., pág. 233.
7. Jung, *Memories, Dreams, Reflections*, Glasgow: Collins Fount Paperback, 1961/1982, pág. 280.
8. *Anguttara Nikaya*: http://www.accesstoinsight.org/ptf/dhamma/sacca/sacca4/sammaditthi/index.html (8/30/06).
9. Platón, *Timeo*, 45*c* a 46*b*.
10. Algo de la naturaleza de la evolución de la conciencia occidental, de la antigüedad a la modernidad, es evidente en la inversión que se produce en el significado de "nouménico". Mientras que para Kant el término se refiere a la "X" necesariamente incognoscible que está detrás de los fenómenos, para Platón el término se refiere a las Ideas, que, a través del poder participativo del *nous*, es todo lo que realmente se puede conocer.
11. Como señala M.H. Abrams (*The Mirror and the Lamp: Romantic Theory and the Critical Tradition*, Nueva York: Oxford University Press, 1971), los poetas románticos y los teóricos literarios ingleses estaban comprometidos en la exploración paralela de una visión nueva y participativa del mundo. Aparte de Coleridge, que estaba influido directamente por Kant y Schelling en sus meditaciones filosóficas, los poetas románticos ingleses parecen haberse vuelto, en cambio, a los platónicos de Cambridge y las metáforas bíblicas para buscar una alternativa al predominio del sujeto desvinculado y su universo desencantado y mecánico. De la revolución copernicana en epistemología escribe Abrams: «Si no la limitamos a la doctrina específica de Kant de que la mente impone las formas de tiempo, espacio y las categorías sobre lo "múltiple sensorial", sino que la aplicamos al concepto general de que la mente perceptora descubre lo que ella misma ha hecho en parte, debemos aceptar que esto fue comprendido en Inglaterra por poetas y críticos antes que se manifestara en la filosofía académica. Así, definida en general, la revolución copernicana fue una revolución por reacción. En sus primeras exposiciones poéticas de la mente que modela su propia experiencia, por ejemplo, Coleridge y Wordsworth no emplean las fórmulas abstractas de Kant. Vuelven en cambio a las metáforas de la mente que habían caído muy en desuso en el siglo XVIII, pero que habían sido corrientes anteriormente, en los filósofos del siglo XVII que se mantuvieron al margen de la tradi-

ción de lo sensorial de Hobbes y Locke, o que fueron específicamente opuestos a ella» (pág. 58). Abrams dice que este cambio desde el paradigma representativo dominante al nuevo paradigma participativo (enactivo) se puede constatar en sus preferencias por las metáforas para la mente, que pasaron del *espejo* de los representacionalistas a la *lámpara* tan querida por los románticos.

12. Citado por Richards, *The Romantic Conception of Life: Science and Philosophy in the Age of Goethe*, Chicago: University of Chicago Press, 2004, pág. 488.
13. Ibíd., págs. 480-490.
14. Esto, a pesar del hecho de que dos de los fundadores de la psicología científica, G. T. Fechner y William James, fueran de orientación completamente transpersonal, y esto mucho antes de que la "cuarta fuerza" (Maslow) de la psicología transpersonal hiciera su aparición formal (véase Kelly, «The Prodigal Soul: Religious Studies and the Advent of Transpersonal Psychology», en *Religious Studies: Issues, Prospects, and Proposals*, ed. Klaus Klostermaier y Larry Hurtado, Atlanta: Scholars Press, 1991, págs. 429-441; y «Space, Time, and Spirit: The Analogical Imagination and the Evolution of Transpersonal Theory», en *The Journal of Transpersonal Psychology* 34 [2002], págs. 73-100).
15. Morin, *La Méthode* I*: La Nature de la Nature*, París: Seuil, 1977, pág. 23.
16. Ibíd., pág. 379.
17. Ibíd., pág. 80.
18. Ibíd., pág. 186.
19. Morin, *La Méthode* III: *La Connaissance de la Connaissance*, París: Éditions du Seuil, 1986, pág. 419.
20. Damasio, *The Feeling of What Happens: Body and Emotion in the Making of Consciousness*, San Diego: Harvest Books, 2000; *Descartes' Error: Emotion, Reason, and the Human Brain*, Nueva York: Penguin Books, 2005.
21. Véase Ernest L. Rossi, *Psychobiology of Mind-Body Healing: New Concepts of Therapeutic Hypnosis*, Nueva York: Norton, 1993.
22. Para una consideración dialógica de la relación entre estas dos alternativas filosóficas perennes, véase Kelly, «Bohm and Morin: Beyond Materialism and Idealism», en *Idealistic Studies* XXII (1992), págs. 28-38.
23. «Queda –escribe Morin–, y debe quedar, un residuo mental en la descripción más completa y compleja del cerebro, como debe quedar un residuo cerebral en la descripción más completa y compleja de la mente […]. Los dos planteamientos principales –el enfoque neuro-cerebral y el "psi"– entrarán, y deben entrar, en contacto y comunicarse entre sí, pero ningún planteamiento estará nunca totalmente integrado o armonizado con el otro» (Morin, *La Méthode* III, pág. 80).
24. Ibíd., pág. 74.
25. Véase Morin, *La Méthode* I, *passim.*
26. Maturana y Varela, *Autopoiesis and Cognition: The Realization of the Living*, Dordrecht: D. Reidel, 1980, pág. 13.
27. Morin, *La Méthode* II: *La Vie de la Vie*, París: Seuil, 1980, pág. 109.
28. Véase la descripción en la contracubierta de *Autopoiesis and Cognition*, de Maturana y Varela: «Los autores han construido una biología teórica sistemática que trata de definir los sistemas vivos no como objetos de observación y des-

cripción, ni siquiera como sistemas interactuantes, sino como unidades independientes cuya única referencia son ellos mismos».

29. Morin, *La Méthode* I: *La Nature de la Nature*, págs. 210-211.
30. Morin, *La Méthode* II: *La Vie de la Vie*, pág. 66.
31. Ibíd., pág. 87.
32. Véase Morin, *La Méthode* IV: *Les Idées*, París: Seuil, 1991, y Kelly, «Integral Ecology and the Paradigm of Complexity», en Mickey, S., Roberts, A. y Kelly, S. (eds.), *Integral Ecologies* (en preparación).
33. Al considerar la complejidad de la relación auto-ecológica, Morin escribe: «*Autos* y *oikos* se distinguen claramente cuando consideramos la particularidad del uno y la globalidad del otro, el auto-centrismo de uno y el eco-centrismo del otro. Sin embargo, en uno como en otro, y entre ambos, hay un fluido común, una zona incierta, y el carácter indistinto de esta zona es prueba de una indistinta unidad-en-profundidad», *La Méthode* II, pág. 68.
34. Morin, *La Méthode* I, pág. 276.
35. Persinger, *Neuropsychological Bases of God Beliefs*, Nueva York: Praeger, 1987.
36. Ramachandran *et al.*, «Neural Basis of Religious Experience», *1997 Society for Neuroscience Conference Abstracts*, pág. 1316. Véase el artículo sobre el «God Spot» [«Lugar de Dios»] en: http://cas.bellarmine.edu/tietjen/images/new_page_2.htm (9/2/06).
37. Strassman, *DMT: The Spirit Molecule: A Doctor's Revolutionary Research into the Biology of Near-Death and Mystical Experiences*, Rochester, VT: Park Street Press, 2000.
38. Dawkins, *The Selfish Gene*, Nueva York: Oxford University Press, 1976/2006, y Blackmore, *The Meme Machine*, Nueva York: Oxford University Press, 1999.
39. Smart, *Dimensions of the Sacred: An Anatomy of the World's Beliefs*, Berkeley: University of California Press, 1999.
40. Barbour, *Religion and Science: Historical and Contemporary Issues*, Nueva York: HarperSanFrancisco, 1977.
41. Wilber, *Sex, Ecology, Spirituality: The Spirit of Evolution*, Boston: Shambhala, 1995, e *Integral Psychology: Consciousness, Spirit, Psychology, Therapy*, Boston: Shambhala, 2000.
42. Bakan, *The Duality of Human Existence: Isolation and Communion in Western Man*, Boston: Beacon Press, 1966.
43. Véase Morin, *La Méthode* I, págs. 105-135; y «From the Concept of System to the Paradigm of Complexity», en *Journal of Social and Evolutionary Systems* 15 (1992), págs. 371-385.
44. Véase Kelly, «Re-visioning the Mandala of Consciousness».
45. Morin, *La Méthode* II: *La Vie de la Vie*, pág. 371.
46. Ferrer, *Revisioning Transpersonal Theory*, pág. 162.
47. Ibíd., pág. 167.
48. Ibíd.
49. Mientras Wilber reconoce la existencia de lo que llama "jerarquías patológicas" (*Sex, Ecology, Spirituality*, págs. 22 ss. y 103 ss.), para Morin toda jerarquía presupone cierto grado de patología (como vimos anteriormente, mediante la vir-

tualización, supresión o inhibición de las propiedades fenoménicas de los elementos integrados).
50. Morin, *La Méthode* II, pág. 315.
51. Ibíd., pág. 311.
52. Ibíd., pág. 314 (la cursiva es mía).
53. «Todo ser vivo –escribe Morin– es auto-eco-organizado, lo que equivale a decir que una parte de su organización procede de fuentes ex-céntricas. Lo que esto significa es que el ser vivo más centralmente organizado es, al mismo tiempo, policéntrico, a-céntrico y ex-céntrico.» (Ibíd., pág. 318.)
54. Ibíd., pág. 321.
55. Ibíd., págs. 324-325.
56. Ferrer, *Revisioning Transpersonal Theory*, pág. 188.
57. Ibíd., pág. 191.
58. Morin, *La Méthode* III, pág. 211.
59. Para una exposición breve, véase Kelly, «Integral Ecology and the Paradigm of Complexity».
60. Morin, con A.B. Kern, *Homeland Earth: A Manifesto for the New Millennium*, Kreskill, NJ: Hampton Press, 1999, pág. 141.
61. Morin, *La Méthode* VI: *Éthique*, París: Seuil, 2004, pág. 34.
62. Ibíd.
63. Morin, *Homeland Earth*, pág. 142.
64. Véase ibíd., págs. 123 ss.
65. Morin, *La Méthode* VI, pág. 34.
66. Ibíd., pág. 231.
67. Ibíd., pág. 34.
68. Ibíd., pág. 231.

3. EL CONOCIMIENTO ESPIRITUAL COMO ENACCIÓN PARTICIPATIVA

1. David B. Barrett, George Thomas Kurian y Todd M. Johnson, eds., *World Christian Encyclopedia: A Comparative Survey of Churches and Religions in the Modern World*, 2 vols., 2ª ed., Nueva York: Oxford University Press, 2001. La segunda edición de la enciclopedia ofrece el mapa más actualizado y completo que conozco de la diversidad religiosa en el mundo. Para una introducción más popular a «las creencias y prácticas de más de veinte mil religiones nuevas» (de la contracubierta), véase Christopher Partridge, ed., *New Religions: A Guide. New Religious Movements, Sects, and Alternative Spiritualities*, Nueva York: Oxford University Press, 2005.
2. Citado en Toby Lester, «Oh Gods! An Explosion of New Religions Hill Shake the 21st Century», *The Atlantic Monthly* (febrero de 2002), pág. 28.
3. Véase, por ejemplo, Richard Rorty, «Pragmatism as Romantic Polytheism», en *The Revival of Pragmatism: New Essays on Social Thought, Law, and Culture*, ed. Morris Dickstein, Durham: Duke University Press, 1998, págs. 21-36. En la introducción a este volumen cuestionamos los fundamentos del escepticismo moderno sobre el valor cognitivo de la religión.

4. Véase Jorge N. Ferrer, *Revisioning Transpersonal Theory: A Participatory Vision of Human Spirituality*, Albany: State University of New York Press, 2002, y «The Perennial Philosophy Revisited», *The Journal of Transpersonal Psychology* 32 (2000), págs. 7-30.
5. Sobre mi interpretación no esencialista del misterio, véanse las notas 88 y 155 de la Introducción, en este volumen.
6. Completamente actualizado y con materiales nuevos, este capítulo parte de ideas ya tratadas en mi libro, *Revisioning Transpersonal Theory*. Bien a través de la página impresa, bien por vía de la comunicación personal, me he beneficiado inmensamente de la respuesta crítica de George Adams, G. William Barnard, Michel Bauwens, Sean Esbjörn-Hargens, Robert Fuller, Karen Jaenke, Sean Kelly, Jeffrey J. Kripal, David Lorimer, Bindu Mohanty, Raimon Panikkar, William Parsons, Jacob H. Sherman, Richard Tarnas, Michael Washburn y, muy especialmente, John Heron, quien me instó de forma persistente a aclarar varias cuestiones antes poco desarrolladas, haciéndome también consciente de algunas tensiones no resueltas de mi trabajo.
7. Ferrer, *Revisioning Transpersonal Theory*, págs. 115-131, y «Transpersonal Knowledge: A Participatory Approach to Transpersonal Phenomena», en *Transpersonal Knowing: Exploring the Horizon of Consciousness*, ed. Tobin Hart, Peter Nelson y Kaisa Puhaka, Albany: State University of New York Press, 2000, págs. 213-252.
8. Varela, Thompson y Rosch, *The Embodied Mind: Cognitive Science and Human Experience*, Cambridge: The MIT Press, 1991. Como se señala en la nota 154 de la Introducción a este volumen, amplío el alcance del planteamiento enactivo más allá de su limitación original al reino de la cognición sensoriomotora. Para un resumen y una mayor profundización en el paradigma enactivo, véase Thompson, «The Mindful Body: Embodiment and Cognitive Science», en *The Incorporated Self: Interdisciplinary Perspectives of Embodiment*, ed. Michael O'Donovan-Anderson, Lanham, MD: Rowman and Littlefield, 1996, págs. 127-144. Para un acercamiento enactivo semejante a la percepción humana del mundo sensoriomotor, véase Alva Nöe, *Action in Perception*, Cambridge: The MIT Press, 2004. Véase también Warren Frisina, *The Unity of Knowledge and Action: Toward a Nonrepresentational Theory of Knowledge*, Albany: State University of New York Press, 2002, para un lúcido estudio de las perspectivas clásicas y contemporáneas, asiáticas y occidentales, del paradigma emergente no representacional de la cognición.
9. En otro lugar propongo que la transfiguración del mundo característica de muchas percepciones espirituales no debería interpretarse solamente de manera intrasubjetiva –como una experiencia interior individual–, sino más bien como la aparición en la realidad de un acontecimiento participativo en el que la cognición multidimensional del individuo participa creativamente. Véase *Revisioning Transpersonal Theory*, págs. 116-120.
10. Citado en Dorothy H. Donnelly, «The Sexual Mystic: Embodied Spirituality», en *The Feminist Mystic and Other Essays on Women and Spirituality*, ed. Mary E. Giles, Nueva York: Crossroad, 1982, pág. 127.

11. Véase Donald Evans, «Two Dogmas of Skepticism Regarding Spiritual Reality», en su *Spirituality and Human Nature*, Albany: State University of New York Press, 1993, págs. 102-123.
12. Véase Ferrer, *Revisioning Transpersonal Theory*, págs. 71-111, para una taxonomía de las variedades de perennialismo –básico, esotérico, estructuralista, perspectivista y tipológico– y el análisis de sus limitaciones.
13. Cf. Donald Evans: «La espiritualidad consiste principalmente en un proceso transformador básico en el que descubrimos y renunciamos a nuestro narcisismo para entregarnos al Misterio del que todo surge continuamente» (*Spirituality and Human Nature*, Albany: State University of New York Press, 1993, pág. 4). Aunque formulada en un marco kantiano cuestionable, John Hick también interpreta la liberación espiritual como «la transformación de la existencia humana que deja de centrarse en el yo para centrarse en la Realidad» (*An Interpretation of Religión: Human Responses to the Transcendent*, New Haven: Yale University Press, 1992, pág. 14). Igualmente, Paul O. Ingram sugiere que las «diferentes concepciones de la salvación o liberación final comparten un terreno común genérico: todas, a su manera peculiar, histórica y culturalmente específica, se ocupan de la transformación de la existencia humana a fin de pasar del egocentrismo a una relación nueva y mutuamente creativa con lo Sagrado relativamente inaccesible» (*Wrestling with the Ox: A Theology of Religious Experience*, Nueva York: Continuum, 1997, pág. 185).
14. Además, este distanciamiento del egocentrismo puede expresarse de diversas formas a través de posturas espirituales diferentes, por ejemplo, monaquismo, contemplación, servicio devocional, acción desinteresada en el mundo, etcétera. Para un estudio de algunas de estas expresiones en las principales tradiciones religiosas, véase Richard Kieckhefer y George D. Bond, eds., *Sainthood: Its Manifestations in World Religious*, Berkeley: University of California Press, 1988.
15. Debo subrayar aquí que solamente sugiero que esta liberación del egocentrismo es un *ideal* (o aspiración) compartido por prácticamente todas las tradiciones contemplativas. Si ese ideal se realiza o no en la práctica es una cuestión empírica que debe ser explorada a través del estudio histórico de las comunidades y las biografías religiosas, así como por la investigación de la eficacia de las prácticas religiosas contemporáneas a la hora de promover esa transformación.
16. S.S. Dalia Lama, *The Bodhgaya Interviews*, ed. José Ignacio Cabezón, Ithaca, NY: Snow Lion, 1988, pág. 12. Sin embargo, como sugiere Gavin D'Costa en «The Near Triumph of Tibetan Buddhist Pluralist-Exclusivism», existe una tensión importante entre el ecumenismo espiritual del Dalai Lama y su argumento de que la liberación final o completa sólo se puede alcanzar a través de las prácticas de la vacuidad de su escuela gelugpa de budismo tibetano (*The Meeting of Religions and the Trinity*, Maryknoll, NY: Orbis Books, 2000, págs. 72-95).
17. No debe confundirse la superación del egocentrismo con la errónea creencia de que la liberación supone una transcendencia o aniquilación total de la personalidad egoica o individual. Como los psicólogos transpersonales se han esforzado en subrayar, lo que se supera en la senda espiritual no es la identidad perso-

nal, sino la exclusiva y restrictiva identificación de uno mismo con el concepto de un yo separado. Véase, por ejemplo, Mark Epstein, «The Deconstruction of the Self: Ego and "Egolessness" in Buddhist Insight Meditation», *The Journal of Transpersonal Psychology* 20 (1998), págs. 61-69.

18. Brown, «The Stages of Meditation in Cross-Cultural Perspective», en *Transformations of Consciousness: Conventional and Contemplative Perspectives on Development*, ed. Ken Wilber, Jack Engler y Brown, Boston: Shambhala 1986, págs. 266-267. Para una crítica, véase José Ignacio Cabezón, «Buddhism and Science: On the Nature of the Dialogue», en *Buddhism and Science: Breaking New Ground*, ed. B. Alan Wallace, Nueva York: Columbia University Press, 2003, págs. 53-54.

19. Forman, ed., *The Problem of Pure Consciousness: Mysticism and Philosophy*, Nueva York: Oxford University Press, 1990. Para el contextualismo en el estudio del misticismo, véanse Steven T. Katz, «Language, Epistemology, and Mysticism», en *Mysticism and Philosophical Analysis*, ed. Steven Katz, Nueva York: Oxford University Press, 1978, págs. 22-74; Robert M. Gimello, «Mysticism in Its Contexts», en *Mysticism and Religious Traditions*, ed. Steven T. Katz, Nueva York: Oxford University Press, 1983, págs. 61-68; John Y. Fenton, «Mystical Experience as a Bridge for Cross-Cultural Philosophy of Religion: A Critique», en *Religious Pluralism and Truth: Essays on Cross-Cultural Philosophy of Religion*, ed. Thomas Dean, Albany: State University of New York Press, 1995, págs. 189-204, y Jess Byron Hollenback, *Mysticism: Experience, Respones, and Empowerment*, University Park: Pennsylvania State University Press, 1996.

20. La idea de salvaciones espirituales diferentes está expresada de manera convincente en S. Mark Heim, *Salvations: Truth and Difference in Religión*, Maryknoll, NY: Orbis Books, 1995. El trabajo de Heim es útil en la revelación de las contradicciones de otros enfoques denominados "pluralistas" (como el de Hick, o el de W.C. Smith), que, sin embargo, postulan un punto final equivalente para todas las tradiciones. Un pluralismo religioso auténtico, afirma justamente Heim, tiene que reconocer la existencia de objetivos religiosos alternativos, y plantear la religión sobre una única escala no lo hace: hay «muchas religiones verdaderas [...] y cada una de ellas es el único camino» (pág. 219). Aunque sugiere varias posibilidades, Heim permanece agnóstico sobre la visión metafísica que está detrás de su "hipótesis más pluralista" (véase, por ejemplo, pág. 146), y finalmente se desliza hacia una visión objetivista de la verdad espiritual como universal y previamente dada: «Entre las diversas religiones –nos dice– una, o varias, o ninguna, puede proporcionar la mejor representación aproximada del carácter del cosmos, explicando y ordenando estas diversas posibilidades humanas dentro de él» (pág. 215). Esta recaída es también evidente cuando, después de comparar los diferentes fines religiosos con ciudades diferentes, afirma: «Considero estas ciudades como sitios dentro de un solo mundo, cuya cartografía global tiene un carácter determinado» (pág. 220). En estas afirmaciones evidencia que la "hipótesis más pluralista" de Heim es pluralista sólo en un nivel fenomenológico o soteriológico (es decir, en tanto admite diferentes realizaciones humanas), pero no

en un nivel ontológico o metafísico (es decir, en el nivel de los referentes y realidades espirituales).

21. Dalai Lama, *The Bodhgaya Interviews*, pág. 23.
22. Ibíd., págs. 23-24.
23. Para análisis que subrayan la diversidad de las visiones budistas sobre la naturaleza de la realidad última, véanse John Hopkins, «Ultimate Reality in Tibetan Buddhism», *Buddhist-Christian Studies* 8 (1988), págs. 111-129; Francis H. Cook, «Just This: Buddhist Ultimate Reality», *Buddhist-Christian Studies* 9 (1989), págs. 127-142, y Hans Küng, «Response to Francis Cook: Is It Just This? Different Paradigms of Ultimate Reality in Buddhism», *Buddhist Christian Studies* 9 (1989), págs. 143-152. Véase también Winston L. King, «Zen as a Vipassana-Type Discipline», en *Asian Religions: History of Religions (1974 Proceedings)*, comp. Harry Partin, Tallahassee: American Academy of Religion, 1974, págs. 62-79, para un análisis de las diferencias entre las concepciones Mahayana y Theravada de *nirvana*; y C.M. Chen, *The Subtle Discrimination Between the Practices of Sunyata in Hinayana, Mahayana, and Vajrayana*, Kalinpang: Mani Press, 1972, para distinciones entre las enacciones budistas de la vacuidad (*sunyata*). Es también de interés el polémico tratado de Sakya Pandita Kunga Gyaltshen, *A Clear Differentiation of the Three Codes: Essential Distinctions among the Individual Liberation, Great Vehicle, and Tantric Systems*, Albany: State University of New York Press, 2002, donde el autor destaca las diferencias entre los diversos votos y sistemas de disciplina budistas a fin de mostrar la superioridad de la tradición Vajrayana para alcanzar la liberación suprema. Para una introducción general a algunas de las controversias entre escuelas budistas respecto de la substancialidad de la realidad última, véase M.R. Chinchore, *Anatta/Anatmata: An Analysis of the Buddhist Anti-Substantialist Crusade*, Delhi: Sri Satguru Publications, 1995.
24. Vroom, *Religions and the Truth: Philosophical Reflections and Perspectives*, Grand Rapids: Eerdmans, 1989, págs. 382-383. Para una exploración más detallada de los méritos de una visión multicentrada de las relaciones interreligiosas, véase Frank J. Hoffman, «The Concept of Focal Point in Models for Inter-Religious Understanding», en *Inter-Religious Models and Criteria*, ed. Jürgen Kellenberger, Nueva York: St. Martin's, 1993, págs. 166-184.
25. *Grosso modo*, estas comparaciones pueden llevar a la identificación de al menos cuatro tipos de equivalencias: 1) *cognitiva*: creencias, doctrinas, o directrices éticas comunes, por ejemplo, la creencia en la reencarnación o la Regla de Oro; 2) *funcional*: doctrinas, nociones o prácticas espirituales que, aun teniendo significados diferentes, desempeñan un papel análogo en dos o más tradiciones religiosas, por ejemplo, *qi* y alma como mediadores entre cuerpo y espíritu en el taoísmo y el cristianismo; 3) *homoversal*: invariantes o verdades universales para la especie humana, por ejemplo, en relación a los estados de conciencia de vigilia, sueños, sueño sin sueños, y 4) *ontológica*: elementos superpuestos en enacciones participativas diferentes de la realidad última, por ejemplo, unión mística con un Dios personal en el judaísmo, el cristianismo y el islam.
26. Varela, Thompson y Rosch, *The Embodied Mind*, pág. 195.

27. Se puede encontrar un punto de partida prometedor en Hans Küng y Kart-Joseph Kuschel, eds., *A Global Ethic: The Declaration of the Parliament of the World's Religions*, Nueva York: Continuum, 1993. Para un alegato en favor de la necesidad del diálogo entre religiones en la búsqueda de una ética mundial, véase Küng, *Global Responsability: In Search for a New World Ethic*, Nueva York: Crossroad, 1991, y para dos lúcidos estudios que señalan algunos de los escollos y dificultades implicados en el establecimiento de una ética mundial, véase Sally King, «It's a Long Way to a Global Ethic: A Response to Leonard Swidler», *Buddhist-Christian Studies* 15 (1995), págs. 213-219, y Paul F. Knitter, «Pitfalls and Promises for a Global Ethic», *Buddhist-Christian Studies* 15 (1995), págs. 221-229.
28. Estoy en deuda con Kripal, «In the Spirit of Hermes: Reflections on the Work of Jorge N. Ferrer», *Tikkun: Politics, Spirituality, Culture* 18 (2003), págs. 67-70, por cuestionar amablemente el "perennialismo moral" residual insinuado en mi trabajo anterior. Para una notable colección de ensayos que explora el estatuto ético de la religión y el misticismo, véase Barnard y Kripal, eds., *Crossing Boundaries: Essays on the Ethical Status of Mysticism*, Nueva York: Seven Bridges Press, 2002.
29. Tal vez nadie haya ido más lejos que Raimon Panikkar en articular las consecuencias espirituales de la interpenetración de lo humano, el cosmos y el misterio, especialmente en *The Comotheandric Experience: Emerging Religious Consciousness*, Marynoll, NY: Orbis Books, 1993. Véase también Jyri Komulainen, *An Emerging Cosmotheandric Religión?: Raimon Pannikar's Pluralistic Theology of Religions*, Leiden: E.J. Brill, 2005.
30. Según Moshe Idel, en el misticismo judío, «el término *teúrgia*, o *teúrgico* [...] se refiere a operaciones dirigidas a influir en la Divinidad, principalmente en su estado o en sus operaciones internas, pero a veces también en su relación con el hombre», *Kabbalah: New Perspectives*, New Haven: Yale University Press, 1988, pág. 157. Se debe distinguir la teúrgia cabalista de los significados diferentes de este término en el misticismo cristiano y neoplatónico, como, por ejemplo, en los escritos de Dionisio Areopagita. Para relatos de prácticas teúrgicas en estas tradiciones, véase E.R. Dodds, *The Greeks and the Irrational*, Berkeley: University of California Press, 1951, págs. 283-311, y R.A. Norris, «Theurgy», en *The Encyclopedia of Religion*, vol. 14, ed. Mircea Eliade, Nueva York: MacMillan, 1987, págs. 481-483. Curiosamente, Idel explica cómo el aspecto teúrgico de la Cábala se perdió y fue transformado en *gnosis* por los cabalistas cristianos del Renacimiento (págs. 260-264), lo que sugiere el paso de una relación más recíproca y participativa con una divinidad dinámica al conocimiento unilateral y pasivo de un Dios inmutable dado de antemano. En otras palabras, es un cambio de una divinidad "abierta" a otra "cerrada"; una transformación de un "Tú" divino en un "Ello" divino o un "Él" inmutable. Para una aproximación participativa al misticismo judío, véase el ensayo de Brian L. Lancaster en este volumen.
31. Idel, *Kabbalah*, pág. 181.
32. Dupré, «*Unio Mystica:* The State and the Experience», en *Mystical Union in*

Judaism, Christianity, and Islam: An Ecumenical Dialogue, ed. Idel y McGinn, Nueva York: Continuum, 1996, págs. 3-23; McGinn, «Comments», en *Mystical Union in Judaism, Christianity, and Islam*, págs. 185-193.

33. Dupré, «*Unio Mystica*», pág. 17.
34. Ibíd., pág. 20.
35. Ibíd., pág. 22. Dupré se refiere aquí a la idea de que el amor humano puede transformar al mismo Dios.
36. Si se acepta un escenario más allá de la vida en el que, de alguna manera, se mantiene la identidad personal, se vuelve factible contemplar la posibilidad de entidades no construidas, tal como los santos muertos, *boddhisattvas*, maestros ascendidos, y similares.
37. Aunque generalmente el Vedanta Advaita considera que el teísmo (*Brahman saguna*) es un nivel inferior de comprensión, Shankara no ofreció ninguna gradación jerárquica de sistemas espirituales. En contraste con los proyectos más inclusivistas de Kumarila, Bhartrihari, y la mayor parte de los pensadores neohindúes, Shankara rechaza simplemente como falsa, por ejemplo, en su *Brahamasutrabhasya*, la mayoría de los otros sistemas y filosofías, como Samkhya, Yoga y budismo. Puesto que estos sistemas no se basan en la revelación védica, afirma Shankara, son incapaces de transmitir cualquier verdad sobre la naturaleza de la realidad última. A este respecto, véase Wilhelm Halbfass, «Vedic Orthodoxy and the Plurality of Religious Traditions», en *Tradition and Reflection: Explorations in Indian Thought*, Albany: State University of New York Press, 1991, págs. 51-85. Las palabras de Ramanuja se citan en Robert C. Zaehner, *Hindu and Muslim Mysticism*, 1960, reed., Rockport, MA: Oneworld Pubications, 1994, pág. 63. Para el ataque de Ramanuja al Vedanta Advaita, véase George Thibaut, trad., *The Vedanta Sutras with the Commentary of Ramanuja*, vol. 48, *Sacred Books of the East*, Oxford: Clarendon Press, 1904, págs. 33-37.
38. Halbfass, «Vedic Ortodoxy», pág. 56; Halbfass, *India and Europe: An Essay in Understanding*, Albany: State University of New York Press, 1988, pág. 415.
39. Para un análisis crítico de las gradaciones espirituales en el neohinduismo, véase Halbfass, «"Inclusivism" and "Tolerance" in the Encounter between India and the West», en *India and Europe*, págs. 403-418.
40. Buswell y Gimello, «Introduction», en *Paths of Liberation: The Marga and Its Transformations in Buddhist Thought*, ed. Buswell y Gimello, Honolulu: University of Hawaii Press, 1992, págs. 1-36.
41. Cf. Anne Klein: «En Tíbet, los cuatro sistemas fundamentales de los principios budistas [Vaibhasika, Sautrantika, Cittamatra y Madhyamika] son clasificados en función de la sutileza con la que identifican y rectifican las diversas formas de ignorancia que se supone impiden la liberación y la omnisciencia» (*Knowledge and Liberation: Tibetan Buddhist Epistemology in Support of Transformative Religious Experience*, Ithaca: Snow Lion Publications, 1986, pág. 19). No obstante, dadas las multiples contingencias históricas, culturales y experienciales en el desarrollo de estas escuelas, intuiciones e interpretaciones budistas, la sugerencia de una continuidad de progreso espiritual a través de los vehículos budistas parece injustificada. No digo que no pueda haber interpretaciones más pro-

fundas o verdades superiores en los asuntos espirituales, pero poner los diversos vehículos budistas en una línea continua de progreso espiritual me parece un movimiento apologético animado por el apoyo a alguna escuela en particular por encima de las demás.

42. Véase Thomas P. Kasulis, «Truth Words: The Basis of Kukai's Theory of Interpretation», en *Buddhist Hermeneutics*, ed. Donald S. Lopez Jr., Honolulu: University of Hawaii Press, 1988, págs. 257-272.
43. Buswell y Gimello, «Introduction», pág. 20.
44. Wilber, *Sex. Ecology, Spirituality: The Spirit of Evolution*, Boston: Shambhala, 1995, págs. 279-316; Stoeber, *Teho-Monistic Mysticism: A Hindu-Christian Comparison*, Nueva York: St. Martin's, 1994. Hay muchos precedentes de la postura de Stoeber en los estudios religosos occidentales. Por mencionar dos ejemplos conocidos, Martin Buber considera la relación del yo/tú con Dios como espiritualmente superior a la experiencia monástica de no dualidad, *Between Man and Man*, Londres: Collins, 1961; y Zaehner afirma que el ideal monista es transcendido en el misticismo teísta, considerando la liberación monista de Shankara (*moksha*) una etapa primitiva en el proceso de deificación (*Mysticism Sacred and Profane: An Inquiry into Some Varieties of Preternatural Experience*, Nueva York: Oxford University Press, 1957). Más recientemente, la clasificación de Wilber del misticismo no dual por encima del teísmo y otras sendas contemplativas ha sido criticada y rebatida por Daniel A. Helminiak en *Religión and the Human Sciences*, Albany: State University of New York Press, 1998, págs. 213-292; George Adams, «A Theistic Perspective on Ken Wilber's Transpersonal Psychology», *Journal of Contemporary Religion* 17 (2002), págs. 165-179; y, tal vez más eficazmente, por Leon Schlamm, «Ken Wilber's Spectrum Model: Identifying Alternative Soteriological Perspectives», *Religión* 31 (2001), págs. 19-39, que usa la matizada taxonomía de Andrew Rawlinson de las tradiciones místicas para mostrar la arbitrariedad y la naturaleza doctrinal de esas clasificaciones. Sobre las limitaciones del neoperennialismo no dual de Wilber, véase también Ferrer, *Revisioning Transpersonal Theory*, págs. 95-105.
45. Stoeber, *Theo-Monistic Mysticism*, págs. 17-18.
46. Véase, por ejemplo, W.A. Christian, *Oppositions of Religious Doctrines: A Study in the Logia of Dialogue among Religions*, Nueva York: Herder and Herder, 1972; Paul J. Griffiths, *An Apology for Apologetics: A Study in the Logic of Interreligious Dialogue*, Nueva York: Orbis Books, 1991, y Hick, «On Conflicting Religious Truth-Claims», *Religious Studies* 19 (1983), págs. 485-491.
47. Para una visión general detallada de estos tres modelos básicos de relaciones interreligiosas (exclusivismo, inclusivismo y pluralismo) en el contexto de las actitudes cristianas hacia otras religiones, véase D'Costa, *Theology and Religious Pluralism: The Challenge of Other Religions*, Nueva York: Basil Blackwell, 1986. Véase también Hick y Knitter, eds., *The Myth of Christian Uniqueness*, Maryknoll, NY: Orbis Books, 1987, para una defensa representativa del pluralismo ecuménico y crítica del exclusivismo y el inclusivismo, y D'Costa, ed., *Christian Uniqueness Reconsidered: The Myth of a Pluralistic Theology of Religions*, Maryknoll, NY: Orbis Books, 1990, para diversas críticas del plura-

lismo ecuménico y sugerencias de actitudes "más" pluralistas hacia las relaciones interreligiosas. Una crítica convincente del pluralismo ecuménico se puede encontrar también en Heim, *Salvations*. Para un estudio de las variedades del pluralismo religioso, véase Keith E. Yandell, «Some Varieties of Religious Pluralism», en *Inter-Religious Models and Criteria*, págs. 187-211.

48. Mi análisis del "problema de las pretensiones contrapuestas de verdad" se limita a las afirmaciones religiosas *últimas*, es decir, sobre la naturaleza de la realidad, los fines espirituales supremos, lo divino, etcétera. Es obvio que las religiones tienen pretensiones de verdad de otro tipo (por ejemplo, empíricas, transempíricas, históricas, míticas, etcétera), que pueden no sólo estar en conflicto real con las otras, sino también ser potencialmente verdaderas o falsas (por ejemplo, ciertos acontecimientos sobrenaturales, teorías de la reencarnación, relatos de creación, escatologías, etcétera). Para análisis valiosos sobre la evaluación de las pretensiones de verdad religiosa desde una perspectiva intercultural, véase Dean, *Religious Pluralism and Truth*, y Vroom, *Religions and the Truth*. Véase también Robert Cummings Neville, ed., *Religious Truth. A Volumen in the Comparative Religious Ideas Project*, Albany: State University of New York Press, 2001, para un importante análisis comparativo de la naturaleza de la verdad religiosa.

49. Heim sugiere la posibilidad de postular una pluralidad de realidades nouménicas hacia las que las diferentes tradiciones están orientadas (*Salvations*, pág. 146). Sin embargo, esta hipótesis perpetúa innecesariamente, e incluso multiplica, la sospechosa doctrina kantiana de los dos mundos. Para una crítica clásica del dualismo kantiano, véase G. Schrader, «The Thing in Itself in Kantian Philosophy», en *Kant: A Collection of Critical Essays*, ed. R.D. Wolff, Garden City, NY: Anchor Books, 1967, págs. 172-188.

50. Por la «integridad *potencial* de cada tradición por derecho propio» quiero sugerir que toda tradición espiritual, incluso aquellas que tradicionalmente han promulgado doctrinas y prácticas probablemente disociadoras (o unilateralmente transcendentalistas, desencarnadas, o negadoras del mundo), puede ser creativamente (y legítimamente, afirmaría) reconsiderada desde la perspectiva de interpretaciones y maneras encarnadas de conocer más holísticas. La reinterpretación de Ian Whicher del sistema dualista del yoga clásico de Patañjali –cuyo objetivo era la autoidentificación con una conciencia pura (*purusha*), aislada (*kaivalyam*) de todo posible contenido físico o mental (*prakriti*)– ofrece un ejemplo excelente de estas posibilidades hermenéuticas. En sus propias palabras: «En contra del argumento presentado por muchos estudiosos, que asocian el Yoga de Patañjali exclusivamente con el ascetismo, la mortificación y la negación extremas, y la renuncia y el abandono de la "existencia material" (*prakriti*) en favor de un elevado y aislado "estado espiritual" (*purusha*) o estado desencarnado de liberación espiritual, sugiero que se puede considerar el Yoga de Patañjali como un compromiso responsable, en varios sentidos, de "espíritu" (*purusha* = Yo, conciencia pura) y "materia" (*prakriti* = la fuente del ser psicofisiológico, que incluye mente, cuerpo, naturaleza), que tiene como resultado una naturaleza e identidad humana altamente desarrollada, transformada y participativa, un estado integrado y encarnado de individualidad liberada (*jivanmukti*)». «El estado liberado de

"soledad" (*kaivalya*) –añade– no tiene por qué denotar ni superioridad ontológica de *purusha* ni exclusión de *prakriti*. *Kaivalya* puede ser interpretado positivamente como la integración de ambos principios.» Aunque Whicher presenta este estudio de una forma exegética cuestionable (por ejemplo, buscando fundamentarlo sobre bases textuales), concluye aludiendo al implícito enfoque hermenéutico y creativo (o isogético) inevitablemente presente en este tipo de reconstrucciones modernas: «Una hermenéutica abierta, moral y epistemológicamente orientada [...] libera al Yoga de la antigua concepción de aislamiento espiritual, incorporeidad, autonegación y negación del mundo» («Yoga and Freedom: A Reconsideration of Patanjali's Classical Yoga», *Philosophy East & West* 48 [1988], págs. 272, 299, 303). Como es obvio, reconstrucciones similares se realizan actualmente en el contexto de muchas otras tradiciones religiosas, del cristianismo al budismo, el tantrismo hindú y el taoísmo.

51. La idea de "transformación mutua" como objetivo de los encuentros interreligiosos ha sido sólidamente elaborada por Frederick J. Streng, «Mutual Transformation: An Answer to a Religious Question», *Buddhist-Christian Dialogue: Mutual Renewal and Transformation*, Honolulu: University of Hawai Press, 1986. Desde la perspectiva de la teología del proceso, John B. Cobb Jr. ofrece un enfoque de las relaciones interreligiosas que celebra la unicidad de cada tradición mientras llama a su apertura a la transformación positiva en el encuentro con otras, postura que él describe como «apertura mutua conducente a la transformación mutua» («Methaphysical Pluralism», en *The Intercultural Challenge of Raimon Panikkar*, ed. Joseph Prabhu, Maryknoll, NY: Orbis, Books, 1996, pág. 55).

52. Irwin, *Visionary Worlds: The Making and Unmaking of Reality*, Albany: State University of New York Press, 1996, pág. 34.

53. Panikkar, «Religious Pluralism: The Methaphysical Challenge», en *Religious Pluralism*, ed. Leroy S. Rouner, Notre Dame: University of Notre Dame Press, 1984, pág. 110. Para un *Festschrift* excelente sobre la obra de Panikkar, véase Prabhu, *The Intercultural Challenge of Raimon Panikkar*.

54. Esta visión del conocimiento espiritual es consecuente, creo, con la epistemología pragmática y la metafísica pluralista de William James. Aunque no sin tensiones y ambigüedades, la obra de James rechaza en general la idea de una realidad dada de antemano, y, en contra de la creencia general, insiste en la diversidad irreductible de las pretensiones místicas. En su último y con frecuencia ignorado ensayo, «A Pluralistic Mystic», James subraya que «siento ahora como si mi propio pluralismo no careciera del tipo de apoyo que puede conferir la corroboración mística. El monismo no puede ya pretender ser el único beneficiario de lo que el recto misticismo puede poseer para otorgar *prestigio*» (citado en Barnard, *Exploring Useen Worlds: William James and the Philosophy of Mysticism*, Albany: State University of New York Press, 1997, pág. 31). Y añade: «La noción monista de unicidad, de totalidad centrada, propósito último, o resultado climatérico del mundo, cede por completo. El pensamiento desarrolla no ya un todo centrado, un Uno, sino más bien un muchos innumerable» (citado en Barnard, *Exploring Unseen Worlds*, pág. 31).

55. Buswell y Gimello, *Paths to Liberation*, pág. 4.

56. Para referencias, véase Ferrer y Jacob H. Sherman, «Introducción», nota 184 (en este volumen).

57. Parece razonable complementar estos criterios no sólo con una nítida sensibilidad cultural y contextual, sino también con lo que podríamos llamar el *test retrospectivo*, que alude a la necesidad probable –al menos, en ciertos casos– de permitir el paso del tiempo antes de evaluar los frutos reales de las vías e intuiciones espirituales específicas. Esto parece crucial, especialmente a la luz de cierta dinámica del desarrollo psicoespiritual, por ejemplo, en casos en los que –debido a factores biográficos o rasgos intrínsecos de ciertos procesos de apertura espiritual– estados o etapas de inflación del ego o incluso una disociación extrema pueden ser un paso necesario en el camino hacia una superación del ego auténticamente integrada. Para análisis importantes, véanse A.H. Almaas, *The Point of Existence: Transformations of Narcissism in Self-Realization*, Berkeley: Diamond Books, 1996; Gary Rosenthal, «Inflated by the Spirit», en *Spiritual Choices: The Problem of Recognizing Authentic Paths to Inner Transformation*, ed. Dick Anthony, Bruce Ecker y Ken Wilber, Nueva York: Paragon House, 1987, págs. 305-323; Michael Washburn, *The Ego and the Dynamic Ground: A Transpersonal Theory of Human Development*, 2ª ed., Albany: State University of New York Press, 1995. Estoy en deuda con Washburn (comunicación personal) por esta importante observación.

58. Cf. Jürgen Habermas: «Una sociedad puede ser superior a otra con respecto al nivel de diferenciación de su sistema económico o administrativo, o con respecto a tecnologías e instituciones legales. Pero no se sigue de ahí que tengamos derecho a valorar esa sociedad como más elevada en su conjunto, en tanto que realidad concreta, en tanto que forma de vida» (en *Autonomy and Solidarity: Interviews with Jürgen Habermas*, ed. Peter Dews, Londres: New Left Books, 1986, pág. 169; la cursiva es del original). Véanse también las reflexiones de Bernard McGrane sobre la «trivialización del encuentro con lo otro» que resulta de pasar por alto o negar distinciones potenciales cualitativas en los encuentros interculturales (*Beyond Anthropology: Society and the Other*, Nueva York: Columbia University Press, 1989, págs. 113-129).

59. Cf. Dalai Lama, *The Bodhgaya Interviews*, págs. 38-39. Sin embargo, como señala D'Costa, la razonada exposición psicológica del Dalai Lama para el pluralismo religioso está socavada por sus pretensiones sobre la superioridad en último término exclusiva de su propia escuela de budismo tibetano en el logro de la liberación completa («The Near Triumph of Tibetan Buddhist Pluralist-Exclusivism»).

60. Véanse, por ejemplo, C. Beena, *Personality Typologies: A Comparison of Western and Ancient Indian Approaches*, Nueva Delhi: Commonwealth Publishers, 1990; Huston Smith, «Spiritual Personality Types: The Sacred Spectrum», en *In Quest of the Sacred: The Modern World in the Light of Tradition*, ed. Seyyed Hossein Nasr y Katherin O'Brien, Oakton, VA: Founation for Traditional Studies, 1994, págs. 45-57.

61. Para un análisis ampliado, véase Ferrer, «Embodied Spirituality: Now and Then», *Tikkun: Politics, Spirituality, Culture* 21 (2006), págs. 41-45, 63-64. No

obstante, puede ser importante evitar aquí caer en lo que Owen Barfield denomina "esnobismo cronológico", que excoria las espiritualidades pasadas como deficientes cuando se consideran desde la perspectiva de nuestros criterios actuales (citado por C.S. Lewis en *Surprised by Joy: The Shape of My Early Life*, Londres: Harvest Books, 1966, pág. 205). Debe quedar claro que muchas corrientes espirituales disociativas, aunque de ningún modo todas, pueden haber sido apropiadas, o quizás incluso necesarias, en diferentes contextos históricos y culturales.

62. Por ejemplo, véase Panikkar, «Religious Pluralism», págs. 102-103, y James B. Wiggins, *In Praise of Religious Diversity*, Nueva York: Routledge, 1996, págs. 15-20.

63. Debo subrayar aquí que el rechazo de atributos dados de antemano no equivale a construir una teoría positiva sobre el misterio, que podría entonces proponerse jerárquicamente como superior a otras opiniones. En realidad, uno de mis objetivos ha sido precisamente cuestionar los supuestos universalistas y objetivistas sobre la existencia de un absoluto espiritual previamente dado. Interpretar este rechazo como una teoría positiva autorrefutadora sería erróneo y tendencioso. En otras palabras: la posible naturaleza autocontradictoria de la visión participativa únicamente aparece cuando se la juzga con unos criterios tan solo apropiados en un ámbito de discurso absolutista u objetivista.

Asimismo, mi uso de la expresión *no determinado* para calificar el misterio es fundamentalmente performativo, es decir, que pretende evocar la sensación de no-conocer y la humildad intelectual que me parecen las actitudes más fructíferas y apropiadas al abordar el poder creativo de la vida y la realidad que es la fuente de nuestro ser. En vez de afirmar negativamente (como hace el término *indeterminado*), "no determinado" deja abierta la posibilidad de determinación e indeterminación en el misterio (así como la confluencia, o incluso la identidad, paradójica de estos dos conceptos en apariencia polares), sugiriendo sólo que las cualidades auténticamente creativas del misterio no pueden ser determinadas *a priori*, al menos hasta que pasen por un proceso de transformación multidimensional (en el cuerpo, en el mundo vital, el corazón y la mente) y por la manifestación subsiguiente en la luz de nuestra consciencia o en la rica textura de nuestras acciones. Una vez dicho esto, sugiero que la afirmación de creatividad *auténtica* en el misterio –así como la afirmación de creatividad auténtica en el misterio cuando se despliega en y a través de enacciones intrapersonales, interpersonales y transpersonales– puede ser más coherente con la hipótesis de una indeterminación radical en el núcleo de su motor generador.

64. Para dos análisis de los problemas que plantea el término "experiencia" en el misticismo apofático, véase Thomas A. Carlson, *Indiscretion: Finitud and the Naming of God*, Chicago: The University of Chicago Press, 1999, y Denys Turner, *The Darkness of God: Negativity in Christian Mysticism*, Nueva York: Cambridge University Press, 1995. Según Carlson, «el momento místico puede, de hecho, *no* estar articulado en términos de categorías de lo que comúnmente conocemos y expresamos como "experiencia"» (págs. 256-257) porque «en el mismo corazón de la experiencia mística puede haber una cierta "no-experiencia", una cierta "imposibilidad" de experiencia para el sujeto de la experiencia»

(pág. 262). Igualmente, para Turner, la apofasis mística remite no a una "experiencia de ausencia", sino a una "ausencia de experiencia" (pág. 264). La obra de Turner es especialmente útil para mostrar los problemas de las interpretaciones "experiencialistas" del misticismo en lo que se refiere a la mayoría de los místicos cristianos medievales. Turner afirma que lo que caracteriza a la mayor parte de los místicos medievales (de Eckhart al autor de *La nube del no saber*, e incluso a san Juan de la Cruz) es precisamente un enérgico rechazo de la "experiencia mística" como el medio y el lugar de la unión con Dios, y una crítica severa de tal "experiencialización" distorsionante de la senda mística. En contraste con la búsqueda mística a través del cultivo de experiencias interiores especiales, la mente medieval pensaba lo místico como «una dinámica exotérica *dentro de* lo ordinario, como la dialéctica negativa *de* lo ordinario» (pág. 268). «El experiencialismo –concluye Turner– es, en pocas palabras, el "positivismo" de la espiritualidad cristiana. Aborrece el vacío experiencial de lo apofático, apresurándose a llenarlo con el espacio lleno de lo psicológico» (pág. 259).

65. Habermas, *Postmetaphysical Thinking: Philosophical Essays*, Cambridge: The MIT Press, 1992, págs. 116-117.

4. ENGRANAR CON LA MENTE DE DIOS

1. Talmud de Babilonia, *Hullin* 91*b*; Midrash, *Génesis Rabbah* 68, 12.
2. Doy por supuesto que los lectores de este libro no identificarán el término *mito* con algo ilusorio. Por el contrario, uso el término para sugerir esas ideas profundas y esenciales que se transmiten en una forma que trasciende los conceptos históricos y literales. Compárese con Paul Ricoeur: «El mito se tomará aquí para significar lo que la historia de la religión descubre ahora en él: no una explicación falsa por medio de imágenes y fábulas, sino una narración tradicional que se refiere a acontecimientos que sucedieron al principio del tiempo y que está destinada a servir de fundamento a las acciones rituales de los hombres de hoy y, de manera general, a establecer todas las formas de acción y de pensamiento por las que el hombre se comprende a sí mismo en el mundo» (*The Simbolism of Evil*, Boston, Beacon Press, 1969, pág. 5).
3. Talmud de Babilonia, *Ta'anit* 5*b*
4. La *Shekhinah* es el principio femenino de la Divinidad. La raíz verbal hebrea significa "habitar", con la connotación de que la *Shekhinah* es la presencia divina que habita en la tierra.
5. El *Zohar* es la principal fuente textual de la Cábala. Es principalmente una meditación sobre la naturaleza de la Divinidad y los sentidos místicos de las Escrituras hebreas. Su fecha de composición es probablemente el siglo XIII, aunque ofrece enseñanzas orales que, aparentemente, se habían ido transmitiendo desde períodos anteriores. El extracto aquí citado pertenece a *Zohar* 1, 235*b*. *Sefer ha-Zohar*, ed. Reuven Margolioth, Jerusalem: Mossad ha-Rav Kook, 1978.
6. *Midrash* es el término colectivo para un género literario rabínico que explora significados diversos de los pasajes escriturarios para transmitir enseñanzas homiléticas. Este extracto en concreto procede de Midrash, *Bereshit Rabbah* 79, 8.

Esta enseñanza se basa en la continuación bíblica de la narración de la lucha nocturna de Jacob. Al día siguiente se encuentra a su hermano Esaú, con el que no se trataba, siguiendo al cual levanta un altar. Las traducciones corrientes dicen: «Él [Jacob] lo llamó [al altar] *El-Elohe Israel*» (Génesis 33, 20). Sin embargo, esta traducción es problemática puesto que el versículo no dice, «él *lo* llamó», sino «él *le* llamó». Como señala el Talmud (*Megillah* 18*a*): «¿De dónde sabemos que el Santo, bendito sea, llama "dios" a Jacob? Porque dice: "Y el Dios de Israel le llamó *El* [un Nombre de Dios]" (Génesis 33, 20). Si supones que [lo que el texto bíblico quiere decir es que] Jacob llamó al altar El, entonces debería haber escrito: "Y Jacob lo llamó". Pero dice: "Él llamó a Jacob El." Y ¿quién lo llamó así? El Dios de Israel».

7. El sujeto inmediato de este pasaje del libro bíblico de los Proverbios es la Sabiduría. A lo largo de la literatura cabalística, esta sabiduría se identifica con la Torá.
8. En el pasaje del libro de los Proverbios, el término está en plural: *sha'shu'im*. No está claro cuál pudiera ser la intención de esta forma plural. Dado el contexto de los movimientos primordiales de la creación, quizá la forma plural tenga la intención de prefigurar la dualidad que la creación hace surgir de la singularidad primordial del momento precreador. Elliot R. Wolfson concibe el mito de *sha'ashu'a* «como una articulación de la fragmentación de la unidad indivisible de la sabiduría divina en los principios opuestos de otorgar y recibir, que se concretan respectivamente como masculino y femenino» (*Language, Eros, Being: Kabbalistic Hermeneutics and Poetic Imagination*, Nueva York: Fordham University Press, 2005, pág. 279).
   La palabra del extracto de Proverbios que he traducido como "confidente" (*amon*) tiene connotaciones adicionales que son importantes para la manera erótica y generadora en que los cabalistas entienden el versículo. Así, la palabra puede significar "niño de pecho" y "artesano".
9. *Ein Sof*, literalmente "sin fin", se refiere a la esencia infinita incognoscible de Dios. En el simbolismo cabalista, este término se refiere al Ser eterno y transcendente que es, por decirlo así, el precursor de las emanaciones divinas que constituyen el proceso de la creación. Antes de la creación (y, por supuesto, términos como "anterior" y "precursor" resultan necesariamente paradójicos en este conexto) hay sólo *Ein Sof*; de ahí el intento de los cabalistas de transmitir el movimiento primordial para el impulso creador como si fuera una "sacudida" desde dentro del núcleo divino sin ninguna connotación de polaridad.
10. Citado en Wolfson, *Circle in the Square: Studies in the Use of Gender in Kabbalistic Symbolism*, Albany: State University of New York Press, 1995, págs. 71-72.
11. *Zohar* 2, 60*a*.
12. *Bahir 4*.
13. El término *sefirah* (plural, *sefirot*) se refiere a una emanación de Dios. La premisa central de la Cábala es que el Dios transcendente, incognoscible, emana diez principios, *sefirot*, que encuentran expresión en la creación manifestada. El camino teosófico de la Cábala es principalmente el de lograr un conocimiento cada

vez más profundo de estos principios, discernidos todos a través de la revelación escrituraria y la observación. Las *sefirot* no sólo son principios de la creación, sino que forman también el sustrato del potencial humano. Conociendo los principios internos de la creación llegamos a conocernos a nosotros mismos.

14. En sus formas sagradas, los textos escriturarios se escribieron en hebreo sin vocales. Esto da lugar a la característica ambigüedad de significados que el Midrash y los escritos cabalísticos utilizan. Aquí, el *Zohar* está utilizando el hecho de que la forma hebrea, *AShR*, puede dar origen a dos palabras diferentes dependiendo de las vocales. Una es el pronombre relativo "cual", la otra es una palabra que significa "felicidad" o "bendición". Este doble significado apunta a una consideración más profunda, puesto que sugiere la idea de que, en última instancia, la felicidad depende de la relación (ya implique objetos, otro ser humano, o –como sostendrían los cabalistas– lo divino).
15. *Zohar* 3, 65*b*.
16. *Zohar* 3, 61b-62*a*.
17. *Zohar* 2, 46*a*.
18. El nombre *Y-H-V-H* comparte la misma raíz verbal que "*Ehyeh*". Aunque la última es gramaticalmente una forma imperfecta de la primera persona, dando a entender: «Continuamente me desplegaré siendo o deviniendo», la primera se entiende mejor como una tercera persona, amalgama de las formas pasada, presente y futura del verbo "ser". Desde este punto de vista, el nombre Y-H-V-H describe el esquema completo del despliegue del Creador.
19. Wolfson, *Language, Eros, Being*, pág. 273.
20. Para el místico judío, no existe ninguna demarcación nítida entre el estudio escriturario y la experiencia de los estados místicos. Los textos místicos clásicos, tales como el *Bahir* y el *Zohar*, introducen al lector en un mundo de transformaciones místicas de pasajes escriturarios que palpita con connotaciones experienciales evidentes: «Existe una convergencia básica de los modos interpretativos y revelatorios; el acto de interpretación escrituraria es ocasión para el estudio contemplativo y la meditación mística [...] la visión que generó el texto [del *Zohar*] puede ser re/visionada mediante el estudio interpretativo» (Wolfson, «Hermeneutics of Light in Medieval Jewish Mysticism», en *The Presence of Light: Divine Radiance and Religious Experience*, ed. Matthew T. Kapstein, Chicago: The University of Chicago Press, pág. 113).
21. Véase *supra*, nota 11.
22. *Zohar* 2, 99*a*.
23. Para un análisis más completo, véase Brian L. Lancaster, *The Essence of Kabbalah*, Londres: Arcturus, 2005, págs. 133-145.
24. Esta es una interpretación del *tsimtsum* según fue formulada en el movimiento *hasídico*. Rabbi Qalonimus Qalman Epstein afirma que hay «varios miles de *tzimtzumin*» (citado en Moshe Idel, *Hasidism: Between Ecstasy and Magic*, Albany: State University of New York Press, 1995, pág. 91).
    He explorado en otro lugar el valor del concepto de *tsimtsum* para determinar la relación de la conciencia con el cerebro. El modelo de *tsimtsum* sugeriría la posibilidad de que la esencia de la conciencia sea transcendente a las estructuras neu-

rales espaciotemporales, aunque esté *contraída* en su dominio. Véase Lancaster, «A Kabbalistic Framework for the Study of Consciousness», en *haHayim keMidrash-Iyunim biPsikhologia Yehudit*, ed. Shahar Arzy, Michael Fachler y Baruch Kahana, Tel Aviv: Yedi'ot Aharonot *Lamiskal* Books, 2004, págs. 250-270 (hebreo).

25. Atribuido al Maggid de Mezeritch, citado en Idel, *Hasidism: Between Ectasy and Magic*, pág. 93.

26. Los extractos corresponden al Talmud de Babilonia, *Berakhot* 63b y *Nedarim* 55a. En la forma rabínica típica, estos aforismos derivan de interpretaciones de pasajes escriturarios. La noción de que uno debe "morir" para adquirir la Torá se deriva de la yuxtaposición en Números 19, 14 de «Ésta es la Torá» y «una persona que muere en una tienda». La necesidad de hacerse uno mismo como un desierto deriva de Números 21, 18, donde se interpreta que la sucesión de lugares geográficos se refiere a las etapas necesarias para adquirir la Torá. Los dos primeros lugares son el desierto y *Matanah*, palabra que significa literalmente "don". Por lo tanto, «uno debe hacerse a sí mismo como un desierto, que está libre para todo, y entonces la Torá se le ofrecerá como don».

27. Por supuesto, la palabra *real* es arriesgada. Es cierto que el exilio y el sojuzgamiento histórico del pueblo judío fueron sin duda muy reales. Sin embargo, desde la perspectiva del misticismo judío, los acontecimientos suceden en nuestro mundo sólo como consecuencia de los acontecimientos del mundo superior de la Divinidad (igual que, en el sentido participativo que se está considerando aquí, nuestras acciones tienen consecuencias en todo el mundo superior). En este sentido, el exilio de la *Shekhinah* es el acontecimiento exílico *causativo*.

28. Lancaster, «On the Relationship between Cognitive Models and Spiritual Maps: Evidence from Hebrew Language Mysticism», *Journal of Consciousness Studies* 7 (2000), págs. 231-250; Lancaster, *Approaches to Consciousness: The Marriage of Science and Mysticism*, Basingstoke: Palgrave Macmillan, 2004.

29. Comentario de Shabbatai Donnolo sobre *Sefer Yetsirah*, citado en Wolfson, *Through a Speculum that Shines: Vision and Imagination in Medieval Jewish Mysticism*, Princeton: Princeton University Press, pág. 137.

30. Wolfson, *Language, Eros, Being*, pág. 274.

31. *Sefer Yetsirah* 2, 4. Las 231 puertas se refieren al número lógico de combinaciones de dos letras de un conjunto de veintidós. La enseñanza de que Dios empleó las veintidós letras del alfabeto hebreo como Sus agentes de la creación se encuentra por toda la literatura rabínica. Así, por ejemplo, el Talmud afirma que: «Rav Judah dijo en el nombre de Rav: Betsalel sabía cómo combinar las letras por las que se crearon el cielo y la tierra» (Talmud de Babilonia, *Berakhot* 55*a*). Betsalel fue el artesano que construyó el Templo portátil descrito en el libro bíblico del Éxodo, capítulos 25-40. La idea subyacente en la afirmación talmúdica es que el edificio del Templo recapitula el edificio del cosmos, y que, por tanto, un Templo es un microcosmos. Véase Ithamar Gruenwald, «A Preliminary Critical Edition of *Sefer Yezira*», *Israel Oriental Studies* 1 (1971), págs. 132-177. Para la version inglesa, véase Aryeh Kaplan, *Sefer Yetzirah: The Book of Creation*, York Beach, ME: Samuel Weiser, 1990.

32. Esto no supone que todas las combinaciones de dos letras formen una palabra (lo que no es el caso). Más bien, las combinaciones suponen una unión de cualidades específicas que producen la posibilidad de un resultado, esté o no esté implicada una palabra real.
33. *Sefer Yetsirah* 6, 7.
34. Se pueden encontrar interpretaciones extensas de la historia del *golem* en el misticismo judío en Idel, *Golem: Jewish Magical and Mystical Traditions on the Artificial Anthropoid*, Albany: State University of New York Press, 1990; y Gershom Scholem, *On the Kabbalah and its Symbolism*, Nueva York: Schocken Books, 1969. Para un análisis más psicológico, véanse Lancaster, «The *Golem* as a Transpersonal Image: 1. A Marker of Cultural Change», *Transpersonal Psychology Review* 1, n.º 3 (1997), págs. 5-11, y «The *Golem* as a Transpersonal Image: 2. Psychological Features in the Mediaeval Golem Ritual», *Transpersonal Psychology Review* 1, n.º 4 (1997), págs. 23-30.
35. La construcción del *golem* resuena con las tradiciones relacionadas con la construcción del Templo portátil descrito en el libro bíblico del Éxodo. Existe un isomorfismo entre el Templo y el hombre, tal como se señala en repetidas ocasiones en la literatura midráshica y cabalística, modeladas ambas sobre la estructura de la Divinidad según se interpreta en el simbolismo de las *sefirot*. He estudiado las fuentes relevantes en Lancaster, *The Elements of Judaism*, Shaftesbury, Dorset y Rockport, MA: Element Books, 1993.
36. *Sefer Yetsirah* 2, 2.
37. En un trabajo reciente he indicado cómo estos términos se incorporan en la práctica de la visualización cabalística tradicional de la manera siguiente:

> La preparación para la visualización exige cerrar o entornar los ojos. Normalmente, cuando cerramos los ojos se apaga automáticamente el sentido de la vista también interiormente. Sin embargo, para este tipo de práctica debemos permanecer muy conscientes del sentido de la vista incluso aunque se cierren los ojos a la visión exterior. Es como si estuviéramos viendo la pantalla formada por el interior de los párpados. *Grabar* significa esbozar la letra en el ojo de la mente; cuando se ha construido el esbozo, mantenemos una intención decidida de trabajar con una letra específica. *Esculpir* supone establecer la letra como una presencia poderosa en la conciencia visual; la energía se centra en la letra hasta que resplandece como fuego en la pantalla interior de la mente. La idea que subyace detrás de *pesar* es la de permitir que las cualidades de la letra se impriman en nosotros; se debe cultivar un estado receptivo en el que pudiéramos, por ejemplo, descubrir un significado en la forma de la letra, sus partes constituyentes, sus relaciones con otras letras, etcétera. Esto es seguido por la *permutación* de la letra con otras letras; quizá tras centrarse en las líneas constituyentes de la letra, surgen en la mente otras letras que utilizan aquellas líneas. Entonces se *combinan* las letras, permitiéndoles que entren en relación entre sí. La etapa final se refiere al significado de esas combinaciones; ¿qué tipo de presencia se *forma* cuando esas letras específicas se reúnen? [*Essence of Kabbalah*, págs. 176-177].

38. Idel, *The Mystical Experience in Abraham Abulafia*, Albany: State University of New York Press, 1998; y, *Language, Torah, and Hermeneutics in Abraham Abulafia*, Albany: State University of New York Press, 1998.
39. Idel, *Kabbalah: New Perspectives*, New Haven: Yale University Press, 1988.

40. Isaiah Tishby, *The Wisdom of the Zohar: An Anthology of Texts*, Oxford: Oxford University Press, 1949/1989, pág. 736, n. 120.
41. Véanse referencias en nota 28, *supra*.
42. Wolfson, *Language, Eros, Being*, pág. 209.
43. Wolfson, *Through a Speculum That Shines*, pág. 374.
44. Ferrer, *Revisioning Transpersonal Theory: A Participatory Vision of Human Spirituality*, Albany: State University of New York Press, 2002, y este volumen.
45. Lancaster, *Approaches to Consciousness*, págs. 10-19.
46. El *Zohar* vincula explícitamente el momento inicial de la creación con el surgimiento del pensamiento: «Cuando lo más oculto de toda ocultación quiso ser revelado, Él creó primero un solo punto; y éste surgió para convertirse en *pensamiento*. Esbozó dentro de él todos los dibujos, grabó en él todos los comienzos. Grabó dentro de la santa lámpara oculta un modelo singular, escondido: el Santo de los Santos; una estructura profunda que surge del pensamiento», *Zohar* 1, 2*a*.
47. *Zohar* 2, 230*b*.
48. Existe una considerable confusión terminológica respecto del contenido mental no consciente, que abordo con cierta extensión en *Approaches to Consciousness*. En resumen, el término "preconsciente" se refiere a la materia que está en proceso de acceder a la consciencia. En el caso del procesamiento sensorial, por ejemplo, la actividad neural en los primeros cien microsegundos aproximadamente es preconsciente. La idea de que existe una corriente de pensamiento que es no consciente y no está en proceso de hacerse consciente es la transmitida por el término "inconsciente".
49. Para consideraciones de los circuitos neurales de retroalimentación en relación a la consciencia, véanse Gerald M. Edelman, y Giulio Tononi, «Reentry and the Dynamic Core: Neural Correlates of Conscious Experience», en *Neural Correlates of Consciousness: Empirical and Conceptual Questions*, ed. Thomas Metzinger, Cambridge: MIT Press, 2000; V.A.F. Lamme, «Separate Neural Definitions of Visual Consciousness and Visual Attention: A Case for Phenomenal Awareness», *Neural Networks* 17 (2004), págs. 861-872, y V.A.F. Lamme y P.R. Roelfsema, «The Distinct Modes of Vision Offered by Feedforward and Recurrent Processing», *Trends in Neurosciences* 23 (2000), págs. 571-579. Véase también Lancaster, *Approaches to Consciousness*, págs. 136-141.
50. *Zohar* 1, 244*a*.
51. Jung, *Memories, Dreams, Reflections*, Londres: Fontana, 1963/1967, pág. 371.
52. Para un análisis reciente de la naturaleza multisensorial del córtex sensorial, véase Asif A. Ghazanfar y Charles E. Schroeder, «Is Neocortex Essentially Multisensory?», *Trends in Cognitive Sciences* 10 (2006), págs. 278-285.
53. Para una vision general de las bases enactivas de la percepción, véase Alva Noë, *Action in Perception*, Cambridge: MIT Press, 2005.
54. Eliot, *Four Quartets*, Londres: Faber and Faber, ed. de 1959, pág. 25.
55. Mishná, *Pirke Avot* 2, 21.
56. El término *halakhah* se refiere al cuerpo de la ley judía tal como se deduce de los principios nucleares establecidos en la Torá.

5. Paradigmas esotéricos y espiritualidad participativa en las enseñanzas de Mikahël Aïvanhov

1. Jorge N. Ferrer, *Revisioning Transpersonal Theory: A Participatory Vision of Human Spirituality*, Albany: State University of New York Press, 2002, págs. 20-21.
2. Véanse Donald Rothberg, «The Crisis of Modernity and the Emergence of Socially Engaged Spirituality», *ReVision* 15 (1993), págs. 105-114; Peter Nelson, «Mystical Experience and Radical Deconstruction: Through the Ontological Looking Glass», en *Transpersonal Knowing: Exploring the Horizons of Consciousness*, ed. Tobin Hart, Nelson y Kaisa Puhakka, Albany: State University of New York Press, 2000, págs. 64-66, y Michael Hays, «The Emergence of a Fourth Force in Psychology: A Convergence between Psychology and Spirituality», en *Faith in the Millennium*, ed. Stanley Porter y Michael Hays, Sheffield: Sheffield Academic Press, 2001, págs. 106-122.
3. Véase Mark Taylor, «Deconstruction: What's the Difference?» *Soundings* 66 (1983), págs. 387-403; Robert Torrance, *The Spiritual Quest: Transcendence in Myth, Religion, and Science*, Berkeley: University of California Press, 1994, págs. 292-294; y Nelson, «Mystical Experience and Radical Deconstruction», págs. 55-84, donde aboga por la conveniencia de la no conclusión sobre el significado en la interpretación de los estados místicos.
4. Para una visión de conjunto del problema deconstructivo y la manera en que socava la ciencia, véase John Caputo, *Radical Hermeneutics: Repetition, Deconstruction, and the Hermeneutic Project*, Bloomington: Indiana University Press, 1987, especialmente el capítulo titulado «Toward a Postmetaphysical Rationality».
5. Carl Olsen, ed., *Theory and Method in the Study of Religion*, Nueva York: Wadsworth Publishing, 2002, *passim*. Para una visión más matizada del problema "estar dentro/estar fuera", véase Russell T. McCutcheon, ed., *The Insider/Outsider Problem in the Study of Religion: A Reader*, Nueva York: Cassell, 1999; y para una revisión de los aspectos problemáticos del "empirismo interior" asociado a ciertos planteamientos humanísticos, véase Ferrer, *Revisioning Transpersonal Theory*, págs. 48-51. Para articulaciones de las posturas intermedias "dentro/fuera" que valoran ambas posturas o tratan de superar la dicotomía, véase Kim Knott, «Insider/Outsider Perspectives», en *The Routledge Companion to the Study of Religion*, ed. John Hinnells, Nueva York: Routledge, 2005, págs. 243-258, y la introducción de los editores a este volumen.
6. David R. Griffin y Huston Smith, *Primordial Truth and Postmodern Theology*, Albany: State University of New York Press, 1990. Sobre la relación entre exclusivismo, inclusivismo y pluralismo, véase Diana Eck, *Encountering God: A Spiritual Journey from Bozeman to Banaras*, Boston: Beacon Press, 1993, págs. 166-199. Para una crítica de la postura perennialista en sus múltiples variantes, véase Ferrer, *Revisioning Transpersonal Theory*, págs. 71-111.
7. Las divisiones en el estudio del misticismo siguen también las líneas generales del debate entre un constructivismo "subjetivo" secularizado y un perennialismo "objetivo" religionista; véase Rothberg, «Understanding Mysticism: Transpersonal

Theory and the Limits of Contemporary Epistemological Frameworks», *ReVision* 12 (1989), págs. 5-22. Para una visión de conjunto de la filosofía de la religión con tendencia neokantiana, véase John Hick, *The Fifth Dimension: An Exploration of the Spiritual Realm*, Boston: Oneworld Publications, 1999.

8. Este modelo fue introducido en un conciso artículo de Ferrer, «Transpersonal Knowledge: A Participatory Approach to Transpersonal Phenomena», en *Transpersonal Knowing*, págs. 213-252; para un resumen actualizado, véase su capítulo en este volumen.
9. Ferrer, «Transpersonal Knowledge», págs. 117-124.
10. Ferrer, *Revisioning Transpersonal Theory*, págs. 129, 174-178; Hays, «The Emergence of a Fourth Force in Psychology», define la espiritualidad como «más allá de lo concreto de la expresión y la acción humanas [...] un sentido de las relaciones justas con el yo, el mundo y lo sagrado» (pág. 13).
11. Ferrer, *Revisioning Transpersonal Theory*, págs. 151-155.
12. Ferrer, «Transpersonal Knowledge», págs. 234-235; y Ferrer, *Revisioning Transpersonal Theory*, págs. 133 ss., donde la metáfora del "océano con muchas orillas" corresponde a lo que yo estoy llamando "existir sagrado".
13. Sobre el pluralismo religioso, véase Raimon Panikkar, «A Self Critical Dialogue», en *The Intercultural Challenge of Raimon Panikkar*, ed. Joseph Prabhu, Nueva York: Orbis Books, 1996, págs. 227-229; y Eck, *Encountering God*, págs. 190-199.
14. A este respecto, véase Ferrer, «Speak Now or Forever Hold Your Peace: A Review Essay of Ken Wilber's *The Marriage of Sense and Soul: Integrating Science and Religion*», *The Journal of Transpersonal Psychology* 30 (1998), págs. 53-67, donde evalúa críticamente la obra de Ken Wilber. Véase también Christian de Quincey, «The Promise of Integralism: A Critical Appreciation of Ken Wilber's *Integral Psychology*, en *Cognitive Maps and Spiritual Modes*, ed. Jensine Andersen y Robert Forman, Bowling Green: Imprint Academic, 2000, págs. 177-208; y Sean Kelly, «The Prodigal Soul: Religious Studies and the Advent of Transpersonal Psychology», en *Religious Studies: Issues, Prospects, and Proposals*, ed. Klaus Klostermaier y Larry Hurtado, Atlanta: Scholars Press, 1991, págs. 429-441.
15. Ferrer, *Revisioning Transpersonal Theory*, págs. 144-149, 165-167.
16. Véase Lee Irwin, *Visionary Worlds: The Making and Unmaking of Reality*, Albany: State University of New York Press, 1996, y *Awakening to Spirit: On Life, Illumination, and Being*, Albany: State University of New York Press, 1999.
17. Ferrer, *Revisioning Transpersonal Theory*, pág. 145.
18. Irwin, *Visionary Worlds*, págs. 179-81.
19. Véase Daniel Merkur, «Transpersonal Psychology: Models of Spiritual Awakening», *Religious Studies Review* 23 (1997), pág. 145.
20. Para una buena descripción fenomenológica general del encuentro transpersonal, véase Jenny Wade, *Changes of Mind: A Holonomic Theory of the Evolution of Consciousness*, Albany: State University of New York Press, 1996, págs. 182-185.
21. Ferrer, *Revisioning Transpersonal Theory*, págs. 126-128, 153.

22. Torrance, *The Spiritual Quest*, pág. 293. Véase también Irwin, *The Dream-Seekers: Native American Visionary Traditions of the Great Plains*, Norman: University of Oklahoma Press, 1994, págs. 188-189.
23. Las cuatro etapas de la creatividad proceden de Joseph Wallas (1926) tal como se proponen en Merkur, «Transpersonal Psychology», pág. 145; he modificado ligeramente el contexto y las definiciones.
24. Para la debilidad de la postura constructivista en una teoría transpersonal, véase Rothberg, «Understanding Mysticism», págs. 10-13.
25. Merkur, «Transpersonal Psychology», pág. 144, cita la investigación ECM de Cherie Sutherland, *Reborn in Light*, 1995, y Melvin Morse, *Transformed by the Light*, 1992.
26. Véase Rothberg, «Spiritual Inquiry», en *Transpersonal Knowing*, donde se refiere al proceso de búsqueda como una forma de "investigación espiritual" progresiva, págs. 164-166.
27. Zia Khan, «Illuminative Presence», en *Transpersonal Knowing*, págs. 153-154.
28. Irwin, *The Dream-Seekers*, págs. 185 ss., 227 n. 9.
29. Para una visión general del esoterismo occidental, véanse Antoine Faivre y Jacob Needleman, eds. *Modern Esoteric Spirituality*, Nueva York: Crossroad, 1992; Wouter Hanegraaff, *New Age Religion and Western Culture: Esotericism in the Mirror of Secular Thought*, Albany: State University of New York Press, 1998, y Arthur Versluis, «What is Esoteric? Methods in the Study of Western Esotericism», *Esoterica* 4 (2002), págs. 1-16, http://esoteric.msu.edu/VolumeIV/Methods.htm; acceso en mayo de 2006.
30. Faivre, *Modern Esoteric Spirituality*, enumera cuatro "características fundamentales" compartidas por el esoterismo: un complejo de correspondencias cosmológicas, naturaleza viva, el papel mediador de la imaginación, y "la experiencia de transmutación" (págs. xv-xx).
31. Faivre, *Access to Western Esotericism*, Albany: State University of New York Press, 1994, define la gnosis como «un conocimiento integrador, la comprensión de las relaciones fundamentales, incluyendo las menos evidentes, que existen entre los diversos niveles de la realidad» (pág. 19), y que «abarca diversas tradiciones y las mezcla en un solo crisol» (pág. 14). Versluis, «What is Esoteric?», afirma: «La palabra "gnosis" se refiere a la penetración espiritual directa en la naturaleza del cosmos y de uno mismo, y por ello debe ser considerada en su contenido cosmológico y metafísico» (pág. 11).
32. Georg Feuerstein, *The Mystery of Light: The Life and Teachings of Omraam Mikhaël Aïvanhov*, Lower Lake, CA: Integral Publishing, 1998, págs. 6-12; Louise Frenette, *Omraam Mikhaël Aïvanhov: A Biography*, Liverpool, U.K.: Suryoma, 1999, págs. 3-14.
33. Feuerstein, *The Mystery of Light*, explica que Ramacharaka era el nombre adoptado por William Atkinson, cuyo libro sobre yoga data de 1903 (pág. 16). Véase también Frenette, *Mikhaël Aïvanhov*, págs. 33-36, 46-51. A los quince años, Aïvanhov pintó todos los cristales de las ventanas de su habitación de un color que fue variando en ocasiones sucesivas para meditar sobre las cualidades psíquicas inducidas por cada color.

34. Charla no publicada, 9 de diciembre de 1968, en Feuerstein, *The Mystery of Light*, pág. 16; Frenette, *Mikhaël Aïvanhov*, págs. 54-55.
35. Charla no publicada, 1954, en Frenette, *Mikhaël Aïvanhov*, págs. 60-63; Feuerstein, *The Mystery of Light*, págs. 17-18; Aïvanhov, *Harmony and Health*, Francia: Prosveta, 1988, pág. 42. Para una visión de conjunto de la experiencia de la *kundalini*, véase Aïvanhov, *Man's Subtle Bodies and Centres: The Aura, the Solar Plexus, the Chakras*, Francia: Prosveta, 1988.
36. Feuerstein, *The Mystery of Light*, págs. 19-20; Frenette, *Mikhaël Aïvanhov*, págs. 63-67.
37. Véase David Lorimer, ed., *Prophet for Our Times: The Life and Teaching of Peter Deunov*, Rockport, MA: Element Books, 1991, págs. 4-10; y Beinsa Douno, *The First Day of Love: Texts and Songs*, Bethesda, MD: Sliabhair, 1986, pág. 128. La tradición bogomila data de *c.* 850 d. de C. y este es también el origen que se atribuye al movimiento cátaro francés.
38. Feuerstein, *The Mystery of Light*, págs. 24-27.
39. Véase Douno, *The First Day of Love*, págs. 133-136; y Lorimer, *Prophet for Our Times*, págs. 16-24, 33. El centro era conocido fuera de Sofía como Izgrev ("Amanecer") porque se consideraba que el amanecer era el momento más sagrado de cada día, y la salida del Sol debía ser saludada con oración, cánticos y contemplación silente.
40. Feuerstein, *The Mystery of Light*, págs. 27-29, 93 ss.; Frenette, *Mikhaël Aïvanhov*, págs. 76-80.
41. Feuerstein, *The Mystery of Light*, págs. 33-34; Frenette, *Mikhaël Aïvanhov*, págs. 96-97.
42. Frenette, *Mikhaël Aïvanhov*, págs. 143-144; después de dejar Bulgaria, nunca volvió a ver a Douno.
43. Feuerstein, *The Mystery of Light*, explica que le llegó un modesto ingreso, después de mediados de 1970, de la publicación de sus libros (págs. 37-48); véase también Frenette, *Mikhaël Aïvanhov*, págs. 171-182, 190, 221-229.
44. Feuerstein, *The Mystery of Light*, págs. 50-67; Frenette, *Mikhaël Aïvanhov*, págs. 241-257. Desde mediados de la década de los setenta y durante los ochenta dio conferencias en muchos países, incluidos Estados Unidos, Inglaterra, Escocia y Canadá (Québec), donde existe actualmente la mayor organización de sus seguidores en Norteamérica; véase htpp://www.prosveta-usa.com, acceso en mayo de 2006.
45. Aïvanhov, *Looking into the Invisible: Intuition, Clairvoyance, Dreams*, Francia: Prosveta, 1991, pág. 216. Sus setenta volúmenes están recogidos en francés, con treinta y ocho volúmenes traducidos actualmente al inglés en la colección Izvor, y otros traducidos de la colección de las Obras Completas; véase http://www.prosveta.com/ (acceso en mayo de 2006), para todo el catálogo.
46. Aïvanhov, *Man's Psychic Life: Elements and Structures*, Francia: Prosveta, 1989, págs. 101-133; *Looking into the Invisible*, págs. 27-35.
47. Aïvanhov, *Looking into the Invisible*, págs. 41-43, 62-63, 211-217.
48. Aïvanhov, *Light is a Living Spirit*, Francia: Prosveta, 1988, págs. 11-22, 31-33, 57-58, 67-78.
49. Aïvanhov, *Life Force*, Francia: Prosveta, 1987, pág. 250.

50. Feuerstein, *The Mystery of Light*, pág. 85; Aïvanhov, *The Splendor of Tiphareth: The Yoga of the Sun*, Francia: Prosveta, 1987, págs. 274.
51. Aïvanhov, *The Key to the Problem of Existence*, Francia: Prosveta, 1981, pág. 24.
52. Aïvanhov, *Man's Psychic Life*, págs. 191-193.
53. Ibíd., págs. 194-197; Feuerstein, *The Mystery of Light*, págs. 119-130.
54. Aïvanhov, *Man's Psychic Life*, págs. 198-205.
55. Aïvanhov, *Creation: Artistic and Spiritual*, Francia: Prosveta, 1988, págs. 37-48.
56. Ibíd., págs. 21-33.
57. Aïvanhov, *Harmony and Health*, págs. 41-45. Aïvanhov usa la metáfora del cuerpo (y de la persona) como aspecto microcósmico del macrocosmos a lo largo de sus enseñanzas, habitualmente en la forma de capas o estratos correspondientes a ciertos niveles de percepción; véase también Feuerstein, *The Mystery of Light*, págs. 95-99, 105-116.
58. Véase Aïvanhov, *Harmony and Health*, pág. 65, para un ejemplo entre muchos.
59. Ferrer, *Revisioning Transpersonal Theory*, pág. 121.
60. Esta síntesis se compendia en su combinación de la alquimia cristiana, la Cábala judía y el yoga hindú; véase Aïvanhov, *The Splendor of Tiphareth*, *passim*.

6. HERIDA DE AMOR: *THEOSIS* FEMENINA Y MISTICISMO ENCARNADO EN TERESA DE ÁVILA

1. Del latín *intimus* o *intumus*, empleo la palabra "íntima" para destacar una mirada sobre la realidad que se caracteriza por su "interioridad", por su capacidad de habitar en lo que percibe, toca o conoce. Una relación íntima implica también una participación cocreadora o integral de la construcción de la realidad.
2. Descalzas, para señalar que llevan sandalias.
3. Varios párrafos de este apartado han aparecido publicados anteriormente en Beverly Lanzetta, *Radical Wisdom: A Femenisit Mystical Theology*, Minneápolis: Fortress Press, 2005. Retomado aquí con el amable permiso de Fortress Press.
4. Véase Alison Weber, *Teresa de Avila and the Rhetoric of Feminity*, Princeton: Princepton University Press, 1990, para un análisis completo de su estilo literario. Un tema similar se desarrolla en Antonio Pérez-Romero, *Subversion and Liberation in the Writings of St. Teresa de Avila*, Atalanta: Rodopi, 1996. Consúltense también Deidre Green, *Gold in the Crucible: Teresa de Avila and the Wester Mystical Tradition*, Longmead: Element, 1969, y Gillian Ahlgren, *Teresa de Avila and the Politics of Santity*, Ithaca: Cornell University Press, 1996.
5. Bernard McGinn, «The Language of Inner Experience in Christian Mysticism», en *Minding the Spirit: The Study of Christian Spirituality*, ed. Elizabeth Dreyer y Mark Burrows, Baltimore: The Johns Hopkins Universtiy Press, 2005, pág. 143. Para otros estudios sobre el misticismo encarnado de las mujeres, véase Barbara Newman, *God and the Goddesse: Vision, Poetry, and Belief in the Middle Ages*, Filadelfia: University of Pennsylvania Press, 2003; idem, *Sister of Wisdom: St. Hildegard's Theology of the Femmenine*, Berkeley: University of California Press, 1987; McGinn, *The Flowering of Mysticism: Men and Women in the New Mysticism - 1200-1350*, Nueva York: Crossroad, 1998; Carolyn Walker Bynum,

Jesus as Mother: Studies in the Spirituality of the High Middle Ages, y Ulrike Wiethaus, ed., *Maps of Flesh and Light: The Religious Experience of Medial Women Mysticis*, Syracuse: Syracuse University Press, 1993.

6. Para el desarrollo del término "noche oscura de lo femenino", véase Beverly Lanzetta, *Radical Wisdom: A Feminist Theology*, Minneápolis: Fortres Press, 2005; idem, «The Soul of Woman and the Dark Night of Femenine», estudio presentado en American Academy of Religion Western Region (WESCOR), UC Davis, 23 de marzo de 2003; idem, «Julian and Teresa as Cartographers of the Soul: A Contemplative Feminist Hermeneutic», estudio presentado en AAR Annual Meeting, Atlanta Georgia, 25 de noviembre de 2003.
7. Juan de la Cruz incluye la "noche oscura" como un nivel de la transformación del alma anterior a la unión, en el triple proceso de purgación, iluminación y unión. Conceptualiza la experiencia de la noche oscura según una división cuádruple de noches activa y pasiva de los sentidos, y noches activa y pasiva del espíritu. Inserto la noche oscura de lo femenino como una dimensión de la curación del alma para destacar que, en la historia de la espiritualidad cristiana, se ha supuesto que el crecimiento de la conciencia mística era de género neutro, ignorando, de hecho, las diferencias de género. Al situar la noche de lo femenino más allá de la noche pasiva del espíritu de Juan de la Cruz pretendo dar a entender que existe otro nivel de transformación mística que es *tanto* femenino (en varones y mujeres) *como* específico de los cuerpos femeninos.
8. Teresa de Ávila, *Castillo Interior*, 6.11.2.
9. Teresa de Ávila, *Camino de perfección*, 13.12.
10. *Libro de vida*, 11.12. Esta asociación entre género y transformación mística puede haber sido experimentada por los hombres; pero si los hombres han experimentado también una forma de opresión de género, esta no parece haber sido comentada en toda la historia de la espiritualidad cristiana de los varones.
11. Ibíd., 20.9.
12. Ibíd., 20.11, 13, 15.
13. Teresa de Ávila, *Meditation on the Song of Songs*, en *The Collected Works*, vol. 2, 7.3, pág. 257.
14. *Castillo interior*, Prólogo, 1.
15. Ibíd., 1.1.1.
16. Ibíd.
17. Ibíd., 1.2.3.
18. Ernest E. Larkin, «St. Teresa of Avila and Prayer», *Studies in Formative Spirituality: Journal of On-going Formation IV*, n.° 2 (1983), pág. 404.
19. Teresa de Ávila, *Libro de vida*, 7, 17.
20. Perez-Romero, *Subversion and Liberation in the Writing of St. Teresa of Avila*, Atlanta: Rodopi, 1996, pág. 77.
21. Para un análisis completo del saber participativo, véanse los importantes estudios de Jorge N. Ferrer, *Revisioning Transpersonal Theory: A Participatory Vision of Human Spirituality*, Albany: State University of New York Press, 2002; idem, «Transpersonal Knowledge: A Participatory Approach to Transpersonal Phenomena», en *Transpersonal Knowing: Exploring the Horizons of*

Consciousness, ed. Tobin Hart, Peter Nelson, y Kaisa Puhakka, Albany: State University of New York Press, 2000, págs. 213-252.

22. Teresa de Ávila, *Castillo interior*, 7.4.6.
23. Ibíd., 7.4.8.
24. *Camino de Perfección*, 3.7. [Este pasaje fue tachado por la santa en la primera redacción y puede no figurar en algunas ediciones. *N. de los T.*]
25. Teresa de Ávila, *Libro de las Fundaciones*, 20. 3.
26. Constance FitzGerald, «A Discipleship of Equals: Voices from Traditions – Teresa of Avila and John of the Cross», en *A Discipleship of Equals: Towards a Christian Feminist Spirituality*, ed. Francis A. Eigo, Villanova, PA: Villanova University Press, 1988, pág. 91. Véase también Carole Slade, «St. Teresa of Avila as a Social Reformer», *Mysticism and Social Transformation*, ed. Janet K. Ruffing, Syracuse: Syracuse University Press, 2001, págs. 91-103.
27. McGinn, «Language of Inner Experience», pág. 138.
28. Ibíd.
29. Teresa de Ávila, *Libro de vida*, 29.13.
30. Ibíd., 29.11.
31. Teresa de Ávila, *Castillo interior*, 6.1.8.
32. Ibíd., 4.2.5-6.
33. Ibíd., 6.2.2.
34. Ibíd., 6.2.4.
35. Ibíd., 6.11.1-2.
36. Ibíd., 6.2.8.
37. Ibíd., 6.6.5.
38. Ibíd., 7.2.6; 7.2.9.
39. Sharafuddin Maneri, *The Hundred Letters*, Nueva York: Paulist Press, 1980, pág. 145.

7. IBN AL-'ARABĪ

1. Ferrer, *Revisioning Transpersonal Theory: A Participatory Vision of Human Spirituality*, Albany: State University of New York Press, 2002; para una actualización, véase su capítulo en este volumen
2. Véase Michel Chodkiewicz, *The Seal of the Saints*, Cambridge, R.U.: The Islamic Texts Society, 1993. Para la mejor biografía de Ibn al-'Arabī, véase Claude Addas, *Quest for the Red Sulphur: The Life of Ibn al-'Arabī*, Cambridge, R.U.: The Islamic Texts Society, 1993.
3. Ferrer, *Revisioning Transpersonal Theory*, pág. 121.
4. Muchos estudiosos traducen el atributo divino de *irada* como "voluntad" en lugar de "deseo", pero esto distorsiona el significado de la palabra e imposibilita traducirla consecuentemente, sobre todo porque se usa como el atributo genérico divino que abarca más estrechamente atributos centrados como querer (*mashī'a*) y amar (□*ubb*). También en el nivel humano se usa *irāda* para señalar los reinos espiritual, psíquico y corporal, y los teólogos reconocen que viene a nosotros por vía de participación en el deseo divino. Un buen ejemplo de los problemas de

traducir la palabra como "voluntad" se puede observar en este famoso dicho de Abū Yazīd Basṭāmī, un gran santo de principios del islam que se sabía el Corán de memoria y era perfectamente consciente de que *irāda* es un atributo divino. Le preguntaron: «¿Qué deseas?». Su respuesta apunta a los niveles de significado implícitos en la frase: «Deseo no desear». En otras palabras, su deseo es que su deseo humano, individual (con todas sus imperfecciones) se anule en el deseo divino. Traducirlo como "voluntad" en este dicho sonaría extraño y oscurecería lo fundamental.

5. Para un análisis de la tradición islámica en su conjunto sobre la base de estas tres dimensiones fundamentales, véase Sachiko Murata y William C. Chittick, *The Vision of Islam*, Nueva York: Paragon House, 1994.
6. A la pregunta: «¿Hay entonces dos nosotros, uno que tiene derechos y otro que los reconoce?», la respuesta es: «Por supuesto, al menos dos». Cualquier autología compleja (Vedanta o Samkhya-Yoga, por ejemplo) sabe que la personalidad tiene múltiples niveles. Ibn al-ʻArabī trata el tema detalladamente de maneras muy diferentes; uno de sus esquemas básicos describe lo humano en términos de cuatro niveles básicos: cuerpo (*jism*), alma (*nafs*), y espíritu (*rūḥ*), todos los cuales son creados, y el "rostro específico" no creado, al que luego nos referiremos.
7. La declaración del *tawḥīd* se traduce frecuentemente como «no hay más dios que Allah», pero esto tergiversa la idea coránica de las cosas al sugerir que la cuestión es elegir entre dioses alternativos. Tal como los teólogos musulmanes la han interpretado durante siglos, la declaración es más bien una metodología interminablemente aplicable para comprender las autorrevelaciones de lo Real y responder correctamente a ellas. Proporciona una guía para distanciarse de la ilusión y la ignorancia al reconocer el carácter supremo de lo Real y su presencia en todas las cosas. Aquellos que emplean la palabra "Allah" al traducir esa fórmula fomentan lecturas exclusivistas de la tradición y ayudan a mantener uno de los malentendidos más profundos del islam imperante entre los no musulmanes, es decir, que los musulmanes adoran a "otro dios", el cual, por ese mismo hecho, debe ser un falso dios. El Corán dice con insistencia y claridad que el Dios de todos los profetas es el mismo Dios, el único Dios que existe.
8. Ibn al-ʻArabī lo expresa de esta manera en una conocida línea de un poema: «No percibí la realidad de nada / ¿Cómo podría percibir algo en lo que Tú estés?». Citado en Chittick, *The Self-Disclosure of God: Principles of Ibn al-ʻArabī Cosmology*, Albany: State University of New York Press, 1988.
9. Sobre rostro, velo y rostro específico, véase Chittick, *Self-Disclosure*, capítulos 3-4.
10. *al-Futūḥāt al-makkiyya*, El Cairo, 1911, vol. 2, pág. 671, línea 5.
11. Se podría objetar que los sufíes hablan a menudo de "alcanzar a Dios" o de lograr "la unión con Dios", de manera que ese sería claramente el final del camino. Esto sería ignorar las numerosas disquisiciones de estudiosos y santos musulmanes sobre el tema. Por citar un solo ejemplo, la obra más destacada de la filosofía islámica tardía es la voluminosa obra conocida como *Los cuatro viajes* (*al-Asfār al-arbaʻa*) de Mullā Ṣadrā (m. 1640). Recurriendo a una tradición muy anterior a Ibn al-ʻArabī explica que el primer viaje es a Dios, pero quedan entonces tres viajes, y estos continúan por siempre: el viaje en Dios, de atributo a atri-

buto; el viaje de Dios al mundo (como el Buddha que vuelve para ayudar), y el viaje de Dios a Dios en el mundo.

12. *Futūḥāt* vol. 2, pág. 552, línea 12.
13. Para algunos de los temas que Ibn al-'Arabī desarrolla al abordar el conocimiento de lo Real, véase Chittick, *The Sufi Path of Knowledge: Ibn al-'Arabī Metaphysics of Imagination*, Albany: State University of New York Press, 1989, parte 4.
14. Para las razones de este error, véase Chittick, «Rūmī and *Wa□dat al-wujūd*», en *Poetry and Mysticism in Islam: The Heritage of Rūmī*, ed. A. Banani, R. Hovannisian y G. Sabagh, Cambridge: Cambridge University Press, 1994, págs. 70-111.
15. Esto no implica "la eternidad del mundo", doctrina por la que fueron criticados los peripatéticos, sino más bien una interpretación mucho más sutil de lo que significa "el mundo". Para una de las explicaciones de Ibn al-'Arabī, véase Chittick, *Sufi Path*, págs. 84-85.
16. Sobre estos dos tipos de perfección, véase Chittick, *Sufi Path*, capítulo 20.
17. La mejor de las diversas traducciones al inglés es la de Caner Dagli, *Ringstones of Wisdom*, Chicago: Kazi, 2004.
18. *Futūḥāt* vol. 1, pág. 287, línea 10.
19. Para una traducción poética, pero no especialmente precisa, véase Afkham Darbandi y Dick Davis, *Conference of the Birds*, Londres: Penguin, 1984. Una traducción mucho más académica es la de Meter Avery, *The Speech of the Birds*, Londres: The Islamic Texts Society, 1998.
20. *Futūḥāt* vol. 2, pág. 474, línea 26.
21. *Futūḥāt* vol. 4, pág. 163, línea 5.
22. Apenas se puede hablar de misericordia en términos islámicos sin traer a colación a las madres. Entre otras cosas, la misma palabra *raḥma*, "misericordia", deriva de *raḥim*, "matriz". Véase Murata, *The Tao of Islam: A Sourcebook on Gender Relationships in Islamic Thought*, Albany: State University of New York Press, 1992, cap. 7
23. Ibn al-'Arabī insiste, no obstante, en que la ira es una manifestación de la misericordia, y que el infierno, a pesar del castigo real impuesto a sus moradores, se dulcificará al final, pues la misericordia debe tener la última palabra. Véase Chittick, *Ibn al-'Arabī: Heir to the Prophets*, Oxford, Oneworld, 2005, cap. 9.
24. Mahmoud al-Ghorab lee las obras de Ibn al-'Arabī desde un punto de vista exclusivista y es capaz de encontrar muchos ejemplos de críticas de las religiones distintas al islam y de posturas erróneas dentro del islam («Muhyiddin Ibn al-'Arabī Amidst Religions [*adyān*] and Schools of Thought [*madhahib*]», en *Muhyiddin Ibn al-'Arabī: A Commemorative Volume*, ed. S. Hirtensten y M. Tiernan, Shaftesbury, Dorset: Element, 1993, págs. 200-227). Sin embargo, el estudio de Al-Ghorab sólo confirma mi postura: Ibn al-'Arabī sigue el Corán al afirmar la universalidad de la misericordia y la revelación profética, pero lo matiza al reconocer los omnipresentes fenómenos humanos de la mala memoria y la rebelión deliberada, que aparecen en todas las formas de religión. Además, sus críticas a otras religiones no se basan en un conocimiento directo, del que prácticamente carecía, sino en principios coránicos generales, que se aplican también a los malos musulmanes.
25. *Futūḥāt* vol. 2, pág. 85, línea 11.

8. UN ESPÍRITU, UN CUERPO. LA REVOLUCIÓN PARTICIPATIVA DE JESÚS

1. En el curso de este capítulo me referiré ocasionalmente a estudios contemporáneos sobre la religión y el misticismo; al final del cuarto apartado de este capítulo, «El nuevo despertar de la conciencia participativa», se encontrará una breve visión general de la relación entre esta perspectiva participativa y algunas de las posiciones teóricas dominantes en los estudios religiosos.
2. La conciencia participativa de los pueblos primitivos ha sido extensamente estudiada por Lucien Lévy-Bruhl: entre sus obras disponibles en traducción inglesa están *Primitive Mentality*, Nueva York: George Allen and Unwin, 1923, y *Primitives and the Supernatural*, Nueva York: George Allen and Unwin, 1935. Véase Mircea Eliade *et al.*, eds., *The Encyclopedia of Religion*, Nueva York: Simon and Schuster Macmillan 1995, vol. 8, págs. 533-534.
3. Véase Karl Jaspers, *The Origin and Goal of History*, New Haven: Yale University Press, 1953.
4. Ibíd., Parte I, cap.l, «The Axial Period», págs. 1-6.
5. Ibíd., pág. 2.
6. Ibíd.
7. Ibíd.
8. Ibíd., págs. 3-4.
9. Ewert Cousins, *Christ of the 21st Century*, Rockport, MA: Element Books, 1992, pág. 6.
10. Gén 2, 7.
11. Jn 20, 21-23.
12. Cf. Gerhard von Rad, *Old Testament Theology*, Londres: Oliver and Boyd, 1962, vol. 1, págs. 344-345.
13. Owen Barfield, *Saving the Appearances: A Study in Idolatry*, Nueva York: Harcourt Brace Jovanovich, 1983, págs. 107-115.
14. Éx 3, 14.
15. *Saving the Appearances*, págs. 113-115.
16. Ez 36, 26-27; cf. Jer 31, 31-34.
17. Hch 9, 4-5.
18. Col 1, 26-27.
19. Ef 2, 12-16; cf. Ef 2, 11-19.
20. Rom 12, 5; cf. Rom 12, 3-8.
21. Col 2, 9; cf. Col 2, 9-11.17.
22. 1 Cor 10, 16-17.
23. Rom 6, 3-5.
24. Cf. 2 Cor 4, 7-12; Fil 3, 7-11.
25. Ef 4, 15.
26. Cf. Ef 5, 23.
27. Cf. Ef 4, 10-16.
28. 1 Cor 12, 12-13; cf. Ef 4, 1-6.
29. Cf. Ef 1, 3-14.
30. Gál 2, 20.
31. Gál 3, 26-28.

32. Cf. Ef 2, 13-18.
33. Ef 1, 10.
34. Col 1, 19-20.
35. Rom 8, 21-22.
36. Jn 1, 1.
37. Jn 1, 14.
38. Jn 1, 16.
39. Jn 4, 14; 7, 37-39.
40. Un resumen útil de los dichos «Yo soy» atribuidos a Jesús en los Evangelios se encontrará en Raymond E. Brown's, *The Gospel According to John*, Garden City: Doubleday, Anchor Bible, vol. 29, 1966, Apéndice IV al vol. I, págs. 533-538.
41. Jn 8, 12; 12, 36.
42. Véase Brown, *The Gospel According to John*, I, págs. 533-537.
43. Cf. Jn 10, 31-36.
44. Jn 10, 34-36.
45. Jn 9, 9.
46. Jn 1, 19-21.
47. Jn 18, 17-27.
48. Jn 14, 20-23; 15, 1-11.
49. Jn 14, 20.
50. Jn 14, 23.
51. Jn 15, 5,7.
52. Jn 17, 21-23; cf. 17, 11.
53. 1 Jn 1, 1-3.
54. 1 Jn 1, 2-3.
55. 1 Jn 5, 11-12.
56. 1 Jn 1, 5-7.
57. 1 Jn 4, 7-16.
58. Cf. 1 Jn 3, 1-3; 3, 9; 5, 1.4-5.
59. Cf. 1 Jn 2, 24; 3, 24; 4, 12.15.
60. 1 Jn 3, 24; cf. 4, 13.
61. Cf. 1 Jn 3, 24; 4, 12.15-16.
62. Cf. Jn 6, 56; 15, 4-7.9-10; 1 Jn 2, 27-28; 3, 24; 4, 12.15-16.
63. Esta afirmación está implícita en los dichos «Yo soy» de Jesús.
64. Cf. especialmente Jn 8, 57-59 y 10, 31-36.
65. Cf. Hch 10, 1-48; 15, 1-21.
66. Cf. Mc 8, 34-39; 1 Cor 1, 18.23; 2 Cor 4, 8-12; Fil 3, 10-11.
67. «La cualidad específica de Dios en nosotros es el poder de quebrar el orden establecido de la mente y el cuerpo y crear un nuevo futuro» (Eugen Rosenstock-Huessy).
68. Cf. 1 Cor 1, 17-18; 2, 2.
69. Tertuliano, *De Resurrectione Carnis*, 8.
70. Cf., por ejemplo, Rom 5-7.
71. Cf. Ireneo, *Contra las herejías*, Libro V, prefacio; Atanasio, *La encarnación del mundo*, cap. 54; Agustín, Sermón 13 de Tempore, *Patrologia Latina* 39, pág. 1097, *The Liturgy of the Hours*, Nueva York: Catholic, 1975, vol. I, pág. 541.

72. Mat 16, 16.
73. Cf. Catherine Mowry Lacugna, *God For Us: The Trinity and Christian Life*, San Francisco: Harper, 1991.
74. Cf. Ef 2, 14-16.
75. Aunque habitualmente atribuida a Anselmo de Canterbury (1033-1105), esta teología jurídica de la Redención fue ya propuesta por Tertuliano a principios del siglo III.
76. Cf. 2 P, 1, 3-4.
77. Cuando los antiguos Estados Pontificios y luego Roma fueron incorporados al nuevo reino de Italia (*c.* 1860-1870), el papa Pío IX se hizo a sí mismo un «prisionero permanente en el Vaticano».
78. Cf. Avery Dulles, *Models of the Church*, Garden City: Doubleday, 1974.
79. «Dogmatic Constitution on the Church», n.º 1, en *Vatican Council II: The Conciliar and Postconciliar Documents*, ed. Austin Flannery, Northport, NY: Costello, 1975, pág. 350.
80. «Pastoral Constitution on the Church in the Modern World», n.º 1, ibíd., págs. 903-904. Los corchetes indican modificación por un lenguaje inclusivo.
81. Cf. Steven T. Katz, «Language, Epistemology, and Mysticism», en *Mysticism and Philosophical Analysis*, ed. Katz, Oxford: Oxford University Press, 1978, págs. 22-74; Katz, «Mystical Speech and Mystical Meaning», en *Mysticism and Language*, ed. Katz, Oxford: Oxford University Press, 1992, págs. 3-41.
82. Cf. Aldous Huxley, *The Perennial Philosophy*, Nueva York: Harper and Row, 1943; Rudolf Otto, *Mysticism East and West*, Nueva York: Macmillan, 1932; Evelyn Underhill, *Mysticism*, Nueva York: E.P. Dutton, 1911, reed. Nueva York: Meridian, 1955; Frithjof Schuon, *The Transcendent Unity of Religions*, Nueva York: Harper, 1975; Huston Smith, *Forgotten Truth: The Primordial Tradition*, Nueva York: Harper and Row, 1976.
83. Cf. Robert K.C. Forman, *Mysticism, Mind, Consciousness*, Albany: State University of New York Press, 1999, cap. 2, págs. 11-30; cap. 7, págs. 109-127.
84. Cf. Katz, «Language, Epistemology, and Mysticism»; Raimon Panikkar, «Religious Pluralism: The Metaphysical Challenge», en *Religious Pluralism*, ed. L.S. Rouner, Notre Dame: University of Notre Dame Press, 1984, págs. 97-115; Jorge N. Ferrer, *Revisioning Transpersonal Theory: A Participatory Vision of Human Spirituality*, Albany: State University of New York Press, 2002.
85. Cf. C.T. Tart, «Science, States of Consciousness, and Spiritual Experiences: the Need for State-Specific Sciences», en *Transpersonal Psychologies*, ed. Tart, Nueva York: Harper and Row, 1977, págs. 9-58; Ken Wilber, *The Marriage of Sense and Soul: Integrating Science and Religion*, Nueva York: Random House, 1998; Ferrer, *Revisioning Transpersonal Theory*, págs. 42, 51-60 (sobre *Marriage of Sense and Soul* de Wilber).
86. Cf. Karl Rahner, «Man (Anthropology)», Section III: Theological, en *Sacramentum Mundi* vol. 3, Nueva York: Herder and Herder, 1969, págs. 365-70, y *Foundations of Christian Faith*, Nueva York: Seabury, 1978, págs. 24-39.
87. Cf. Fritjof Capra, *The Tao of Physics: An Exploration of the Parallels Between Modern Physics and Eastern Mysticism*, Berkeley: Shambhala, 1975; Bede

Griffiths, A *New Vision of Reality: Western Science, Eastern Mysticism, and Christian Faith*, Springfield, IL: Templegate, 1989; Wilber, *The Marriage of Sense and Soul.*

88. Lc 10, 29-37.
89. Esta concepción de Cristo y de la Iglesia como los sacramentos primarios ha sido revivida en los documentos del Concilio Vaticano II: cf. el texto de la Constitución de la Iglesia del Concilio Vaticano II, citado *supra*.
90. Cf. Rahner, «Christianity and the "New Man"», *Theological Investigations*, vol. 5, Londres: Darton, Longman, and Todd, 1966, págs. 152-153.
91. Esta progresión corresponde aproximadamente al movimiento desde la cultura "ideacional" a la "sensata" de Pitirim Sorokin. Véase su *Social and Cultural Dynamics*, Boston: Porter Sargent, 1957, págs. 20-39.
92. Las *regio dissimilitudinis* de Agustín y los escritores espirituales medievales; cf. Plotino, *Enéadas*, 1.8.13.
93. Teilhard de Chardin identificó esta inversión histórica y llamó a los movimientos convergentes "socialización" y "planetización". Véase su *The Future of Man*, Nueva York: Harper and Row, 1964, *passim.* Como hemos visto, Cousins identifica esta inversión de dirección con el amanecer del «segundo tiempo axial». Véase su *Christ of the 21st Century*, págs. 7-10.
94. Cf. Charles Taylor, *A Catholic Modernity?*, Oxford: Oxford University Press, 1999.
95. Cf. Gál 4-5.

9. La participación alcanza la mayoría de edad. Owen Barfield y la *Bhagavad-gita*

Estoy agradecido al pensamiento y los escritos originales de mis colegas del CIIS, Richard Tarnas, Sean Kelly, Jorge N. Ferrer y Jacob H. Sherman, por el desarrollo de una epistemología participativa, estoy igualmente agradecido a Rudolf Steiner y a un conjunto de pensadores influidos por él, especialmente Barfield. Doy las gracias por la lectura atenta de este capítulo, y las sugerencias aportadas, a Kathy Ann Woodruff y John Tyller, y a los editores de este volumen, Ferrer y Sherman.

1. Barfield, *Poetic Diction: A Study in Meaning*, Middletown, CT: Wesleyan University Press, 1973: «De este modo, el análisis introspectivo de mi experiencia me obliga a decir que el aprecio de la poesía supone un "cambio sentido de conciencia". La frase debe tomarse con cierta exactitud. El aprecio se produce en el momento real del cambio», pág. 52.
2. La primera página de las *Confesiones* de Agustín es un prolegómeno a una filosofía y una teología cristianas de la historia, así como a una antropología cristiana: «El hombre es una de tus criaturas, Señor, y su instinto es alabarte […]. El pensamiento de ti le agita tan profundamente que no puede estar contento a menos de que te alabe, porque nos has hecho para ti y nuestro corazón no tiene paz hasta que descansa en ti» (San Agustín, *Confesiones*, Nueva York: Penguin Books, 1961, pág. 61).

3. Considérese el título del capítulo «Hope, Yes; Progress No» [«Esperanza, sí; progreso, no»], en Huston Smith, *Forgotten Truth: The Primordial Tradition*, Nueva York: Harper and Row, 1976, pág. 6.
4. En *Poetic Diction*, Barfield define el percepto como «ese elemento de mi experiencia que de ninguna manera depende de mi propia actividad mental, presente o pasada, el puro dato de los sentidos», pág. 48.
5. Barfield, *Saving the Appearances: A Study in Idolatry*, Nueva York: Harcourt, Brace and World, 1965, pág. 105.
6. Platón, *Cratilo* 383*b* y 385.
7. Para el "empirismo refinado" de Goethe, véase Henry Bortoft, *The Wholeness of Nature: Goethe's Way toward a Science of Conscious Participation in Nature*, Great Barrington, MA: Lindisfarne Press, 1996; y David Seamon y Arthur Zajonc, eds., *Goethe's Way of Science: A Phenomenology of Nature*, Albany: State University of New York Press, 1998.
8. Véase la caracterización de Steiner de la antroposofía (sabiduría divino-humana femenina), su enseñanza y práctica esotéricas, como «un camino de conocimiento para llevar lo espiritual en el ser humano a lo espiritual en el universo», en Steiner, *Anthroposophical Leading Thoughts: Anthroposophy as a Path of Knowledge*, Londres: Rudolf Steiner Press, 1973, pág. 13; véase también Robert McDermott, ed., *The Essential Steiner*, San Francisco, Harper San Francisco, 1984, pág. 415, y McDermott, ed., *The New Essential Steiner*, Great Barrington, MA: SteinerBooks, 2009.
9. Barfield, *Saving the Appearances*, pág. 12.
10. Ibíd., pág. 17.
11. Ibíd., pág. 15.
12. Ibíd., pág. 16.
13. Ibíd., pág. 22.
14. Ibíd., pág. 20.
15. Ibíd., pág. 24.
16. Algunas interpretaciones de la *Gita* presentan a Krishna como el yo superior de Arjuna. Véase Eliot Deutsch, trad., introd., ensayos críticos, *The Bhagavad Gita*, Nueva York: Holt, Rinehart, and Winston, 1968, pág. 20.
17. *The Bhagavad Gita*, trad., introd., Eknath Easwaran, Tomales, CA: Nilgiri Press, 1985. Todos los pasajes de la *Bhagavad-gita* están tomados de esta excelente traducción inglesa del fundador y guía espiritual del Blue Mountain Center for Meditation, Tomalas, California. Véase su comentario en tres volúmenes, *The Bhagavad for Daily Living: The End of Sorrow; Like a Thousand Suns*, y *To Love is to Know Me*.
18. Barfield, *Saving the Appearances*, pág. 161.
19. M.K. Gandhi, *Young India*, 1925.
20. Para la teoría y práctica de Gandhi del *satyagraha*, véase especialmente Gandhi, *The Story of my Experiments with Truth*, Boston: Beacon Press, 1957, parte IV, capítulos 28-30.
21. Sri Aurobindo, *Essays on the Gita*, Sri Aurobindo Birth Centenary Library, vol. 13, Pondicherry, la India: Sri Aurobindo Ashram, pág. 4.

22. Para el relato de Sri Aurobindo de su experiencia del descenso de la Sobremente como descenso de Krishna, véase K.R. Shrinivas Iyengar, *Sri Aurobindo: A Biography and a History*, Pondicherry, la India: Sri Aurobindo Internacional Centre of Education, 1972, págs. 987-990.
23. Sin embargo, se debería reconocer también que, para haber sido una persona que vivió en Occidente sus años de formación, se mostró notablemente desatento a Cristo y el cristianismo, y que durante sus años adultos en la India no estableció ninguna relación con el Buddha o el budismo.
24. Aquí, el enfoque de Steiner refleja lo que podríamos llamar "ecumenismo esotérico", un planteamiento que tiene la ventaja de no desechar ninguna tradición religiosa ni equiparar superficialmente a todas. En relación con nuestro estudio actual, por ejemplo, Steiner cuenta que los yogas de la *Gita* fueron transmitidos esotéricamente a Pablo en la época de su experiencia de Cristo, cuando iba camino de Damasco, observación inusual pero, no obstante, sugerente. Véase Steiner, *The Bhagavad Gita and the Epistles of Paul*, en *The Bhagavad Gita and the West*, ed. McDermott, Great Barrington, MA: Steinerbooks, 2007.
25. McDermott, ed. *The Essential Aurobindo*, Great Barrington, MA: Lindisfarne Press, 1987, pág. 23.
26. *The Essential Steiner*, pág. 415. Véase también *The New Essential Steiner*.

10. Conectar la transformación interior y la exterior. Hacia un modelo ampliado de la práctica budista

1. Véase Donald Rothberg, «The Crisis of Modernity and the Emergente of Socially Engaged Spirituality», *ReVision* 15 (1993), págs. 105-114; Hans Gerth y C. Wright Mills, eds., *From Max Weber*, Nueva York: Oxford University Press, 1946; Habermas, *The Theory of Communicative Action*, vol. I: *Reason and the Razionalization of Society*, Boston: Beacon Press, 1984.
2. Véase, por ejemplo, Habermas, *The Theory of Communicative Action*, vol. 2: *Life-world and System: A Critique of Functionalist Reason*, Boston: Beacon Press, 1987; Robert Bellah, Richard Madsen, William Sullivan, Ann Swidler y Steven Tipton, *Habits of the Heart: Individualism and Commitment in American Life*, Nueva York. Harper and Row, 1985.
3. Véase Roger Gottlieb, *Joining Hands: Politics and Religion Together for Social Change*, Boulder: Westview, 2002; Michael Lerner, *Spirit Matters*, Charlottesville, VA: Hampton Road Publishing Co., 2000; David Loy, *The Great Awakening: A Buddhist Social Theory*, Boston: Wisdom, 2003; Joanna Macy y Molly Young Brown, *Coming Back to Life: Practices to Reconnect Our Lives, Our World*, Gabriola Island, British Columbia: New Society Publishers, 1998; Rosemary Reuther, *Gaia and God: An Ecofeminist Theology of Earth Healing*, San Francisco: HarperSanFranciso, 1992; Charlene Spretnak, *States of Grace: The Recovery of Meaning in the Postmodern Age*, San Francisco: HarperSanFrancisco, 1991; Ken Wilber, *Sex, Ecology, Spirituality: The Spiritu of Evolution*, Boston: Shambhala, 1995.
4. Citado en Michael Meade, *Men and the Waters of Life: Initiation and the*

Tempering of Men, San Francisco: HarperSanFrancisco, 1993, pág. 10. El pasaje es del prefacio de Camus a *L'envers et l'endroit*, 1958; reimp., París: Gallimard, 1986.

5. Richard Woods, «Mysticism and Social Action: The Mystic's Calling, Development, and Social Activity», *Journal of Consciousness Studies* 3 (1996), págs. 158-71.
6. Elmer O'Brien, ed., *The Essential Plotinus*, 2ª ed., Indianápolis: Hackett, 1981, pág. 167 (*Enéadas*, VI. 8. 30, 6).
7. Elmer O'Brien, 88 (*Enéadas* VI. 9. 9, 11).
8. Eugene Kamenka, ed., *The Portable Karl Marx*, Nueva York: Penguin Books, 1983, págs. 157-158. Estas son las tesis octava y undécima de las famosas «Tesis sobre Feuerbach», escritas en 1845.
9. Kierkegaard, «Concluding Unscientific Postcript», en *A Kierkegaard Anthology*, ed. Robert Bretall, Nueva York: Random House, 1946, pág. 181.
10. Kierkegaard, «The Present Age», en Bretall, pág. 265.
11. Weber, «Science as a Vocation», en Hans Gerth y C. Wright Mills, *From Max Weber: Essays in Sociology*, Nueva York: Oxford University Press, 1946, pág. 155.
12. Olivelle, «Ascetic Withdrawal of Social Engagement», en *Religions of India in Practice*, ed. Donald Lopez, Princeton: Princeton University Press, 1995, pág. 533.
13. Véase Rothberg, «An Interfaith Training Program in Socially Engaged Spirituality», *Turning Wheel: Journal of the Buddhist Peace Fellowship* (verano de 2006), págs. 36-37, 43.
14. La formación en la *ética* implica tradicionalmente, para una persona laica, asumir cinco preceptos básicos como directrices (más que declaraciones de una autoridad externa). Estos preceptos nos aconsejan abstenernos, lo mejor que podamos, de dañar o dar muerte a otros (incluidos los seres no humanos), de coger lo que no nos dan, de hablar en falso o de forma malintencionada, de abusar de la sexualidad y de las substancias tóxicas.
15. Para una información más completa sobre estos principios, véase mi libro, *The Engaged Spiritual Life: A Buddhist Approach to Transforming Ourselves and the World*, Boston: Beacon Press, 2006. En el texto de ese libro modifiqué ligeramente la lista de principios que Diana Winston y yo habíamos desarrollado desde 2001 a 2004 en nuestra enseñanza. La lista esbozada en este ensayo refleja esos cambios.
16. Véase Macy y Brown, *Coming Back to Life*.
17. Véase Rothberg, «Truth, Justice, and Reconciliation in South Africa: A Conversation with Bongani Blessing Finca», *Turning Wheel: Journal of the Buddhist Peace Fellowship* (otoño de 2001), págs. 27-31; Antjie Krog, *Country of My Skull: Guilt, Sorrow, and the Limits of Forgiveness in the New South Africa*, Nueva York: Three Rivers Press, 2000.
18. En sus primeros trabajos, especialmente en *Knowledge and Human Interests*, Boston: Beacon Press, 1971, Habermas exploró también las analogías entre individuos, grupos y sociedades como "sujetos". Después de la recepción del texto se ha mostrado más circunspecto con tales analogías, y ha escrito recientemen-

te: «He sido más cauto cuando usaba la expresión "emancipación" más allá del área del desarrollo biográfico de las personas individuales, dado que no se puede imaginar a los colectivos, grupos o comunidades sociales como sujetos en sentido pleno» (*Religion and Rationality: Essays on Reason, God, and Modernity*, ed. Eduardo Mendieta, Cambridge: The MIT Press, 2002, pág. 160).

19. Para una visión general de las prácticas transformadoras integrales, véase: Jorge N. Ferrer, «Integral Transformative Practice: A Participatory Perspective», *Journal of Transpersonal Psychology* 35 (2003), págs. 21-42. Véase también George Leonard y Michael Murphy, *The Life We Are Given*, Nueva York: Putnam, 1995; Murphy, *The Future of the Body*, Nueva York: Jeremy Tarcher/Putnam, 1992, págs. 541-586, y Wilber, «Integral Transformative Practice: In This World or Out of It?», *What is Enlightenment?* 18 (2000), págs. 34-39, 126-127, 130-131.

20. Véase Sheridan Adams *el al.*, cds., *Making the Invisible Visible: Healing Racism in Our Buddhist Communities*, 2ª ed., 2000 (disponible en Buddhist Peace Fellowship, o <http://www.spiritrock.org/display.asp?pageid=318&catid=2&scatid=31>.

21. Ellsberg, «The First Two Times We Met», en John Halper, *Gary Snyder: Dimensions of a Life*, San Francisco: Sierra Club Books, 1991, págs. 331-339.

COLABORADORES

BRUNO BARNHART es monje en la New Camaldoli Hermitage, Big Sur, California. Desde que concluyó su servicio como prior de la comunidad de Big Sur, Fr. Bruno se dedicó principalmente al estudio, la enseñanza y la escritura sobre la tradición sapiencial cristiana y su renacimiento en nuestro tiempo. Es autor de *The Good Wine: Reading John from the Center*, Paulist Press, 1993, y *Second Simplicity: The Inner Shape of Christianity*, Paulist Press, 1999; editor de *The One Light: Bede Griffiths's Principal Writings*, Templegate, 2001, y coeditor, con Joseph Wong, de *Purity of Heart and Contemplation: A Monastic Dialogue between Christian and Asian Traditions*, Continuum, 2001.

WILLIAM C. CHITTICK es profesor de estudios asiáticos y asiático-americanos en la Universidad del Estado de Nueva York, en Stony Brook. Es autor de *The Sufi Path of Love: The Spiritual Teachings of Rumi*, SUNY Press, 1983; *The Sufi Path of Knowledge: Ibn al-'Arabi's Metaphysics of Imagination*, SUNY Press, 1989, e *Imaginal Worlds: Ibn al'Arabi and the Problem of Religious Diversity*, SUNY Press, 1994, entre muchos otros libros y artículos.

JORGE N. FERRER es director del departamento de Psicología Oriente-Occidente en el Instituto de Estudios Integrales de California (CIIS), San Francisco. Es autor de *Revisioning Transpersonal Theory: A Participatory Vision of Human Spirituality*, SUNY Press, 2002 [trad. cast.: *Espiritualidad creativa: una visión participativa de lo transpersonal*, Kairós, Barcelona,

2003], y de una monografía de *ReVision* sobre *New Horizons in Contemporary Spirituality*, Heldreff Publications, 2001. Nacido en Barcelona, recibió el Fetzer Institute's Presidential Award en 2000 por sus estudios sobre la conciencia. Imparte clases de mística comparada, estudios transpersonales e investigación espiritual encarnada.

Lee Irwin es director de Estudios Religiosos en el Charleston College, donde imparte su enseñanza en las áreas de espiritualidad nativa americana, esoterismo occidental y espiritualidad contemporánea. Es autor de numerosos artículos y de cinco libros, entre ellos: *Visionary Worlds: The Making and Unmaking of Reality*, SUNY Press, 1996, y *Awakening to Spirit: On Life, Illumination, and Being*, SUNY Press, 1999.

Sean Kelly es profesor de filosofía, cosmología y conciencia en el Instituto de Estudios Integrales de California (CIIS), San Francisco. Es autor de *Individuation and the Absolute: Hegel, Jung, and the Path toward Wholeness*, Paulist Press, 1993; coeditor (con Donald Rothberg) de *Ken Wilber in Dialogue: Conversations with Leading Transpersonal Thinkers*, Quest, 1998, y cotraductor de Edgar Morin, *Homeland Earth: A Manifesto for the New Millennium*, Hampton Press, 1999.

Brian L. Lancaster es director de la Consciousness and Transpersonal Psychology Research Unit en la Universidad John Moores de Liverpool, y *honourable research fellow* en el Centro para los Estudios Judíos en la Universidad de Manchester. Es autor de varios libros, entre ellos el galardonado *Mind, Brain, and Human Potential*, Element Books, 1991; *The Elements of Judaism*, Element Books, 1993, y *Approaches to Consciousness: The Marriage of Science and Mysticism*, Palgrave, 2004. Ha publicado numerosos artículos sobre áreas de la neurociencia, así como sobre el misticismo religioso. Actualmente ocupa la presidencia de la Sección de Psicología Transpersonal de la British Psychological Society. Da programas de postgrado en psicología transpersonal tanto *on line* como presenciales. Es miembro activo de la comunidad judía del Reino Unido, donde enseña meditación judía y Cábala.

Beverly J. Lanceta es profesora de Estudios Religiosos y ha formado parte del cuerpo docente de importantes instituciones de letras durante los últimos quince años. Actualmente es especialista invitada y asociada a la investigación en el Southwest Institute for Research of Women (Universidad de Arizona, Tucson), también dirige retiros, es directora espiritual y autora de numerosos artículos y libros sobre misticismo y vida espiritual, como: *The Other Side of Nothingness: Toward a Theology of Radical Openness*, SUNY Press, 2001; *Radical Wisdom: A Feminist Mystical Theology*, Fortress Press, 2005, y *Emerging Herat: Global Spirituality and the Sacred*, Fortress Press, 2007.

Robert McDermott es presidente emérito y profesor de filosofía y religión en el Instituto de Estudios Integrales de California (CIIS), San Francisco. Fue antes profesor y catedrático del departamento de Psicología en el Baruch College, CUNY (1970-90), y secretario de la American Academy of Religion. Sus publicaciones incluyen: *Radhakrishnan*, Dutton, 1970; *The Essential Aurobindo*, Lindisfarne Press, 1974, y *The Essential Steiner*, Harper and Row, 1984, así como ensayos sobre filosofía y religión comparadas en revistas especializadas y antologías.

Condal Rothberg, miembro del Spirit Rock Center's Teachers Council en California, escribe e imparte clases, dirige grupos y retiros sobre meditación budista, práctica espiritual en la vida cotidiana, epistemología y espiritualidad, estudios transpersonales y budismo socialmente comprometido, en la San Francisco Bay Area y en el ámbito nacional, y dirige un programa interconfesional de dieciocho meses en la Socially Engaged Spirituality for Saybrook Graduate School. Durante mucho tiempo fue organizador, maestro y miembro del comité del Buddhist Peace Fellowship, ha practicado meditación budista durante más de veinticinco años, y ha sido también influido significativamente por otras tradiciones espirituales, en especial la judía, la cristiana y la indígena. Editor de *ReVision: A Journal of Consciousness and Transformation* durante diez años, es coeditor (con Sean Kelly) de *Ken Wilber in Dialogue: Conversations with Leading Transpersonal Thinkers*, Quest Books, 1988, y autor de *The Engaged Spiritual Life: A Buddhist Approach to Transforming Ourselves and the World*, Beacon Press, 2006.

JACOB HOLSINGER SHERMAN está en el Emmanuel College, Cambridge, y completa su doctorado en la Facultad de Teología de la Universidad de Cambridge. Anteriormente fue adjunto de Facultad en el Instituto de Estudios Integrales de California (CIIS), San Francisco, donde dio cursos sobre espiritualidad cristiana, historia de las cosmovisiones de Occidente y filosofía romántica.

ÍNDICE